Die Anwendung der maqāṣid aš-šarīʿa im Islamic Banking in Deutschland

Reihe für Osnabrücker Islamstudien

Herausgegeben von
Bülent Ucar und Rauf Ceylan

Band 30

PETER LANG

Souheil Thabti

Die Anwendung der *maqāṣid aš-šarīʿa* im Islamic Banking in Deutschland

PETER LANG

Bibliografische Information der Deutschen Nationalbibliothek
Die Deutsche Nationalbibliothek verzeichnet diese Publikation in der Deutschen Nationalbibliografie; detaillierte bibliografische Daten sind im Internet über http://dnb.d-nb.de abrufbar.

Zugl: Osnabrück, Univ. Diss., 2017

Mit freundlicher Unterstützung des Niedersächsischen Ministeriums für Wissenschaft und Kultur

Niedersächsisches Ministerium
für Wissenschaft und Kultur

Umschlaggestaltung: © Olaf Gloeckler, Atelier Platen, Friedberg

D 700
ISSN 2190-3395
ISBN 978-3-631-74666-0 (Print)
E-ISBN 978-3-631-74776-6 (E-PDF)
E-ISBN 978-3-631-74777-3 (EPUB)
E-ISBN 978-3-631-74778-0 (MOBI)
DOI 10.3726/b13413

Peter Lang – Berlin · Bern · Bruxelles · New York
Oxford · Warszawa · Wien

Diese Publikation wurde begutachtet.

www.peterlang.com

Für Sirine
Es lassen sich keine Worte finden, meinen Dank auszudrücken

Danksagung

Wer den Menschen nicht dankt, hat Gott nicht gedankt

Muḥammad

An dieser Stelle möchte ich meinen besonderen Dank nachstehenden Personen entgegenbringen, die mich auf meiner (Dissertations-)Reise begleitet, inspiriert, mir Denkanstöße gegeben und Anteil an ihrem Wissen und ihrer Erfahrung gegeben haben. Ohne ihre Mithilfe wäre die Anfertigung dieser Promotionsschrift niemals in der Form zustande gekommen:

Mein besonderer Dank gilt zunächst Herrn Prof. Dr. Abdurrahim Kozali, meinem Doktorvater, für die Betreuung dieser Arbeit, der sehr freundlichen Hilfe und der mannigfachen Ideengebung, die mir einen kritischen Zugang zu dieser Thematik eröffnete, insbesondere zum theologisch-islamrechtlichen Teil dieser Arbeit. Ich habe unsere Dialoge stets als Ermutigung und Motivation empfunden.

Mein ebenfalls besonderer Dank gilt Herrn Prof. Dr. Hans-Georg Ebert für die hilfsbereite und wissenschaftliche Betreuung als Zweitgutachter, der mir mit seinen zahlreichen Ratschlägen stets eine große Hilfe war.

Des Weiteren möchte ich mich bei Herrn Prof. Dr. Volker Nienhaus für den Einblick in die Tiefen des nationalen und internationalen Islamic Finance in Theorie und Praxis und für die Bereicherung dieser Arbeit mit unentbehrlichem Fachwissen, herzlich bedanken. Die zahlreichen Gespräche auf intellektueller und persönlicher Ebene werden mir immer als bereichernder und konstruktiver Austausch in Erinnerung bleiben.

Auch bedanke ich mich bei Herrn Dr. Rüdiger Litten sehr, der mir die ersten Einblicke in die Praxis des Islamic Banking & Finance in Deutschland ermöglichte. Ohne seine Hilfe wäre mir der Zugang in den praktischen Teil dieser Disziplin wohl nicht so früh gegönnt gewesen.

Ein ganz besonderer und persönlicher Dank gilt Herrn Uğurlu Soylu für den Einblick in seine langjährige Erfahrung im Islamic Banking Bereich und insbesondere für die einmalige Gelegenheit, bei der Gründung der ersten islamischen Bank in der Bundesrepublik mitwirken zu dürfen.

Ferner bedanke ich mich ganz besonders bei meinen Freunden und ehemaligen Arbeitskollegen Ibrahim Bilgin, Cemil Kantar und Tarek Kallel für die intensiven Gespräche im Rahmen der Gründung der hiesigen ersten islamischen Bank. Der rege Austausch auf sowohl fachlicher als auch persönlicher Ebene war mir während der Anfertigung dieser Arbeit eine große Unterstützung.

Auch möchte ich mich bei der KT Bank bedanken, die mir die praktische Erfahrung ermöglicht hat, die in Deutschland bis dato einmalig ist. Ebenfalls bedanke ich mich bei den Mitgliedern des Ethikrats der KT Bank, Herr Prof. Dr. Anwar Shuaib Abdulsalam, Herr Dr. Ismail Halitoğlu und Herr Ali Öztürk, die internationale Erfahrung mitbringen, für die spannenden, sehr interessanten und teils sehr kontroversen Diskussionen während ihrer Sitzungen. Ich empfand die Gespräche und den Prozess der Meinungsbildung und Urteilsfindung stets als eine Bereicherung.

Schließlich möchte ich mich bei Herrn Prof. Dr. Bülent Uçar bedanken für meine Aufnahme am Institut für Islamische Theologie der Universität Osnabrück – eines der ersten Standorte Deutschlands – und die Ermöglichung, an einem einmaligen Projekt teilnehmen und mitwirken zu dürfen. Ich erinnere mich gerne an das Institut und die dortigen Kolleginnen und Kollegen.

Mein tiefster Dank gilt meinen Eltern, Naima und Mhamed Thabti, die mir meinen bisherigen Lebensweg erst ermöglichten und die mich stets unterstützten. Vergelt es Gott!

Ich danke dem Institut für Islamische Theologie für die finanzielle Unterstützung der Veröffentlichung dieser Promotionsschrift.

Osnabrück, im Februar 2018 Souheil Tabti

Inhaltsverzeichnis

Abkürzungsverzeichnis

AAOIFI	Accounting and Auditing Organisation for Islamic Financial Institutions
ABl. EU	Amtsblatt der Europäischen Union
Abs.	Absatz
AJISS	American Journal of Islamic Social Sciences
ALCO	Asset-Liability Committee
AT	Allgemeiner Teil
BdB	Bundesverband deutscher Banken
BGB	Bürgerliches Gesetzbuch
BGHZ	Die Entscheidungen des Bundesgerichtshof in Zivilsachen
BIP	Bruttoinlandsprodukt
BIZ	Bank für Internationalen Zahlungsausgleich
bspw.	beispielsweise
BT	Besonderer Teil
BT-Drs.	Bundestagsdrucksache
CIBAFI	Council for Islamic Banks and Financial Institutions
CRD IV	Capital Requirements Directive
CRR	Capital Requirements Regulation
CSR	Corporate Social Responsibility
d.h.	das heißt
DIFC	Dubai International Financial Centre
DIFX	Dubai International Financial Exchange
DIHK	Deutsche Industrie und Handelskammer
DIN ISO	Deutsche Industrienorm International Organization for Standardization
EAEG	Einlagensicherungs- und Anlegerentschädigungsgesetz
EBA	European Banking Authority
ebd.	ebenda
ed.	ediert
EDB	Entschädigungseinrichtung Deutscher Banken
EDÖ	Entschädigungseinrichtung des Bundesverbandes Öffentlicher Banken Deutschland

EFSF	European Financial Stability Facility
EGBGB	Einführungsgesetz zum Bürgerlichen Gesetzbuch
ERP	Enterprise-Resource-Planning
ESM	European Stability Mechanism
et al.	et alii
EUR	Euro
e.V.	eingetragener Verein
EWG	Europäische Wirtschaftsgemeinschaft
EZB	Europäische Zentralbank
f.	folgende
ff.	fortfolgende
G 10	Group of Ten
GmbH	Gesellschaft mit beschränkter Haftung
GmbH & Co. KG	Gesellschaft mit beschränkter Haftung & Compagnie Kommanditgesellschaft
Hrsg.	Herausgeber
hg.	herausgegeben
HGB	Handelsgesetzbuch
IB	Islamic Banking
IDB	Islamic Development Bank
i.d.R.	in der Regel
IIFM	International Islamic Financial Market
IIUM	International Islamic University of Malaysia
IJBSR	International Journal of Business and Social Research
IJFR	International Journal of Financial Research
IJISEF	International Journal of Islamic Economics and Finance Studies
InsO.	Insolvenzordnung
IRMBR	International Review of Management and Business Research
IRTI	Islamic Research and Training Institute
ISRA	International Shari'ah Research Academy for Islamic Finance
i.S.v.	im Sinne von
IT	Informationstechnik
i.V.m.	in Verbindung mit

JEEIR	Journal of Emerging Economics and Islamic Research
Jg.	Jahrgang
JIBM	Journal of Islamic Business and Management
KG	Kommanditgesellschaft
KMU	kleine und mittelständische Unternehmen
KWG	Kreditwesengesetz
LIBOR	London Interbank Offered Rate
LMC	Liquidity Management Centre
MaH	Mindestanforderungen an das Betreiben von Handelsgeschäften
MaK	Mindestanforderungen an das Kreditgeschäft
MaRisk	Mindestanforderungen an das Risikomanagement
MaIR	Mindestanforderungen an die Interne Revision
MPRA	Munich Personal RePEc Archive
NGO	Nichtregierungsorganisation
No.	Number
Nr.	Nummer
OECD	Organisation for Economic Co-operation and Development
o.g.	oben genannt
OHG	Offene Handelsgesellschaft
o.J.	ohne Jahr
o.O.	ohne Ort
OVG	Oberverwaltungsgericht
p.a.	per annum
PHP	Hypertext Preprocessor, ursprünglich Personal Home Page Tools
PREM	Poverty Reduction and Economic Management
RegBegr.	Regierungsbegründung
Rn.	Randnummer
RNotZ	Rheinische Notar-Zeitschrift
S.	Seite
s.	siehe
sog.	sogenannt
SolvV	Solvabilitätsverordnung
SSM	Single Supervisory Mechanism

StGB	Strafgesetzbuch
STS	Short Term Sukuk
TILJ	Texas International Law Journal
Tz.	Teilziffer
u.a.	unter anderem/und andere
u.ä.	und ähnliches
URL	Uniform Resource Locator
USP	Unique Selling Point
vgl.	vergleiche
VO	Verordnung
Vol.	Volume
WM	Wirtschaftsmitteilungen – Zeitschrift für Wirtschafts- und Bankrecht
WpHG	Wertpapierhandelsgesetz
WpPG	Wertpapierprospektgesetz
WWU	Wirtschafts- und Währungsunion
z.B.	zum Beispiel
ZBB	Zeitschrift für Bankrecht und Bankwirtschaft

1 Einleitung

1.1 Hintergrund

2015 ist das Jahr, in dem erstmals in der Geschichte der Bundesrepublik Deutschland ein sich als islamisch betitelndes und von der Bundesanstalt für Finanzdienstleistungsaufsicht (BaFin) zugelassenes Kreditinstitut seine Türen öffnet.[1] Trotz der 4,3 Millionen Muslime in der Bundesrepublik war eine solche Bank bis dahin nicht gegründet worden. Auch bieten konventionelle Banken ihren Kunden keine Islam-konforme Alternative zu den herkömmlichen Produkten an, wobei sie sich darauf berufen, dass von ihren muslimischen Kunden keine zu berücksichtigende Nachfrage nach solchen Produkten zu verzeichnen sei.[2] Diese Aussagen werden von Studien über die ökonomischen Verhältnisse der muslimischen Bevölkerung hierzulande untermauert.[3] Dabei muss hervorgehoben werden, dass Islamic Banking (IB) nicht nur Muslimen, sondern der gesamten Gesellschaft offensteht.[4] Auch Personen anderen Glaubens und anderer Weltanschauung können sich, sofern sie von dem Geschäftsmodell überzeugt sind, dieser Alternative bedienen. Dieses Thema ist keine Wirtschaftsfrage, die primär Muslime etwas angeht, sondern es betrifft die Gesellschaft im Allgemeinen, weil die Religionszugehörigkeit in diesem Zusammenhang keine Rolle hinsichtlich der Adressaten spielt, sondern vielmehr einen regelnden Rahmen zur bankenbasierten Finanzierung des Gütertauschs im Wirtschaftsverkehr anbietet. Gerade in einer von

---

1 Vgl. http://www.deutschlandfunk.de/banklizenz-fuer-islamisches-geldinstitut-islamic-banking-in.766.de.html?dram:article_id=315068; http://www.faz.net/aktuell/finanzen/meine-finanzen/bank-ohne-zins-islamisch-halal-statt-schwaebisch-hall-13683425.html; http://www.welt.de/wirtschaft/article144297280/So-funktioniert-Deutschlands-erste-islamische-Bank.html; http://boerse.ard.de/aktien/gruenes-licht-fuer-die-erste-islamische-bank100.html (alle letzter Zugriff: 9.7.2015).

2 Michael Mahlknecht, *Islamic Finance: Einführung in Theorie und Praxis*, Weinheim 2008, S. 79; zu den Gründen siehe ebd., S. 79 ff.

3 Siehe hierzu Hans-Georg Ebert/Friedrich Thießen, *Das islamkonforme Finanzgeschäft. Aspekte von Islamic Finance für den deutschen Privatkundenmarkt*, Bonn 2010, S. 82 ff.; Rebecca Schönenbach, *Intrinsische Hindernisse des islamischen Finanzwesens*, Jena 2012, URL: http://www.stresemann-stiftung.de/wp-content/uploads/2012/11/Stresemann-Stiftung-Schoenenbach-Islamic-FinanceWWW2012-07-26.pdf (letzter Zugriff: 7.10.2013).

4 Mahlknecht, *Islamic Finance*, S. 81.

Finanz- und Wirtschaftskrisen geprägten Zeit, in der Einleger um ihre Einlagen fürchten müssen[5] und Kredite nur unter erschwerten Bedingungen[6] vergeben werden, stellt sich die Frage, ob nicht Alternativen zum bestehenden Angebot bestehen, die als ein ernst zu nehmender Gegenentwurf in Betracht gezogen werden können.[7]

Die Verfechter dieser Alternative sind der Meinung, dass in den Grundprinzipien einer aus der Sicht der Intentionen der Scharia verstandenen Wirtschaft, die *ribā*, vertragliche bzw. strukturelle Unklarheiten bzw. Unsicherheiten (*ġarar*)

---

5 So etwa im sog. *Bail-In*. In diesem Fall tragen die Geldgeber des Kreditinstituts deren Verluste mit; vgl. https://www.bundesbank.de/Navigation/DE/Service/Glossar/_functions/glossar.html?lv2=32022&lv3=163206. So geschehen etwa in Zypern; vgl. http://www.handelsblatt.com/finanzen/anlagestrategie/trends/drei-strategien-dccgrecci-depots-in-zypern-gab-es-ein-bail-in/7995674-3.html (letzter Zugriff: 5.2.2016).

6 Tobias Berg/Martin Uzik, *Auswirkungsstudie Basel III. Die Folgen für den deutschen Mittelstand*, Berlin 2011, S. 26, Quelle unter: http://www.bvmw.de/fileadmin/download/Bund/basel_III_studie.pdf (letzter Zugriff: 7.2.2016); vgl. ebenso Bankenverband deutscher Banken e.V., *Basel III – die Folgen für den Mittelstand. Eine Information der privaten Banken*, Berlin 2013, hg. von Bankenverband. Quelle unter: http://www.aschaffenburg.ihk.de/blob/abihk24/existenzgruendung/downloads/2512168/9eb9a5ec21a75faae458eb6532b58116/Broschuere_Basel_III_DIHK-data.pdf (letzter Zugriff: 9.2.2016).

7 Vgl. http://news.bbc.co.uk/2/hi/business/8401421.stm (letzter Zugriff: 11.5.2014); vgl. Mohamad Yazid/M.N. Asmadi/Mohd Liki, *The Practice of Islamic Finance in Upholding the Islamic Values and the Maqasid Shariah*, in: International Review of Management and Business Research, Vol. 4, 2015, Issue 1, (286–294) S. 290 f.; Mehmet Asutay/Astrid Fionna Harningtyas, *Developing Maqasid al-Shari'ah Index to Evaluate Social Performance of Islamic Banks. A Conceptual and Empirical Attempt*, in: International Journal of Islamic Economics and Finance Studies, Year 1, Vol. 1, 2015, No. 1, (5–64) S. 10 f.; Habib Ahmed/Mahmoud Mohieldin/Jos Verbeek/Farida Wael Aboulmagd, *On the Sustainable Development Goals and the Role of Islamic Finance*, World Bank Group, Policy Research Working Paper 7266, (1–44) S. 24 f.; zur Lage in Malaysia siehe auch Ezry Fahmy/Eddy Yusof, *Are Islamic banks in Malaysia really 'Islamic'?*, 2008, (1–12) S. 3 ff., Quelle: https://mpra.ub.uni-muenchen.de/20901/ (letzter Zugriff: 29.3.2016).

und Spekulationen (*maisir*) nicht zulässt, krisensicherer und sozial gerechter ist.[8] Darin besteht ihrer Ansicht nach die Alternative zum herrschenden System.[9]

1.2 Problemstellung

Das Islamic Banking bringt in seiner theoretischen Konzeption und praktischen Umsetzung Herausforderungen auf verschiedenen Ebenen mit sich. Die Grundidee des IB liegt im beteiligungs- und handelsorientierten Umgang mit finanzwirtschaftlichen Fragen. Das Verbot des entgeltlichen Geldverleihs erlaubt es diesen Banken nicht, die Einlagen ihrer Kunden gegen das Versprechen eines Zinses entgegenzunehmen. Aus Sicht der aufsichtsrechtlichen Regularien ist es fraglich, ob die Aufnahme einer nicht garantierten Einlage im Sinne des § 1 Abs. 1 Nr. 1 Kreditwesengesetz (KWG) subsumierbar ist oder ob nicht eher eine Vermögensanlage mit den dazugehörigen Publizitäts- und Offenlegungspflichten im Sinne des Wertpapierhandelsgesetzes (WpHG) in Verbindung mit dem Wertpapierprospektgesetz (WpPG) mit entsprechendem höheren Kostenaufwand infrage kommt.[10] Die vertragliche Konstruktion eines auf Beteiligung

---

8 In vielen Berichterstattungen wird behauptet, dass die islamischen Banken etwa in der Golfregion (GCC-Staaten) im Zuge der Weltfinanzkrise keine horrenden Verluste wie in den USA oder Europa erlitten haben. Ob dies tatsächlich zutrifft, kann nicht ohne Weiteres bestätigt werden, weil keine Transparenz darüber herrscht, ob und ggf. inwieweit die dortigen Herrscher mit finanziellen Hilfen eingegriffen haben; vgl. Hatem Altaee/Ibaa Talo/Mustafa Adam, *Testing the Financial Stability of Banks in GCC Countries: Pre and Post Financial Crisis*, in: International Journal of Business and Social Research, Vol. 3, 2013, No. 4, (93–105) S. 95 ff.; Mousa Almanaseer, *The Impact of the Financial Crisis on the Islamic Banks Profitability. Evidence from GCC*, in: International Journal of Financial Research, Vol. 5, 2014, No. 3, (176–187) S. 179 ff.

9 Hossein Askari/Noureddine Krichene, *Islamic Finance: an alternative financial system for stability, equity, and growth*, in: PSL Quarterly Review, Vol. 67, 2014, No. 268, (9–54) S. 27 ff.

10 Matthias Casper, *Islamische Finanztransaktionen ohne Erlaubnis nach dem KWG?*, in: ZBB, Heft 5, 2010, (345–363) S. 352; Herbert Zerwas/Sascha Demgensky, *Islamic Banking in Deutschland und Bankerlaubnis nach dem Kreditwesengesetz*, in: WM, 2010, (692–701) S. 697. Islamische Banken verwenden – wie konventionelle auch – die eingezahlten Gelder zum Zwecke der Geldanlage (Aktivgeschäft), ohne den Kunden die zugrunde liegende Anlagestrategie zu offenbaren. Andernfalls müssten sie ein ausführliches protokolliertes Beratungsgespräch durchführen und die Anlagestrategie darlegen; vgl. Norbert Bröcker, *Der Schutz des Wertpapieranlegers*, in: Carsten Peter Claussen (Hrsg.), *Bank- und Kapitalmarktrecht*, München 2014,

basierenden Produkts ist auch im Kreditgeschäft theoretisch denkbar, findet in der praktischen Anwendung aufgrund erhöhter Risiken (i.d.R. mangelnde Sicherheit, moralisches Risiko, bilanzielle Bewertung und Unsicherheit des Ertrags) sowie in Ermangelung effizienter Überwachungsinstrumentarien aber nahezu keinen Niederschlag.[11] Zwar kann ein auf solche Weise konzipiertes Produkt in Bezug auf den Zugang zu Vermögen, auf die Umverteilungsfrage und das Innovationspotenzial als eine im Vergleich favorisierte Alternative angesehen werden,[12] doch stellt sich mit der Frage nach der fehlenden praktischen Umsetzung auch die Frage danach, ob der rechtliche Rahmen für Kreditinstitute die adäquate Form für ein solches Produkt anbietet. Der Umstand, dass sich islamische Banken mit den konventionellen Banken im Wettbewerb sehen, obwohl ihr Geschäftsmodell dem konventionellen Pendant theoretisch diametral entgegensteht, erschwert eine Umsetzung und führt, wie noch zu zeigen sein wird, zur Aushöhlung des IB-Konzepts und schließlich zur aktuell zunehmenden Kritik an der IB-Praxis.[13]

Eines der daraus resultierenden, deutlich zu beobachtenden Ergebnisse besteht in der nahezu ausschließlichen Anwendung von Finanzierungsverträgen, die gemeinhin als sicher gelten, wie *murābaḥa*, *iğāra* und *tawarruq*.[14] Dadurch intendieren islamische Banken, die mit dem Kreditgeschäft einhergehenden Risiken weitgehend gering zu halten.[15] Auf der Passivseite ist die Grundlage der Spar- und Termineinlagen i.d.R. ein auf Gewinn- und Verlustbeteiligung

S. 363 f.; Heinz-Dieter Assmann/Rolf A. Schütze, *Handbuch des Kapitalanlagerechts*, München 2015, S. 68 f., 258 f.

11 Der zugrunde liegende *muḍāraba*-Vertrag wird in den meisten islamischen Banken nur im Bereich des Einlagengeschäfts verwendet, vgl. M. Umer Chapra/Habib Ahmed, *Corporate Governance in Islamic Financial Institutions*, Dschidda 2002, S. 19 ff.

12 Zamir Iqbal/Abbas Mirakhor, *An Introduction to Islamic Finance. Theory and Finance*, Singapore 2007, S. 43 f.

13 Mohammad Nejatullah Siddiqi, *Islamic Banking and Finance in Theory and Practice. A Survey of State of the Art*, in: Islamic Economic Studies, Vol. 13, 2006, No. 2, (1–48) S. 5, 20.

14 Die Begrifflichkeiten werden weiter unten im Abschnitt Definitionen beschrieben. Zum jeweiligen prozentualen Anteil angewandter Finanzierungsarten in islamischen Banken siehe Sudin Haron, *A Comparative Study of Islamic Banking Practices*, in: Journal of King Abdulaziz University: Islamic Economics, Vol. 10, 1988, (23–50) S. 42.

15 Dennoch ergeben sich für diese Banken, wie noch zu zeigen sein wird, darüber hinaus weitere erhebliche Risiken, die ihre Wettbewerbsfähigkeit stark einschränken

basierender *muḍāraba*-Vertrag.[16] Diesem zufolge stellt der Einleger seiner Bank einen Geldbetrag zur Verfügung (Passivgeschäft) und beteiligt sich am Verlustrisiko der Bank.[17] Hieraus ergeben sich zwei Herausforderungen für eine islamische Bank. Zum einen sind Einleger im herrschenden Bankensystem darauf konditioniert, ihre Einlage sicher zu wissen und zudem einen Zins für die Überlassung zu erhalten.[18] Zum anderen ist vor dem Hintergrund der gesetzlich klaren Definition einer Einlage fraglich, ob die Islam-Konformität im Zusammenhang mit der Umsetzung überhaupt gewährleistet werden kann.

Neben der operativen Ebene ergeben sich darüber hinaus geschäftspolitische Fragen im Hinblick auf die Zielsetzung der Bank und der sich daraus ergebenden Geschäftsstrategie. Dabei geht es zunächst um die grundlegende Frage nach dem Selbstverständnis der Bank und um die Frage, wie sie im Rahmen des normativen Managements ihre Vision, ihre Mission und ihr strategisches Ziel definiert. Die inhaltliche Ausarbeitung dieser Elemente ermöglicht eine Analyse der Intention der Bank, um diese mit der Referenz der Islam-Konformität (Intentionen der Scharia) vergleichen zu können. Die weitere Problematik, die mit dem Begriff der Islam-Konformität einhergeht und sich in zwei divergierend verlaufenden Ansätzen (formal vs. intentional) ausdrücken kann, stellt die Nachhaltigkeit und Profitabilität islamischer Banken grundsätzlich infrage.[19] Die Debatte nach der Sinnhaftigkeit islamischer Banken oszilliert dabei zwischen einem formalistischen Ansatz und einem intentionalen, der den formalistischen umfasst und die Intentionen der Scharia berücksichtigt.[20]

---

und sie dazu bewegen, ihre Produkte zum Zwecke der Risikominimierung entsprechend anzupassen.

16 Andere Vertragsformen (*wakāla bi-l istiṯmār, mušāraka*) werden ebenfalls herangezogen und sind hinsichtlich der Gewinn- und Verlustbeteiligung des Kapitalgebers im Wesentlichen mit der *muḍāraba* gleichzusetzen.

17 ʿIzz ad-Dīn Ḫūǧa, *an-Niẓām al-maṣrafī al-islāmī*, Tunis 2013, S. 93 f.; Mahlknecht, *Islamic Finance*, S. 116.

18 Die vermeintliche Sicherheit der Einlage und die Vergütung (Verzinsung) nehmen dem Einleger das Interesse an der Eruierung der Verwendungszwecke und der finanzierten Geschäftsfelder seitens der Bank. Ein Grund für die Verfolgung ist für den Einleger aufgrund der Befriedigung seiner Interessen (Sicherheit und Vergütung) nur schwer zu finden.

19 Asyraf Wajdi Dusuki, *What does Islam say about Corporate Social Responsibility?*, in: International Association for Islamic Economics, Review of Islamic Economics, Vol. 12, 2008, No. 1, (5–28) S. 13 ff.

20 Rahim Shafinah, *Distributive Justice. A Perspective from Islamic Economics Literature*, in: Journal of Emerging Economics and Islamic Research, Vol. 1, 2003, No. 3,

Zwar kommunizieren alle islamischen Banken auf der Marketing- und Vertriebsebene die in der Theorie postulierten Ziele wie sozioökonomische Gerechtigkeit, transparente, vom Partnerschaftsgedanken geprägte Finanzierungsprodukte, gesellschaftliche Verantwortung und Wertebewusstsein, doch bleiben sie einen Beleg für diese Postulate in ihrer Praxis oft schuldig.[21] In diesem Zusammenhang könnten die im Rahmen dieser Arbeit ausführlich zu diskutierenden Intentionen der Scharia im Bereich der intersubjektiven, wirtschaftlichen Beziehungen Aufschluss über einen praktikablen, den Intentionen entsprechenden Lösungsansatz geben. Die Praxis scheint jedoch fern von der Berücksichtigung, geschweige denn von der Anwendung der Intentionen in den Produkten zu sein.[22]

Die Betrachtung islamischer Banken kann im Hinblick auf die Gestaltungsmöglichkeiten im Zusammenhang mit den Intentionen ohne die Betrachtung der Gestaltungsgrenzen des geltenden Rechtsrahmens keine realisierbaren Ergebnisse liefern. Der Fokus dieser Arbeit liegt deshalb auf dem durch die geltenden Gesetze definierten Gestaltungsraum und betrachtet islamische Banken und ihre Praxis außerhalb dieses Rahmens nur oberflächlich und allgemein.

In diesem Zusammenhang stellt sich die Frage, welchen Ansatz in Deutschland operierende Banken, die den Anspruch auf Islam-Konformität erheben, verfolgen und welche Implikationen sich aus der getroffenen Wahl für das Geschäftsmodell und die Produktkonzeption ergeben.[23] Die angesprochenen Probleme stehen in einer logischen Reihe aus einander resultierenden Aspekten. Um einen alle beschriebenen Problempunkte erfassenden Lösungsansatz erarbeiten zu können, gilt es deshalb, im Rahmen eines Priorisierungsprozesses die jeweils tragenden Themen zu diskutieren. In diesem Kontext werden zunächst ausführlich die Intentionen mit dem Fokus auf ihrer praktischen Bedeutung

---

(1–23) S. 13 ff.; vgl. auch http://tribune.com.pk/story/538577/is-islamic-banking-as-exploitative-as-conventional-banking/ (letzter Zugriff: 18.3.2015).

21 Habib Ahmed, *Maqāṣid al-Sharīʿah and Islamic Financial Products: A Framework for Assessment*, in: ISRA International Journal of Islamic Finance, Vol. 3, 2011, Issue 1, (149–160) S. 151; Bilal Khan/Emir Aly Crowne-Mohammed, *The Value of Islamic Banking in the Current Financial Crisis*, in: Review of Banking & Financial Law, Vol. 29, 2009–2010, (441–464) S. 460.

22 Ahmed, *Maqāṣid al-Sharīʿah and Islamic Financial Products*, S. 151.

23 Zwar existiert, wie bereits erwähnt, eine erste islamische Bank in Deutschland, doch ist der Begriff „islamisch“ bzw. „Islam-konform“ weder geschützt noch definiert; vgl. ebd., S. 150. Wie noch zu zeigen ist, kann der Begriff verschiedene Auffassungen beinhalten. Siehe hierzu ausführlich ebd., S. 150 f.

analysiert, um ein auf das Banking anwendbares Grundverständnis der Begrifflichkeiten „islamisch" bzw. „Islam-konform" zu erarbeiten, auf dessen Grundlage eine Banking-Struktur formuliert werden kann, die banksteuerliche Aspekte berücksichtigt, die sich wiederum in den dem Publikum angebotenen Produkten ausdrücken.

1.3 Zielsetzung

Die vorliegende Arbeit verfolgt das primäre Ziel, ein Grundverständnis des Begriffs „islamisch" bzw. „Islam-konform" zu schaffen, das die Intentionen der Scharia berücksichtigt und sowohl Form als auch Inhalt in Einklang bringt. Dieses Grundverständnis kann als Maßstab für die Würdigung der Praxis islamischer Banken im hiesigen Rechtssystem verstanden werden und soll als Grundlage für die Erfüllung finanzwirtschaftlicher Bedürfnisse im Sinne der Intentionen der Scharia dienen. Darauf aufbauend soll dann das sekundäre Ziel verfolgt werden, im Sinne dieses Verständnisses Grundelemente einer Banking-Struktur im Rahmen des geltenden Rechts zu schaffen, die den Bedürfnissen der Marktteilnehmer Rechnung trägt. In diesem Zusammenhang soll dann als tertiäres Ziel eine Würdigung der Hauptfinanzierungsinstrumente im Lichte des besagten Grundverständnisses von Islam-Konformität erfolgen, die in einen praktischen Lösungsvorschlag mündet. Dieser Lösungsvorschlag soll dabei die rechtlichen Möglichkeiten des deutschen Rechts bemühen, die Idee des Islamic Banking zu realisieren. Der Lösungsvorschlag soll so eine mögliche Alternative zur herrschenden Islamic-Banking-Praxis bieten und möglicherweise zu einem Umdenken innerhalb der IB-Industrie weltweit anregen.

1.4 Forschungsstand

Bislang findet sich keine Literatur, die sich explizit mit dem interdisziplinärem Thema „Anwendung der Intentionen der Scharia (*maqāṣid aš-šarīʿa*) im Islamic Banking in Deutschland" befasst.[24] Der Grund könnte in der Tatsache

---

24 In der deutschsprachigen Literatur lassen sich zum Bereich *maqāṣid aš-šarīʿa* folgende Werke finden: Lahbib El Mallouki, *Zweckrationales Denken in der islamischen Literatur. Al-maqāṣid als systemhermeneutisches Denkparadigma*, Frankfurt am Main 2013; Jameleddine Ben Abdeljelil/Serdar Kurnaz, *Maqāṣid aš-šarīʿa. Die Maximen des islamischen Rechts*, Berlin 2014; Jasser Auda, *Einführung in die islamischen Rechtszwecke maqāṣid aš-šarīʿa*, Berlin 2015; Muhammet Sait Duran, *Zur Theorie einer teleologischen Methode in der islamischen Normenlehre: Aš-Šāṭibīs (gest. 790/1388) Konzept der Absichten der Scharia (maqāṣid aš-šarīʿa)*, Berlin 2015; Mohammed

liegen, dass es in Deutschland bisher noch keine islamische Bank gab und bis vor wenigen Jahren auch nicht denkbar oder gar absehbar war, dass es eine solche geben könnte. Darüber hinaus ist das kritische Hinterfragen der inhaltlichen Bedeutung der Begriffe islamisch bzw. Islam-konform in diesem Zusammenhang nicht erfolgt.[25] Der Bezug zu den Intentionen wird in den Publikationen nicht hergestellt. Die deutschsprachige Literatur zu dem Thema Islamic Banking insgesamt steckt bedingt durch das mangelnde Angebot deshalb noch in den Kinderschuhen. Darüber hinaus werden das

---

Nekroumi, *Ansätze hermeneutischen Denkens in Šāṭibīs maqāṣid-Theorie. Grundfragen einer modernen Relektüre*, in: Bülent Ucar/Mouez Khalfaoui, *Islamisches Recht in Theorie und Praxis. Neue Ansätze zu aktuellen und klassischen islamischen Rechtsdebatten*, Frankfurt am Main 2016; Birgit Krawietz, *Hierarchie der Rechtsquellen im tradierten sunnitischen Islam*, Berlin 2002.

25 Zwar gibt es zahlreiche Schriften, die sich mit der Praxis des Islamic Banking sowohl aus historischem Blickwinkel als auch aus aktuellen gegebenen Anlässen sehr kritisch auseinandergesetzt haben und aus ihrem Vergleich mit dem konventionellen Banking insbesondere in den Bereichen des Einlagen- und Finanzierungsgeschäfts auf der vertraglichen Ebene bis auf die komplexere Produktstruktur sowohl rechtlich als auch ökonomisch wenig entscheidende Unterschiede ausmachen konnten, jedoch wurde eine vor dem Hintergrund der Intentionen verstandene und aus ihr abgeleitete finanzwirtschaftliche Struktur nicht in Betracht gezogen. Vgl. Cornelia Manger-Nestler/Ludwig Gramlich, *Flucht ins Dunkel. Bedarf an und Stand der transnationalen Regulierung des Schattenbanksektors. Auch ein Modell für Islamic Finance?*, in: ZBB 2015, Heft 5, (337–348); Peter Becker, *Islamic Banking und Finance – (zukünftige) Herausforderung der notariellen Praxis*, in: RNotZ, 2014, (22–34); Erkan Sengün/Johannes Engels, *Die aufsichtsrechtliche Behandlung Islam-konformer Investitionen*, in: Kreditwesen, 2012, (290–294); Cornelia Manger-Nestler/Ludwig Gramlich, *Islamic finance und Recht der EU-Finanzmarktaufsicht – (k)ein Problem? – Eine deutsche Perspektive*, in: ZBB, Heft 4, 2011, (305–317); Kilian Bälz, *Islamisches Kreditwesen: Religion, Wirtschaft und Recht im Islam*, in: ZVglRWiss, Heft 3, 2010, (272–292); Herbert Zerwas/Sascha Demgensky, *Islamic Banking in Deutschland und Bankerlaubnis nach dem Kreditwesengesetz*, in: WM, HEFT 64, 2010, (692–701); Matthias Casper, *Islamische Finanztransaktionen ohne Erlaubnis nach dem KWG?* In: ZBB, HEFT 5, 2010, (345–362); Jan Sorge, *Mitglieder von Sharia Boards als Schattendirektoren*, in: ZBB, 2010, (363–373); Markus P. Bolsinger/Peter Breschendorf, *Grundlagen des Islamic Banking & Finance*, in: ZBB, 2009, (460–467); Claus Luttermann, *Islamic Finance. Ein Dialog über Recht, Weltwirtschaft und Religionen*, in: JZ, 2009, (706–715); Ludwig Gramlich/Cornelia Manger-Nestler, *Wirtschaftsaufsicht über „Islamic finance" in Deutschland*, in: WM, 2009, (1629–1637); ders./dies., *Islamic Banking in Deutschland: Neue Regulierungsansätze*, in: WM, 2009, (1677–1681); Simon G Grieser, *Die Grundstrukturen des Islamic Finance und Islamic Banking*, in: FLF, 2005, (105–107).

Grundverständnis und die Konzeption islamischer Banken nicht kritisch hinterfragt. Zwar werden eingangs stets die maßgeblichen Rechtsquellen und Prinzipien beschrieben, der weitere Schritt zur Anwendung dieser auf mögliche Gestaltungsansätze wird jedoch nicht unternommen. Es lässt sich insofern eine Kluft zwischen der theologischen Auseinandersetzung mit den Begriffen islamisch und Islam-konform im Zusammenhang mit den Intentionen und der von Ökonomen und Juristen behandelten Thematik des Islamic Bankings verzeichnen. Nichtsdestotrotz finden sich wichtige Einsichten, die grundsätzliche Fragen tangieren, wie etwa das Thema des Scharia Risikos[26] oder das grundsätzliche Thema der Notwendigkeit einer Banklizenz.[27] Hierbei geht es um die möglichen Würdigungsmöglichkeiten der Produkte islamischer Banken vor einem Gericht.[28] Dabei spielt die Bezeichnung des Produkts weniger eine Rolle als vielmehr seine Struktur und die sich daraus ergebende rechtliche Konsequenz für beide Parteien (Bank und Kunde), auf die letztlich ein Richter abstellt.[29]

Der Umfang englisch- und arabischsprachiger Literatur zum Thema des Islamic Banking ist mittlerweile sehr groß und nimmt auch in Bezug auf das Thema der Rolle der Intentionen im Islamic Banking zu.[30] Es existieren Dissertationsschriften, die sich explizit mit dem Thema der Intentionen im finanzwirtschaftlichen

---

26 Vgl. Bälz, *Islamisches Kreditwesen*, S. 272–292.

27 Vgl. Gramlich/Manger-Nestler, *Wirtschaftsaufsicht über „Islamic Finance" in Deutschland*, S. 1629–1637; ders., *Islamic Banking in Deutschland: Neue Regulierungsansätze*, S. 1677–1681.

28 Kilian Bälz, *Sharia Risk? How Islamic Finance has transformed Islamic Contract Law*, in: Islamic Legal Studies Program, Harvard Law School, Occasional Publications, No. 9, 2008, (1–29).

29 Die Berücksichtigung der rechtlichen Konsequenz nimmt eine herausragende Stellung in puncto Islam-Konformität eines Produkts ein. Denn die positivrechtliche Bedeutung und Folge ist entscheidend für die Durchsetzung der Rechte, die in einem „Islam-konformen" Finanzierungsvertrag vereinbart werden. Ohne die Berücksichtigung der Implikationen vor dem Hintergrund des geltenden Rechts bleibt der Anspruch auf Islam-Konformität schließlich im luftleeren Raum ohne nennenswerte rechtliche Relevanz.

30 Asutay/Harningtyas, *Developing Maqasid al-Shari'ah Index to Evaluate Social Performance of Islamic Banks*, S. 2; Mahmoud Mohieldin, *Realizing the Potential of Islamic Finance*, in: Poverty Reduction and Economic Management (PREM) Network, The World Bank, 2012, No. 77, (1–7); Ahmed, *Maqāṣid al-Sharīʿah and Islamic Financial Products*, S. 149–160; Ahmed/Mohieldin/Verbeek/Aboulmagd, *On the Sustainable Development Goals and the Role of Islamic Finance*, S. 1–44.

Bereich beschäftigen,[31] die jedoch vielmehr ein Rezipieren und innovationsfreies Wiedergeben ist.[32]

Bei der Suche nach Werken zu den *maqāṣid aš-šarīʿa*, die sich sowohl allgemein[33] mit den Intentionen und Zielen der Scharia befassen als auch im Speziellen[34] mit dem Vermögensschutz bietet sich eine große Anzahl sowohl klassischer als auch moderner Literatur an. Jedoch wird in diesen Schriften kein Bezug zum Bankwesen hergestellt. Vielmehr wird beschrieben, wie die bereits bestehenden Regeln aus dem *fiqh* im Rahmen der Intentionen der Scharia zu verstehen sind.

Alle Arbeiten, die das Thema Islamic Banking bisher behandelt haben, legen das Bankwesen als Möglichkeitsrahmen zugrunde und berücksichtigen keine darüber hinausgehenden Umsetzungsalternativen. So lässt sich in keinem der einschlägigen Werke die Betrachtung des Islamic Banking aus Sicht des Einzelhandels finden, obwohl immer wieder darauf hingewiesen wird, dass das Islamic Banking auf Handel und Beteiligungen beruht. Diese Starre führt zur Wiederholung von bereits Formuliertem, das heißt die Literatur ist wenig innovativ und praxisrelevant, was sich gerade in der Diskrepanz zwischen Literatur und Praxis zeigt.

1.5 Vorgehensweise und Methoden

Diese Arbeit verfolgt einen deskriptiv-analytischen Ansatz. Die jeweiligen Themenabschnitte werden deskriptiv wiedergegeben, in Zusammenhang gebracht und auf das Erkenntnisziel dieser Arbeit hin analysiert. Dadurch soll die theoretische Grundlegung für islamische Banken erforscht und der Bezug zur praktischen

---

31 Wie z.B. ʿIzz ad-Dīn b. Zuġaiba, *Maqāṣid aš-šarīʿa al-ḫāṣṣa bi-t-taṣarrufāt al-māliyya*, Dubai, 2001.

32 Vgl. A mad Mahdī bi-l-Wāfī, *Murāǧaʿa ʿilmiyya li-kitāb Maqāṣid aš-šarīʿa al-ḫāṣṣa bi-t-taṣarrufāt al-māliyya*, in: Journal of King Abdulaziz University: Islamic Economics, Vol. 21, 2008, No. 1, (71–82).

33 Abū Ḥāmid al-Ġazālī, *al-Mustaṣfā min ʿilm al-uṣūl*, ed. von Muḥammad Tāmir, Kairo 2011; Abū Isḥāq aš-Šāṭibī, *al-Muwāfaqāt fī uṣūl aš-šarīʿa*, ed. von ʿAbdallāh Darāz, Kairo 2006; al-ʿIzz b. ʿAbd as-Salām, *al-Qawāʿid al-kubrā. Qawāʿid al-aḥkām fī maṣāliḥ al-anām*, ed. von Nazīh Ḥammād und ʿUṯmān Ḍumairiyya, Damaskus 2000; Abū Bakr Muḥammad b. aš-Šāšī, *Maḥāsin aš-šarīʿa fī furūʿ aš-šāfiʿiyya*, ed. von Muḥammad ʿAlī Samak, Beirut 2007; Muḥammad aṭ-Ṭāhir b. ʿĀšūr, *Maqāṣid aš-šarīʿa al-islāmiyya*, Tunis, 2012; Aiman al-Ayyūbī, *Maqāṣid aš-šarīʿa fī taḫṣīṣ al-maṣlaḥa bi-n-naṣṣ wa-taṭbīqātuhā fi-l-fiqh al-islāmī*, Amman 2011; ʿAllāl al-Fāsī, *Maqāṣid aš-šarīʿa al-islāmiyya wa-makārimuhā*, Beirut 1993.

34 Ibn ʿĀšūr, *Maqāṣid aš-šarīʿa al-islāmiyya*; Ibn Zuġaiba, *al-Maqāṣid al-ḫāṣṣa bi-t-taṣarrufāt al-māliyya*.

Umsetzung hergestellt werden, um schließlich die Frage beantworten zu können, ob das Islamic Banking in Deutschland in der Form von Kreditinstituten nachhaltig möglich ist.[35] Dafür bedarf es der Analyse der islamrechtlichen Anforderungen als theoretisches Grundgerüst für das Islamic Banking und der anschließenden Analyse des rechtlichen Rahmens für das bestehende Bankwesen in Deutschland, um vor dem Hintergrund dieser Zusammenhänge die Frage zu diskutieren, welche Strukturen eine Bank aufweisen muss, die den genannten islamischen Anforderungen genügen möchte. Die deskriptiv-analytische Methode erlaubt eine Aufschlüsselung und genauere Betrachtung des Phänomens islamischer Banken.

Nach der Einleitung (Kapitel 1), die Problem, Hintergrund und Ziel dieser Arbeit umreißt und in deren Rahmen unter dem Abschnitt „Begriffsklärung" die Unterscheidung zwischen den Begriffen islamische Bank und Islamic Banking vorgenommen wird, soll das Grundverständnis in Bezug auf finanzwirtschaftliche Fragen thematisiert werden (Kapitel 2). Hier sollen zunächst die Scharia und ihre Intentionen (*maqāṣid aš-šarīʿa*) deskriptiv analysiert und in diesem Zusammenhang auch die maßgebliche Rolle des Individuums bei der Umsetzung der Intentionen untersucht werden. Die Ausführungen zu den Intentionen der Scharia stützen sich maßgeblich auf die *maqāṣid*-Lehre von Abū Isḥāq aš-Šāṭibī, der sich in seinem Werk *al - Muwāfaqāt fī uṣūl aš-šarīʿa* ausführlich in die Thematik vertieft und entscheidende Erkenntnisse vorlegt insbesondere in Bezug auf die Notwendigkeit der individuellen Intentionen, den Intentionen der Scharia zu entsprechen, um schließlich die Intentionen der Scharia realisieren zu können. Danach ist die damit in Verbindung stehende Intention des Vermögensschutzes (*maqṣad ḥifẓ al - māl*) und der sich daraus ergebende Handlungsrahmen im finanzwirtschaftlichen Bereich zu erarbeiten. Im Vordergrund stehen dabei die das Islamic Banking charakterisierenden und dem Vermögensschutz dienenden Elementen wie Zins- und Spekulationsverbot, aber auch die Restriktionen in Bezug auf gewisse Geschäftsfelder und die Etablierung einer Positivliste im Sinne der fünf Rechtsgüter in der *maqāṣid*-Lehre.

---

35 Die Tatsache, dass es in der Bundesrepublik seit der Gründung der KT Bank AG im Jahre 2015 eine sich als islamisch bezeichnende Bank gibt, soll nicht darüber hinwegtäuschen, dass diese Frage damit noch nicht geklärt ist. Die lizenzvergebende Bundesanstalt für Finanzdienstleistungsaufsicht (BaFin) erteilt die Erlaubnis zum Betreiben von Bankgeschäften auf der Grundlage des § 32 KWG. Sie behandelt beim Prozess der Lizenzerteilung nicht die Konformität mit den Anforderungen des Islamic Banking, die bspw. in den sog. *Sharia Standards* der AAOIFI festgelegt sind. Insofern hat die Gründung einer islamischen Bank wenig Aussagekraft hinsichtlich der Entsprechung islamrechtlicher und islamintentionaler Anforderungen.

In Kapitel 3 werden zunächst die aufsichtsrechtlichen und regulatorischen Rahmenbedingungen für in der Bundesrepublik Deutschland zugelassene und operierende Kreditinstitute vorgestellt, um so die Grenzen der Handlungsmöglichkeiten zu erkunden. Anschließend werden die im Kapitel 2 gewonnenen Erkenntnisse beansprucht, um im beschriebenen Rahmen, Kernelemente einer rechtlich umsetzbaren Islamic Banking-Struktur aufzuzeigen. Hierbei geht es um grundlegende Fragen der theoretischen Grundauffassung zur Rolle und Funktion von Banken, die damit verbundenen Herausforderungen im Verhältnis zwischen Bank und Kunde, sowie die sich daraus ergebende produktgestaltungsbezogene Implikationen. Darüber hinaus geht es um die juristische Definition von Kreditinstituten, die in Vergleich zu einem von den Intentionen ausgehenden Banking-Verständnis gesetzt werden soll, um herauszufinden, ob die Gestaltungsmöglichkeiten im regulatorischen Rahmen für Kreditinstitute, die das Islamic Banking betreiben möchten, zu positiven Ergebnissen führen können. In diesem Zusammenhang sollen weitere Aspekte des herrschenden Bankwesens hinsichtlich des Risikomanagements, der Vergütungsnatur (Zins) sowohl der Einlagen als auch der Kredite, als auch der *Corporate Governance*, untersucht werden. Die Hauptaufgabe dieses Kapitels liegt daher in der Beantwortung der Frage nach der Kompatibilität der Zielsetzung des Islamic Bankings (Zweck, *maqṣad*) mit den zur Verfügung stehenden Rahmen für Kreditinstitute (Mittel, *wasāʾil*), der wiederum ohne die Klärung der Kernfrage nach den Ansätzen (formalistisch, intentional) nicht nachgekommen werden kann.

In Kapitel 4 geht es schließlich um eine nähere Betrachtung der maßgeblichen Instrumente, die bei islamischen Banken im Einlagen- und Finanzierungsgeschäft eingesetzt werden. Nach einer kurzen Vorstellung der herkömmlichen Produkte im Einlagen- und Kreditgeschäft soll hier zunächst eine deskriptive Wiedergabe der in Theorie und Praxis oft genannten und angewandten Vertragsformen für vergütete Einlagen islamischer Banken (*muḍāraba*-Vertrag) und für profitorientierte Finanzierungen (*murābaḥa*-Vertrag) erfolgen. Dabei sollen die Definitionen der Accounting and Auditing Organization for Islamic Financial Institutions (AAOIFI) und des Islamic Financial Services Board (IFSB) als Grundlage dienen. In Bezug auf einzelne relevante Fragen, die etwa die Haftung des *muḍārib* im Verlustfall oder die Garantie der Einlage betreffen, werden einschlägige Werke bemüht, in denen es darum geht, im Rahmen der Intentionen und der Berücksichtigung der finanzwirtschaftlichen Bedürfnisse im regionalen Kontext eine adäquate Würdigung zu erreichen. Dabei geht es besonders um die islamrechtliche Frage nach der Garantie der *muḍāraba*-Einlage und darum, welche Implikationen für das Bankwesen damit einhergehen.

Die Arbeit schließt mit einer Zusammenfassung der erlangten Erkenntnisse und mit der Frage, ob der für Kreditinstitute vorgegebene rechtliche und aufsichtliche Rahmen für das Islamic Banking im Sinne der *maqāṣid* eine zweckmäßige Plattform bietet, einen dem theoretischen Grundverständnis entsprechenden und im rechtlichen Rahmen praktisch umsetzbaren Lösungsansatz für das Islamic Banking in Deutschland anzubieten. Daneben soll durch die erlangten Ergebnisse ein anderer Betrachtungswinkel eingenommen werden, aus dem Islamic Banking aus der Perspektive des Einzelhandels beleuchtet wird. Dabei geht es um die Frage, ob die Idee der *murābaḥa*-Finanzierung, die im Kern einen Kauf mit gestundeter Kaufpreiszahlung darstellt, durch darauf spezialisierte Einzelhändler bewerkstelligt werden kann und wie das im finanztechnologischen Zeitalter realisiert aussehen könnte.

1.6 Begriffsklärung

Murābaḥa: *Murābaḥa* beschreibt ein Handelsgeschäft, bei dem der Anschaffungspreis und der Gewinnaufschlag (*ribḥ*) dem Käufer bei Vertragsschluss bekannt ist. Die praktische Umsetzung im Islamic Banking sieht einen vorausgehenden Schritt im *Murābaḥa*-Prozess vor. Der Kunde bittet die Bank, die Ware zunächst selbst zu erwerben, um sie anschließend an den Kunden weiter zu veräußern. Da die Bank sichergehen möchte, dass der Kunde ihr die Ware auch wirklich abkauft, sobald sie selbst Eigentümerin geworden ist, bittet sie ihn eine einseitige Verpflichtungserklärung abzugeben, in der er sich dazu verpflichtet, die Ware zu kaufen, sobald sie ihm von der Bank angeboten wird.

Tawarruq: Auch als *commodity murābaḥa* oder *reverse murābaḥa* bezeichnet, beschreibt eine Verknüpfung unterschiedlicher Verträge, um Liquidität zu beschaffen und kann daher als Liquiditätsbeschaffungsinstrument angesehen werden. Dabei erwirbt zunächst eine Partei eine Ware auf Kredit (etwa im Rahmen einer *murābaḥa*) und veräußert diese unmittelbar darauf in einem anderen Vertrag an eine andere Partei.

Iǧāra: *Iǧāra* meint Miete bzw. Leasing und ist mit der Miete bzw. dem operating Leasing nach §§ 535 ff. BGB vergleichbar. Der Vermieter bzw. Leasinggeber stellt dem Mieter bzw. Leasingnehmer die Miet- bzw. Leasingsache zum Besitz und Nutzung zur Verfügung. Laufzeit und Mietzins bzw. Leasinggebühr müssen bei Vertragsschluss festgelegt sein.

Iǧāra muntahiya bi-t-tamlīk: Bei der *iǧāra al-muntahiya bi-t-tamlīk* findet am Ende der vereinbarten Laufzeit eine Eigentumsübertragung statt. Diese muss in einem separaten Vertrag vereinbart werden und im *iǧāra*-Vertrag nicht bedungen werden.

Muḍāraba: *Muḍāraba* beschreibt eine Partnerschaft, die dadurch gekennzeichnet ist, dass ein Partner Kapital zur Verfügung stellt, der andere mithilfe des bereitgestellten Kapitals sich unternehmerisch betätigt. Die Beteiligungsquoten beider Partner werden bei Vertragsschluss festgelegt. Im Falle eines positiven Ertrags wird der Nettogewinn (Ertrag – Kosten – Kapital = Nettogewinn) entsprechend der Beteiligungsquoten geteilt. Im Verlustfall verliert der Kapitalgeber sein Kapital, der Unternehmer seine Arbeit.

Mušāraka: Mušāraka meint ebenfalls eine Partnerschaft, die jedoch von allen Partnern verlangt, Kapital einzubringen und kann mit dem Begriff „Joint Venture“ verglichen werden. Es kann hierbei ein Partner als Geschäftsführer bestellt werden, der für seine Betätigung einen höheren prozentualen Anteil am entstandenen Nettogewinn erhalten kann. Die Beteiligungsquote muss jedoch bei Vertragsschluss festgelegt sein. Die Gestaltungsfreiheit besteht nur für den Fall eines positiven Ertrags. Im Verlustfall haften die Partner nur bis zur Höhe ihres eingesetzten Kapitals.

Waʿd: *waʿd* ist eine einseitige Verpflichtungserklärung und meint wörtlich ein Versprechen. Diese Erklärung kommt u.a. in der bereits beschriebenen *murābaḥa* zur Anwendung. Der Kunde verspricht der Bank, die Ware zu kaufen, sobald sie ihm die Bank anbietet.

Wakāla und wakāla bi -l-istiṯmār: Mit *wakāla* ist die Vollmacht nach § 167 BGB gemeint und wird sowohl im Finanzierungs- als auch im Anlagegeschäft. Im Finanzierungsgeschäft wird die *wakāla* bspw. im Rahmen einer *murābaḥa*-Finanzierung angewandt. Die Bank kann den Kunden bevollmächtigen, die Ware in ihrem Namen zu erwerben und an sich selbst zu veräußern. Im Anlagegeschäft bevollmächtigt bspw. der Anleger die Bank, sein bereitgestelltes Kapital etwa in Aktien anzulegen bzw. zu investieren (*wakāla bi-l-istiṯmār*).

1.7 Wichtige Institutionen für das Islamic Banking

Neben den für die Arbeit wichtigsten Institutionen AAOIFI und IFSB gibt es weitere, für die Arbeit weniger relevante Institutionen, die aber dennoch genannt werden sollen. Hierzu gehört der *International Islamic Financial Market* (IIFM), eine Non-Profit-Organisation, die in Bahrains Hauptstadt Manama ihren Sitz hat. Ihre Aufgabe besteht darin, die Entwicklung eines weltweiten islamischen Primär- und Sekundärmarktes zu unterstützen.[36] Der Hauptfokus des IIFM liegt daher auf der Standardisierung und Weiterentwicklung von Islam-konformen

36 Mahlknecht, *Islamic Finance*, S. 61.

Finanzinstrumenten, Verträgen, der Produktentwicklung und der Infrastruktur sowie der Formulierung von Richtlinien und Empfehlungen für die Erhöhung des islamischen Geld- und Kapitalmarktes weltweit.[37] Eine weitere nennenswerte Organisation ist das *Liquidity Management Centre* (LMC) ebenfalls mit Sitz in Manama. Das 2002 gegründete Unternehmen mit Islamic-Investment-Bank-Lizenz hat die Aufgabe, die Investition von überschüssigen Mitteln islamischer Finanzinstitute in kurz- und mittelfristige Finanzinstrumente zu erleichtern.[38] Die Produkte des LMC lassen sich unterteilen in kurzfristige besicherte *ṣukūk* – das *Short Term Sukuk Program* (STS) –, die Emission von *ṣukūk* am Primärmarkt,[39] Aktivitäten am *ṣukūk*-Sekundärmarkt, die Emission islamischer Investmentfonds und die Koordination bilateraler Finanzierungsstrukturen.[40] Darüber hinaus bietet das LMC auch Beratung und Unterstützung an, wenn es bspw. um die Verwaltung von *ṣukūk*-Portfolios für Dritte geht, die Beratung zu und Bewertung von Investitionen oder die Strukturierung von White-Label-Instrumenten.[41] Der *General Council for Islamic Banks and Financial Institutions* (CIBAFI) wurde 2001 mit Sitz ebenfalls in Manama gegründet und hat die Aufgabe, die islamische Finanzbranche international zu vertreten und sie in Theorie und Praxis zu unterstützen.[42] Zu den Zielen der Institution gehören: Unterstützung islamischer Finanzinstitute, Verbreitung von Konzepten, Regeln und Bestimmungen der islamischen Finanzbranche, Anbieten von Informationen zu islamischen Banken, Finanzinstituten und damit zusammenhängenden islamischen Organisationen, Förderung der Interessen der Mitglieder, Teilnahme an der Entwicklung der islamischen Finanzbranche durch die Förderung von Forschung und Entwicklung.[43] Des Weiteren gibt es das *Islamic Research and Training Institute* (IRTI), das 1981 als Teil der *Islamic Development Bank* (IDB) in Dschidda gegründet wurde, um Forschung durchzuführen und Trainings- und Informationsdienstleistungen in verschiedenen Ländern anzubieten, um diese dabei zu unterstützen, ihre

---

37 Ebd.

38 Ebd., S. 71 f.

39 Das LMC bietet seinen Kunden in diesem Zusammenhang *ṣukūk*-Strukturen und Dokumentation für *ṣukūk* an, die sich auf verschiedene *ṣukūk*-Arten beziehen können, vgl. ebd., S. 73.

40 Ebd.

41 Mahlknecht, *Islamic Finance*, S. 74. Unter White-Label-Produkt bzw. White-Label-Lösung versteht man ein Produkt, das unter verschiedenen Namen bzw. Marken angeboten werden kann und in der Regel nicht von dem Unternehmen angeboten wird, das es ursprünglich hergestellt hat; vgl. Lenny Ghersi/Sue Lee/Allan Karadagi, *Gabler Kompakt-Lexikon Internet*, Wiesbaden 2002, S. 31.

42 Ebd.

43 Ebd.

Finanzaktivitäten Islam-konform zu gestalten.[44] Schließlich ist der *Dubai International Financial Exchange* (DIFX) zu nennen, die wichtigste Börse im Nahen Osten, die im September 2005 in der Finanzdrehscheibe Dubai eröffnet wurde. Am DIFX, der vollständig im Eigentum der Börse von Dubai steht, können Aktien ebenso gehandelt werden wie *ṣukūk*, konventionelle Anleihen und konventionelle wie Islam-konforme strukturierte Produkte. Der DIFX hat sich im Handel von *ṣukūk* dem Volumen nach bereits zur größten Börse der Welt entwickelt und hat über zwanzig Mitgliedsbroker, zu denen regionale wie internationale Banken gehören. Die Emittenten der am DIFX gehandelten Titel kommen aus zahlreichen Ländern, darunter Deutschland, die Schweiz, Großbritannien, die USA, Indien, Australien, Bahrain, Kuwait und Saudi-Arabien.[45]

1.7.1 AAOIFI

Die *Accounting and Auditing Organization for Islamic Financial Institutions* (AAOIFI) wurde 1990 als Non-Profit-Organisation gegründet und hat ihren Sitz ebenfalls in Manama. Die AAOIFI hat über 160 Mitglieder aus über 50 Ländern und ist für die Entwicklung von Standards im Bereich des Rechnungswesens, des Bank- und Versicherungswesens und der Corporate Governance sowie der wirtschaftsbezogenen Ethik allgemein zuständig. Bislang hat sie 54 sog. Sharia Standards, 27 Standards für den Bereich der Rechnungslegung, sieben im Bereich der Corporate Governance und zwei im Bereich Ethik entwickelt.[46] Diese Standards haben keine rechtliche Verbindlichkeit und werden von den jeweiligen Instituten freiwillig übernommen. Die bahrainische Zentralbank jedoch erklärte die AAOIFI-Standards für obligatorisch für in Bahrain zugelassene islamische Banken.[47] Außer von der bahrainischen Zentralbank werden die AAOIFI-Standards zunehmend von anderen Zentralbanken anerkannt und in den Produktentwicklungsprozessen vieler islamischer Banken international berücksichtigt.[48]

Die Ziele der AAOIFI sind die Entwicklung von Standards zur Rechnungslegung und -prüfung in Bezug auf islamische Finanzinstitute, die Schulung, Qualifikation und Zertifizierung von Angestellten in der Islamic-Finance-Branche, die Vorbereitung

44 Ebd.

45 Ebd., S. 77.

46 Vgl. Internetpräsenz der AAOIFI unter: http://aaoifi.com/issued-standards-4/?lang=en (letzter Zugriff: 2.10.2016).

47 Souheil Thabti, *Die regulatorischen Rahmenbedingungen islamischer Banken in Bahrain*, in: Hans-Georg Ebert, *Beiträge zum Islamischen Recht X*, Frankfurt am Main 2015, (169–178) S. 176.

48 Ebd.

und Interpretation von Rechnungslegungsstandards für islamische Finanzinstitute sowie die Revision und Anpassung von Standards für islamische Finanzinsitute.

1.7.2 IFSB

Das *Islamic Financial Services Board* (IFSB) wurde 2002 gegründet und nahm seine Tätigkeit 2003 auf. Es hat seinen Sitz in der malaysischen Hauptstadt Kuala Lumpur und dient dazu, internationale Standards zu formulieren, die von Regulierungsbehörden und Aufsichtsorganen dazu eingesetzt werden können, die Stabilität des islamischen Finanzwesens in den Bereichen Banken, Versicherungen und Kapitalmarkt sicherzustellen.

Um diese Ziele zu erreichen, veröffentlicht das IFSB neue Richtlinien oder passt bestehende internationale Standards wie Basel II für islamische Institute und Instrumente an. Die Arbeit des IFSB ergänzt zu diesem Zweck die Ergebnisse des Basler Ausschusses für Bankenaufsicht, der internationalen Organisation der Wertpapieraufsichtsbehörden IOSCO (*International Organization of Securities Commissions*) sowie der internationalen Vereinigung der Versicherungsaufsichten IAIS (*International Association of Insurance Supervision*).

Zu den über 150 Mitgliedern des IFSB zählen 37 Regulierungs- und Aufsichtsbehörden, der Internationale Währungsfonds IMF (*International Monetary Fund*), die Weltbank, die Bank für Internationalen Zahlungsausgleich BIS (*Bank for International Settlements*), die *Islamic Development Bank*, die *Asian Development Bank* sowie 108 Marktteilnehmer und Unternehmer aus 22 Ländern.

Seit seiner Gründung hat das IFSB 18 Standards und Richtlinien für den Islamic-Finance-Bereich entwickelt,[49] die sich auf die Themen Risikomanagement, Kapitaladäquanz, Corporate Governance, den aufsichtlichen Revisionsprozess und auf die Transparenz und Marktdisziplin beziehen. Darüber hinaus betreffen die Standards den Islam-konformen Versicherungsbereich (*takāful*), den Islamkonformen Rückversicherungsbereich (*re-takāful*), Sharia Governance, Marktverhalten und spezielle Herausforderungen bei der Kapitaladäquanz.

Darüber hinaus verfolgt das IFSB zahlreiche Aktivitäten, die der Schaffung von Problembewusstsein in Bezug auf Themen dienen, die für die Regulierung und Beaufsichtigung der Islamic-Finance-Branche wichtig sind. Dies zeigt sich in Form von internationalen Konferenzen, Seminaren, Workshops, Qualifikationsprogrammen und Schulungen.[50]

---

49 Vgl. http://www.ifsb.org/published.php (letzter Zugriff: 17.9.2016).

50 Mahlknecht, *Islamic Finance*, S. 66 f.

2 Die Scharia und ihre finanzwirtschaftsbezogenen Intentionen

2.1 Einleitung

Das Ziel dieser Arbeit besteht darin, die Auswirkungen der Anwendung der Intentionen auf finanzwirtschaftliche Fragestellungen im Bereich des Islamic Banking zu untersuchen. Es geht dabei zunächst um die grundsätzliche Frage, was unter den Intentionen der Scharia zu verstehen ist und was ihre wirtschaftsbezogenen Implikationen für das Islamic Banking in der Konsequenz bedeuten können. Die Notwendigkeit dieser Frage ergibt sich aus der Praxis der IB-Industrie, die einigen Ökonomen zufolge[51] dem Grunde nach das herkömmliche, zinsbasierte Banking abbildet. Sie ist darüber hinaus bemüht, unter Zuhilfenahme von *Sharia Boards* diese Nachahmung durch die Selektion islamrechtlicher Handlungsnormierungen, die in einem anderen Kontext entstanden sind, unreflektiert und kontextunabhängig ohne die Berücksichtigung der Intentionen zu legitimieren. Die Praxis hat hier gezeigt, dass es sich oft bloß um eine Umbenennung von Zins in Profit oder Gewinn bei gleichzeitiger Beibehaltung konventioneller Strukturen handelt.[52] Die vertragliche Ebene dient dabei auf den ersten Blick der klaren Unterscheidung zwischen konventioneller und islamischer Finanzierung.[53] Eine genauere Analyse offenbart eine vertragliche Konstruktion, die ein verzinsliches Darlehen erreichen soll.[54] Dadurch kann den Intentionen im Hinblick auf ihre finanzwirtschaftliche Zielsetzung nicht entsprochen werden.

51 Volker Nienhaus, *Governance of Islamic Banks*, in: M. Kabir Hassan/Mervyn K. Lewis, Handbook of Islamic Banking, Cheltenham 2007, (128–143) S. 131.

52 Die landläufige Meinung über die Praxis islamischer Banken ist von der Idee geprägt, dass diese lediglich darauf ausgerichtet sind, das herrschende Bankensystem nachzuahmen.

53 Dass dies Sales- und Marketing-bezogene Gründe sind zur Akquise religiös motivierter Kunden, ist eine naheliegende Vermutung, die aus den praktischen Gegebenheiten heraus nicht ohne Weiteres abgestritten werden kann.

54 Vgl. Bälz, *Sharia Risk?*, S. 21, 24; Rupert Reed, *The Application of Islamic Finance Principles under English and DIFC Law*, in: Butterworths Journal of International Banking and Financial Law, 2014, (573–577) S. 573 f.; Julio C. Colón, *Choice of Law and Islamic Finance*, in: Texas International Law Journal, Vol. 46, 2011, No. 2 (411–435) S. 424.

Die Notwendigkeit, die schariarechtlichen, auf wirtschaftliche Fragestellungen gerichteten Normierungen an geographische und temporale Gegebenheiten anzupassen, ergibt sich zudem aus der in Studien deutlich gewordenen Diskrepanz zwischen Anspruch und empirischer Realität.[55] Dem Anspruch der Scharia auf Vermögensschutz, ökonomische Gerechtigkeit, soziale Verantwortung, Umverteilung, gleichberechtigten Zugang zu Kapital, ökologische Nachhaltigkeit, Fairness und Transparenz kann erst dann Rechnung getragen und er kann erst dann entsprechend umgesetzt werden, wenn die Intentionen und ihre finanzwirtschaftliche Bedeutung von denjenigen verstanden wurden, die Islamic Banking betreiben möchten, und ihr Wille ihnen entspricht.[56] Die unreflektierte Eins-zu-eins-Anwendung alt gefasster Normen auf aktuelle Sachverhalte kann unter Umständen zu einem nicht im Sinne der Intentionen liegenden Vermögensschaden führen, wodurch ein Mangel an Vermögensschutz in den angewendeten schariarechtlichen Normen[57] beanstandet werden kann. Des Weiteren ergibt sich die Notwendigkeit einer Anpassung auch aus dem

55 Vgl. Muhammad Ayub, *Understanding Islamic Finance*, West Sussex 2007, S. 22 ff.; Mohieldin, *Realizing the Potential of Islamic Finance*, S. 4 f.

56 Insbesondere die Entsprechung beider Intentionssphären ist für die Realisierung der sozio-ökonomischen Ziele von fundamentaler Bedeutung; vgl. Mohamad Akram Laldin/Hafas Furqani, *Insights on the Ends (Maqasid) and the Means (Wasa'il) in Islamic Finance*, Research Paper, (1–7) S. 2 ff., Quelle unter: http://www.maybank2u.com.my/iwov-resources/islamic-my/document/my/en/islamic/scoe/knowledge-centre/research-paper/Maqasid-al-Shariah-in-Islamic-Finance.pdf (letzter Zugriff: 19.6.2016). Zum sozio-ökonomischen Denken im Islam siehe S. M. Ghazanfar, *Medieval Islamic socio-economic Thought. Links with Greek and Latin-European scholarship*, in: ders., *Medieval Islamic Economic Thought*, New York 2004, (142–158) S. 142 ff.

57 Dies bedeutet nicht, dass die Anwendung der sich im Offenbarungstext befindlichen oder in den Rechtswerken abgeleiteten Normen nicht den Vermögensschutz gewährleisten kann. Vielmehr kann sich ihre unreflektierte Anwendung in dem neu aufgetretenen Kontext als nicht zielführend erweisen. So soll bspw. der Kaufvertrag dem Tausch und dem gegenseitigen Eigentumsübergang von Gütern dienen, kann jedoch zweckentfremdet und durch die Aneinanderreihung zweier Kaufverträge in seiner Gesamtheit zu einem verzinslichen Darlehen umfunktioniert werden (*Reverse Murabaha, Commodity Murabaha, Organised tawarruq, bai' al-'īna*); vgl. Asyraf Wajdi Dusuki, *Commodity Murabaha Programme (CMP). An Innovative Approach to Liquidity Management*, in: Journal of Islamic Economics, Banking and Finance, Vol. 3, 2007, No. 1, (1–23), S. 12, 16; Nidal Alsayyed, *The Use and Misuse of Commodity Murabaha: Islamic Economic Perspective*, o.O. 2009, (1–9), Quelle unter: https://mpra.ub.uni-muenchen.de/20262/1/ (letzter Zugriff: 1.6.2016).

Koran und dem dort verankerten Anspruch auf Universalität.[58] Der Koran beansprucht in den einschlägigen Textstellen eine fortwährende Gültigkeit, die unabhängig von Raum und Zeit besteht. Um diesem Anspruch gerecht zu werden, müssten die infrage kommenden Normen stets den Intentionen im jeweiligen gesellschaftlichen Rahmen entsprechen.[59] Dieser Anspruch kann jedoch nicht ernsthaft aufrechterhalten werden, wenn durch das blinde, unhinterfragte Befolgen der Normen der intrinsische Normenzweck nicht erreicht oder diesem gar widersprochen wird. Diese Starre, die sich in der strikten Anwendung[60] zeigt, und damit die Intentionen, die den entsprechenden menschlichen Bedürfnissen Rechnung tragen, nicht berücksichtigt, drängt zur Anwendung von Rechtskniffen (*ḥiyal*, Sg.: *ḥīla*).[61] Das Ziel solcher Rechtskniffe liegt in der Konstruktion von Umgehungsgeschäften, die zum einen die auf den ersten Blick formale Richtigkeit des Vertrags herstellen und zum anderen den Wünschen einer oder beider Vertragsparteien, die eine andere Intention als die der Scharia verfolgen, gerecht werden.[62] Problematisch an einer solchen Vorgehensweise sind einerseits die Begünstigung einer der Vertragsparteien auf Kosten der anderen und andererseits die Anwendung eines *ḥalāl*-Deckmantels für eine von der Scharia verbotenen Transaktion (*ribā* etwa). Durch solche Umgehungsgeschäfte kann den Intentionen folglich nicht entsprochen werden. Die Intentionen sollen nämlich der Scharia gleichzeitig Statik und Dynamik verleihen, die den Anspruch der Scharia auf Universalität stärken und es ihr ermöglichen, auf neue Sachverhalte

---

58 Koran 2:21–22; 4:1; 21:107; 25:1; 32:1; 68:87.

59 Ob der erhobene Anspruch erfüllt wird, kann sich in der Vertragsgestaltung zeigen, die im Wege der Auslegung die Berücksichtigung bzw. Nichtberücksichtigung der Intentionen offenbart.

60 Wie etwa die Anwendung der *muḍāraba* in ihrer klassischen Form auf Sparkonten, wobei der Wille der jeweiligen Parteien – zumindest der des Sparers – (klassische *muḍāraba*-Vertragsparteien vs. Sparkonten auf *muḍāraba*-Grundlage) stark differieren kann. Die eine Vertragspartei (Bank) beabsichtigt das Generieren von Erträgen mit bewusstem Eingehen von Risiken, während die andere ihre Spareinlage sicher wissen möchte und somit risikoavers ist.

61 So im Falle von Sparkonten, die auf dem *wadīʿa*-Prinzip basieren, in dem die Spareinlage garantiert wird, die Zinsen bzw. Gewinne aber in Form von Zuwendungen (Sg.: *hiba*) ausgeschüttet werden; vgl. Monzer Kahf, *Islamic Banks and Economic Development*, in: M. Kabir Hassan/Mervyn K. Lewis, Handbook of Islamic Banking, Cheltenham 2007, (277–284) S. 279 ff.; Kym Brown/M. Kabir Hassan/Michael Skully, *Operational Efficiency and Performance of Islamic Banks*, in: M. Kabir Hassan/Mervyn K. Lewis, Handbook of Islamic Banking, Cheltenham 2007, (96–115) S. 97.

62 Aš-Šāṭibī, *al-Muwāfaqāt*, Bd. 1, S. 495.

die jeweiligen Bedürfnisse (individuell und gesamtgesellschaftlich) Rechnung tragende Antworten zu geben. Durch Umgehungsgeschäfte kann die Flexibilität nicht mehr zu einer ordnungsgemäßen Anwendung kommen und die Dynamik der Scharia bleibt folglich aus. So gingen insbesondere jene Eigenschaften unter, die die Scharia auszeichnen, die im Folgenden umrissen werden sollen und auf deren wirtschaftliche Relevanz verwiesen werden soll. Islamic Banking könnte schließlich keine ernst zu nehmende Alternative sein, die zu einer Aufwertung des sozioökonomischen Status Quo beitragen könnte.

2.2 Wesen und Eigenschaft der Scharia

Die Scharia[63] als ein göttliches Ordnungs- und Prinzipiensystem,[64] das einen theologischen (*ʿaqāʾidiyy*), einen moralisch-ethischen (*aḫlāq*) und einen rechtlichen (*fiqh*) Bereich umfasst,[65] kann aufgrund der nur göttlich zu verstehenden Natur ihrer Inhalte und der daraus folgenden Fülle an möglicher menschengeprägter Deutungsvielfalt (*fiqh*) hinsichtlich konkreter Aspekte in allen drei Bereichen nur als ein Rahmen verstanden werden, der eindeutige

---

63 Der Begriff *Scharia* meint in seiner eigentlichen, allgemeinsprachlichen Bedeutung den Weg, der von einer Wasserquelle ausgeht; vgl. ʿAlī b. Muḥammad al-Ǧurǧānī, *Muʿǧam at-taʿrīfāt*, ed. von Muḥammad Ṣiddīq al-Minšāwī, Kairo o.J., S. 108 f.; Ǧamal ad-Dīn b. Manẓūr, *Lisān al-ʿarab*, Beirut o.J., Bd. 8, S. 175 ff. In der fachsprachlichen Verwendung des Wortes meint man mit *Scharia* all das, was Gott den Menschen an Glaubens- und Handlungsvorschriften offenbart hat, um die Verwirklichung der von ihm intendierten Ziele durch den Menschen zu gewährleisten; vgl. Muḥammad Saʿd al-Yūbī, *Maqāṣid aš-šarīʿa al-islāmiyya wa-ʿalāqatuhā bi-l-adilla aš-šarʿiyya*, Riad 1998, S. 30 f. Insofern stellt die Scharia in ihrem fachsprachlichen Kontext abstrakt betrachtet einen göttlich vorgezeichneten Weg dar, der eine göttliche Quelle hat und zu einem von Gott intendierten Ziel führen soll. An den Seiten des Weges sind also jeweils die Handlungsgrenzen aufgemalt, deren Überschreitung die Verfehlung des intendierten Ziels zur Folge hat. Innerhalb der Grenzen – also auf dem vorgegebenen Weg – kann sich der Adressat der Offenbarung vernunftorientiert frei bewegen. Ein solches Scharia-Verständnis entspricht, wie zu zeigen sein wird, den in den Offenbarungstexten ausgedrückten Eigenschaften der Scharia.

64 ʿUmar Sulaimān al-Ašqar, *Ḫaṣāʾiṣ aš-šarīʿa al-islāmiyya*, Kuwait 1982, S. 11 ff.; Yūsuf al-ʿĀlim, *al-Maqāṣid al-ʿāmma li-š-šarīʿa al-islāmiyya*, Riad 1994, S. 18 f.; al-Ǧurǧānī, *Muʿǧam at-taʿrīfāt*, S. 108 f.; Wolfgang Bauer, *Bausteine des Fiqh. Kernbereiche der Uṣūl al-Fiqh. Quellen und Methodik der Ergründung islamischer Beurteilungen*, Frankfurt am Main 2013, S. 13.

65 Vgl. Muṣṭafā Aḥmad az-Zarqāʾ, *al-Madḫal al-fiqhī al-ʿāmm*, Damaskus, 2012, Bd. 1, S. 47 f.; ʿAbd al-Wahhāb Ḫallāf, *ʿIlm uṣūl al-fiqh*, Kuwait 1978, S. 15.

Orientierungspunkte definiert und klare Grenzen für das menschliche Handeln aufstellt.[66] Sie dient damit als Grundlage für die Beurteilung jeglicher menschlicher (wirtschaftsbezogener) Handlungen, ob diese sich nun innerhalb oder außerhalb des göttlichen Rahmens befinden bzw. im Sinne der Intentionen zielführend sind, und sie ist nicht auf eine normgebende Funktion zu beschränken.[67] In ihren Quelltexten – Koran und Sunna[68] – finden sich Normierungen von Handlungen (*fiqh*).[69] Diese sind im Rahmen des Verstehens- und anschließenden Rechtsfindungsprozesses (*iǧtihād*) kontextuell zu betrachten, tragen sie doch, um dem Universalitätsanspruch gerecht zu werden, einen kontextunabhängigen, übergeordneten, allgemeingültigen Sinn (Intention),[70] den es in allen Zeiten und Räumen zu erfüllen gilt. Bevor jedoch auf die Intentionen eingegangen wird, deren Ergründung die Grundlage für die zu gewinnenden Erkenntnisse über die Banking-Thematik bildet, sollen die grundsätzlichen Charakteristika der Scharia und ihre Quellen in puncto Recht und Rechtsfindung besprochen werden. Die Scharia, die allen Bereichen des menschlichen Lebens einen Rahmen vorgibt, weist ausgehend von den Erklärungen in ihren Quelltexten Besonderheiten auf, die ihre angesprochene Universalität untermauern sollen.[71] Diese Besonderheiten sollen in Verbindung mit ihrer jeweiligen Bedeutung für das Thema dieser Arbeit vorgestellt werden.

Die erste und wichtigste Eigenschaft der Scharia und folglich ihrer geoffenbarten Normierungen ist ihr göttlicher Ursprung.[72] Danach entstammt sie einem

---

66 Ebd.

67 Muhammad Hashim Kamali, *Shari'ah Law. An Introduction*, Oxford 2008, S. 13.

68 Die Sunna stellt eine Sammlung von u.a. kontrovers und teils widersprüchlich bewerteten Überlieferungen Muhammads dar. In diesem Zusammenhang ist die Sunna als die Summe derjenigen Überlieferungen zu verstehen, die zum einen authentisch überliefert wurden (Überlieferungskette, arabisch *sanad*) und zum anderen in Bezug auf den Text der Überlieferung (*matn*) in Einklang bzw. Konformität mit dem koranischen Verständnis stehen, vgl. ʿUmar b. ʿAlī b. an-Naḥwī, *at-Taḏkira fī ʿulūm al-ḥadīṯ*, ed. von ʿAlī ʿAbd al-Ḥamīd, Amman 1988, S. 14.

69 Der vom Menschen verstandene Teil der Scharia stellt den Bereich des islamischen Rechts (*fiqh*) dar; siehe Wahba az-Zuḥailī, *Uṣūl al-fiqh al-islāmī*, Damaskus 1986, S. 19; Kamali, *Shari'ah Law*, S. 15; az-Zarqāʾ, *al-Madḫal*, Bd. 1, S. 153.

70 Aš-Šāṭibī, *al-Muwāfaqāt*, Bd. 1, S. 101.

71 Vgl. Sure 7:151, 34:28.

72 Fauzī bi-ṯ-Ṯābit, *Fiqh maqāṣid aš-šarīʿa fī tanzīl al-aḥkām au fiqh al-iǧtihād at-tanzīlī*, Beirut 2011, S. 26.

absolut wissenden,[73] weisen[74] und barmherzigen[75] Gott, der nicht aus Willkür handelt.[76] Geht man von dieser Vorstellung aus, heißt das, dass der Scharia und ihrer (kontextbezogenen) Normierungen ein göttliches Ziel und entsprechend eine göttliche Intention innewohnt.[77] Diese Normierungen[78] können jedoch aufgrund des ständigen gesellschaftlichen Wandels nicht immer in der in den Quellen beschriebenen Form dem göttlichen Ziel entsprechen, weil sie für eine bestimmte Zeit, einen bestimmten Ort und anlässlich bestimmter Umstände herabgesandt wurden, die in neu auftretenden Fällen keine Entsprechung finden.[79] Denn würde man sich auf den Standpunkt stellen, dass diese Normen, in ihrer offenbarten Fassung, immer und überall in derselben Form Anwendung finden müssen, dann hieße das entweder, dass kein gesellschaftlicher Wandel erfolgen darf (Konservierung des zum Zeitpunkt der Offenbarung der Norm entsprechenden gesellschaftlichen Moments), um die den Normen innewohnende Intention immer wieder erreichen zu können, oder dass die Scharia in einem von der Lebenswirklichkeit losgelösten Raum wirkt. Ersteres trifft deshalb nicht zu, weil die individuelle und gesellschaftliche Erfahrung zeigt, dass sich die Gesellschaft stets im Wandel befindet und die Gegebenheiten sich entsprechend verändern.[80] Letzteres widerspräche dem im Koran verankerten Anspruch auf Universalität und absolute Gültigkeit zu jeder Zeit und an jedem Ort.[81] Die

73 Vgl. 2:29, 32, 127, 224, 256, 268, 283; 3:34, 35, 92, 115; 4:32, 70, 111, 147, 170; 59:22; 76:30.

74 Vgl. 3:6, 18; 4:130; 24:10, 18; 27:6, 9; 30:27; 34:1; 35:2; 61:1; 62:1; 64:18.

75 Vgl. 1:1, 3; 2:160, 163, 173, 199; 5:74, 98; 49:12, 14; 57:9, 28; 59:22.

76 Yūsuf al-Qaraḍāwī, *Fī fiqh al-aulawiyyāt: Dirāsa ǧadīda fī ḍau ʾ al-Kitāb wa-s-sunna*, Kairo 1995, S. 35; vgl. zusammenfassend Abū Bakr al-Bāqillānī, *Kitāb at-tamhīd*, ed. von Richard Yūsuf al-Yasūʿī, Beirut 1957, S. 22.

77 Bi-ṯ Ṯābit, *Fiqh maqāṣid aš-šarīʿa*, S. 26 f.

78 Gemeint sind jene, die die zwischenmenschlichen Beziehungen, nicht aber die transzendente Gott-Mensch-Beziehung regeln.

79 Dies ergibt sich aus der Tatsache, dass bestimmte Koranverse aus einem bestimmten Anlass (Pl.: *asbāb an-nuzūl*) offenbart wurden. Das Vorliegen eines Offenbarungsgrundes deutet darauf hin, dass die Norm nicht willkürlich offenbart wurde, sondern eine Absicht dahinter liegt. Hierfür wurde die Lehre von den Offenbarungsgründen etabliert; siehe Ǧalāl ad-Dīn as-Suyūṭī, *Lubāb an-nuqūl fī asbāb an-nuzūl*, Beirut 2002.

80 Der Satz „Nichts ist so beständig wie der Wandel" wird Heraklit von Ephesus (540–480 v. Chr.) zugeordnet.

81 Vgl. al-Ašqar, *Ḫaṣāʾiṣ aš-šarīʿa al-islāmiyya*, S. 50.

Scharia müsste daher in der Lebenswirklichkeit eine Wirkung entfalten,[82] die dem göttlichen Ziel entspricht.

Banken, die im Rahmen der islamischen Anforderungen operieren wollen, müssten ihre Produkte in Übereinstimmung mit dem erwähnten Ziel bringen.[83] Ob hierfür die klassischen Vertragsformen in ihren ursprünglichen Fassungen dazu geeignet sind, den Anforderungen zu genügen, soll im weiteren Verlauf erörtert werden. Es ist davon auszugehen, dass die statische und unveränderliche göttliche Intention in einer sich ständig wandelnden Umwelt nicht immer mit exakt denselben Mitteln realisiert werden kann, weshalb eine entsprechende Anpassung durch die Ergründung des göttlichen Normierungszwecks notwendig erscheint. Der Universalitätsanspruch der Scharia wird in Vers 6:162[84] manifestiert, der sinngemäß besagt, dass das gesamte Leben eines Gläubigen (seiner Intention entsprechend) Gott gewidmet sein soll. Die Widmung aller Handlungen mit Bezug auf Gott setzt eine Entsprechung göttlicher Intentionen voraus, die aš-Šāṭibī als für die Realisierung dieser Intention entscheidend ansieht.[85] Im Umkehrschluss heißt das, dass alle sich in den Quelltexten befindlichen Normierungen auch alle Bereiche des menschlichen Lebens regeln, da sonst eine behauptete Universalität im Sinne des Korans nicht schlüssig wäre.[86] Die dortigen Normierungen decken sowohl die Mensch-Gott-Beziehung als auch die Mensch-Mensch- und die Mensch-Umwelt[87]-Beziehung ab. Die im Koran und in der Sunna formulierten Regelungen behandeln jedoch selbst nicht jede mögliche Angelegenheit *en détail*.[88] Vielmehr haben diese Regelungen auf allen Beziehungsebenen für neu auftretende Fälle Rahmencharakter und sind so zu

82 Diese müsste bezogen auf das Islamic Banking in der prozessualen Durchsetzbarkeit deutlich werden.

83 Dieses abstrakte Ziel wird in den entsprechenden Abschnitten in den jeweiligen Bereichen konkretisiert.

84 Sprich: „Mein Gebet und meine Opferung und mein Leben und mein Tod gehören Allah, dem Herrn der Welten."

85 Aš-Šāṭibī, *al-Muwāfaqāt*, Bd. 1, S. 494 f.

86 Muḥammad al-Ḥabīb b. Ḫūǧa, *Muḥammad aṭ-Ṭāhir b. ʿĀšūr wa-kitābuhū Maqāṣid aš-šarīʿa al-islāmiyya*, Doha 2004, Bd. 3, S. 194.

87 Gemeint sind die Mensch-Natur(-Ressourcen) [unklar] und die Mensch-Tier-Beziehungen, die in den folgenden Versen behandelt werden: 2:27, 29, 60, 205; 7:31, 56, 74, 85; 11:85; 14:33; 16:12, 14; 28:77; 29:36; 30:41; 31:20; 45:13.

88 Viele Angelegenheiten werden entsprechend in der Sunna aufgegriffen und dort ausführlicher geregelt. Durch die Erklärung der entsprechenden Verse durch die Sunna erfüllt die prophetische Tradition ihre Auslegungsfunktion; vgl. az-Zarqāʾ, *al-Madḫal*, Bd. 1, S. 76.

verstehen, dass es der menschlichen Vernunft überlassen ist, innerhalb des göttlich vorgegebenen Rahmens die für den intendierten göttlichen Zweck geeignete Handlungsform zu wählen.[89] Anhand zahlreicher Stellen in den Quellen kann gezeigt werden, dass der Einsatz des menschlichen Verstandes notwendig ist, um neu auftretende Fälle in diesem Rahmen zu würdigen.[90] Denn der von der Scharia festgelegte Rahmen ist von abstrakter und in seiner Zielsetzung klar definierter Natur und soll erst im Zuge der Normierungsfindung in einem bestimmten Fall durch die gewonnene Normierung zielführend konkretisiert werden. Insofern verlangt die Universalität aufgrund des ständigen gesellschaftlichen Wandels die Abstraktheit und das Rahmenverständnis der Scharia, um eben in jedem Einzelfall angewendet werden zu können. Wäre die Scharia nicht abstrakter Natur, so wäre sie konkret und eine Anwendung auf gewandelte Umstände erwiese sich als unmöglich. Sie wäre damit nicht universal, was dem deutlichen Koranverständnis von der Universalität und absoluten Gültigkeit der Scharia widerspräche.[91] Sie muss also, um dem Universalitätsanspruch gerecht zu werden, abstrakt sein und bleiben. Die Eigenschaft der Universalität nimmt für Regelungen, die im ökonomischen Kontext getroffen werden, eine bedeutsame und weitreichende Rolle ein. Vertragsgestaltungen und Produktentwicklungen müssten in diesem Zusammenhang demnach nicht nur islamrechtlichen und ökonomischen Ansprüchen genügen, sondern es müssten auch die sozialen und ökologischen Aspekte in gleichem Maße berücksichtigt werden.[92] Diese sind bspw. im Rahmen der Kreditvergabe wichtig, nämlich dann, wenn ein Kredit etwa an eine Produktionsstätte vergeben werden soll. Die zu finanzierende Produktion müsste folglich auch auf ihre ökologische Tragweite hin untersucht werden. Eine „islamische" Bank trüge im Sinne der Scharia insofern auch eine ökologische Verantwortung, den Umweltschutz im Sinne der Nachhaltigkeit zu gewährleisten. Der lediglich auf Nutzenmaximierung begrenzte Blick reicht in diesem Zusammenhang für die Entsprechung der Intentionen also nicht aus.

Eine weitere Besonderheit der Scharia ist ihre Kopplung an die Lebenswirklichkeit, der sie Rechnung trägt (Realitätsgebundenheit).[93] So werden die realen

---

89 Vgl. az-Zuḥailī, *Uṣūl al-fiqh al-islāmī*, S. 1037.

90 Vgl. 2:44, 73, 171, 242, 269; 3:7, 190; 5:58, 103; 8:22; 12:111; 13:4, 19; 14:52; 15:75; 20:128; 22:46; 30:24; 38:29, 43; 39:9, 18; 45:5; 59:14.

91 Vgl. 1:2; 4:1; 21:107; 56:80; 68:87.

92 Ahmed, *Maqāṣid al-Sharīʿah and Islamic Financial Products*, S. 15 f.; Asutay/Harningtyas, *Developing Maqasid al-Shari'ah Index*, S. 8 f.

93 Bi-ṯ Ṯābit, *Fiqh maqāṣid aš-šarīʿa*, S. 30 f.; al-Ašqar, *Ḫaṣāʾiṣ aš-šarīʿa al-islāmiyya*, S. 53 ff.

Umstände von der Scharia berücksichtigt und müssten entsprechend in die Überlegungen, die zur Aufstellung von Normierungen führen, einfließen. Die Realitätsgebundenheit der Scharia bedeutet, dass die von der Scharia abgeleiteten Normierungen ohne übermäßige Erschwernis realisierbar sein sollen.[94] Hier stellt sich jedoch die Frage, wie existente Normierungen, die nicht adäquat und zielführend kontextualisiert werden, zu beurteilen sind. Die Normierungen müssten demnach nach dem Maßstab gewürdigt werden, ob sie der aktuellen Lebenswirklichkeit Rechnung tragen und in diesem Zusammenhang nicht in Widerspruch zur menschlichen Natur und den menschlichen Bedürfnissen stehen.[95]

Beispielsweise kann die Berücksichtigung der Intentionen anhand des Bedürfnisses der Sparer, primär ihr Sparvermögen möglichst sicher vor Verlusten wissen zu wollen, betrachtet werden. Die Bestimmungen im Sparvertrag müssten demnach das reale und nachzuvollziehende Bedürfnis der Sparer berücksichtigen, indem die Bedingungen so formuliert werden, dass das Vermögen der Sparer möglichst sicher ist, ohne dabei die Transparenz des Vertrags und der Intentionen insgesamt zu gefährden.[96] Inwieweit die Sparer dann aber an den Erträgen der Bank partizipieren, ist eine Frage, die eng mit dem Verbot der entgeltlichen Leihe im Zusammenhang steht und an gegebener Stelle erörtert wird. Dem Einleger müssten entsprechende Produkte vorgelegt werden, die entweder die Einlage garantieren (bspw. ein Darlehen) oder ihm die Möglichkeit einräumen, an etwaigen Gewinnen mit dem Risiko des Verlusts zu partizipieren (Beteiligung), um den unterschiedlichen Bedürfnissen der Kunden gerecht zu werden.

Des Weiteren ist die Realitätsgebundenheit nicht auf die Berücksichtigung der Umstände allein zu reduzieren. Vielmehr ist im Wirtschaftsleben auch danach zu fragen, welche rechtlichen Folgen aus der Anwendung des islamischen Rechts erwachsen und durchgesetzt werden können. Wenn die Anwendung sowohl *de facto* als auch *de jure* keine Relevanz hat, stellt sich die Frage nach der Sinnhaftigkeit der kontextuell angewendeten Norm, da aus ihr keine durchsetzbaren rechtlichen Ansprüche entstehen können. Die Finanzierung einer Ware erfolgt in einer islamischen Bank nach den Prinzipien eines

---

94 Vgl. 2:185; 20:2.

95 Bi-ṯ Ṯābit, *Fiqh maqāṣid aš-šarīʿa*, S. 30 f. Wie dies in Bezug auf das prägende Zinsverbot zu behandeln ist, wird weiter unten Gegenstand der Analyse sein.

96 Der aufsichtsrechtliche Rahmen, der Kundengelder als eine unbedingt rückzahlbare Einlage definiert (vgl. § 1 Abs. 1 Nr. 1 KWG), stellt eine Herausforderung für Banken dar, die ihre Einlagen auf dem Prinzip der Gewinn- und Verlustbeteiligung gestalten möchten.

islamisch verstandenen Bankwesens im Rahmen eines Handelsgeschäfts, nicht durch die Gewährung von Darlehen (Finanzgeschäft).[97] Hierfür muss der Finanzier zunächst die Ware mit der Folge erwerben, dass er Eigentum an derselben erlangt.[98] Ob er selbst den Kauf durchführt oder der Finanzierungsnachfrager, respektive ein Dritter in der Rolle des Stellvertreters, ist insofern von geringerer Bedeutung, solange rechtlich der Finanzier und nicht der Stellvertreter Eigentümer wird.[99] Um dem Anspruch der Scharia auf Realitätsgebundenheit gerecht zu werden, müssen sich ihre Normierungen praktisch niederschlagen. Im Rahmen einer den islamischen Vorgaben entsprechenden Finanzierung in der hiesigen Rechtsordnung müssten die jeweiligen rechtlichen Folgen nach deutschem Recht stets berücksichtigt werden. Die Anwendung des islamischen Rechts muss also seine Durchsetzbarkeit qua Gesetz erlangen. Die Frage nach dem Eigentum, das einen Weiterverkauf erst ermöglicht und den damit verbundenen Gewinnaufschlag islamrechtlich legitimiert, kann daher nicht losgelöst von den rechtlichen Folgen der vertraglichen „Islamkonformen" Gestaltung im Rahmen des geltenden Rechts betrachtet werden. Die Beauftragung des Kunden mit der Bedingung, die erteilte Vollmacht im Außenverhältnis nicht zu kommunizieren, wirft die Frage auf, ob *de lege lata* die Bank oder der Stellvertreter nach hiesigem Recht Eigentum mit den damit verbundenen Konsequenzen in Bezug auf die Erhebung von Gewinnaufschlag erlangt. Ein Anspruch auf Profit würde andernfalls aus der Bereitstellung von Kapital erwachsen und müsste aufgrund der fehlenden Gewinn- und Verlustbeteiligung einem verzinslichen Darlehen gleichgestellt werden.

In diesem Zusammenhang lohnt es sich, eine Finanzierung im Rahmen der *murābaḥa* (Verkauf mit kommuniziertem Gewinnaufschlag, auch Aufschlagsfinanzierung genannt) näher zu betrachten, um eine klare Vorstellung über die Problematik zu gewinnen. Die Grundform der *murābaḥa* im Bankwesen sieht vor, dass der Kunde, der beispielsweise eine Finanzierung einer Immobilie wünscht, das unverbindliche Angebot des Verkäufers (Eigentümers) einholt und dieses der Bank vorlegt, die nach einer Prüfung der Kreditwürdigkeit (Bonität) des Kunden – im Falle eines positiven Ergebnisses – die Immobilie nach geltendem Recht[100]

97 Ayub, *Understanding Islamic Finance*, S. 220.

98 Accounting and Auditing Organisation for Islamic Financial Institutions (AAOIFI), *Sharia Standards for Islamic Financial Institutions*, Manama 2010, No. 8, Ziffer 3/1/1, 3/2/1.

99 Ebd., Ziffer 3/1/3.

100 Schuldrechtlich (Notariell beurkundeter Erwerbsvertrag, § 311b BGB); dinglich (Auflassung, § 925 Abs. 1 BGB, Grundbucheintrag, §§ 29, 20 GBO).

erwirbt und anschließend an den Kunden veräußert.[101] Wenn man aufgrund der mit dem tatsächlichen Immobilienerwerb denkbar höheren Kosten und des sowohl rechtlich (insbesondere bei privaten Verbrauchern als Kunden) als auch wirtschaftlich erhöhten Risikos die Entsprechung der islamischen Vorgaben in der Weise herzustellen versucht, dass die Bank den Kunden damit beauftragt, im Innenverhältnis (Bank-Kunde) im Namen der Bank die Immobilie zu erwerben, im Außenverhältnis (Kunde-Immobilienverkäufer) jedoch der Kunde in seinem Namen die Immobilie sowohl schuldrechtlich als auch dinglich erwirbt, gilt es zunächst, die Eigentumsfrage nach deutschen Recht zu klären. Durch das gesetzliche Erfordernis der notariellen Beurkundung des Immobilienkaufvertrags (schuldrechtliche Ebene) und der entsprechenden Auflassung im Grundbuch (sachenrechtliche Ebene) wird derjenige zum Eigentümer, der im Kaufvertrag genannt und im Grundbuch eingetragen wird.[102] Die auf das Innenverhältnis beschränkte, seitens der Bank erteilte Vollmacht hat insofern keine rechtliche Relevanz, als dass die Bank dadurch kein Eigentum an der Immobilie erlangt. Dem Erfordernis der Scharia, anstelle von Geldleihe Handel zu betreiben, wurde damit nicht Rechnung getragen, weil in Ermangelung des Eigentums auf der einen Seite und aufgrund des dennoch erhobenen Gewinnaufschlags auf der anderen Seite der geforderte Profit illegitim erscheint.[103] In Fällen der Haftung oder Gewährleistung träfe die Bank auch keine Verpflichtung, weil sie *de jure* nicht Eigentümerin der Immobilie geworden ist.

Die in den Quellen kommunizierten Charakteristika erlauben die Beschreibung der Scharia als einen Gestaltungsraum menschlichen Handelns mit klarer Zielsetzung, die zwecks ihrer Realisierung Quellen (Koran, Sunna) anbietet, aus denen ganzheitliche und realitätsgebundene Normierungen gewonnen werden können.[104]

---

101 Das Problem der durch den Erwerb und die Veräußerung entstehenden doppelten Grunderwerbssteuer soll in diesem Beispiel zwecks Veranschaulichung der Eigentumsfrage nicht berücksichtigt werden. Siehe zum Ablauf der *murābaḥa* AAOIFI, *Sharia Standards*, No. 8.

102 Vgl. § 873 BGB.

103 Es sei denn, man argumentiert damit, dass das geltende Recht bei der Konzeption sog. Islam-konformer Produkte nicht betrachtet werden muss, was zu einer Entkopplung der Scharia von der Lebenswirklichkeit führt.

104 Aus Sicht der islamischen Theologie liegt es im Verantwortungsbereich des Menschen, zu entscheiden, ob er die Intentionen innerhalb des gekennzeichneten Rahmens zu verwirklichen sucht oder nicht. Hierzu kann er laut dem Vers 2:256 nicht gedrängt werden. Neben der Intention der Scharia spielt deshalb insbesondere die

Die primären Quellen Koran und Sunna sind die einzigen Quellen, die als eigenständig angesehen werden.[105] Anders verhält es sich mit den sekundären, nicht eigenständigen Quellen, die sich immer auf die primären, eigenständigen Quellen beziehen und stützen müssen.[106] Je nach Rechtsschule und Rechtsgelehrten werden unterschiedliche Rangfolgen und Bezeichnungen gewählt, die unterschiedliche Gewichtungen im Rahmen des Rechtsfindungsprozesses aufweisen.[107] Die herrschende Meinung über die anerkannten Quellen[108] ordnet diese der Reihe nach wie folgt an: Koran, Sunna, Konsens (*iǧmāʿ*) und Analogieschluss (*qiyās*).[109]

Neue wirtschaftliche Fragestellungen und Sachverhalte bedürfen daher im Rahmen des *iǧtihād* einer normativen Betrachtung und Einstufung, um Aussagen über ihren individuellen und gesellschaftlichen Nutzen treffen zu können, der im Fokus der Intentionen der Scharia steht und aš-Šāṭibī[110] zufolge ihr primäres Ziel darstellt. Für eine entsprechende Würdigung sind angemessene normative Instrumente notwendig, die es erlauben, mit hoher Wahrscheinlichkeit ein dem menschlichen, gesellschaftlichen Nutzen am nächsten kommendes Ergebnis zu erzielen. In den islamischen Wissenschaftsdisziplinen

---

individuelle Intention eine maßgebliche Rolle in Bezug auf die Realisierung der Intention der Scharia; aš-Šāṭibī, *al-Muwāfaqāt*, Bd. 1, S. 494 f.

105 Eigenständigkeit bedeutet, dass diese Quellen eine normengebende Funktion haben und dafür keiner weiteren (stützenden) Quelle bedürfen. Vgl. az-Zuḥailī, *Uṣūl al-fiqh al-islāmī*, S. 417.

106 Ebd., S. 418.

107 Hierbei scheint eine Vielzahl von Rechtsgelehrten trotz unterschiedlicher Methoden im Wesentlichen die *ratio* der offenbarten Norm zu ergründen und ihr bei der Ableitung von Normen zu folgen; vgl. Muḥammad Muṣṭafā Šalabī, *Taʿlīl al-aḥkām: ʿArḍ wa-taḥlīl li-ṭarīqat at-taʿlīl wa-taṭawwurātuhā fī ʿuṣūr al-iǧtihād wa-t-taqlīd*, Kairo, 1947, S. 14, 23, 35, 72, 94 ff.; ʿĀdil aš-Šuyūḫ, *Taʿlīl al-aḥkām fī š-šarīʿa al-islāmiyya*, Tanta 2000, S. 42. Deutlich wird dieser Umstand insbesondere in Ausführungen zu Umgehungsgeschäften, in denen dann nicht die Intention bzw. *ratio* in den Vordergrund gestellt wird, sondern die der nachfragenden Partei; siehe eindrucksvoll aš-Šāṭibī, *al-Muwāfaqāt*, Bd. 1, S. 529 ff.

108 Hierbei gilt der Begriff *Quelle* nicht für alle aufgezählten „Quellen", da sie eher methodische Instrumente sind, die als Normenableitungswerkzeuge funktionieren, aber keine Norm aus sich heraus ergeben können.

109 Darüber hinaus gibt es rechtsschulspezifisch weitere „Quellen" wie *istiṣḥāb*, *šarʿu man qablanā*, *istiḥsān*, *al-maṣāliḥal-mursala*, *qaulaṣ-ṣaḥābī*, *sadd aḏ-ḏarāʾiʿ*; vgl. az-Zuḥailī, *Uṣūl al-fiqh al-islāmī*, S. 733 ff. Zu den Quellen des islamischen Rechts siehe ausführlich ebd., S. 417 ff., 733 ff.

110 Aš-Šāṭibī, *al-Muwāfaqāt*, Bd. 1, S. 262; ebd., Bd. 2, S. 431 ff.

etablierte sich seit dem zweiten islamischen Jahrhundert eine Wissenschaft, die sich konkret mit diesen Instrumenten bzw. mit der Methodik des Verstehens der Offenbarungstexte einerseits und mit der Normenfindung andererseits auseinandersetzt.[111] Die Lehre der Normenfindung bzw. die Methodologie der Normenableitung (*uṣūl al-fiqh*)[112] bietet in diesem Zusammenhang Instrumente des Verstehens an. Gegenstand des Verstehens sind die primären, eigenständigen und normgebenden Quellen der Scharia. Sie normieren in Bezug auf die finanzwirtschaftlichen Beziehungen zwischen den Menschen nicht nur einzelne Handlungen aus gegenwärtiger Sicht beispielhaft, sondern begründen zugleich einen Handlungsrahmen, innerhalb dessen einzelne Handlungen erfasst und legitimiert werden können. Für die Ableitung konformer Normen ist das Verstehen dieser Quellen maßgeblich, das aufgrund der Subjektivität (des Verstehenden) innerhalb des kontextuellen Rahmens nie Allgemeingültigkeit erlangen und deshalb nur fallbezogene Erkenntnisse und Gestaltungsmöglichkeiten anbieten kann. Der Anwendung der für den jeweiligen Fall infrage kommenden Methode geht ein Verstehensprozess voraus.[113] Hier werden sprachanalytische Mittel - vornehmlich aus der Grammatik und der Rhetorik - verwendet,[114] um entscheiden zu können, ob beispielsweise der heranzuziehende Vers als allgemein oder speziell, deutlich oder unklar, explizit oder implizit einzustufen ist.[115] Der verstandene Text (aus dem Koran oder der prophetischen Überlieferung) kann anschließend zur Ableitung von konkreten Handlungsnormen mithilfe der infrage kommenden Methode dienstbar gemacht werden. *Iǧtihād* meint den Prozess des systematischen Verstehens und der anschließenden Anwendung einer bestimmten Methode zur Klärung einer konkreten Rechtsfrage, das Ergebnis ist *fiqh*.[116]

Fiqh (wörtlich das „tiefe/genaue Verstehen") stellt damit die Gesamtheit vom Menschen verstandener Normen dar, die sich in drei Gebiete unterteilen: die anbetungsbezogenen, intersubjektiven und strafbezogenen Normen. Das islamische Recht im wirtschaftlichen Bereich ist von Rationalität (*taʿlīl*) geprägt und verlangt

111 Wael B. Hallaq, *An Introduction to Islamic Law*, Cambridge 2009, S. 16; Joseph Schacht, *An Introduction to Islamic Law*, Oxford 1982, S. 15, 23, 28; Aḥmad Ibrāhīm Bik, *ʿIlm uṣūl al-fiqh wa-yalīhi Tārīḫ at-tašrīʿ al-islāmī*, Kairo 1939, S. 16, 27 ff.

112 Wörtlich: die Grundsätze des Verstehens.

113 Das ist angelehnt an die Maxime, dass die Beurteilung eines Sachverhalts stets vom Verstehen desselben abhängt (*al-ḥukmu ʿalā š-šaiʾi farʿun ʿan taṣawwurihī*).

114 Hallaq, *An Introduction to Islamic Law*, S. 17.

115 Al-Ġazālī, *al-Mustaṣfā*, Bd. 2, S. 27 ff.

116 Aš-Šāṭibī, *al-Muwāfaqāt*, Bd. 2, S. 361 ff.; az-Zuḥailī, *Uṣūl al-fiqh al-islāmī*, S. 1037.

deshalb in Bezug auf die Einzelnormen eine Nachvollziehbarkeit.[117] Die einzelnen Normierungen in diesem Bereich müssen also eine *ratio* verfolgen, die sich innerhalb der Intentionen bewegt und für den Normenanwender nachvollziehbar ist. Dieser Bereich der Normenlehre ist stets Gegenstand von Veränderungen entsprechend der örtlichen und zeitlichen Gegebenheiten und liegt somit in einem dem Menschen zugänglichen Gestaltungsraum.[118] Die intersubjektive Normenlehre behandelt neben den wirtschaftlichen Fragestellungen familiäre Sachverhalte, die das Ehe-, Scheidungs-, Sorge- und Unterhaltsrecht umfassen. Die wirtschaftsbezogenen Normen im *fiqh* setzen sich mit unterschiedlichen Vertragskategorien auseinander, die sich in drei verschiedene Gruppen unterteilen lassen. Es wird zwischen gegenseitigen, einseitigen und beteiligungsbezogenen Verträgen unterschieden.[119] Kauf- und Mietverträge sind gegenseitige Verträge, bei denen zwei Leistungen getauscht werden (Ware bzw. Nießbrauch gegen Ware bzw. Nießbrauch oder Geld).[120] Die Leistung wird hier neben dem Zweck der Bedarfsdeckung auch deshalb erbracht, weil der Leistungsgeber eine Gegenleistung erwartet (*do ut des* – lat.: ich gebe, damit du gibst). Synallagmatische Verträge (*ʿuqūd al-muʿāwaḍa*) sind nur dann gültig und wirksam, wenn es sich um zwei tatsächlich erbrachte Leistungen handelt, von denen zumindest eine bei Vertragsschluss erbracht sein muss, während die Gegenleistung vereinbarungsgemäß zu einem späteren Zeitpunkt erfolgen kann.[121] Ein gegenseitiger Vertrag, der auf zwei abgegebenen Versprechen zur Erbringung einer Leistung basiert, ist aufgrund einer Prophetenüberlieferung, die einen Vertrag bestehend aus zwei Versprechen als Leistung verbietet, unwirksam.[122] Als Begründung wird der bei Vertragsschluss für einen späteren Zeitpunkt festgelegte Preis für die entsprechende Ware bzw. den entsprechenden Dienst genannt. Darin wird eine ungerechte Transaktion gesehen, weil sich der Preis für die in der Zukunft zu liefernde Ware noch ändern kann, was sich für einen Vertragspartner nachteilig und für den anderen

117 Šalabī, *Taʿlīl al-aḥkām*, S. 14–34, 35 ff.

118 Vgl. Aḥmad ar-Raisūnī/Muḥammad Ǧamāl Bārūt, *al-Iǧtihād: an-Naṣṣ, al-wāqiʿ, al-maṣlaḥa*, Damaskus, 2000, S. 15 f.

119 ʿAbd al-ʿAzīz al-Ḫayyāṭ, *Naẓariyyat al-ʿaqd wa-l-ḫayārāt fī l-fiqh al-islāmī*, Amman 1994, S. 119 ff.; az-Zarqāʾ, *al-Madḫal*, Bd. 1, S. 631.

120 Ebd.; Ayub, *Understanding Islamic Finance*, S. 124.

121 Vgl. Wahba az-Zuḥailī, *Mausūʿat al-fiqh al-islāmī wa-l-qaḍāyā al-muʿāṣira*, Damaskus 2012, Bd. 4, S. 145 ff. Zur Ausnahme der späteren Leistung gehören Verträge wie *salam* und *murābaḥa*; vgl. Ayub, *Understanding Islamic Finance*, S. 139; AAOIFI, *Sharia Standards*, No. 8.

122 Siehe u.a. Nazīh Kamāl Ḥammād, *Baiʿ al-kāliʾ bi-l-kāliʾ*, Dschidda, 1986, S. 9 f., 13 f., 16 ff.

vorteilhaft auswirkt.[123] Die legitime Alternative ist die Schließung des Vertrags bei der Erbringung einer der Leistungen (Preis oder Ware). Die Statthaftigkeit dieser Form wird damit begründet, dass das Versprechen mit einer tatsächlich erbrachten Leistung korrespondiert und bestimmte Berufe solcher Transaktionen bedürfen, wie etwa im Falle von Bauern, Handwerkern, Händlern u.a., die ihre Ernte oder ihre Produkte nur zu einem späteren Zeitpunkt liefern können, jedoch den Preis bei Vertragsschluss erhalten wollen, weil sie so weitere Unternehmungen tätigen können.[124] Charakteristisch an den gegenseitigen Verträgen ist des Weiteren die Spezifikation der Leistungen, die bei Vertragsschluss vorliegen muss, denn andernfalls läge so eine vertragliche Unsicherheit bzw. Unklarheit (*ġarar*) vor.[125] In diesen Verträgen darf die Erbringung der einen Leistung nicht von einem in der Zukunft liegenden unsicheren Ereignis abhängen.

Die zweite Kategorie von Verträgen sind die einseitigen Verträge wie Schenkung, Bürgschaft, Auslobung und Erblass, bei denen keine korrespondierenden Leistungen vorliegen, weil die Leistung nur von einer Person erbracht wird. Korrespondieren keine Leistungen miteinander, kann keine Ungerechtigkeit erfolgen, weil sich die leistende Person freiwillig verpflichtet hat, eine Leistung zu erbringen, die begünstigte Partei hingegen keine Gegenleistung erbringt.[126] In diesen Fällen kann es weder *ribā*, *ġarar* noch *maisir*-Verstoß geben, weil diese Verbote nur im Zusammenhang mit gegenseitigen Leistungen stehen.[127] Neben den gegenseitigen und einseitigen Verträgen gibt es im wirtschaftsbezogenen intersubjektiven Bereich des *fiqh* die Kategorie der partnerschaftlichen Verträge (*ʿuqūd šarāka*), die im Unterschied zum gegenseitigen Vertrag zwar eine gegenseitige Verpflichtung begründen (bspw. Leistung der vereinbarten Kapitaleinlage und Leistung der vereinbarten unternehmerischen Tätigkeit), bei denen jedoch kein bestimmtes Ergebnis vereinbart ist.[128] Dieses wird, ob ein Gewinn oder Verlust entstanden ist,

123 Ayub, *Understanding Islamic Finance*, S. 43 ff., 157 f.; Ḥammād, *Baiʿ al-kāliʾ bi-l-kāliʾ*, S. 16 ff.

124 Ayub, *Understanding Islamic Finance*, S. 241 ff.

125 Az-Zuḥailī, *Mausūʿat al-fiqh al-islāmī*, Bd. 4, S. 198 f.

126 Abdul-Rahim al-Saati, *The Permissible Gharar (Risk) in Classical Islamic Jurisprudence*, in: Journal of King Abdulaziz University. Islamic Economics, Vol. 16, 2003, No. 2, (3–19), S. 10 f.

127 ʿAṭiyya Ramaḍān, *Mausūʿat al-qawāʿid al-fiqhiyya al-munaẓẓima li-l-muʿāmalāt al-māliyya al-islāmiyya wa-dauruhā fī tauǧīh an-nuẓum al-muʿāṣira*, Alexandria 2007, S. 200 f.

128 Ein geplantes Ergebnis wird zwar vereinbart, aber dass dieses exakt eintrifft, kann – anders als beispielsweise beim *salam*-Vertrag – nicht vorhergesehen werden; vgl. Umer Chapra, *Islam and the Economic Challenge*, Riad, 1995, S. 266.

von beiden Vertragspartnern gemeinsam getragen; sie sind insofern gemeinsam dem Risiko der Unternehmung ausgesetzt.[129] Das gilt aus Sicht der Intentionen der Scharia als ein gerechtes Vorgehen, weil bei einem ungewissen Ausgang der Transaktion beide Vertragsparteien gleichgestellt sein müssen.[130] Keiner der Vertragspartner darf gegenüber dem anderen einen Vor- oder Nachteil erfahren.[131] Wird ein Gewinn erzielt, wird dieser zwischen beiden vereinbarungsgemäß geteilt; bei einem Verlust tragen diesen beide.[132] In allen unterschiedlichen Vertragskategorien gelten insofern die grundsätzlichen Verbote.

Aus der Praxis des *fiqh* heraus wurden sog. *fiqh*-Maxime bzw. *fiqh*-Regeln aufgestellt, die eine Hilfestellung zur Ableitung von Handlungsnormen bieten sollen.[133] Sie können durch die Analyse aller in den Quellen aufgestellten Normen gewonnen worden sein.[134] Einige Maximen sind allgemein formuliert und haben gegenüber anderen, die eine konkretere, manchmal auf einen bestimmten Bereich bezogene Formulierung besitzen, Allgemeingültigkeitscharakter. Deshalb wird zwischen allgemeinen und konkreten Maximen unterschieden.[135] Die allgemeinen Maximen erstrecken sich auf alle Bereiche der islamischen Normenlehre. Darunter sind nicht nur die zwischenmenschlichen Beziehungen zu subsumieren. Vielmehr sind die gottesdienstlichen Handlungen von diesen Maximen ebenfalls erfasst.[136] Hingegen befassen sich die konkreter gefassten Regeln mit einem bestimmten Teilbereich der islamischen Normenlehre, etwa den intersubjektiven wirtschaftlichen Beziehungen.[137] Diese können sich wiederum mit einem spezifischeren Bereich auseinandersetzen; etwa der *iğāra* (Miete) oder *muḍāraba* (Gewinnbeteiligungspartnerschaft).[138] Die Leitsätze spielen für die vorliegende Arbeit insofern eine Rolle, als sie eine Sammlung an für wirtschaftliche Transaktionen maßgeblichen Regeln bieten, die als eine konkretisierende Formulierung der intendierten Zwecke der Scharia verstanden werden können und im vorletzten Kapitel zur Anwendung kommen.

---

129 Ebd.

130 Ayub, *Understanding Islamic Finance*, S. 320 f.

131 Ebd.

132 Vgl. az-Zuḥailī, *Mausū ʿat al-fiqh al-islāmī*, Bd. 4, S. 628 ff.

133 Muṣṭafā Aḥmad az-Zarqā ʾ, *Šarḥ al-qawā ʿid al-fiqhiyya*, Damaskus 1989, S. 36 ff.

134 Ebd., S. 33 f.

135 Ebd.

136 Vgl. Ramaḍān, *Mausū ʿat al-qawā ʿid al-fiqhiyya*, S. 17 ff.

137 Ebd., S. 134, 200, 435.

138 Vgl. Zain ad-Dīn b. Nuğaim, *al-Ašbāh wa-n-naẓā ʾir ʿalā maḏhab Abī Ḥanīfa an-Nu ʿmān*, ed. von Zakariyyā ʿUmairāt, Beirut 1999, S. 161, 172, 223.

Als Grundlage für die Regulierung ökonomischer Fragestellungen werden also neben der Disziplin der *uṣūl al-fiqh*, die dem Verstehen der Primärquellen (Koran und Sunna) und dem Ableiten von Normen dienen, *fiqh*-Maximen (*qawāʿid fiqhiyya*) als Orientierungspfeiler bei der Ableitung schariarechtlicher Normen und der Gestaltung von Verträgen verstanden. Sie werden entweder aus Koranversen oder Prophetenaussprüchen gewonnen und spiegeln, wie noch zu zeigen sein wird, die Intentionen der Scharia als abstrakte Regelungen wieder. Sie können sowohl Vertragsparteien bei der Gestaltung ihrer Geschäfte dienen als auch jenen Personen, die diese Geschäfte überprüfen sollen. *Fiqh*-Maximen sind daher ein Instrument, das zur Gestaltung wie zur Überprüfung herangezogen werden kann.[139] Als Orientierungs- und Überprüfungsinstrument sind sie daher statischer, übergeordneter Natur und unterliegen nicht dem räumlichen oder zeitlichen Wandel.

Beispielsweise wird unter der Maxime „Intentionen der Vertragsparteien sind maßgeblich"[140] verstanden, dass für die Beurteilung eines Geschäfts die Absichten der Vertragsparteien ausschlaggebend sind.[141] Der formale Aspekt soll zwar eingehalten werden, ist aber von untergeordneter Rolle und damit von vergleichsweise geringerer Relevanz.[142]

Daneben wird unter der Maxime zum gegenseitigen Einvernehmen verstanden, dass beide Vertragsparteien mit den vertraglichen Bestimmungen und der Vertragsschließung einverstanden sein müssen und niemand von beiden dazu gedrängt werden darf.[143] Dies impliziert, dass beide Vertragsparteien über alle notwendigen und entscheidungsrelevanten Informationen verfügen müssen, wodurch gewissermaßen die Informationsasymmetrie in Bezug auf die wesentlichen Vertragsbestandteile aufgehoben werden soll, um eine faire Entscheidungsgrundlage für beide Vertragsparteien zu schaffen. Dadurch soll vermieden werden, dass eine der Vertragsparteien benachteiligt wird und sich im Nachhinein getäuscht fühlt, was in der Konsequenz die Störung des Rechtsfriedens im Wirtschaftsverkehr zur Folge hätte.

139 Vgl. Ramaḍān, *Mausūʿat al-qawāʿid al-fiqhiyya*, S. 210 ff.; Muhammad Ridhwan Abdul Aziz/Mohd Shahid Mohd Noh, *The Role of Five Major Shari'ah Legal Maxims (Al-Qawaid al-Kubra) in the Establishment of Maqasid Al-Shari'ah in Islamic Financial Products: A Discussion on Some Cases*, in: European Journal of Business and Management, Vol. 6, 2014, No. 10, (63–70), S. 65 f.

140 *Al-Umūru bi-maqāṣidihā*; vgl. az-Zarqāʾ, *Šarḥ al-qawāʿid al-fiqhiyya*, S. 47 ff.

141 Ebd.; Abdul Aziz/Mohd Noh, *The Role of Five Major Shari'ah Legal Maxims*, S. 67.

142 Ebd.

143 *Innama l-baiʿu ʿan tarāḍin*; Ramaḍān, *Mausūʿat al-qawāʿid al-fiqhiyya*, S. 99 f., 186 f.

Ein weiteres Beispiel ist die Maxime, dass eingegangene Verträge einzuhalten sind.[144] Diese Regel leitet sich aus dem Koran ab,[145] in dem die Gläubigen dazu aufgerufen werden, eingegangene Vereinbarungen bzw. abgegebene Versprechen einzuhalten. Dieser unbeschränkte Befehl (*amr muṭlaq*) wird durch einen Prophetenausspruch in seinem Umfang eingegrenzt.[146] Diese Eingrenzung ist zwecks Einhaltung der Intentionen wichtig, um das Konzept der Wahrung von Rechten innerhalb der Gesellschaft aufrechterhalten zu können. Der Prophetenausspruch bestätigt das im Koran aufgestellte Gebot bzw. die Pflicht, eingegangene Vereinbarungen einzuhalten.

Genannt sei hier noch eine entscheidende Maxime, die auf die Berücksichtigung der Folgen[147] abzielt. In diesem Zusammenhang sind Handlungen hinsichtlich ihrer jeweiligen Folgen zu würdigen und in ihrer Statthaftigkeit von diesen abhängig zu betrachten.[148] Insofern ist bei der Entwicklung von Bankprodukten nicht allein auf die Islam-Konformität des jeweiligen Vertrags abzustellen. Vielmehr ist das gesamte Vertragswerk mitsamt seinen rechtlichen und sozio-ökonomischen Folgen zu berücksichtigen.

2.3 Intentionen

Die Frage der Intentionen spielt bei der Ergründung der Bedeutung des Begriffs „islamisch" bzw. „Islam-konform" eine maßgebliche Rolle. Der oben bereits formulierte Grund (Fairness, Gerechtigkeit) der Offenbarung stellt die Zielsetzung der Scharia dar, die in allen Handlungsnormierungen erfasst sein soll.[149] Insofern ist zu fragen, ob im Rahmen des Rechtsfindungsprozesses abgeleitete Normen als „islamisch" bzw. „Islam-konform" bezeichnet werden können, wenn zwar die formalen Erfordernisse eingehalten werden, der intendierte Zweck jedoch nicht verfolgt wird und schließlich ausbleibt, weil die Akteure ein differentes, den Intentionen zuwiderlaufendes Ziel intendieren. Die Intentionen der Scharia zu untersuchen und den

---

144 Vgl. ebd., S. 89 ff.

145 Abgeleitet aus dem Koranvers 5:1 (*yā ayyuhā l-laḏīna āmanū aufū bi-l-ʿuqūd*). Für diese Arbeit wird die Koran-Übersetzung von Rudi Paret genutzt; alle aufgeführten Übersetzungen sind an sie angelehnt.

146 *Taḫṣīṣ* des Verses durch den Prophetenausspruch *al-muslimūna ʿalā šurūṭihim illā šarṭan ḥarrama ḥalālan au aḥalla ḥarāman*; vgl. Ramaḍān, *Mausūʿat al-qawāʿid al-fiqhiyya*, S. 89.

147 *An-Naẓaru fī maʾālāti l-afʿāli muʿtabarun*; vgl. aš-Šāṭibī, *al-Muwāfaqāt*, Bd. 2, S. 431 ff.

148 Ebd.

149 Ebd., Bd. 1, S. 285.

im Hinblick auf die Normierungsfolge möglichen Unterschied zwischen einem formalistischen und einem intentionengeprägten Ansatz zu erarbeiten, spielt in diesem Zusammenhang eine entscheidende Rolle in der Würdigung der Frage, ob und wie ein Islamic Banking im Rahmen des Bankenrechts möglich ist.

Der Grundgedanke der *maqāṣid*-Idee besteht darin, den Interessen des Menschen sowohl auf kollektiver (Gesellschaft/Allgemeinheit) als auch persönlicher (Einzelner/Individuum) Ebene[150] Rechnung zu tragen und die Ausgestaltung der Interaktionen in einer die Rechte der jeweiligen Akteure wahrenden Weise zu organisieren, um Rechtsfrieden herzustellen.[151] Die Realisierung dieses Grundgedankens erfordert Maßnahmen, die zugleich Nutzen wahrend bzw. Nutzen herbeiführend und schadenabwendend sind.[152] Dies impliziert die Nachvollziehbarkeit der göttlichen Handlungsbeurteilungen in den Quellen, um ihre Anwendung für neu auftretende Rechtsfälle zu ermöglichen.[153] Die *maqāṣid*-Analyse von aš-Šāṭibī, die die Grundlage für finanzwirtschaftliche Fragen des Bankings darstellt, betrachtet Intentionen auf zwei Ebenen, die im Folgenden ausgeführt werden sollen: der des Menschen als Individuum und der der Scharia.[154]

2.3.1 Die Intentionen der Scharia

Die Intentionen der Scharia – auch als göttliche Intentionen zu bezeichnen – streben den Schutz von fünf universalen Rechtsgütern, die auch „Notwendigkeiten" genannt werden, an: Das Recht auf Leben (*nafs*), Religion (*dīn*), Intellekt (*ʿaql*),

---

150 Auf dieser Ebene versucht die Scharia, dem Menschen durch die gottesdienstlichen Handlungen Werkzeuge anzubieten, die ihm bei der Kultivierung der Tugenden und der Läuterung seiner Seele unterstützen sowie eigennützigen und zulasten Dritter fallenden Tendenzen entgegenwirken und einen ganzheitlichen Blick ermöglichen sollen.

151 Aš-Šāṭibī, *al-Muwāfaqāt*, Bd. 1, S. 265.

152 Das Prinzip der Herbeiführung von Nutzen und der Abwendung von Schaden soll dabei nicht den Eindruck erwecken, dass die Scharia gänzlich neue, dem Menschen vorher ungekannte Handlungsnormierungen in Form von Geboten und Verboten aufstellt. Vielmehr ist damit die Regulierung und Kanalisierung von bereits Gekanntem und Angewandtem gemeint, um der Gesellschaft insgesamt Nutzen zu bieten und Schaden abzuwenden; vgl. Ibn Ḫūǧa, *Muḥammad aṭ-Ṭāhir*, Bd. 3, S. 297.

153 Aš-Šāṭibī, *al-Muwāfaqāt*, Bd. 1, S. 472.

154 Damit zeichnet sich aš-Šāṭibī gegenüber anderen Gelehrten aus, die sich vor ihm mit den Intentionen der Scharia beschäftigt und eine Kategorisierung in diesem Sinne nicht vorgesehen haben; in Ansätzen zu finden bei Ibn ʿAbd as-Salām, *Qawāʿid al-aḥkām*, Bd. 1, S. 74 ff.

Nachkommenschaft (*nasab*)[155] und Vermögen (*māl*).[156] Diese bilden die oberste Kategorie einer Prioritätspyramide, die aus den sogenannten Notwendigkeiten (*ḍarūriyyāt*) besteht, ohne die das menschliche Leben nicht auszukommen scheint[157] und die letztlich aufgrund mangelnder Konkretisierung abstrakter Natur[158] bleiben, gefolgt von den Bedürfnissen (*ḥāǧiyyāt*), die die konkretisierenden Instrumente bilden, die benötigt werden, um den Schutz der Notwendigkeiten zu gewährleisten, und schließlich den Verbesserungen (*taḥsīniyyāt*), die eine Ergänzung bzw. Erweiterung zur Kategorie der Bedürfnisse darstellen.[159] Die Bezeichnungen der einzelnen Kategorien weisen auf ihre jeweilige Dringlichkeit hin. Die Begründer dieser Kategorisierung gingen davon aus, dass alle auf der Stufe der Notwendigkeiten genannten Rechtsgüter unerlässlich für das menschliche Leben sind und ein Verzicht darauf schwerwiegende Folgen für den Menschen darstellt.

Generell soll der Schutz der fünf Rechtsgüter dadurch erreicht werden, dass Schaden abgewendet und Nutzen herbeigeführt wird.[160] Damit soll das jedem Individuum zustehende Recht gewahrt und Gerechtigkeit in der Gesellschaft gewährleistet werden.[161] Was jedoch als Nutzen (*maṣlaḥa*) und was als Schaden (*mafsada*) anzusehen ist, bemisst sich nach dem überwiegenden Gehalt des Nutzens respektive des Schadens einer Handlung.[162] Konkret ist die Handlung dann als nützlich zu erachten, wenn der Gehalt an Nutzen den an Schaden überwiegt und man damit der Realisierung der Intentionen der Scharia am nächsten kommt.[163] Hierbei finden nur jene Nutzen Berücksichtigung, die von der

155 Implizit auch die Nachhaltigkeit, da die Nachkommenschaft nur durch einen nachhaltigen Umgang mit den Ressourcen ohne Schaden existieren kann.

156 Kamali, *Shari'ah Law*, S. 123 ff.

157 Ebd.

158 Diese Kategorie ist durch eine Allgemeinhaltung charakterisiert. Fragen nach einer inhaltlichen Ausgestaltung dieser Kategorie werden nicht behandelt. Diese Aufgabe kommt der Kategorie der Bedürfnisse zu. Vgl. aš-Šāṭibī, *al-Muwāfaqāt*, Bd. 1, S. 267 ff.

159 Kamali, *Shari'ah Law*, S. 134 ff.

160 Aš-Šāṭibī, *al-Muwāfaqāt*, Bd. 1, S. 265. Die sich im weiteren Verlauf wiederholende Formulierung („Herbeiführung von Nutzen und Abwendung von Schaden") wird in den entsprechenden Abschnitten – wie etwa in der Betrachtung des Zinsverbots, des Intransparenzverbots sowie der eingeschränkten Investitions- und Finanzierungsfelder – näher konkretisiert.

161 Entsprechend dem Prophetenausspruch: *aʿṭi kulla ḏī ḥaqqin ḥaqqahū*.

162 Vgl. Aḥmad ar-Raisūnī, *Naẓariyyat al-maqāṣid ʿinda š-Šāṭibī*, Virginia 1995, S. 255 ff.

163 Ein Beispiel und zugleich ein Beleg hierfür findet sich in Sure 2:219 („Sie befragen dich über Berauschendes und Glücksspiel. Sprich: ‚In beiden liegt großes Übel und

Scharia als solche erachtet werden.[164] Es ist insofern Aufgabe des *faqīh*, sich mit den Bankprodukten im Einzelnen auseinanderzusetzen und diese auf den jeweiligen Nutzen- und Schadengehalt in Bezug auf beide Parteien (Bank und Kunde) und damit auf die Frage nach ihrer Entsprechung der Intentionen hin zu analysieren.[165] Damit ergeben sich höhere Anforderungen an die Qualifikationen des *faqīh*, der nicht nur die islamrechtliche Dimension zu überblicken hat. Beispielhaft ist hier etwa ein Geschäft, bei dem die Kontraktparteien vereinbaren, dass die eine der anderen einen Geldbetrag für eine bestimmte Laufzeit gegen eine Gebühr leiht. Aus ihrer subjektiven bzw. aus der objektiv gewordenen Sicht innerhalb der Gesellschaft und der Wissenschaft mag dieses entgeltliche Leihgeschäft zunächst einen Nutzen für beide Parteien darstellen. Aus Sicht der Scharia jedoch handelt es sich um ein verbotenes Geschäft, weil der Gehalt an (sozioökonomischem) Schaden[166] den an Nutzen überwiegt.

2.3.1.1 Die erste Kategorie

Für aš-Šāṭibī gehen alle Normen der Scharia, wie bereits erwähnt, auf den Schutz ihrer intendierten Universalgüter (Leben, Religion, Nachkommenschaft, Intellekt, Eigentum bzw. Vermögen des Menschen) - auch als Interessen bezeichnet - zurück.[167] Diese Intentionen lassen sich in drei Ebenen bzw. Dimensionen einordnen: Notwendigkeiten (*ḍarūriyyāt*), Erfordernisse (*ḥāǧiyyāt*) und Verbesserungen (*taḥsīniyyāt*).[168] Die Notwendigkeiten umfassen jene Güter, die für die menschliche Existenz unabdingbar und essentiell sind und deren Fehlen die menschliche Existenz bedrohen würde.[169] Die Erfordernisse sind jene Güter, die die menschliche Existenz insofern unberührt lassen, als sie bei einem Mangel nicht bedroht wäre.[170] Die Ebene der Erfordernisse betrifft all jene Instrumente

---

Nutzen. Doch ihr Übel ist größer als ihr Nutzen.‘“). Hier wird u.a. das Alkoholverbot thematisiert. Dabei wird festgehalten, dass der Schaden höher ausfällt als der Nutzen; vgl. aš-Šāṭibī, *al-Muwāfaqāt*, Bd. 1, S. 265.

164 Das ist v.a. im Zusammenhang mit den sog. Erschwernissen eine für das Banking wichtige Frage.

165 ʿAlī Ǧumʿa/Muḥammad Aḥmad Sirāǧ/Aḥmad Ǧābir Badrān, *Mausūʿat fatāwā al-muʿāmalāt al-māliyya li-l-maṣārif wa-l-muʾassasāt al-māliyya al-islāmiyya*, Kairo 2010, Bd. 18, S. 22 f.

166 Ayub, *Understanding Islamic Finance*, S. 4 ff.

167 Aš-Šāṭibī, *al-Muwāfaqāt*, Bd. 1, S. 265.

168 Ebd.

169 Ebd.

170 Ebd., S. 267.

(Mittel), die die notwendigen Güter erst realisieren und ihren Schutz im Sinne der Scharia gewährleisten sollen.[171] Das Eigentum als Schutzgut auf der Ebene der Notwendigkeiten ist ohne die Heranziehung konkreter und den Schutz konkretisierender Instrumente wie etwa Produktion, Handel und Handwerk zur Erlangung von Eigentum und Sicherungsabreden für den Schutz desselben auf der Ebene der Erfordernisse nicht *per se* gegeben.[172] Insofern kann man die Erfordernisse auch als Instrumente verstehen, die den Schutz der abstrakten Ebene der Notwendigkeiten intendiert. Die *ḥāǧiyyāt* dienen damit dem Erhalt der Notwendigkeiten, die ohne die *ḥāǧiyyāt* den Zugang in die reale Entfaltung nicht finden und ihren Schutz folglich auch nicht gewährleisten können.[173] Die Verbesserungen umfassen jene Güter, die auf die Komplettierung und Vervollständigung der beiden übergeordneten Ebenen ausgerichtet ist.[174]

Für die vorliegende Arbeit ist aufgrund der Geschäftsnatur islamischer Banken der von der Scharia intendierte Schutz des Eigentums bzw. des Vermögens[175] und der heranziehbaren Instrumente und Maßnahmen im Rahmen der Rechtsordnung von zentraler Bedeutung.[176] Der Schutz des Eigentums im weitesten Sinne[177] als abstraktes Rechtsgut wird von der Scharia methodisch auf zwei Wegen hergestellt: Schutz durch Herbeiführung (*al-ḥifẓ min ǧānib al-wuǧūd*) und Schutz Abwendung (*al-ḥifẓ min ǧānib al-ʿadam*).[178] Zwar lassen sich die Notwendigkeiten abschließend auf fünf Rechtsgüter[179] begrenzen, auf den Ebenen

171 Ebd., S. 271.

172 Ebd.

173 Vgl. ar-Raisūnī, *Naẓariyyat al-maqāṣid*, S. 145 ff.

174 Aš-Šāṭibī, *al-Muwāfaqāt*, Bd. 1, S. 271.

175 Die Unterscheidung zwischen islamrechtlich anerkannten und nicht anerkannten Gütern bleibt aufgrund der Relevanzlosigkeit in der hiesigen Rechtsordnung in dieser Arbeit unberücksichtigt.

176 Die anderen Güter sind für das Thema weiterhin relevant. Ihre Relevanz wird deutlich im Rahmen eines ganzheitlichen, den Menschen und die Gesellschaft im Ganzen berücksichtigenden Bankings in Bezug auf die Produktgestaltung, die Geschäftsfelder und die Finanzierungsentscheidung.

177 Der Begriff des Eigentums ist im Rahmen dieser Arbeit nicht nur auf den Eigentum bzw. die Verfügungsgewalt über eine Sache zu begrenzen, sondern er erstreckt sich auch auf den Moment der Eigentumserlangung und -überlassung zwecks Eigentumsverwendung durch Dritte (Bank).

178 Aš-Šāṭibī, *al-Muwāfaqāt*, Bd. 1, S. 286 f.

179 Zeitgenössische Gelehrte erweiterten sie auf sechs, andere auf sieben oder acht Intentionen. Für die vorliegende Arbeit ist das nicht unbedingt von Relevanz, ausgenommen der Schutz der Umwelt, der jedoch unter den Schutz der Nachkommenschaft

der Erfordernisse und der Verbesserungen ist dies jedoch nicht möglich, wenn diese als Schutzinstrumente der Notwendigkeiten verstanden werden. Deshalb gilt jedes Gut bzw. Instrument, das den Schutz der darüber liegenden Ebene durch die Herbeiführung eines Nutzens bzw. Vorteils oder die Abwendung eines Schadens bzw. Nachteils gewährleistet, als erforderlich, wobei die Herbeiführung eines Nutzens die Abwendung eines Schadens impliziert und umgekehrt.

Die Reihenfolge der Ebenen bzw. die Einteilung der Güter in verschiedene Ebenen bezweckt eine priorisierte Ordnung der jeweiligen Gruppen.[180] Der ersten Ebene kommt somit der Vorrang gegenüber der zweiten Ebene und der zweiten gegenüber der dritten zu. Die jeweils übergeordnete Ebene ist damit als Grundlage für die jeweils untergeordnete Ebene zu verstehen.[181] Die Bedeutung dieser hierarchischen Aufteilung wird bei einem Konflikt der Ebenen deutlich.[182] Ein Beispiel kann das veranschaulichen: Ein abzuschließendes Kaufgeschäft stellt auf der Ebene der Erfordernisse (*ḥāǧiyyāt*) das Grundgeschäft für den Tausch von Gütern (Eigentum) dar. Um dieses abzuschließen, bedarf es der Erfüllung verschiedener Voraussetzungen (*šurūṭ*).[183] Dazu zählt etwa das Transparenzgebot bzw. das Verbot der vertraglichen Unklarheit bzw. Unsicherheit (*ġarar*), das beide Vertragsparteien dazu auffordert, alle für die Kaufentscheidung relevanten Informationen über das Handelsgut offenzulegen.[184] Dazu zählen unter anderem der Zustand und die Beschaffenheit der Ware.[185] Bei bestimmten Kaufgeschäften ist die Offenlegung aller Informationen über die Ware jedoch nicht immer erschöpfend möglich, sodass immer eine, wenn auch geringe, vertragliche Unklarheit besteht, die in der Regel nicht zum Rechtsstreit führt.[186] Das Bestehen auf die Offenlegung aller denkbaren Informationen könnte daher dem Abschluss eines Handelsgeschäfts im Wege stehen. Die Voraussetzung der Transparenz, die auf der Ebene der Verbesserung bzw. Vervollständigung zu verorten ist, hätte die Außerkraftsetzung der übergeordneten Ebene und damit die Entziehung ihrer

---

subsumiert werden kann, wenn man diesen im weiteren Sinne als Aufruf zur Nachhaltigkeit versteht, wodurch den Nachkommen eine gesunde und intakte Umwelt hinterlassen wird, was einen umweltschonenden Konsum und eine entsprechende Produktion erfordert.

180 Aš-Šāṭibī, *al-Muwāfaqāt*, Bd. 1, S. 276 ff.

181 Ebd., S. 269.

182 Vgl. ar-Raisūnī, *Naẓariyyat al-maqāṣid*, S. 172 ff.

183 Vgl. az-Zuḥailī, *Mausūʿat al-fiqh al-islāmī*, Bd. 4, S. 149 ff.

184 Vgl. AAOIFI, *Sharia Standards*, No. 31, Ziffer 4/2/1, 4/2/2.

185 Az-Zuḥailī, *Mausūʿat al-fiqh al-islāmī*, Bd. 4, S. 149.

186 Vgl. AAOIFI, *Sharia Standards*, No. 31, Ziffer 4/2/2.

eigenen Grundlage zur Folge. In dem Beispiel hätte der geringe *ġarar*-Gehalt[187] eine auflösende Wirkung auf den zugrunde liegenden Kaufvertrag.[188] Ein Gütertausch wäre somit nicht möglich.

Die Vorrangigkeit der jeweils übergeordneten Ebene bedeutet insofern eine vorrangige Schutzwürdigkeit gegenüber der jeweils untergeordneten Ebene. Die immanente Erhaltungsfunktion der jeweils untergeordneten Ebene darf deshalb nicht zur Aushöhlung bzw. Auflösung der Intention der jeweils übergeordneten Ebene führen.[189] Gleichzeitig darf die Vernachlässigung der jeweils untergeordneten Ebene nicht dazu führen, dass der Schutz der jeweils übergeordneten Ebene – in dem Beispiel das Handelsgeschäft und der jeweils damit in Verbindung stehende Eigentumsübergang (Preis gegen Ware) – gefährdet wird, was dann der Fall ist, wenn der *ġarar*-Gehalt einen nicht unerheblichen Vermögensschaden verursachen würde.[190] Wenn dem Käufer das Ergebnis des Handelsgeschäfts gänzlich unklar ist, sodass er sich nicht gewiss sein kann, was er in welchem Zustand kaufen wird, dann ergibt sich für ihn durch die Geldleistung ein Vermögensschaden, der in der Minderung seines Eigentums besteht, wenn die Wertspeicherungs- und Tauschfunktion des Geldes berücksichtigt wird. Der Käufer würde damit eine Ware erhalten, die weniger wert ist als der im Geldbetrag abgebildete, quantifizierte Wert. Die Folgen des *ġarar*-Gehalts sind im Rahmen des bankbetrieblichen Produktentwicklungsprozesses des IB daher vom *faqīh* einzuschätzen.

Das Spannungsverhältnis, in dem die drei Ebenen stehen, soll dem Zweck dienen, dass sich die Ebenen gegenseitig ergänzen, vervollständigen und sichern. Hierzu formulierte aš-Šāṭibī fünf Regeln[191] für die Würdigung von Rechtsfällen aus der *maqāṣid*-Perspektive, um die Wichtigkeit des Schutzes der Ebene der Notwendigkeiten respektive der anderen Ebenen zu untermauern:

1. Die Notwendigkeiten stellen die Grundlage für die Ebenen der Erfordernisse und Verbesserungen.
2. Die grundsätzliche Gefährdung der Notwendigkeiten bedingt die Gefährdung der übrigen zwei Ebenen.

187 Wegen der unterschiedlichen Beschaffung der Waren zum Zeitpunkt des Verkaufs und des damit verbundenen *ġarar*-Gehalts haben die islamischen Rechtsgelehrten verschiedene Arten von *ġarar* aufgestellt, um Kaufverträge zu ermöglichen, die ohne einen geringen Anteil an *ġarar* nicht abgeschlossen werden können.

188 Aš-Šāṭibī, *al-Muwāfaqāt*, Bd. 1, S. 269.

189 Ebd.

190 Vgl. ebd., S. 271 ff.

191 Ebd.

3. Die Gefährdung bzw. Vernachlässigung der Erfordernisse und Verbesserungen kann die Gefährdung der Notwendigkeiten zur Folge haben.
4. Die Vernachlässigung der Verbesserungen oder der Erfordernisse kann in gewisser Weise zur Gefährdung bzw. Vernachlässigung der Notwendigkeiten führen.
5. Die Wahrung (*ḥifẓ*) aller drei Ebenen soll gewährleistet werden.

Im Rahmen der Behandlung der drei Ebenen steht der zentrale Anspruch, die Notwendigkeiten durch die Herbeiführung von Nutzen (*maṣlaḥa*) und die Abwendung von Schaden (*mafsada*) zu wahren, im Mittelpunkt der Betrachtung. Damit stellt sich die Frage, welche Bedeutung Nutzen und Schaden aus Sicht der Scharia haben und wie diese abzugrenzen sind. Nutzen und Schaden spielen in der Betrachtung und Würdigung von Normen eine zentrale Rolle, weil daran die Entsprechung der Intentionen gemessen werden kann. Nicht nur bei aš-Šāṭibī, auch bei al-ʿIzz ibn ʿAbd as-Salām, Ibn al-Qayyim, al-Qarāfī und Naǧm ad-Dīn aṭ-Ṭūfī, hängt die Gültigkeit der Normen von dem darin intendierten Nutzen ab.[192] Ist der Nutzen durch die Anwendung der Norm verfehlt, ist der Nutzen der Norm in dem Fall vorzuziehen; ein anderes Mittel (Norm)[193] ist in dem Fall zu suchen.[194] Damit kommt dem Nutzen eine übergeordnete Rolle gegenüber der literalistischen Anwendung der Normen aus den Primärquellen in dem Sinne zu, dass die Quellen in ihrem Lichte zu verstehen sind (Intentionen). Dieser großen Bedeutung des Nutzens und damit der Lehre von den Intentionen der Scharia folgte vor aš-Šāṭibī keine Etablierung der maqāṣid als eigenständige Quelle mit eigenständiger Legitimität. Erst aš-Šāṭibī erklärte die Intentionen in seiner *maqāṣid*-Theorie zu einer eigenständigen Quelle, die als absolut (*qaṭʿī*) und nicht präsumtiv (*ẓannī*) zu sehen ist.[195]

2.3.1.2 Die zweite Kategorie

Die Intentionen können aš-Šāṭibī zufolge nur im Rahmen der Sprache, in der die Offenbarung der Scharia erfolgte, verstanden werden.[196] Die Intentionen können

---

192 Vgl. Naǧm ad-Dīn aṭ-Ṭūfī, *Risāla fī riʿāyat al-maṣāliḥ*, ed. von Aḥmad as-Sāyiḥ, Kairo 1993, S. 23 f.

193 Normen können als Mittel zur Umsetzung der Intentionen verstanden werden; vgl. Ibn Ḫūǧa, *Muḥammad aṭ-Ṭāhir*, Bd. 3, S. 402 f.

194 Vgl. aṭ-Ṭūfī, *Risāla*, S. 23 f.

195 Aš-Šāṭibī, *al-Muwāfaqāt*, Bd. 1, S. 262 f. Die Intentionen können in diesem Sinne als eine übergeordnete Quelle auf der Metaebene der Quellen und begleitet den *faqīh* in seinem Verstehens- und Rechtsfindungsprozess.

196 Ebd., S. 305.

demnach nur in der arabischen Sprache in vollem Umfang erfasst und begriffen werden, womit er die Sprache als *das* Instrument zur Ermittlung der Intentionen betrachtet. Die arabische Sprache ist für das Verstehen der Scharia und ihrer Intentionen deshalb so entscheidend, weil sie die göttlichen Intentionen übersetzt und dem Menschen erfassbar macht. Die Intentionen zu ergründen, erfordert daher die genaue Beherrschung der arabischen Sprache in Grammatik, Semantik und Rhetorik.[197]

2.3.1.3 Die dritte Kategorie

Die Intentionen sehen laut aš-Šāṭibī zwecks ihrer Realisierung die Befolgung ihrer Normen vor, die bestimmte Handlungen verlangen, die er wiederum in zwei Gruppen gegliedert hat: die Gruppe der unmöglichen Handlungen und die der möglichen, mit Erschwernis (*mašaqqa*) verbundenen Handlungen.[198]

Der ersten Gruppe kommt aš-Šāṭibī zufolge keine Relevanz zu, weil die Scharia die Verrichtung unmöglicher Handlungen vom Menschen nicht verlangt.[199] Die wichtige Gruppe stellt daher die der zwar möglichen, jedoch aus Sicht des Betroffenen mit Erschwernis verbundenen Handlungen dar.[200] Die Erschwernis an sich sei nicht Ziel der Scharia, was anhand von Textbelegen zu erkennen sei.[201] Insbesondere Ausnahmeregelungen sollen darauf hindeuten, dass die Scharia Erschwernis nicht beabsichtigt und diese vielmehr zu vermeiden sucht, ohne dabei die Intention hinter den Handlungen außer Acht zu lassen.[202] Die Erschwernis ist insofern also nicht das intendierte Ziel, sondern sie ist ein der Handlung, die zum Schutz der universalen Güter führen soll, immanentes Element. Das Bestreiten des Lebensunterhalts beispielsweise ist i.d.R. mit gewissen

197 Ebd., S. 306.

198 Ebd., S. 336.

199 Für aš-Šāṭibī sind unmögliche Aufforderungen so zu verstehen, dass die zur aufgeforderten unmöglichen Handlung führenden Faktoren bemüht werden, um ggf. zu dem Ziel, das die unmögliche Aufforderung verkörpert, zu gelangen. Vgl. ebd.

200 Ebd., S. 344 f.

201 Vielmehr belegen zum einen Passagen in Quelltexten, dass die Erleichterung im Fokus der Scharia steht; vgl. Sure 7:157; 2:185; 2:286; 4:28; 5:6; 22:78; und zum anderen belegen das auch zahlreiche Ausnahmeregelungen (*ruḫaṣ*) sowohl im Bereich der gottesdienstlichen Handlungen als auch der zwischenmenschlichen Beziehungen; vgl. aš-Šāṭibī, *al-Muwāfaqāt*, Bd. 1, S. 346.

202 Wie etwa die Regelung zum Gebet, dass man dieses je nach gesundheitlicher Verfassung stehend, sitzend oder liegend verrichten kann, wobei der Sinn des Gebets jedoch bestehen bleibt.

Erschwernissen verbunden und kann ohne deren Existenz nicht bewerkstelligt werden, da der aus dem Bestreiten des Lebensunterhalts verdiente Anspruch auf Gegenleistung (etwa bei einem Handelsgeschäft) nicht ohne körperliche oder geistige Betätigung erfolgen kann. Die damit verbundene Erschwernis ist dabei weder Gegenstand der Betrachtung noch als Ziel anzusehen und wird deshalb auch nicht als zielhemmend verstanden.[203] Das vordergründige Ziel der Handlungen ist der daraus resultierende Nutzen für den Menschen und folglich der Gesellschaft. In dem Zusammenhang setzt sich aš-Šāṭibī mit der Erschwernis auseinander, die daraus resultiert, dass der Mensch die Norm nicht umsetzen möchte, weil sie sich seiner persönlichen Neigung zuwiderläuft.[204] Hier stellt aš-Šāṭibī bereits zu Beginn der Erörterung dieses Aspekts fest, dass die Scharia die persönlichen Neigungen (*hawā*, *nafs*), die sich aus Sicht des Betroffenen hinsichtlich der umzusetzenden Norm als Erschwernis darstellen, nicht als Erschwernis ansieht und somit nicht anerkennt.[205] Vielmehr beabsichtigt die Scharia den Menschen dahin gehend zu erziehen, dass seine eigene Neigung den Intentionen der Scharia entspricht.[206]

Wichtigkeit erlangt diese Erklärung aš-Šāṭibīs im Zusammenhang mit der Entwicklung von Bankprodukten, die den islamrechtlichen Vorgaben genügen sollen. Zu unterscheiden ist zunächst zwischen derjenigen Erschwernis, die dem Produkt an sich eigen ist, und derjenigen, die darüber hinausgeht. In Bezug auf die Eigenart der wirtschaftlichen Beziehung, die stets zwei oder mehr (natürliche oder juristische) Personen als Kontrahenten vorsieht, darf die Erschwernis, die der eine Geschäftspartner durch seine vertragliche Stellung grundsätzlich zu tragen hat, nicht mit der Folge auf den anderen übertragen werden, dass jener die eventuell daraus resultierenden Schäden trägt, während der übertragende Partner davon befreit ist und den damit verbundenen Nutzen erfährt. Es ist also nur diejenige Erschwernis aufzuheben, die unverhältnismäßig zur Handlung steht und über die gewohnte Erschwernis, die der Handlung immanent ist, hinausgeht.

Erschwernis kann im Bankwesen als Risiko verstanden werden.[207] Weil eine Hauptaufgabe von Banken darin besteht, Risiken in dem Sinne zu verarbeiten, dass sie diese reduzieren, abwälzen, minimieren und übertragen, stellt sich zunächst die Frage nach der Natur des Risikos in Bezug auf das damit in

203 Ebd., S. 347.

204 Ebd., S. 344.

205 Ebd., S. 367 f.

206 Ebd., S. 379.

207 Damit zielt der *mašaqqa*-Begriff im Rahmen dieser Arbeit sowohl auf die (wirtschaftliche) Handlung als auch auf die sich daraus ergebenden Folgen.

Verbindung stehende Geschäft.[208] Auch stellt sich die Frage danach, ob das zu untersuchende Risiko über das mit dem Geschäft üblicherweise verbundene Risiko hinausgeht, um es auf legitime Weise aufzuheben. Grundsätzlich ist aus Sicht der Intentionen, die bezogen auf das Eigentum bzw. Vermögen den Schutz des Menschen[209] suchen, jede Art von Erschwernis (hier: Risiko) aufzuheben, jedoch nur unter der Voraussetzung, dass die aufgehobene Erschwernis Dritten nicht ungerechtfertigt angelastet wird. Die Bank dürfte demnach das Risiko nicht reduzieren, wenn dies zur Folge hätte, dass der Kunde ihr reduziertes Risiko trägt, ohne den daraus möglichen Nutzen für sich zu beanspruchen. Für Banken stellen, wie bereits erwähnt, Risiken die größte Erschwernis dar, die sie bei jedem Geschäft weitestgehend zu reduzieren versuchen. Die Grenzen der Erschwernis könnten dort gesetzt werden, wo ihre Aufhebung ihre Begründung bei einem Dritten zur Folge hätte. Bei der Berücksichtigung der Bedürfnisse einer Bank, die aufgrund der islamrechtlichen Vorgaben in bestimmten Finanzierungsinstrumenten Erschwernisse (Risiken) rechtlicher, steuerlicher und ökonomischer Natur zu vermeiden sucht, müsste also untersucht werden, ob die Erschwernis durch ihre Vermeidung eine Erschwernis für die Vertragspartei (Finanzierungsnachfrager) begründet.

Aš-Šāṭibī argumentiert, dass jede Erschwernis, die über den gewöhnlichen und der Betätigung immanenten Umfang hinausgeht, aufzuheben ist, was insbesondere dann der Fall ist, wenn die Erschwernis einen Grad solchen erreicht, dass die Existenz des Betroffenen davon bedroht ist, was von der Scharia nicht intendiert ist.[210] Die im Bankensektor als Risiko verstandene Erschwernis, die aus den Einzelgeschäften – auf der Einlagen- wie auf der Kreditseite[211] – resultiert, stellt dann eine Bedrohung dar, wenn sie kumulativ betrachtet die Existenz der Bank gefährdet. Die Instrumente zur Aufnahme von Kundengeldern und jene zur Finanzierung von Gütern und Dienstleistungen bergen ihrer Natur gemäß entsprechende spezifische Risiken, die sich im Vergleich zu den Einlagen und Kreditinstrumenten herkömmlicher Banken in der Theorie rechtlich und ökonomisch wesentlich unterscheiden und tatsächlich eine existenzbedrohliche Erschwernis darstellen können. Die Begründung von Schulden über die Anwendung von Darlehen separiert die Forderung von der mit dem überlassenen

208 Vgl. eindrucksvoll Dirk Baecker, *Womit handeln Banken? Eine Untersuchung zur Risikoverarbeitung in der Wirtschaft*, Berlin 1991, S. 22 ff., 108 ff.

209 Darunter sind in diesem Zusammenhang auch juristische Personen zu subsumieren.

210 Aš-Šāṭibī, *al-Muwāfaqāt*, Bd. 1, S. 347.

211 Im Rahmen dieser Arbeit sind die Bankgeschäfte auf die Einlagen- und Kreditgeschäfte im Sinne des § 1 Abs. 1 Nr. 1 und Nr. 2 KWG beschränkt.

Geldbetrag erworbenen Leistung (Ware, Dienstleistung).[212] Dadurch ist der Geldgeber von den mit der Leistung verbundenen Risiken, insbesondere Gewährleistungs- und Haftungsfragen, gänzlich befreit, sodass er lediglich das Ausfallrisiko zu tragen hat, das er durch die Wahlfreiheit des Schuldners durch Bonität und andere Kriterien (Bereitstellung von Sicherheiten) weitgehend zu reduzieren versucht. Hingegen ist eine Finanzierung nach den islamrechtlichen Kriterien mit dem Erwerb und Verkauf von Waren respektive Dienstleistungen mit immanenten Risiken verbunden, sodass im Vergleich weitaus höhere Risiken entstehen müssten.

2.3.1.4 Die vierte Kategorie

Aš-Šāṭibī zufolge intendiert die Scharia schließlich, dass sich der Mensch ihr freiwillig unterwirft bzw. fügt, was erfordert, dass er sich aus Überzeugung von seinen der Scharia kontradiktorischen Neigungen und Gesinnungen löst.[213] Dieses Erfordernis soll den Nutzen für das menschliche Leben zur Folge haben und die Intentionen realisieren.[214] Alle Urteile und Normen der Scharia verfolgen damit das einzige Ziel, dem Menschen Nutzen zu bringen und Schaden von ihm abzuwenden. Der Mensch ist demnach angehalten, sich der Scharia zu unterwerfen, um den von ihr intendierten Nutzen durch Befolgung zu realisieren. Ohne die menschliche Unterwerfung, die durch Kultivierung der Tugenden

---

212 Ayub, *Understanding Islamic Finance*, S. 74 ff.

213 Diese Schlussfolgerung belegt er mit Aussagen aus dem Koran, die den Menschen dazu aufrufen, sich Gott zu unterwerfen (Sure 51:56; 20:132; 2:21; 4:36; 38:26; 79:37–41; 23:71); vgl. aš-Šāṭibī, *al-Muwāfaqāt*, Bd. 1, S. 379. Auch versucht er die Wichtigkeit dieser Intention und ihre positive Auswirkung auf das menschliche Leben damit zu begründen, dass die Beobachtung und Erfahrung zeige, dass die Befolgung der eigenen Neigungen in der Regel zum Verfehlen des menschlichen Nutzens führe; vgl. ebd., S. 380.

214 Ebd., S. 381. Damit könnte aš-Šāṭibī einen Grundstein für die Lösung des Prinzipal-Agent-Problems durch die Analyse der Intentionen hinsichtlich ihrer praktischen Umsetzung gelegt haben. In der Prinzipal-Agent-Theorie wird davon ausgegangen, dass der Agent andere Interessen verfolgt als der ihn beauftragende Prinzipal. Erst wenn die Intention des Agenten der des Prinzipals entspricht, kann dessen Intention realisiert werden. Ausführlich hierzu siehe Martin K. Welge/Marc Eulerich, *Corporate-Governance-Management – Theorie und Praxis der guten Unternehmensführung*, Wiesbaden 2012, S. 12 ff. Aš-Šāṭibī zeigt deutlich, dass die Scharia durch intrinsische Motivierung den Menschen dahin gehend bewegt, seine Intentionen aus eigener Überzeugung heraus ihren Intentionen entsprechen zu lassen; aš-Šāṭibī, *al-Muwāfaqāt*, Bd. 1, S. 379 f.

mittels gottesdienstlicher Handlungen erreicht werden soll,[215] kann also weder Nutzen herbeigeführt noch Schaden abgewendet werden, da die Scharia diese Ziele nicht selbst zu realisieren vermag.[216]

Die Intention, das Vermögen durch das *ribā*-Verbot und andere noch zu diskutierende Verbote zu schützen, kann daher nur dadurch erreicht werden, dass man die entsprechenden Mittel (Verträge) verwendet. Bezogen auf das Bankwesen ist die Realisierung der Intentionen in diesem Zusammenhang nur dann möglich, wenn die Bank ihre Finanzierungen respektive die Aufnahme von Einlagen u.a. zinslos gestaltet. Im weiteren Verlauf der Arbeit soll dieser Frage in Bezug auf ihre Umsetzbarkeit hin nachgegangen werden.

2.3.2 Die Intentionen des Individuums

Für aš-Šāṭibī sind die Intentionen der Scharia ohne Berücksichtigung derer des Individuums und die sich daraus ergebende Wechselbeziehung eine Theorie, die keine Umsetzung in die Realität erfahren kann, und damit bedeutungslos.[217] Mit der prophetischen Überlieferung,[218] die feststellt, dass alle menschlichen Handlungen nach der Absicht des Handelnden zu beurteilen sind, argumentiert aš-Šāṭibī für die Wichtigkeit menschlicher Intentionen in seiner *maqāṣid*-Lehre.[219] Ihr zufolge entspricht eine menschliche Handlung nur dann der Scharia bzw. ihren Intentionen, wenn die menschliche Absicht mit der Intention der Scharia deckungsgleich ist.[220] Zielt die Absicht auf ein anderes als das von der Scharia intendierte Ergebnis, wurde der Intention der Scharia nicht entsprochen und kann die Intention folglich nicht realisiert werden.[221] Die göttliche und die menschliche Intention stehen somit in einer Wechselbeziehung, die stets ein positives (Konvergenz) oder ein negatives (Divergenz) Ergebnis zur Folge hat. Diese Beziehung stellt den Dreh- und Angelpunkt für die Realisierung der Intentionen der Scharia dar und weist dem Menschen

215 Ar-Raisūnī, *Naẓariyyat al-maqāṣid*, S. 292.

216 Aš-Šāṭibī, *al-Muwāfaqāt*, Bd. 1, S. 494 f.

217 Vgl. ar-Raisūnī, *Naẓariyyat al-maqāṣid*, S. 163.

218 Der Wortlaut der Überlieferung: *innamā l-aʿmālu bi-n-niyyāti wa-innamā li-kulli imraʾin mā nawā […]*; vgl. Muḥammad b. Ismāʿīl al-Buḫārī, *Ṣaḥīḥ al-Buḫārī*, Damaskus, 2002, Nr. 54; Muslim b. al-Ḥaǧǧāǧ, *Ṣaḥīḥ Muslim*, ed. von Muḥammad al-Fāryābī, Riad 2006, Nr. 1907; Abū Bakr al-Baihaqī, *as-Sunan al-kubrā*, ed. von Muḥammad ʿAbd al-Qādir ʿAṭā, Beirut 2003, Nr. 820, 1031.

219 Aš-Šāṭibī, *al-Muwāfaqāt*, Bd. 1, S. 489 f.

220 Ebd.

221 Ebd., S. 496 f.

aufgrund seiner entscheidenden Rolle in der Realisierung der Intentionen eine exponierte Stellung zu. Die theologisch begründete jenseitige Verantwortung des Menschen als Stellvertreter Gottes auf Erden erwächst aus seiner Aufgabe, die göttliche Intention zu realisieren.[222] Dieser Aufgabe kann nur durch die Befolgung und Umsetzung der aufgestellten Normen entsprochen werden, insbesondere durch die kontextuelle Anpassung der Normenanwendung (rechtlich, ökonomisch, politisch etc.). Die Realisierung der Intentionen erfolgt also durch die Umsetzung der Gebote, das Verstehen des Verbotsgrundes und die Einhaltung des Verbots.

Zur Erzielung von Profit kommt aus Sicht der Scharia entweder die Verarbeitung einer Sache (Produktion, Handwerk), der Handel (Produktion und Verkauf oder Erwerb und Verkauf) oder die Beteiligung bzw. Investition in Betracht.[223] Gewinn durch Geldleihe ist hingegen verboten.[224] Die Ergründung dieses sogenannten *ribā*-Verbots hat daher Auswirkung auf die Würdigung der Anwendung der „Islam-konformen" Normen. Mit der Erkenntnis des Grundes des *ribā*-Verbots, auf den im weiteren Verlauf eingegangen wird und der unter anderem in der Schuldzuwachsproblematik und der Entstehung einer unabhängigen Finanzwirtschaft zu sehen ist, kann auch ein der Form nach grundsätzlich konformes Geschäft unter Einbeziehung der Verbotsratio als nicht konform erkannt werden. Die Absicht bei einem scheinbar konformen, im Kern aber auf ein Verbot abzielenden Geschäft widerspricht somit theoretisch der Intention der Scharia und verfehlt praktisch ihre Umsetzung.[225] Damit gelangt man zum Thema der Rechtskniffe, die aš-Šāṭibī thematisch im Rahmen der menschlichen Intention verortet.[226] Grundsätzlich verfolgen Rechtskniffe das Ziel,[227] Verbote zu umgehen, und sind somit Grundlage für Umgehungsgeschäfte, die unterschiedliche Formen annehmen können und deshalb zwar situativ zu würdigen, in der Regel jedoch zu verwerfen sind, weil sie den Intentionen der Scharia grundsätzlich nicht zu entsprechen suchen. Denn die aufgestellten Normen bilden nicht das Ziel, das erreicht werden soll, sondern vielmehr die Instrumente und Mittel, um zum Ziel der Scharia zu gelangen, Gerechtigkeit in den wirtschaftlichen Beziehungen zu etablieren bzw. Nutzen herbeizuführen und Schaden abzuwenden.

---

222 Ebd., S. 494 f.

223 Die Aufzählung ist nicht abschließend und öffnet den Raum für die Entwicklung innovativer Instrumente, solange sie sich im Rahmen der Intentionen bewegen.

224 Vgl. AAOIFI, *Sharia Standard*, No. 19/4.

225 Aš-Šāṭibī, *al-Muwāfaqāt*, Bd. 1, S. 495.

226 Auch bei Ibn Ḫūǧa, *Muḥammad aṭ-Ṭāhir*, Bd. 3, S. 317 f.

227 Aš-Šāṭibī, *al-Muwāfaqāt*, Bd. 1, S. 528 ff.

Die vom Menschen gefasste Absicht und die daraus resultierende Handlung müssten sich mit der göttlichen Intention insofern decken, als dass der Mensch die aufgestellten Grenzen (Verbote) einhält und seine Handlungen entsprechend gestaltet. In dem oben beschriebenen Beispiel hätte dies zur Folge, dass die Vertragsparteien von der beschriebenen Form des Geschäfts absehen und anstelle davon einen Handel eingehen, bei dem die Ware, die mit geliehenem Geld hätte erworben werden sollen, vom „Geldgeber" erstanden und an den „Geldnachfrager" mit einem Gewinnaufschlag veräußert wird.[228] Wenn an diesem Handelsgeschäft ein weiteres mit derselben Handelsware und einer variierten Zahlungsvereinbarung (späterer Zahlung) und einem höheren Kaufpreis geknüpft wird, hätte man im Ergebnis das verbotene Leihgeschäft in einer legitimen Form abgebildet und dabei aufgrund des illegitimen Inhalts der göttlichen Intention nicht entsprochen.[229]

2.4 Die Ermittlung der Intentionen

2.4.1 Die Ermittlung der Intentionen der Scharia

Die Idee der Intentionen der Scharia gründet im Kern auf dem Argument der rationalen Nachvollziehbarkeit (*taʿlīl*) offenbarter Normierungen.[230] Erst wenn davon ausgegangen werden kann, dass die normative Beurteilung aller in den Offenbarungstexten erwähnten Fälle mit der nachvollziehbaren Zielsetzung begründet ist, Nutzen herbeizuführen und Schaden abzuwenden, kann eine dahin gehende Intention der Scharia festgestellt werden. Bereits zu Beginn seiner Abhandlung über die Intentionen der Scharia legt aš-Šāṭibī anhand von Stellen aus dem Koran fest, dass durch Induktion (*istiqrāʾ*) die Gewissheit erlangt werden kann, dass die Intentionen der Scharia darin liegen, Nutzen herbeizuführen und Schaden abzuwenden.[231] Neben der Induktion, die für ihn die maßgebliche

228 Weiter unten soll besprochen werden, worin rechtlich sowie ökonomisch der Unterschied zwischen beiden Geschäftsformen besteht, die unter Umständen in der Tat denselben Leistungsbetrag zur Folge haben können.

229 Das beschriebene Umgehungsgeschäft ist in den Rechtswerken islamischer Juristen als *baiʿ al-ʿīna* bekannt und gilt je nach Ausgestaltung und Rechtsschule als grenzwertig, in der Regel jedoch als verboten, wenn ersichtlich ist, dass damit das Zinsverbot umgangen werden soll.

230 Siehe ausführlich Šalabī, *Taʿlīl al-aḥkām*, S. 14 f., 23 f., 72 f., 94 f., 112 f.; aš-Šāṭibī, *al-Muwāfaqāt*, Bd. 1, S. 285; ar-Raisūnī, *Naẓariyyat al-maqāṣid*, S. 209; Ibn Ḫūǧa, *Muḥammad aṭ-Ṭāhir*, Bd. 3, S. 35 f.

231 Aš-Šāṭibī, *al-Muwāfaqāt*, Bd. 1, S. 262.

Methode zur Ermittlung der Intention ist,[232] erfolgt die Ermittlung auf weitere vier Arten.[233] Die wichtigste, eben genannte Art ist die Induktion (*istiqrā'*). Sie bedeutet den Schluss aus Einzelbestimmungen auf ein allgemeingültiges Grundprinzip.[234] Aus der Lektüre aller Einzelnormen im Offenbarungstext lässt sich aš-Šāṭibī zufolge dadurch schließen, dass sie alle den Zweck verfolgen, Nutzen herbeizuführen und Schaden abzuwenden. Daneben können die Intentionen anhand der Ge- und Verbote und der dortigen Angabe der Gründe dafür ergründet werden.[235] In der Erklärung eines Gebots liegt die Intention, das Gebotene zu realisieren, in der eines Verbots liegt die Intention, das Verbotene zu vermeiden.[236] So werden die Verbote von *ribā* und *maisir* im Koran in den entsprechenden Textstellen begründet und als *ratio* für das Verbot verstanden.

Die dritte Ermittlungsmethode vollzieht sich bei aš-Šāṭibī durch die Ergründung der primären und der sekundären Intention,[237] die auf die Hauptintention schließen lassen, also auf das, worauf es der Scharia hauptsächlich ankommt.[238] Die letzte Ermittlungsmethode besteht im Stillschweigen der Scharia, die auf gottesdienstliche Handlungen (*'ibādāt*) begrenzt ist und deshalb für das vorliegende Thema keine Relevanz hat.[239]

---

232 Ebd., S. 21; ar-Raisūnī fragt sich, weshalb aš-Šāṭibī die Induktion, die er als die wichtigste Methode zur Ermittlung der Intentionen der Scharia erachtete, nicht in dem vorgesehenen Abschnitt zur Thematik erwähnt, kann darauf aber keine Antwort geben; vgl. ar-Raisūnī, *Naẓariyyat al-maqāṣid*, S. 307 ff.

233 Ebd., S. 295 ff.; al-Yūbī, *Maqāṣid aš-šarī'a*, S. 124.

234 Al-Ǧurǧānī, *Mu'ǧam*, S. 18. Es wird zwischen der vollständigen (*tāmm*) und der unvollständigen (*nāqiṣ*) Induktion unterschieden. Unter der vollständigen Induktion versteht man die Berücksichtigung aller Einzelbestimmungen, um auf eine allgemeingültige Regel zu schließen. Eine solche Induktion gilt als absoluter Beleg (*dalīl qaṭ'ī*), worauf sich aš-Šāṭibī bezieht, wenn er von der Absolutheit der Induktion als Beleg spricht; vgl. aš-Šāṭibī, *al-Muwāfaqāt*, Bd. 1, S. 21. Die unvollständige Induktion hingegen berücksichtigt nicht alle, sondern vielmehr die meisten Einzelnormierungen und stellt so hinsichtlich ihrer Beweiskraft nur einen präsumptiven Beleg (*dalīl ẓannī*) dar (vgl. al-Yūbī, *Maqāṣid aš-šarī'a*, S. 124), der für den weiteren Verlauf der Arbeit nicht berücksichtigt wird.

235 Ar-Raisūnī, *Naẓariyyat al-maqāṣid*, S. 297; aš-Šāṭibī, *al-Muwāfaqāt*, Bd. 1, S. 101.

236 Ebd., S. 538.

237 Aš-Šāṭibī spricht hier auch von erster und zweiter Intention, vgl. ar-Raisūnī, *Naẓariyyat al-maqāṣid*, S. 299.

238 Ebd.

239 Siehe ebd., S. 305, 306 f. In seiner Zusammenfassung der Ermittlungsmethoden hat Ibn 'Āšūr diese Methode gänzlich ausgelassen; vgl. ebd.

2.4.2 Die Ermittlung der menschlichen Intentionen

In diesem Abschnitt kann nur das institutionalisierte und vertraglich standardisierte Geschäftsgebaren behandelt werden. Die Ergründung der menschlichen Intention, bevor eine daraus resultierende Handlung erfolgt, ist wenn überhaupt, dann nur retrospektiv möglich. Im Bankwesen verwenden Kreditinstitute im Retailgeschäft in der Regel vorab angefertigte, standardisierte Verträge, die den Ablauf der angebotenen Transaktion mit potentiellen Kunden verbindlich beschreiben. Die Analyse eines solchen Vertragswerks erlaubt die prospektive Einsicht in die Intention zumindest einer Vertragspartei.[240] Die Intention der Bank ist in der Regel in der Konzeption und Gestaltung des Vertrags deutlich. Im Falle konventioneller Kreditinstitute ist die Absicht bei einer Finanzierung in der Regel klar, weil diese durch die Vorlage des Darlehensvertrags evident ist. Problematisch wird es im Falle einer islamischen Bank, die im Rahmen des geltenden Rechts eine Bank im Sinne eines Kreditinstituts nach § 1 Abs. 1 KWG darstellt und nach diesem Gesetz das Kreditgeschäft nach § 1 Abs. 1 Nr. 2 nur in Form von Gelddarlehen betreibt. Wegen der Gewinnorientiertheit eines jeden Kreditinstituts – ob nun islamisch oder nicht – erfolgt das Gelddarlehen nicht unentgeltlich.[241] Das Verbot des entgeltlichen Geldverleihs erlaubt es islamischen Banken jedoch nicht, Kredite in Form von Geld (in der Regel Giral- bzw. Buchgeld) zu gewähren. Stattdessen bieten sie ihren Kunden den eigenständigen Erwerb des zu finanzierenden Gutes und die anschließende Veräußerung an denselben an. Dadurch soll die Bank als Zwischenhändler in Erscheinung treten. Anders als die Gewährung von Gelddarlehen ist der Erwerb von Realgütern und die anschließende Veräußerung an den Kunden – insbesondere, wenn für diesen die Verbraucherrichtlinien gelten – mit Risiken verbunden, die für islamische Banken über die üblichen Risiken hinausgehen.[242] Erhöhte Risiken führen in der Regel zu höheren Kosten, was sich u.a. in der Vertragsgestaltung, Risikobewertung und Rücklagenbildung

240 Grundsätzlich ist es das Kreditinstitut, das den Vertrag gestaltet und dem Kunden anbietet. Letzterer ist in die Vertragsgestaltung in der Regel nicht involviert und hat nicht die Möglichkeit, vor Vertragsschluss eine vertragliche Änderung vorzunehmen. Insofern kann er das Angebot nur annehmen oder ablehnen.

241 Urban Bacher, *Bankmanagement. Praxiswissen der Bankbetriebslehre*, Konstanz 2015, S. 111.

242 Habib Ahmed/Tariqullah Khan, *Risk Management in Islamic Banking*, in: M. Kabir Hassan/Mervyn K. Lewis, *Handbook of Islamic Banking*, Cheltenham 2007, (144–158) S. 145 f.

niederschlägt.[243] Die Vorgaben der Kapitaladäquanzverordnung (CRR = Capital Requirement Regulation) und die angestrebte Konkurrenzfähigkeit lassen den Schluss zu, dass eine islamische Bank bemüht sein wird, die mit dem Handelsgeschäft (Erwerb und Veräußerung eines Realgutes) einhergehenden Risiken weitestgehend zu reduzieren. Dies kann sich, wie oben beschrieben, darin zeigen, dass das Kreditinstitut nicht selbst die Ware erwirbt, sondern dem Kunden eine nur im Innenverhältnis wirkende Vollmacht ausstellt, sodass dieser die Ware zwar im Innenverhältnis für die Bank erwirbt, im Außenverhältnis aber für sich selbst, weil der Vertrag zwischen ihm und dem Verkäufer ohne die Mittelung über die bestehende Bevollmächtigung im Innenverhältnis geschlossen wurde.[244] Ist davon auszugehen, dass das Eigentum in diesem Fall beim Kunden liegt, stellt sich so die Frage, ob der Profit das Resultat eines Handelsgeschäfts oder der Gewährung von Gelddarlehen ist. Je nach Vertragsgestaltung und Transaktionsablauf kann das *Sharia Board* durch die Analyse des Vertragswerks vor Anwendung desselben im operativen Geschäft die Intention des Kreditinstituts ermitteln.[245]

Im islamischen Recht unterscheidet sich die *ratio legis* (*ʿilla*) eines Handelsgeschäfts von der eines Darlehens. Während bei einem Darlehen der Gemeinnützigkeitsgedanke die zentrale Motivation für die Gewährung darstellen soll, ist es beim Handel das Gewinnstreben.[246] Eine islamische Bank kann anstelle der Darlehensgewährung nur das Handelsgeschäft als nächste mögliche Alternative wählen, sucht damit aber die Charakteristika eines verzinsten Darlehens weitestgehend in das Handelsgeschäft zu integrieren, um die im Wettbewerbsvergleich höheren Risiken zu reduzieren.[247]

2.5 Die Ermittlung der Nutzen

Die Anwendung normativer Aussagen, die in den Quellen verankert sind oder aus diesen abgeleitet werden sollen, erfordert die Betrachtung des Nutzen- bzw. Schadensgehalts der infrage kommenden Bestimmung, der sich erst durch die

243 Ebd.

244 Andere Möglichkeiten sind sog. *tawarruq*-Geschäfte (auch *commodity murābaḥa* und *reverse murābaḥa* genannt).

245 Vgl. in Anlehnung daran aš-Šāṭibī, *al-Muwāfaqāt*, Bd. 2, S. 431 ff.

246 Zum Gemeinnützigkeitsgedanken des (zinslosen) Darlehens siehe Ayub, *Understanding Islamic Finance*, S. 4, 47, 111; und zum Gewinnstreben im Handel ebd., S. 129 ff.

247 Nienhaus, *Governance of Islamic Banks*, S. 134 f.

Analyse der möglichen Folgen, die sich aus der Anwendung ergeben können, offenbart.[248]

Dabei wird der Nutzen bzw. der Schaden bei aš-Šāṭibī mit den aus der jeweiligen Handlung resultierenden Folgen definiert.[249] Ob die Anwendung einer Norm, sei sie aus den Quellen entnommen oder im Wege der Normfindung abgeleitet, nützlich ist, hängt von der Folge ihrer Anwendung ab.[250] Einen Nutzen bringt somit jede Handlung, die die menschliche Existenz sichert und fördert, Frieden und Glück beschert.[251] Schaden bringt hingegen jede Handlung, die die menschliche Existenz bedroht und einschränkt.[252] Dabei ist es nicht denkbar, dass eine nützliche Handlung frei von Nachteilen ist.[253] Vielmehr ist eine Handlung als nützlich zu klassifizieren, wenn aus ihr mehr Nutzen als Schaden folgt.[254] In diesem Zusammenhang werden Handlungen[255] entsprechend ihres Nutzen- bzw. Schadensgehalts in zwei Gruppen unterteil: Handlungen mit anerkannten Nutzen (*maṣāliḥ muʿtabara*) und aberkannten Nutzen (*maṣāliḥ mulġāt*).[256] Die sog. *maṣāliḥ mursala*, die in den einschlägigen Werken die dritte Gruppe bilden und als unberücksichtigte bzw. nicht explizit erwähnte Interessen gelten, können laut aš-Šāṭibī keine eigenständige Gruppe darstellen, da sie nicht existieren.[257]

---

248 Aš-Šāṭibī, *al-Muwāfaqāt*, Bd. 2, S. 431.

249 Ebd.

250 Ebd.

251 Ebd., Bd. 1, S. 286.

252 Ebd.

253 Ebd., S. 277.

254 Ebd.

255 In den einschlägigen Werken ist in diesem Zusammenhang stets die Rede von Interessen (*maṣāliḥ*), die von der Scharia entweder an- oder aberkannt werden. Bei genauer Analyse fällt jedoch auf, dass im Konkreten nicht das Interesse an- oder aberkannt wird, sondern die zur Erfüllung des Interesses herangezogene Handlung. Das Genussinteresse ist nicht *per se* aberkannt. Die Verwendung des Alkohols zur Erfüllung des Genussinteresses wird jedoch erst verboten und das damit in Verbindung stehende Interesse aberkannt. Die Interessen an sich sind insofern alle anerkannt; vgl. ar-Raisūnī, *Naẓariyyat al-maqāṣid*, S. 263. Weil daher nur Handlungen einen Nutzen bzw. Schaden zur Folge haben, können auch nur Handlungen an- bzw. aberkannt werden. Im Folgenden wird daher in diesem Zusammenhang von Handlungen die Rede sein.

256 Vgl. ebd., S. 260.

257 Ebd., S. 26. So bei Abū Ḥāmid al-Ġazālī, *al-Manḫūl min taʿlīqāt al-uṣūl*, ed. von Muḥammad Ḥasan Hītū, o.O. o.J., S. 359.

Die Einteilung in anerkannte bzw. aberkannte Handlungen[258] ist unmittelbar mit ihrem Nutzen- bzw. Schadensgehalt verbunden.[259] Handlungen, die einen Nutzen zur Folge haben, sind also anerkannt, und Handlungen, die einen Schaden nach sich ziehen, aberkannt.[260] Eine einmal für nützlich erklärte Handlung bleibt nicht *per se* stets nützlich, sondern kann je nach Umstand nützlich oder schädlich sein, sodass von der Relativität der Handlungen in Bezug auf den resultierenden Nutzen bzw. Schaden auszugehen ist.[261] Für unser Thema ist es daher umso erforderlicher, dass die Folgen der Handlungen kontextuell und nicht losgelöst von den umgebenden Umständen betrachtet und erfasst werden, um schließlich eine Würdigung in Bezug auf ihre Entsprechung der Intentionen vornehmen zu können. Die Erfassung der Folgen verlangt im Vorfeld die Auflistung der Voraussetzungen für die Anerkennung einer Handlung, die im Spannungsverhältnis zwischen Mensch (individuelle Interessen) und Gesellschaft (allgemeine Interessen), aber auch zwischen zwei individuellen Interessen wie etwa in der Bank-Kunde-Beziehung stehen kann. Im wirtschaftlichen Bereich erfordert die rasante Entwicklung und stetige Veränderung die Berücksichtigung der Folgen weit stärker als in anderen Lebensbereichen; auch sind die Folgen mit relativer Genauigkeit einschätzbar.[262] Das islamische Recht wird gerade im internationalen Islamic Banking in verschiedenen rechtlichen Rahmenbedingungen angewandt, um religiös motivierten Gruppen und Individuen weltweit ein mit ihrer Religion konformes Finanzierungs- und Anlagegeschäft anzubieten.[263] Für das Schritthalten mit neuen Gegebenheiten reicht es nicht aus, aus den *fiqh*-Werken

258 Nutzen können ohne die zugrunde liegenden Handlungen nicht ermöglicht werden, weshalb hier implizit von Handlungen gesprochen werden kann.

259 Zwar wurde vor aš-Šāṭibī erkannt, dass alle Handlungen immer sowohl einen Nutzen als auch einen Schaden beinhalten (Relativität der Handlungen hinsichtlich von Nutzen und Schaden) und somit keine Handlung rein nützlich bzw. rein schädlich ist; vgl. Ibn ʿAbd as-Salām, *Qawāʿid al-aḥkām*, Bd. 1, S. 8; Šihāb ad-Dīn al-Qarāfī, *Šarḥ Tanqīḥ al-fuṣūl fī ḫtiṣār al-Maḥṣūl fī l-uṣūl*, ed. von Ǧamīl al-ʿAṭṭār, Beirut 2004, S. 78. Er stellte aber erstmals fest, dass der Schaden von der Scharia nicht beabsichtigt ist und allein der beinhaltete Nutzen im Fokus steht; vgl. aš-Šāṭibī, *al-Muwāfaqāt*, Bd. 1, S. 348 f.

260 Vgl. ebd., S. 277.

261 Ebd., S. 287.

262 Siehe zur methodischen Planbarkeit u.a. der sog. SWOT-Analyse ausführlich Sabine Reisinger/Regina Gattringer/Franz Strehl, *Strategisches Management. Grundlagen für Studium und Praxis*, Hallbergmoos 2013, S. 53 ff., 90 ff.

263 Interessanterweise liegt der Grund für die Errichtung islamischer Banken durch konventionelle Banken mehr in der zunehmenden Nachfrage nach Islam-konformen

abgeleitete Normen anzuwenden. Vielmehr ist das Hinzuziehen der bereits mehrfach erwähnten Folgen bei der Begutachtung unerlässlich, um nicht durch unreflektierte und starre Normenanwendung mehr Schaden als Nutzen herbeizuführen. Gerade vermeintlich Islam-konforme Finanzierungen, wie sie in der Praxis des Islamic Banking vorzufinden sind, verlangen eine Folgenanalyse hinsichtlich der wirtschaftlichen, rechtlichen, gesellschaftlichen und ökologischen Implikationen für Bank, Kunde und Umwelt.[264] Die charakterisierende Zielsetzung der Intentionen (Abwehr von Schaden und Herbeiführung von Nutzen) in Bezug auf die zu schützenden Rechtsgüter stellt eine unveränderliche Konstante dar, die Wege und Mittel, ihr zu entsprechen, müssen hingegen flexibel sein.[265] Sie sind zwar ebenfalls von der Scharia intendiert, jedoch nur, solange sie auch zum intendierten Zweck führen. Sie sind deshalb von der Scharia nicht abschließend in einer bestimmten Anzahl vorgegeben und nicht an sich intendiert.[266]

Für die Anerkennung der Nützlichkeit einer Handlung bzw. eines Mittels im Sinne der Intentionen bedarf es der Erfüllung verschiedener Bedingungen, die in der praktischen Anwendung eine Einzelfallbetrachtung erfordern.[267] Zunächst muss aus der konkreten Handlung ein tatsächlicher Nutzen erwachsen, der zur Förderung eines nutzenreichen Lebens beiträgt.[268] Der Vorteil bzw. Nachteil einer Handlung bemisst sich dabei nach dem in den geoffenbarten Handlungsnormierungen innewohnenden Zweck. Daneben muss der Nutzen in der entsprechenden Handlung größer sein als der möglicherweise eintretende Schaden.[269] Dies ist in der Relativität des Nutzengehalts begründet, die impliziert, dass eine Handlung je nach Sichtweise stets einen Nutzen- und einen Schadensanteil besitzt.[270] Die Handlung muss weiter die Verwirklichung eines Nutzens oder die Abwehr eines Schadens zur Folge haben. Es reicht deshalb nicht, wenn

---

Bankprodukten und weniger im Glauben daran, dass ein Islam-konformes Finanzieren fairer und krisensicherer ist als das herkömmliche Banking.

264 Habib Ahmed, *Defining Ethics in Islamic Finance. Looking Beyond Legality*, in: 8th International Conference on Islamic Economics and Finance, Doha 2011, (1–10) S. 3 ff.; Asutay/Harningtyas, *Developing Maqasid al-Shari'ah Index*, S. 4 f.; Mohamad Akram Laldin, *The Development of Islamic Finance. Reflecting the Achievement and Direction*, in: 9th International Conference on Islamic Economics and Finance (ICIEF), Istanbul 2013, (1–20) S. 6 ff.

265 Ibn Ḫūǧa, *Muḥammad aṭ-Ṭāhir*, Bd. 3, S. 402 f.

266 Ebd.

267 Ar-Raisūnī, *Naẓariyyat al-maqāṣid*, S. 291.

268 Ibn Ḫūǧa, *Muḥammad aṭ-Ṭāhir*, Bd. 3, S. 206; aš-Šāṭibī, *al-Muwāfaqāt*, Bd. 1, S. 286.

269 Ebd.

270 Ebd., S. 277.

die Handlungsnormierung einen Nutzen in sich trägt, vielmehr muss davon ausgegangen werden können, dass dieser sich tatsächlich realisiert.[271] Darüber hinaus muss sich der Nutzen einer Handlung im Sinne der Scharia nach dem jenseitigen Nutzen bemessen, nicht nach den individuellen Ansichten.[272]

Eine weitere Bedingung setzt sich mit der Allgemeinheit des Nutzens auseinander. Dabei geht es um die Frage, ob der Nutzen nur dann als Nutzen erachtet wird, wenn er der Allgemeinheit dient, oder ob die Beschränkung des Nutzens auf die betroffene Person ausreicht. Hierzu hat aš-Šāṭibī ausführlich Stellung bezogen und denkbare Fallkonstellationen besprochen, in denen der Nutzen des Einzelnen im Verhältnis zum Gemeinwohl steht.[273] Er setzt voraus, dass der Nutzen allgemein (*ʿāmm*) ist und nicht individuell (*šaḫṣī*).[274] Darüber hinaus soll das Allgemeinwohl grundsätzlich Vorrang gegenüber dem individuellen Nutzen haben,[275] erklärt aber, dass dies immer dann nicht der Fall ist, wenn der Eintritt des individuellen Nachteils wahrscheinlicher ist als der des allgemeinen Nachteils, wenn die für den Einzelnen infrage kommende Handlung ausbleibt.[276] Das Interesse muss also alle oder möglichst viele Leute umfassen. Ist nur eine Person betroffen, so ist die Handlung als nützlich anzusehen, wenn durch sie das Allgemeinwohl nicht verletzt wird.[277]

Vor diesem Hintergrund kann die Frage gestellt werden, ob die Garantie der Einlagen (Passivgeschäft) auf den Beteiligungskonten entgegen dem Grundsatz des Treuhandcharakters des dem Konto zugrunde liegenden *muḍāraba*-Vertrags im Sinne des Allgemeinwohls (Summe der Einleger) zu verorten ist und dementsprechend den Intentionen entspricht; vorausgesetzt, dass sich daraus kein Nachteil für die Bank ergibt. Auch stellt sich in diesem Zusammenhang mit Blick auf die Finanzierung die Frage, ob eine Vereinfachung des Finanzierungsprozesses, der den Erwerb und die anschließende Veräußerung durch die Bank vorsieht, mit der Folge, dass aus dem Trias (Lieferant-Bank-Kunde) ein bilaterales Geschäft (Lieferant-Kunde) durch die Anwendung Prozess vereinfachender Bevollmächtigung ebenfalls im Sinne der Intentionen steht.

Des Weiteren darf die Handlung, sei sie aus einer geoffenbarten oder einer abgeleiteten Normierung entnommen, nicht den Offenbarungstexten oder dem Konsens

271 Ḥammādī al-ʿAbīdī, *aš-Šāṭibī wa-maqāṣid aš-šarīʿa*, Beirut 1992, S. 152; aš-Šāṭibī, *al-Muwāfaqāt*, Bd. 1, S. 506 f.

272 Ebd., S. 286.

273 Ebd., S. 506–519.

274 Ebd., S. 288 ff.

275 Al-ʿAbīdī, *aš-Šāṭibī*, S. 146.

276 Aš-Šāṭibī, *al-Muwāfaqāt*, Bd. 1, S. 507 f.

277 Ebd., S. 287 ff.

im Sinne des darin intendierten Zwecks widersprechen.[278] Hierbei spielt die Alternativlosigkeit der Handlung nach Ibn ʿĀšūr eine maßgebliche Rolle.[279] Ist der zu erwartende Nutzen einer Handlung mit einem erhöhten Nachteil verbunden und ist diese Handlung alternativlos, so ist sie trotz des Nachteils anzuwenden.[280] Islamische Banken könnten entlang dieser Ansicht argumentieren, dass Bestrebungen zur Annäherung ihrer Produkte an die konventioneller Banken insofern eine Alternativlosigkeit darstellen, als dass sie sonst eine Wettbewerbsunfähigkeit erleiden würden und keine Kundenbindung herstellen bzw. aufrechterhalten könnten.[281]

Für den *faqīh*, der eine Handlung hinsichtlich ihres Nutzens würdigen soll, gilt die Berücksichtigung der folgenden einzelfallbezogenen Maßstäbe:

- Die Abwendung von Schaden ist dem Herbeiführen von Nutzen vorzuziehen.
- Der größere Nutzen ist dem geringeren Nutzen vorzuziehen.
- Der allgemeine Nutzen ist dem persönlichen Nutzen vorzuziehen.
- Der geringere Schaden ist dem größeren Schaden vorzuziehen.
- Der persönliche Schaden ist zur Abwendung eines größeren Schaden zu ertragen.
- Not bricht Gebot (*aḍ-ḍarūrāt tubīḥ al-maḥḏūrāt*).
- Not unterliegt einer individuellen Bewertung.[282]

2.6 Vermögensschutz

Eine der Intentionen der Scharia ist der Schutz des Vermögens (*ḥifẓ al-māl*) des Menschen – als Einzelner und als Gesellschaft.[283] Auch in diesem Zusammenhang besteht der Ansatz darin, den Schutz des Vermögens auf zwei Wegen zu erreichen: Herbeiführung von Nutzen (Anwendung Nutzen bringender Instrumente) und Abwendung von Schaden (Anwendung schadenabwendender Instrumente).[284] Dabei besteht das Herbeiführen von Nutzen darin, alle Maßnahmen zu ergreifen und Regularien aufzustellen, die das gerechtfertigte Erlangen, das Fortbestehen

---

278 Ebd., S. 495.

279 Vgl. Ibn Ḫūǧa, *Muḥammad aṭ-Ṭāhir*, Bd. 3, S. 411 ff.

280 Ebd., S. 207.

281 Ob andere Formen der Finanzierung in einem anderen Rahmen denkbar und praktisch umsetzbar sind, wird im weiteren Verlauf der Arbeit geprüft.

282 Vgl. ar-Raisūnī, *Naẓariyyat al-maqāṣid*, S. 490; siehe auch aš-Šāṭibī, *al-Muwāfaqāt*, Bd. 1, S. 506 ff.

283 Vgl. Ibn Ḫūǧa, *Muḥammad aṭ-Ṭāhir*, Bd. 3, S. 399; Ibn Zuġaiba, *Maqāṣid aš-šarīʿa*, S. 22 f.

284 Ebd., S. 103.

und die Vermehrung von Vermögen gewährleisten.[285] Das Abwenden von Schaden besteht hingegen darin, alle Schutzmaßnahmen zu ergreifen, die eine ungerechtfertigte Vermögenserlangung, jede Form von Vermögensschädigung oder ungerechtfertigte Vermögensminderung verhindern.[286] Die Verortung der Intentionen des Vermögensschutzes im Bereich der finanzwirtschaftsbezogenen zwischenmenschlichen Beziehungen erfordert die Betrachtung der Gesamtheit der teilnehmenden Akteure und darf nicht auf eine Vertragspartei beschränkt werden, weil die Bilateralität (bzw. Trilateralität) – also der gegenseitige Tausch bzw. die Leistung an Dritte (Übertragung von Eigentums- und Nutzungsrechten) – wirtschaftliche Beziehungen prägt.[287] Funktional erfüllen die Intentionen der Scharia zwei Aufgaben: Zum einen besitzen sie eine Aufklärungsfunktion, die eine „theoretische" Auseinandersetzung mit den Begriffen wirtschaftlicher Zusammenhänge vornimmt, wenngleich diese nicht im Sinne einer Legaldefinition bzw. einer lexikalischen Definition zu verstehen sind, sondern im Wege der Analyse themenbezogener Handlungsnormierungen zu eruieren sind. Zum anderen gibt die Scharia durch ihre Regulierungsfunktion Hinweise darauf, wie wirtschaftliche Termini definiert werden müssen. Diese zweite Aufgabe legt die verschiedenen Handlungsnormierungen im finanzwirtschaftlichen Verkehr fest.

2.6.1 Erklärungsfunktion

Der Vermögensbegriff kann aus philosophischen, psychologischen, sozialwissenschaftlichen und weiteren, verschiedenen Perspektiven definiert werden. Zunächst soll im Folgenden die Betrachtung aus der Perspektive islamischer Theologen und Rechtsgelehrten erfolgen.

2.6.1.1 Vermögen

Wie bereits angedeutet, hat die Vermögensschutzintention eine Erklärungs- und Regulierungsfunktion. In diesem Abschnitt erfolgt eine einführende Begriffsdefinition, um das Verständnis von Vermögen (*māl*) aus der Perspektive der Scharia zu verdeutlichen. Lexikalisch entstammt das Wort *māl* dem dreiradikaligen Verb *māla* (*mīm*, *wāw*, *lām*, *yamīlu mailan wa-muyūlan*),[288] das mit „zu etwas neigen,

---

285 Ebd.

286 Ebd.

287 Aš-Šāṭibī, *al-Muwāfaqāt*, Bd. 1, S. 266.

288 In Klammern stehen die Imperfekt- und die Verbalsubstantivform, die in den Lexika der arabischen Sprache in dieser Reihenfolge angegeben werden; vgl. Ibn Manẓūr, *Lisān*, Bd. 11, S. 635.

sich neigen oder tendieren zu“ (*māla ilā*) wiedergegeben werden kann. Daraus leitet sich der Begriff *māl* ab, der auf alles angewendet werden kann, zu dem tendiert wird, und der im allgemeinen Sprachgebrauch zunächst Gold und Silber meinte.[289] Später wurde der Begriff als Synonym für jegliches Gut, das besessen werden konnte, verwendet.[290] In der Verwendung als Fachbegriff (*muṣṭalaḥ*) unterscheidet sich das Wort nicht sonderlich von der allgemeinsprachlichen Definition. Vielmehr ist diese je nach der definierenden Rechtsschule weiter bzw. modifiziert gefasst. So definiert der ḥanafitische Rechtsgelehrte Ibn ʿĀbidīn (st. 1836) *māl* als jeglichen Besitz, der spartauglich ist, also bis zu einem in der Zukunft liegenden Bedarfszeitpunkt aufbewahrt werden kann. Das Vermögen wird also dadurch charakterisiert, dass es einerseits einen allgemeinen, anerkannten Nutzwert (*taqawwum*)[291]

---

289 Ebd.

290 Ebd.; vgl. Muḥammad b. Abū Bakr ar-Rāzī, *Muḫtār aṣ-ṣiḥāḥ*, Beirut 1986, S. 266.

291 Die Rechtsgelehrten haben das Vermögen in anerkanntes (*mutaqawwim*) und nicht anerkanntes (*ġair mutaqawwim*) Vermögen eingeteilt. Diese Einteilung hat im Islamic Banking dann Relevanz, wenn es um die Frage geht, ob ein Vermögen und damit die wirtschaftsrechtliche Verwendung (Aufnahme von Einlagen, Finanzierung, Investition) erlaubt ist. Unter das anerkannte Vermögen fallen sowohl mobiliare als auch immobiliare Güter, die in Besitz genommen werden können und vonseiten der Scharia für erlaubt erklärt werden. Dies betrifft sowohl die Aufbewahrung als auch die Nutzung des Vermögens. Nicht anerkanntes Vermögen ist entweder jenes, das nicht tatsächlich in Besitz genommen wurde oder das im Sinne der Scharia nicht genutzt werden darf; ausgenommen sind Notfälle entsprechend der Regel „Die Notwendigkeit erlaubt das Verbotene“ (*aḍ-ḍarūriyyāt tubīḥu l-maḥẓūrāt*), also „Not bricht Gebot“. Beispiele für nicht tatsächlich in Besitz genommene Sachen werden in den klassischen Rechtswerken „Fische im Wasser“ und „Vögel in der Luft“ genannt. Ein Beispiel aus dem heutigen Wirtschaftsleben sind Leerverkäufe. Hier wird etwas verkauft, das sich nicht im Besitz des Verkäufers befindet, sodass die nicht in Besitz genommene Ware als nicht anerkanntes Vermögen einzustufen ist. Beispiele für verbotenes Vermögen sind etwa Alkohol und Schweinefleisch. Das Verbot gilt jedoch nur für Muslime. Für Andersgläubige sind diese Sachgüter hingegen anerkanntes Vermögen. Aus der Nichtanerkennung solcher Güter ist die Nichthaftung im Falle einer Beschädigung zu entnehmen. Grund für die Nichtanerkennung verbotener Sachgüter durch die Scharia liegt darin, dass die Sache bei Anwendung zu einem individuellen und gesellschaftlichen Schaden führt. Alkohol verursacht beim Einzelnen gesundheitliche und u.U. finanzielle und familiäre Schäden, was sich auf die Gesellschaft insgesamt negativ auswirken kann. Die Folge dieser Einteilung wird in Bezug auf die Wirksamkeit eines Vertrags deutlich. Das heißt, dass ein Vertrag wirksam ist, dessen Gegenstand eine von der Scharia anerkannte – also erlaubte – Sache ist. Hingegen führt ein von der Scharia nicht anerkannter Vertragsgegenstand (etwa der Kauf oder Verkauf von Alkohol) zur Unwirksamkeit des Vertrags. Die zweite Folge betrifft den Fall des schuldhaften Untergangs mit einer Sache. Handelt es sich um

hat, was die Spartauglichkeit begründet, und andererseits seine Nutzung erlaubt (*mubāḥ*) ist.[292]

Gegen diese Definition spricht die Beschränkung auf den Sparcharakter. Dieser impliziert, dass Sachgüter, die nicht für einen späteren Bedarfszeitpunkt gespart werden können, etwa verderbliche Lebensmittel, nicht als *māl* zu sehen sind. Auch Nutzungen (*manāfi ʿ*) fielen demnach aufgrund ihrer Sparuntauglichkeit nicht unter den Begriff des *māl*.

Aš-Šāṭibī zufolge ist *māl* als das Vermögen zu bezeichnen, das in Besitz genommen und über das (vom Verfügenden allein) verfügt werden darf, wenn es auf rechtmäßige Weise erlangt wurde.[293] Wie bei dem ḥanafitischen Rechtsgelehrten Ibn ʿĀbidīn werden auch in dieser Definition Nutzungen nicht berücksichtigt. Dem Begründer der šāfiʿītischen Rechtsschule Imam aš-Šāfiʿī (st. 820) zufolge ist *māl* alles, was einen Wert besitzt, veräußert werden und für dessen Untergang eine Haftung begründet werden kann.[294] Nach dem ḥanbalitischen Rechtsgelehrten Ibn Qudāma (st. 1223) ist *māl* alles, was einen erlaubten Nutzen besitzt.[295]

Die genannten Definitionen decken zusammengenommen einen großen Anteil dessen ab, was hierzulande wirtschaftlich und rechtlich unter dem Begriff Vermögen verstanden wird. Jedoch gilt es in diesem Zusammenhang der Vollständigkeit halber und der Lebenswirklichkeit[296] geschuldet, entsprechende

---

eine erlaubte, von der Scharia anerkannte Sache, so ist Schadensersatz zu leisten. Ist die Sache von der Scharia verboten, so ist kein Schadensersatz nötig, es sei denn, der Besitzer der Sache ist ein Nichtmuslim, dann ist Schadensersatz zu leisten. Allerdings hat diese Kategorisierung nur in Bezug auf die Gestaltung und Prüfung von Verträgen Relevanz, um deren Scharia-Konformität gewährleisten bzw. feststellen zu können. Denn im hiesigen Rechtsrahmen hat ein Muslim, der eine im Sinne der Scharia nicht anerkannte bzw. verbotene Sache eines anderen Muslims oder eines Nichtmuslims schuldhaft beschädigt, Schadensersatz zu leisten. Eine Unterscheidung nach Religionszugehörigkeit findet also nicht statt.

292 Muḥammad Amīn b. ʿĀbidīn, *Radd al-muḥtār ʿalā d-durr al-muḫtār: Ḥāšiyat Ibn ʿĀbidīn*, ed. von ʿĀdil ʿAbd al-Mauǧūd und ʿAlī Muʿawwaḍ, Riad 2003, Bd. 7, S. 10.

293 Aš-Šāṭibī, *al-Muwāfaqāt*, Bd. 2, S. 17.

294 Ǧalāl ad-Dīn as-Suyūṭī, *al-Ašbāh wa-n-naẓāʾir fī qawāʿid wa-furūʿ aš-šāfiʿiyya*, Beirut 1983, S. 97.

295 Die Notwendigkeit bezieht sich auf den Fall der *ḍarūra*, in dem das Verbotene zum Lebenserhalt erlaubt ist. Vgl. Muwaffaq ad-Dīn b. Qudāma, *al-Muġnī*, Beirut 2011, Bd. 2, S. 5; Manṣūr b. Yūnus al-Bahūtī, *Kaššāf al-qināʿ ʿan matn al-iqnāʿ*, Beirut 1983, Bd. 3, S. 154.

296 Die Lebenswirklichkeit beschränkt sich in dieser Arbeit auf das deutsche Hoheitsgebiet, in dem das deutsche Recht Anwendung findet. Die Unterscheidung zwischen anerkannten und nicht anerkannten Vermögen ist damit, beschränkt auf die hier

Ergänzungen vorzunehmen. So sind neben Gütern auch Ansprüche auf Güter (Geld, Aktien, Anleihen), sofern sie realwirtschaftliche Güter (Waren, Dienstleistungen) abbilden, als Vermögen zu betrachten. Auch ist der Informationssektor in die Definition mit einzubringen, der gerade im Bankwesen eine herausragende Rolle bei der Bewertung von Vermögenswerten, der Bonität eines Kunden, der Einschätzung von Risiken etc. spielt.

Für die vorliegende Arbeit nimmt Kapital in Form von Geld als maßgebliches Instrumentarium für alle geschäftlichen Transaktionen einer Bank im Bereich der Einlagen und Kredite eine Sonderstellung ein. In diesem Zusammenhang wird Vermögen hier in der Regel als Geld verstanden. Die Definition des Geldes ist daher gesondert zu behandeln.

2.6.1.2 Die Sonderstellung des Geldes

Geld wird in den Wirtschaftswissenschaften als jede Sache definiert, die Geldfunktionen erfüllt.[297] Die Definition des Geldes erfolgt also anhand seiner Funktionen. Ob durch die Betrachtung der Funktionen alleine das Wesen des Geldes aus rechtlicher und wirtschaftlicher Perspektive erfasst werden kann, ist zunächst fraglich. Die nähere Auseinandersetzung mit den Funktionen des Geldes kann in diesem Zusammenhang Aufschluss geben.

In seiner Funktion als Tauschmittel (*wasīṭ fī l-mubādala*) hat Geld die wichtigste Aufgabe, die es zunächst erfüllen muss.[298] Damit das Geld diese Aufgabe erfüllen kann, muss es allgemein anerkannt sein.[299] Jeder muss demzufolge damit einverstanden sein, jenes Gut, das als Geld fungiert, als Tauschmittel für erzeugte Waren und Dienstleistungen (Leistung) oder zur Begleichung von Forderungen anzunehmen.[300] Die Wichtigkeit dieser Funktion wird dann deutlich, wenn man sich Transaktionen vorstellt, die ohne die Anwendung von Geld erfolgen sollen. In diesem Fall spricht

---

gemeinte Lebenswirklichkeit, nicht durchsetzbar und somit hinfällig. Allenfalls für die Bewertung der Islam-Konformität islamischer Banken behält die Einteilung eine Relevanz.

297 Paul Engelkamp/Friedrich L. Sell, *Einführung in die Volkswirtschaftslehre*, Frankfurt 2007, S. 162; Aḥmad Ḥasan al-Ḥusnī, *Taṭawwur an-nuqūd fī ḍauʾ aš-šarīʿa al-islāmiyya maʿa l-ʿināya bi-n-nuqūd al-kitābiyya*, Dschidda 1990, S. 24 f.; Herbert Schimansky/Hermann-Josef Bunte/Hans Jürgen Lwowski, *Bankrechts-Handbuch*, München 2015, § 115, Rn. 5–17.

298 Stefan Grundmann, in: Münchener Kommentar zum BGB, § 245, Rn. 1; al-Ḥusnī, *Taṭawwur an-nuqūd*, S. 30; Engelkamp/Sell, *Einführung*, S. 163.

299 Ebd.

300 Ebd.; al-Ḥusnī, *Taṭawwur an-nuqūd*, S. 30.

man vom Natural- oder Realientausch (*muqāyaḍa*). Hier wird Ware gegen Ware getauscht. Erforderlich ist dafür, dass zwei Personen mit entgegengesetzter Interessenlage zueinanderfinden und die zu tauschenden Güter in ihrem Wert passgenau sind (Passgenauigkeit von Transaktionen).[301] Zu Ersterem muss Person A, die ein bestimmtes Gut besitzen möchte, eine andere Person B finden, die das erstrebte Gut besitzt. Damit der Tausch erfolgreich zustande kommt, muss Person B das Gut gegen ein anderes Gut (in diesem Fall gegen das von Person A) tauschen.[302] Bei Letzterem, also dem Tausch bestimmter Güter wie Salz gegen Zucker, Käse gegen Butter, Reis gegen Weizen etc., kann der Tausch problemlos erfolgen. Wenn man aber versucht, Güter ungleicher Gattung zu tauschen (Möbelstück gegen Kartoffeln, Wagen gegen Nutztiere etc.), wird es schwierig. Durch Geld als Tauschmittel wird diese Schwierigkeit überwunden und der Tausch von Gütern erleichtert, weil dadurch die Passgenauigkeit erhöht wird.[303] Die Tauschmittelfunktion kann also als eine Mittlerfunktion des Geldes verstanden werden. Der Naturaltausch, der in einem einzigen Akt abgewickelt wird, wird durch das Geld in zwei voneinander getrennte Tauschakte aufgelöst, wodurch der Tauschvorgang – weil die Passgenauigkeit nun gewährleistet ist – deutlich vereinfacht und die Gegenleistung, die nun in Geld erfolgt ist, aber noch realisiert werden soll, vorübergehend verschoben wird.[304] Wenn nun Person A ein Gut besitzen möchte, muss sie nicht nach einer Person Ausschau halten, die ihr Gut gegen ein anderes im Besitz von A befindliches Gut tauschen möchte. Person A kann mittels Geld das erstrebte Gut von jeder Person, die das Gut besitzt, käuflich erwerben. In einem weiteren Schritt kann Person A das Gut wieder gegen Geld tauschen, um andere Güter zu erstehen. Diese Funktion kann von jedem Gegenstand, sofern sich die Geldnutzer auf dessen Akzeptanz geeinigt haben, übernommen werden.[305]

---

301 Grundmann, § 245, Rn. 1. Anthropologen meinen, dass es solche Transaktionen nie geben konnte; vgl. David Graeber, *Schulden. Die ersten 5000 Jahre*, Stuttgart 2012, S. 31 ff. Der anthropologische, empirische Ansatz kann zur Ergründung des wirtschaftlichen und rechtlichen Wesens des Geldes wesentlich beitragen, um u.a. die Bedeutung des Zinsverbots nachvollziehen zu können.

302 Engelkamp/Sell, *Einführung*, S. 163.

303 Grundmann, § 245, Rn. 1.

304 Engelkamp/Sell, *Einführung*, S. 163.

305 Geld muss also nicht in Form von Gold und Silber bestehen, sondern kann auch andere Formen annehmen, wie das in der prophetischen Überlieferung sichtbar wird, in der der Tausch bestimmter Güter geregelt wird. Dort heißt es: „Gold gegen Gold, Silber gegen Silber, Weizen gegen Weizen, Gerste gegen Gerste, Datteln gegen Datteln, Salz gegen Salz, gleiche [Mengen] gegen gleiche [Mengen], Zug um Zug. Wer mehr nimmt oder aufschlägt, macht ein *ribā*-Geschäft – derjenige, der nimmt, genauso wie der, der gibt"; vgl. al-Baihaqī, *as-Sunan*, Nr. 10482. In einer anderen

Aus der genannten Hauptfunktion des Geldes ergeben sich zwei Unterfunktionen: die Funktion als Recheneinheit bzw. als Maßstab zur Wertbemessung (*miqyās li-l-qīma*) und die als Speicher von Wert (*mustauda' li-l-qīma*). Beide Funktionen sind keine eigenständigen Funktionen des Geldes.[306] Denn der Tausch von einem Gut gegen Geld[307] impliziert die in Geld ausgedrückte Bewertung des Guts, etwa EUR 7,50 für 1 kg Rindfleisch. Dies erleichtert den Tauschvorgang erheblich, da keine Austauschrelation wie im Fall von Naturalientausch aufgestellt werden muss.[308] Mit der Recheneinheitsfunktion des Geldes hängt auch der Preis eines Guts zusammen. Der durch Angebot und Nachfrage entstandene Preis wird in Geldeinheiten ausgedrückt.

Durch die Funktion der Wertspeicherung wird die bereits im Rahmen der Hauptfunktion genannte Passgenauigkeit temporal aufrechterhalten und die Notwendigkeit einer doppelten Koinzidenz der Wünsche, wie sie beim Naturalientausch nötig ist, unnötig.[309] Dies resultiert daraus, dass der Tauschakt, wie bereits erwähnt, in zwei Einzelakte zerlegt wurde, nämlich in den Tausch von Ware gegen Geld einerseits und den von Geld gegen Ware andererseits. Um den zweiten Tauschakt zu gewährleisten, muss die Tauschfähigkeit des Geldes im Zeitablauf erhalten bleiben, was eine Wertbeständigkeit des Geldes (Wertspeicherung) bzw. eine aufrecht gehaltene Kaufkraft voraussetzt.[310] Erst mit der Funktion der Wertspeicherung des Geldes kann gespart und der

Überlieferung heißt es: „Verkauft nicht Gold gegen Gold, Silber gegen Silber, Weizen gegen Weizen, Gerste gegen Gerste, nicht Datteln gegen Datteln, nicht Salz gegen Salz. Es sei denn [es handelt sich um den Austausch] einer gleichen [Menge] gegen eine gleiche [Menge], Sache gegen Sache, Zug um Zug. Verkauft dagegen Gold gegen Silber, Silber gegen Gold, Weizen gegen Gerste, Gerste gegen Weizen, Datteln gegen Salz, Salz gegen Datteln, Zug um Zug, wie ihr wollt"; vgl. al-Baihaqī, *as-Sunan*, Nr. 10476, Übers. bei Rüdiger Lohlker, *Das islamische Recht im Wandel, Riba, Zins und Wucher in Vergangenheit und Gegenwart*, Münster 1998, S. 30. Interessant hierzu sind die Ausführungen in der österreichischen Schule, die davon ausgeht, dass Geld aus einem ökonomischen Gut erwachsen muss, dem die Marktakteure um seiner selbst willen einmal einen intrinsischen Wert zugewiesen haben; Geld muss demnach einen Gebrauchswert gehabt haben; vgl. Thorsten Polleit/Michael von Prollius, *Geldreform. Vom schlechten Staatsgeld zum guten Marktgeld*, Grevenbroich 2010, S. 33.

306 Ebd., S. 11 f.

307 Genauer: soundsoviel Gut gegen soundsoviel Geld.

308 Vgl. Engelkamp/Sell, *Einführung*, S. 163 f.; al-Ḥusnī, *Taṭawwur an-nuqūd*, S. 31.

309 Grundmann, § 245, Rn. 2.

310 Engelkamp/Sell, *Einführung*, S. 164.

Konsum dadurch verschoben werden.[311] Anders als Sachwerte kann Geld einfacher und kostengünstiger gelagert werden und weist kein Liquiditätsproblem auf.[312]

Aus der Tatsache, dass Geld – gleich in welcher Form – ein Tauschmittel darstellt, kann geschlossen werden, dass es eine Forderung respektive Schuld darstellt.[313] Die Grundidee des Geldes als Tauschmittel liegt darin begründet, dass Person A, die für ihre Leistung Geld erhält, dieses gegen eine (andere) gleichwertige Leistung tauschen kann. Dies impliziert, dass der Aussteller des Geldes eine der erhaltenen Leistung gleichwertige Leistung schuldig ist. Eben diese Schuld auf der einen bzw. die erbrachte Leistung und die daraus resultierende Forderung auf der anderen Seite verkörpern das Geld.[314] Wenn davon ausgegangen werden kann, dass Geld eine Schuld bzw. eine Forderung darstellt, dann kann es als Güterbezugsrecht angesehen werden, das den Erhalter des Geldes dazu befähigt, im Wirtschaftsverkehr Güter zu beziehen. Geld in seinem abstrakten Verständnis ist also ein Rechtsakt, das verschiedene physische Formen annehmen kann, die eine Gesellschaft oder ein Staat bestimmt. Das Gut, das Geld eine physische Form gibt, dient der Erfüllung der Gegenleistung, die aufgrund der bereits erbrachten Leistung geschuldet ist. Aus dem „Geldgut" selbst konnte sich der Erhalter des Geldes befriedigen.[315] Der Preis drückt einen

---

311 Al-Ḥusnī, *Taṭawwur an-nuqūd*, S. 32.

312 Zwar können auch Wertpapiere wie Aktien oder Sachwerte wie Immobilien und Edelmetalle als Wertspeicher dienen und sind unter Umständen für diesen Zweck geeigneter, jedoch besteht bei diesen Gütern das Wertverlust- und Liquiditätsrisiko, was bei Geld, da es ein hohes Liquiditätsniveau besitzt und – abgesehen von den „Krankheiten" des Geldes wie Inflation und Deflation – eine geringe Wertvolatilität aufweist, nicht vorliegt; vgl. ebd., S. 32 f.

313 Die Quellen der Scharia geben keine Definition des Geldbegriffs, deuten mit der Regulierung der Geldverwendung aber auf ableitbare Geldverständnisse.

314 Mit anderen Worten stellt Geld die Gesamtheit der quantitativ bewerteten und symbolisch vergegenständlichten Tilgungsversprechen dar; vgl. Dietrich Eckardt, *Was ist Geld? Strukturen, Möglichkeiten und Grenzen des Treibstoffs moderner Kreditgeldwirtschaften*, Wiesbaden 2013, S. 22.

315 Die beispielsweise in der prophetischen Überlieferung aufgezählten *ribā*-Güter waren zwei Sorten Edelmetall (Gold, Silber) und vier Sorten Grundnahrungsmittel (Weizen, Gerste, Datteln, Salz), was den Schluss zulässt, dass Geld eine die menschlichen (Grund-)Bedürfnisse deckende Form annehmen kann, wodurch der Erhalter diese Geldform nicht unbedingt gegen ein anderes Gut eintauschen muss, da er dieses selbst zur Befriedigung eigener Bedürfnisse verwerten kann. Hingegen kann seit spätestens der Einführung des vom Edelmetall losgelösten Papier- und Buchgeldes der Besitzer des Geldes mit dem Geld an sich keinen persönlichen Bedürfnis

quantitativen Wert eines Gutes aus, das vom Leistenden als Äquivalent für seine Leistung empfunden wird.

2.6.2 Regulierungsfunktion

Die regulierenden Maßnahmen der Scharia suchen den Vermögensschutz auf zwei Ebenen zu realisieren. Ähnlich wie im allgemein formulierten Ansatz der Intentionen erfolgt auch im Bereich des Vermögens der Schutz über die Herbeiführung von Nutzen und die Abwendung von Schaden. Diese Maßnahmen stellen die Mittel (*wasāʾil*) dar, die nicht an sich intendiert sind, sondern aufgrund des aus ihnen resultierenden Nutzens zur Anwendung kommen sollen.[316] Sind die Mittel nicht dazu geeignet, den intendierten Zweck zu erfüllen, gilt es, sie in dem einschlägigen Fall nicht anzuwenden, weil sonst ihr Nutzen ausbleibt.[317] Die Mittel zur Herbeiführung von Nutzen bestehen in jenen regulierenden Maßnahmen, die zu einem Vermögenszuwachs führen können.[318] Die schadensabwendenden Mittel umfassen Maßnahmen zur Sicherung von Vermögen, zur Verhinderung von ungerechtfertigter Bereicherung zulasten Dritter und von Vermögensverlusten.[319] In diesem Zusammenhang spielt die allgemeine Maxime „kein initiales Schädigen und kein Schädigen als Schädigungserwiderung“[320] eine wichtige Rolle bei der Bestimmung der Mittel zum Vermögensschutz. Jede Maßnahme, die dazu geeignet ist, einen Vermögensschaden zu vermeiden oder einen bestehenden Schaden zu minimieren, müsste in diesem Rahmen in Betracht zu ziehen sein.

Für das Bankwesen kommt in diesem Zusammenhang eine Vielzahl von Vermögensschutzmaßnahmen in Betracht, die unter den beiden Schutzansätzen (Herbeiführung von Nutzen und Abwendung von Schaden) subsumiert werden können. Der in der Bundesrepublik geltende Aufsichts- und Regulierungsrahmen für Kreditinstitute und Finanzdienstleister ist durch verschiedene nationale und europäische Gesetze und Verordnungen geregelt. Insofern liegt für die

---

(Nahrung, Schmuck, u.a.) decken und ist angehalten, das erhaltene Geld entweder direkt zu Konsumzwecken auszugeben oder bei einem Kreditinstitut anzulegen, wenn er bedingt durch die Inflation einer Entwertung seines Geldes entgegenwirken möchte.

316 Ibn Ḫūǧa, *Muḥammad aṭ-Ṭāhir*, Bd. 3, S. 408.

317 Ebd.

318 Ibn Zuġaiba, *Maqāṣid aš-šarīʿa*, S. 103.

319 Ebd.

320 *Lā ḍarara wa-lā ḍirāra*; vgl. Muḥammad Muṣṭafā az-Zuḥailī, *al-Qawāʿid al-fiqhiyya wa-taṭbīqātuhā fī l-maḏāhib al-arbaʿa*, Damaskus 2009, Bd. 1, S. 199 ff.

vorliegende Arbeit der Fokus auf dem sich vom hiesigen Recht unterscheidenden Schutzverständnis, das sich im Zins- und Spekulationsverbot widerspiegelt.[321] Das Transparenzgebot findet sich ebenfalls im deutschen Recht wieder und führt nach § 307 Abs. 1 S. 2 Bürgerliches Gesetzbuch (BGB) bei Vorliegen von Intransparenz zur Unwirksamkeit des Vertrags.[322]

Die auf die Stabilität des Finanzsystems und das Vertrauen darin ausgerichtete Aufsicht wird in Bezug auf das Islamic Banking durch weitere Schutzmaßnahmen der Scharia erweitert. Für die Beaufsichtigung der Einhaltung dieser Maßnahmen ist ein Überwachungsgremium verantwortlich. Es überprüft, inwieweit das Kreditinstitut die Schutzmaßnahmen einhält, zu denen es sich selbst verpflichtet hat.[323] Islamische Banken erfahren dadurch eine zum Wohle der Gesellschaft regulierte Gestaltungsfreiheit. Der Rechtssatz, nach dem alles, was nicht verboten ist, erlaubt ist (die sog. *ibāḥa aṣliyya*), gilt, solange die intendierten Ziele mittels der angewandten Mittel erreicht werden können.[324] Folglich kann von einer zum Schutze des Vermögens der Marktteilnehmer regulierten Privatautonomie im Sinne des BGB ausgegangen werden, die ihre Handlungsschranken bei den Rechten Dritter findet. Neben den Verboten herrscht im Sinne der Intentionen der Scharia eine Exklusion bestimmter Geschäftsfelder, die sich bis auf wenige Ausnahmen mit der Anlagestrategie ethischer Banken und *Socially Responsible Investment-Fonds* (*SRI*) vergleichen lassen. Darüber hinaus lassen sich Geschäftsfelder ausmachen, in denen im Sinne der fünf Rechtsgüter investiert werden soll (Positivliste).[325]

Grundsätzlich lassen sich die Mittel zum Vermögensschutz in zwei Kategorien einteilen. Eine Kategorie ist abschließend definiert und betrifft die Verbote, die klar benannt werden. Neu auftretende Fälle sind daher anhand ihrer Struktur zu analysieren, um feststellen zu können, ob ein Verbotsgrund vorliegt. Die andere Kategorie stellen Gebote dar, die der grundsätzlichen Erlaubtheit entsprechend nicht nur

321 Der Unterschied zwischen der Scharia und der Zielsetzung des Regulierers liegt weniger in der Intention, die beiden „Systemen" gemein ist, als vielmehr in der Interpretation und Mitteldefinition.

322 Vgl. AAOIFI, *Sharia Standard*, No. 31.

323 Siehe Ǧumʿa/Sirāǧ/Badrān, *Mausūʿa*, Bd. 18, S. 22 f.; Zaidān Muḥammad, *Tafʿīl daur ar-raqāba aš-šarʿiyya wa-t-tadqīq aš-šarʿī fī l-maṣārif wa-l-muʾassasāt al-māliyya al-islāmiyya*, in: Muʾtamar al-maṣārif al-islāmiyya baina l-wāqiʿ wa-l-maʾmūl, Dubai 2009, (1–46) S. 17 f.

324 Die folgende Überlieferung weist auf die Grenzen der Erlaubnis (*ibāḥa*) hin: *al-muslimūna ʿalā šurūṭihim illā šarṭan ḥarrama ḥalālan au aḥalla ḥarāman*; vgl. Ramaḍān, *Mausūʿat al-qawāʿid al-fiqhiyya*, S. 89.

325 Dadurch soll die Berücksichtigung gesellschaftlicher und ökologischer Folgen gewährleistet werden.

die in Koran und Sunna genannten Mittel umfassen, sondern erweitert und kontextuell und unter Berücksichtigung der Intentionen der Scharia frei gestaltet werden können. Die Mittel in dieser Kategorie verstehen sich als Beispiele, die im jeweiligen temporalen und geographischen Kontext verwendet wurden und bis heute in adjustierter Form Anwendung finden.[326] Die beispielhaften Mittel zum Vermögensschutz können den Bedürfnissen und den Gegebenheiten entsprechend neu gestaltet bzw. weiterentwickelt werden. Hierbei gilt zu beachten, dass diese Mittel nicht in Widerspruch zu den Quellen der Scharia bzw. ihrer Intentionen stehen dürfen.

Der Zweck der verbietenden bzw. gebietenden Normierungen liegt aus Sicht der Intentionen darin, reibungslose, effiziente und rechtsfriedliche Transaktionen im Wirtschaftsverkehr und damit die Sicherheit des Vermögens zu gewährleisten (*amn al-amwāl*).[327] Diese Rechtssicherheit erlaubt es den Marktteilnehmern, auf einer Vertrauensbasis in einer ihre Rechte sichernden Umgebung zu operieren, und kann als ein Garant für eine gesunde wirtschaftliche Entwicklung dienen.[328]

Entsprechend der schariarechtlichen Maxime (*qāʿida fiqhiyya*) „die Abwendung von Schaden ist der Herbeiführung von Nutzen vorzuziehen“[329] zeigt die Scharia zunächst durch Verbote die Gestaltungsgrenzen wirtschaftlichen Handelns auf und stellt so einen Handlungsrahmen wirtschaftlicher Betätigung auf. Diese Verbote gilt es in jedem Rechtsgeschäft[330] sowie in allen Finanzierungs- und Investitionsgeschäften im Wirtschaftsverkehr zu beachten.[331] Durch sie soll eine ungerechte und zu Rechtsstreitigkeiten führende Vermögensverschiebung vermieden werden. Der Grundgedanke einer Wirtschaft im Sinne der Intentionen kann daher in dem Ziel gesehen werden, faire und gerechte finanzwirtschaftliche Rechtsgeschäfte zu ermöglichen. Im Folgenden sollen die regulierenden Verbote

---

326 Dokumentationspflichten (vgl. 2:282, 283), Pfandgabe und Bürgschaften dienten und dienen zur Sicherung der Rechte der jeweiligen Vertragsparteien; vgl. Ibn Zuġaiba, *Maqāṣid aš-šarīʿa*, S. 164 ff.

327 Vgl. Samīḥ ʿAbd al-Wahhāb al-Ǧundī, *Ahammiyyat al-maqāṣid fī š-šarīʿa al-islāmiyya wa-aṯaruhā fī fahm an-naṣṣ wa-stinbāṭ al-ḥukm*, Beirut 2008, S. 250 f.

328 Ebd., S. 251; Zuġaiba, *Maqāṣid aš-šarīʿa*, S. 103 ff.

329 *Dafʿu ḍ-ḍarari muqaddamun ʿalā ǧalbi l-maṣāliḥi* (auch *dafʿu l-mafāsidi aulā min ǧalbi l-maṣāliḥi*); siehe az-Zarqāʾ, *Šarḥ*, S. 205 ff.

330 Verbote wie die von *ribā* und *ġarar* können etwa in einem Schenkungsvertrag unberücksichtigt bleiben, weil der durch das Verbot zu vermeidende Nachteil nicht entsteht; zur Maxime *yuġtafaru fī t-tabarruʿāti mā lā yuġtafaru fī l-muʿāwaḍāti min al-ġarari wa-l-ǧahālati* siehe ausführlich Ramaḍān, *Mausūʿa*, S. 200.

331 ʿIzz ad-Dīn Ḫūǧa, *Naẓariyyat al-ʿaqd fī l-fiqh al-islāmī*, Dschidda, 1993, S. 41 f.; ders., *al-Madḫal al-ʿāmm li-l muʿāmalāt al-māliyya al-islāmiyya*, Tunis 2013, S. 129 f.

vorgestellt werden, die für die theoretische Konzeption islamischer Banken und ihre praktischen Gestaltungsmöglichkeiten maßgeblich sind.

2.6.2.1 *Das ribā-Verbot*

Das bekannteste Alleinstellungsmerkmal islamischer Banken ist das Zinsverbot,[332] und es bedeutet nach herrschender Meinung das Verbot der entgeltlichen Geldleihe.[333] Dadurch sollen finanzwirtschaftliche Transaktionen ausschließlich aus der Realwirtschaft heraus und innerhalb von ihr stattfinden. Eine Finanzierung erfolgt dabei nicht in Form einer auf einem Darlehensvertrag basierenden entgeltlichen Kapitalbereitstellung, sondern durch den Handel mit realwirtschaftlichen Gütern bzw. die Investition in realwirtschaftsbezogene Unternehmungen. Das sich aus verschiedenen Stellen im Koran ergebende und sukzessiv[334] entstandene Zinsverbot intendiert den Ausschluss des profitorientierten Geldverleihs aus den möglichen Kategorien der Erwerbstätigkeit und versucht so, die Vertragsparteien vor Unrecht seitens der jeweils anderen Partei zu schützen.[335]

Durch den Geldverleih wird eine Leistung in Höhe des bereitgestellten Geldbetrags erbracht, wodurch eine Forderung begründet wird, die nicht der Höhe der erbrachten Leistung entspricht, sondern i.d.R. einen höheren Betrag (Leistung in Höhe von x neben Zinsen in Höhe von y)[336] darstellt. Der Leihgeber erhält so bei Vertragsabschluss einen Anspruch auf eine höhere Gegenleistung als die von ihm erbrachte Leistung. Die verschiedenen über die Jahrhunderte entstandenen Zinstheorien[337] versuchen, die Zinsnahme zu erklären und zu

---

332 Der Einfachheit halber Zinsverbot genannt, genauer müsste es mit „Verbot des entgeltlichen Verleihs von Zahlungsmitteln" übersetzt werden.

333 Zu den Quellen des Zinsverbots siehe ausführlich Muḥammad Abū Zahra, *Buḥūṯ fī r ribā*, Kairo, o.J., S. 15 ff.; ders., *Taḥrīm ar-r-ribā tanẓīm iqtiṣādī*, Dschidda 1985, S. 15 ff., 31 ff.; Rafiq Yūnus al-Maṣrī, *Ribā l-qurūḍ wa-adillat taḥrīmihī*, Damaskus 2009, S. 9 ff., 30 ff.

334 Zum schrittweisen Verbot siehe ausführlich Florian Amareller, *Hintergründe des „Islamic Banking": Rechtliche Problematik des riba-Verbotes in der Schari'a und seine Auswirkungen auf einzelne Rechtsordnungen arabischer Staaten*, Berlin 1995, S. 44 ff.

335 Vgl. 2:275, 279.

336 Die erbrachte Leistung entspricht insofern nicht der geforderten Gegenleistung ($x \neq x + y$).

337 Die Berechtigung des Zinses wird in den modernen Wirtschaftswissenschaften mit der Zeitpräferenz der Marktakteure begründet; vgl. zusammenfassend Otmar Issing, *Einführung in die Geldtheorie*, München, 2007, S. 99 f.

legitimieren, wobei der Faktor Zeit die rechtliche Ungleichheit der korrespondierenden Leistungen legitimieren soll.[338]

Durch die Vereinbarung eines Zinses wird dem Begünstigten bereits bei Vertragsabschluss ein Anspruch auf einen noch zu erwirtschaftenden Gewinn zu einem vertraglich bestimmten Zeitpunkt eingeräumt. Der Kapitalgeber hat rechtlich betrachtet einen Gewinn sicher,[339] der Kapitalnehmer hingegen kann sich nicht sicher sein, dass garantiert ein Gewinn entsteht bzw. dass er einen Gewinn erhalten wird, da das von dem Ergebnis seines realwirtschaftlichen, unternehmerischen Engagements abhängt. Die Sicherheit des Einkommens zugunsten des Kapitalgebers auf der einen und die Unsicherheit des Einkommens in Bezug auf den Kapitalnehmer auf der anderen Seite begünstigt eine Vermehrung des Vermögens auf der Seite des Kapitalgebers und verhindert makroökonomisch eine von der Scharia intendierte Vermögensumverteilung innerhalb der Gesellschaft.[340] Der Vorteil einer Beteiligung liegt in diesem Zusammenhang in einer Gewinnzuweisung, die nur bei Realisierung eines Gewinns (bereitgestelltes Kapital abzüglich Kosten) erfolgt.[341] Werden keine Gewinne generiert, hat der Kapitalgeber entsprechend keinen Anspruch. Ob eine Beteiligung hinsichtlich von Gewinn und Verlust für eine Bank in ihrem definitorischen Sinne und *de lege lata* denkbar und rechtlich umsetzbar ist, ist eine noch zu behandelnde Frage. Die Leistung in Form von Kapitalbereitstellung seitens des Kapitalgebers kann aus Sicht der den profitorientierten finanzwirtschaftlichen Bereich konstituierenden *fiqh*-Maxime „der Gewinn geht mit dem Risiko“ (*al-ġunm bi-l-ġurm*) keinen Vermögenszuwachs rechtfertigen und diesen legitimieren, ohne dabei an den inhärenten Risiken des zugrunde liegenden Geschäfts zu partizipieren.[342]

---

338 Vgl. Heinz-Peter Spahn, *Der Zins, die Zeit und das Geld. Spuren einer keynesianischen Kapitaltheorie*, in: Lukas Menkhoff/Friedrich L. Sell, *Zur Theorie, Empirie und Politik der Einkommensverteilung*, Heidelberg 2002, (131–152) S. 132 ff.

339 Ob der Kapitalgeber auch faktisch den Zins erhält, ist eine andere Frage; einen gerichtlich durchsetzbaren Anspruch kann er jedoch aufgrund des geschlossenen Vertrags geltend machen.

340 Vgl. 59:7: „[…] damit es nicht nur bei den Reichen unter euch umläuft.“

341 Es wird ein prozentualer Gewinnanteil vereinbart, kein Gewinnbetrag in absoluten Zahlen; siehe ausführlich Ayub, *Understanding Islamic Finance*, S. 81 f.; Abbas Mirakhor/Iqbal Zaidi, *Profit-and-Loss sharing Contracts in Islamic Finance*, in: M. Kabir Hassan/Mervyn K. Lewis, Handbook of Islamic Finance, Cheltenham 2007, (49–63) S. 49 ff.; Yahia Abdul-Rahman, *The Art of RF (Riba-Free) Islamic Banking and Finance. Tools and Techniques for Community-Based Banking*, New Jersey 2014, S. 247 ff.

342 Ḫūǧa, *an-Niẓām*, S. 91 ff.

Grundsätzlich kann das Kapital aber nur dann einen Zuwachs erfahren, wenn es realwirtschaftlich eingesetzt wird.[343] Dieser Einsatz (Produktion, Handel, Investition u.ä.) ist naturgemäß von (Verlust-)Risiken geprägt, die von den Geschäftspartnern übernommen werden sollen.[344] Die unternehmerische Betätigung des Kapitalnehmers ist ohne das bereitgestellte Kapital nicht denkbar, der Kapitalzuwachs ohne die Leistung des Kapitalnehmers ebenfalls nicht. In diesem Sinne stellt der zur Verfügung gestellte Geldbetrag einen dem unternehmerischen Prozess immanenten Fazilitätsfaktor dar, der abhängig von der unternehmerischen Entwicklung ein positives oder negatives Wachstum erfahren kann. Durch die verzinsliche Geldleihe wird das bereitgestellte, mit Gewinn (Zins) rückzahlbare Kapital vom inhärenten Risiko der ohne Kapital nicht realisierbaren Unternehmung losgekoppelt.[345] Dadurch entstehen zwei unterschiedlich verlaufende, ohneeinander nicht auskommende Bereiche: Realwirtschaft und Finanzwirtschaft.[346] Durch das Zinsverbot soll diese Divergenz aufgelöst werden und eine gleich verlaufende Entwicklung zwischen Kapitalvolumen und realwirtschaftlichem Zuwachs erfolgen. Die Konsequenz dieser Kopplung ist die Auflösung des unbedingten Zinses und die Etablierung eines erst bei Vorliegen eines positiven Ertrags zu beanspruchenden prozentualen Zinses.[347] Der Financier hat demzufolge seine Finanzierung im Sinne eines Handels- oder eines Beteiligungsgeschäfts durchzuführen. Im Handel tritt er als Zwischenhändler auf, der die zu finanzierenden Güter zunächst erwirbt (Eigentumserwerb) und anschließend an den Finanzierungsnachfrager veräußert, wodurch der Profit ein Bestandteil des Kaufpreises der Ware wird.[348] Die durch den Verkauf begründete Forderung kann aufgrund ihrer Kopplung an die verkaufte Ware nicht steigen, weil der Kaufpreis dadurch fixiert worden ist und nicht mehr im Nachhinein

---

343 Spahn, *„Der Zins, die Zeit und das Geld"*, S. 133.

344 Milena Valeva, *Theoretische Grundlegung ethischer Bankbetriebslehre. Die Lehren aus dem Islamic Banking*, Heidelberg 2012, S. 179 ff.

345 Durch die Festlegung eines Zinses wird aufseiten des Unternehmers ein Mindestertrag prädeterminiert, den er realisieren muss. Andernfalls kann er seine vertraglichen Verpflichtungen (Rückzahlung von Kapital plus Zins) nicht erfüllen.

346 Ayub, *Understanding Islamic Finance*, S. 5.

347 Der Zins ist auf den Gewinn zu erheben, nicht auf das bereitgestellte Kapital; vgl. AAOIFI, *Sharia Standards*, No. 13/2. Die Verwendung der Bezeichnung „Zins" im Zusammenhang mit Beteiligung mit Gewinn ist nicht irreführend und soll das breite Definitionsspektrum des Begriffs aufzeigen. Der Zins wird ebenfalls im Rahmen eines ähnlichen Konzepts verwendet und ist dort ebenso nicht als Zins im Sinne eines verzinslichen Gelddarlehens zu verstehen; vgl. §§ 230, 232 Abs. 2 HGB.

348 Iqbal/Mirakhor, *An Introduction*, S. 87 f.

angepasst werden kann.[349] Auch im Falle eines Zahlungsverzugs darf der Kaufpreis nicht erhöht werden.[350] Finanzierungen über eine Beteiligung bedeuten für den Finanzier eine Partizipation an der unternehmerischen Entwicklung des finanzierten Engagements. Das bereitgestellte Kapital erfährt folglich nur dann einen Zuwachs, wenn die Unternehmung erfolgreich ist.

Eine profitorientierte Finanzierung, die ohne den entgeltlichen Geldverleih auskommen muss, bedeutet für eine islamische Bank, dass sie entweder die Ware selbst erwirbt und dann wieder veräußert oder dass sie an der Entwicklung der Unternehmung partizipiert. Diese Finanzierungsformen stellen damit für islamische Banken im Vergleich zu anderen Banken ein Alleinstellungsmerkmal (USP = *unique selling point*) auf dem Markt dar und könnten eine Finanzierungsalternative sein, sofern sie für die Banken auch in der Praxis tatsächlich alternativ und effizient sind.[351] Denn dem Zinsverbot liegt die Negierung einer Philosophie der reinen Vermögensakkumulation zugrunde, die dem Zweck der Realwirtschaft, der in der gegenseitigen Bedarfsdeckung des Einzelnen und damit des Kollektivs liegt, zuwiderläuft.[352] Das Primärziel verzinslicher Transaktionen liegt allein in der Vermehrung des bereitgestellten Kapitals, das schließlich und ausschließlich im realwirtschaftlichen Bereich vermehrt wird, ohne auf die Sinnhaftigkeit oder Profitabilität der Unternehmung abzustellen, und wenn, dann nur, soweit es die Sicherung und Verzinsung des Kapitals erfordert.[353] Zur Zuwachssicherung des Vermögens dienen daher Maßnahmen, die in der rechtlichen Konsequenz eine Enteignung des Schuldners (realwirtschaftlich agierender Unternehmer) auch bei Nichtverschulden des Verlusts der Unternehmung bedeuten. Zugespitzt können solche sichernden Instrumente es dem Kapitalgeber erlauben, sofern

---

349 Das Recht auf Minderung des Kaufpreises aufgrund einer Schlechtleistung im Sinne des § 441 BGB bleibt hiervon unberührt.

350 Vgl. AAOIFI, *Sharia Standards*, No. 8, Ziffer 5/6; der erhaltene Betrag muss gespendet werden. Hier stellt sich die Frage, ob die Bank die obligatorische Spende in ihrem Sinne vermarkten darf.

351 Wie bereits im Abschnitt über die Intentionen des Individuums ausgeführt, spielt die Intention der Bank eine maßgebliche Rolle bei der Bestimmung des Zwecks des entwickelten Produkts. Ist die Intention der islamischen Bank auf das herkömmliche Verständnis von konventionellen Finanzierungen (verzinsliche Darlehen) ausgerichtet, werden die Bestrebungen hinsichtlich der Produktentwicklung darauf gerichtet werden.

352 Mahmoud A. El-Gamal, *An Economic Explication of the Prohibition of Ribā in Classical Islamic Jurisprudence*, Houston 2001, (1–20) S. 3, Quelle unter: http://www.ruf.rice.edu/~elgamal/files/riba.pdf (letzter Zugriff: 16.8.2015).

353 Ayub, *Understanding Islamic Finance*, S. 73 ff.

sie *de lege lata* im Anspruchsfall durchgesetzt werden können, sich kaum oder gar nicht um die Sinnhaftigkeit des zu finanzierenden Projekts und die Eignung und Kompetenz der kapitalnachfragenden Person zu sorgen, weil das eingesetzte Kapital und der vertraglich vereinbarte Zins, wie schon erwähnt, rechtlich gesichert ist.[354] Ein solches Kapitalverwendungsverständnis verläuft jedoch diametral zur Natur der Realwirtschaft und weicht ihrer Intention nach von der Idee einer der Bedarfsdeckung dienenden Wirtschaft ab, in der der Kapitaleinsatz dem der Realwirtschaft inhärenten Risiko ausgesetzt wird.[355]

2.6.2.2 Das ġarar-Verbot

Das Verbot von Unklarheit bzw. Unsicherheit (*ġarar*), das anders als das *ribā*-Verbot nicht ausdrücklich im Koran genannt wird, sondern in der Prophetentradition,[356] beruht ebenfalls auf dem Grundgedanken eines fairen und gerechten Eigentumserwerbs. Durch die Einhaltung des Verbots, das eine Transparenz hinsichtlich der vertraglichen Vereinbarungen und Sicherheit in Bezug auf die vertraglichen Folgen erfordert, soll das Geschäft reibungslos erfolgen.[357] Nach überwiegender Meinung der Rechtsgelehrten (*fuqahāʾ*) darf es keine Unklarheit oder Unsicherheit am Rechtsgeschäft in Bezug auf entscheidungsrelevante Informationen geben, die u.a. auch Aufschluss über das Resultat des Geschäfts geben können.[358]

Ausgehend vom Konzept der Intentionen der Scharia, wonach in jedem Verbot die Wahrung von Nutzen und die Abwehr vor Schaden liegt, ist auch das *ġarar*-Verbot im Rahmen dieses Verständnisses zu sehen. Durch das Verbot sollen nämlich nur jene Verträge wirksam sein, die alle vertraglichen Unsicherheiten und Unklarheiten ausschließen und damit den Ausgang des Vertrags unbestimmt lassen. Insofern bedeutet das *ġarar*-Verbot im Umkehrschluss ein Transparenzgebot, das bei allen bankrechtlichen Transaktionen und den zugrunde liegenden Verträgen einzuhalten ist. Auch soll dadurch eine Ausbeutung unter den Vertragsparteien, die insbesondere beim Vorliegen von

354 Zu Kreditsicherheiten siehe Claussen, *Bank- und Börsenrecht*, S. 278 ff.; Bacher, *Bankmanagement*, S. 353 f.

355 Ohne dabei den Begriff des Risikos ausschließlich in der denkbar negativen Folge zu betrachten, sondern vielmehr als die Möglichkeit sowohl des Gewinns als auch des Verlusts in Betracht zu ziehen.

356 *Qad nahāʿ an baiʿ al-ġarar*; vgl. al-Baihaqī, *as-Sunan*, Nr. 10846.

357 Siehe Muḥammad Amīn aḍ-Ḍarīr, *al-Ġarar fī l-ʿuqūd wa-āṯāruhū fī t-taṭbīqāt al-muʿāṣira*, Dschidda 1993, S. 11 ff.

358 Ebd., S. 13, 18 ff.; siehe ebenfalls AAOIFI, *Sharia Standards*, No. 31, Ziffer 4, zur Wirksamkeit des Vertrags beim Vorliegen von vernachlässigbarem *ġarar*.

asymmetrischer Informationsverteilung entstehen kann, vermieden werden.[359] Denn aufgrund eines i.d.R. zwischen den Parteien bestehenden asymmetrischen Informationsverhältnisses hat eine Partei gegenüber der anderen einen Wissensvorsprung, aus dem sie auf Kosten der anderen Vorteile für sich ziehen kann.

Beim *ġarar* muss man jedoch zwischen verschiedenen Kategorien unterscheiden, weil nicht jede Unsicherheit bzw. Unklarheit in einem Geschäft, die ja letztlich ein Verlustrisiko darstellt,[360] das zu Vermögensverlust führen kann, zwangsläufig verboten ist.[361] Entscheidend ist, ob ein solcher Verlust gerechtfertigt aufgetreten ist oder nicht,[362] weil es Risiken gibt, die dem intendierten Geschäft immanent sind und deshalb nicht als *ġarar* gelten können, wie es bei Handel, Produktion und Investitionen der Fall ist. Anders hingegen verhält es sich, wenn eine Vertragspartei der anderen ein Verlustrisiko verschafft. Ein solcher Fall bestünde etwa darin, eine Ware zu verkaufen, die weder mittelbar noch unmittelbar in Besitz des Verkäufers steht. In diesem Fall erhält der Verkäufer in jedem Fall den Kaufpreis, der Käufer hingegen nicht in jedem Fall die Ware. Daraus wird ersichtlich, dass solche *ġarar*-Verträge verboten sind, bei denen bereits *a priori* feststeht, dass eine Partei einen Vermögensverlust erleiden wird.[363] Anders als beim Zinsverbot, bei dem der Kapitalgeber die Risiken auf den Kapitalnehmer abwälzt und selbst keine Risiken übernimmt, übernimmt der Kapitalgeber bei einem *ġarar*-Geschäft einen unverhältnismäßigen Risikoanteil.[364]

Durch das *ġarar*-Verbot will die Scharia nicht Risiken verbieten, die Investitionen und Handelsgeschäften grundsätzlich immanent sind, sondern nur jene Risiken, die dazu führen, dass eine Vertragspartei zulasten einer anderen eine Leistung erhält, ohne die entsprechende Gegenleistung zu erbringen. Im Zusammenhang mit dem *ribā*-Verbot liegt der Bereich statthafter Verträge zwischen diesen beiden Verboten (*ribā* und *ġarar*).[365]

---

359 Ḫūǧa, *al-Madḫal al-ʿāmm*, S. 163 f.

360 Ebd.

361 Hierbei wird unterschieden zwischen dem *ġzwis*, der zur Unwirksamkeit des Vertrags führt, und dem *ġ füh*, der vernachlässigt warden kann; siehe AAOIFI, *Sharia Standards*, No. 31, Ziffer 4.

362 Vgl. Sami al-Suwailem, *Towards an Objective Measure of gharar in Exchange*, in: Islamic Economic Studies, Vol. 7, 1999–2000, (61–102) S. 65.

363 Ebd.

364 Ḫūǧa, *al-Madḫal al-ʿāmm*, S. 164.

365 Ebd.

2.6.2.3 *Das maisir-Verbot*

Das vom Zufall abhängige Spekulationsverbot geht von dem im Koran erwähnten Verbot des Glücksspiels (*maisir*) aus. Der Einsatz von Kapital, das der menschlichen Bedarfsdeckung zu dienen hat, soll auf erfolgsorientierter Planung und nachvollziehbarer Erfolgswahrscheinlichkeit beruhen.[366] Eine Spekulation, die auf reinem Zufall beruht und keinen synallagmatischen Tausch vorsieht, stellt ein Nullsummenspiel dar, bei dem die eine Partei das verliert, was die andere gewinnt.[367]

Auch dieses Verbot verfolgt das Ziel, im Zusammenhang mit dem Vermögensschutz Nutzen zu wahren und Schaden abzuwehren. *Maisir*, was als „Spekulation, Wette" wiedergegeben werden kann, ist deshalb verboten, weil der Ausgang hier dem reinen Zufall überlassen wird und die Wahrscheinlichkeit des Verlusts höher ist als die des Gewinns.[368]

Im Falle eines Wettgeschäfts (Nullsummenspiel)[369] erhält in den allermeisten Fällen die eine Vertragspartei, die über einen Wissensvorsprung verfügt, die Wettsumme. Auch hier spielt das asymmetrische Informationsverhältnis eine entscheidende Rolle.[370] Für islamische Banken folgt daraus die Pflicht, Finanzierungen und Beteiligungen nur im realwirtschaftlichen Bereich zu tätigen. Darüber hinaus benötigt sie Mechanismen, die exzessive Spekulationen weitestgehend vermeiden.

2.6.2.4 *Unzulässige Geschäftsfelder*

Das islamische Recht verbietet im Wirtschaftsverkehr den Handel mit und die Investition in bestimmten Waren und Dienstleistungen, wie etwa die Herstellung und den Handel mit Alkohol. Das Verbot sucht damit die Intentionen der Scharia zu wahren und den Schutz des Einzelnen und der Gesellschaft insgesamt zu gewährleisten.[371] Durch die Unzulässigkeit wirtschaftlicher Engagements in den Bereichen Alkohol, Tabak, Rüstung, Schweinefleisch, Prostitution und

---

366 Ayub, *Understanding Islamic Finance*, S. 62 f.

367 Ebd.

368 Ebd., S. 76 ff.

369 Nullsummenspiele beschreiben im ökonomischen Sinne Konkurrenzsituationen, bei denen der wirtschaftliche Gewinn einer Vertragspartei einem wirtschaftlichen Verlust der anderen Vertragspartei in gleicher Höhe gegenübersteht. Ausführlich hierzu siehe Werner Güth, *Spieltheorie und ökonomische (Bei)Spiele*, Heidelberg 2013, S. 160 f.

370 Etwa wenn durch die Informationen Manipulationen angestellt werden, um den Wetteinsatz für sich zu entscheiden.

371 Ayub, *Understanding Islamic Finance*, S. 74; Christine Walsh, *Ethics. Inherent In Islamic Finance Through Shari'a Law. Resisted In American Business Despite Sarbanes-Oxley*,

Finanzmarkt sollen zum einen die negativen Auswirkungen auf gesellschaftlicher, ökonomischer, rechtlicher und ökologischer Ebene ausgeschlossen werden.[372] Zum anderen soll dadurch der Weg für eine für die Gesellschaft förderliche und positiv wirkende Vermögensverwendung geebnet werden. Darin liegt die Intention begründet, dass Vermögen nur für Güter und Dienstleistungen eingesetzt werden sollen, die aus Sicht der Scharia einen Nutzen für den Einzelnen und die Gesellschaft insgesamt haben. Durch die Einbeziehung der Intentionen können neben der Feststellung von unzulässigen Geschäftsbereichen (Negativliste) zulässige, wünschenswerte Geschäftsfelder gekennzeichnet werden (Positivliste), die alle anderen Rechtsgüter erfassen.[373] Darüber hinaus lässt sich aus Intention der Scharia in diesem Zusammenhang eine Regel ableiten, wonach Geschäftsfelder bzw. Unternehmen, die gesellschaftlich und/oder ökologisch schädliche Erzeugnisse bzw. Produkte herstellen, als finanzierungsunzulässig einzustufen sind. Dabei bemisst sich die Unzulässigkeit nach dem Schaden in Relation zum erwarteten Nutzen. Es ist hier also eine Nutzen-Schaden-Abwägung in sozialer und ökologischer Hinsicht anzustellen. Daraus müsste der Schluss folgen, dass ein abschließender Katalog, wie er in der Literatur und in den Richtlinien islamischer Banken beschrieben und auf bestimmte Bereiche begrenzt ist, nicht existiert. Dies deckt sich zudem mit dem *fiqh*-Verständnis vom kontextuellen Wandel, das auf neu eintretende Gegebenheiten entsprechende Lösungen sucht.

---

in: Fordham Journal of Corporate & Financial Law, Vol. 12, 2007, Issue 4, (753–777) S. 758.

372 Mahlknecht, *Islamic Finance*, S. 36.

373 So müsste das finanzierte Projekt gesundheitsschädigende Materialen und Prozesse innerhalb der Wertschöpfungskette vermeiden, um die Rechtsgüter Leben (*nafs*) und Nachkommenschaft (*nasl*) zu schützen.

3 Islamic Banking im Rahmen des deutschen Rechts

3.1 Einleitung

Die *maqāṣid*, die auf der persönlichen Ebene die Kultivierung der Tugenden bezwecken[374] und durch gottesdienstliche Handlungen (*ʿibādāt*) erreicht werden sollen, stellen in Bezug auf das Banking aus ökonomischer Sicht eine Möglichkeit dar, aus der asymmetrischen Informationsverteilung resultierende Kosten zu reduzieren, und sie bedeuten aus sozioökonomischer Perspektive eine Fokussierung auf eine möglichst breite Umverteilung und möglichst nutzbringende Verwendung von Vermögen, welche die gesamte Gesellschaft (Anspruchsgruppen, engl.: *Stakeholder*) in den Blick fasst. Das Gewinnstreben ist in diesem Rahmen deshalb kein Selbstzweck, sondern ein Mittel zur Ermöglichung weiterer finanzwirtschaftlicher Transaktionen innerhalb der Realwirtschaft, um eine möglichst hohe Bedarfsdeckungsreichweite zu erlangen.[375] Die auf die Realwirtschaft begrenzte Ausrichtung einer Bank aus der Perspektive der *maqāṣid* hätte in der Konsequenz die Auflösung des Finanzsystems zur Folge, das den Handel mit generierten Schulden bzw. Forderungen zum Gegenstand hat.[376] Die damit einhergehende Frage richtet sich auf das Verständnis einer Bank aus Sicht der *maqāṣid*, wenn ein Handel mit Schulden nicht vorgesehen ist, und darauf, ob eine „islamische Bank" in dem regulatorischen Rahmen effizient und wettbewerbsfähig denkbar ist. Auch stellt sich die Frage danach, ob Finanzierungsinstrumente, die das islamische Recht kennt, wie etwa *murābaḥa* und *muḍāraba*, unter das Verständnis von Bankgeschäften fallen können.[377] Zu was kann die Anwendung dieser Finanzierungsinstrumente im Einlagen- und Kreditgeschäft führen? Ist ein Banking, das im Sinne der *maqāṣid* erfolgen soll, in der Form eines Kreditinstituts sinnvoll? Ist es schließlich nicht denkbar, dass sich eine als

---

374 Ar-Raisūnī, *Naẓariyyat al-maqāṣid*, S. 292.

375 Vgl. Zubair Hasan, *Theory of profit from islamic perspective*, in: Encyclopaedia of Islamic Economics, Islamic Foundation UK, Vol. 3, (1–8) S. 4 f.; Ayub, *Understanding Islamic Finance*, S. 8.

376 Vgl. Ralf Hannemann/Andreas Schneider/Thomas Weigl, *Mindestanforderungen an das Risikomanagement (MaRisk). Kommentar*, Stuttgart 2013, S. 3; Ayub, *Understanding Islamic Finance*, S. 185 f.

377 Casper, *Islamische Finanztransaktionen*, S. 352; Zerwas/Demgensky, *Islamic Banking*, S. 697.

„islamisch" bezeichnende Bank aufgrund ihrer Verortung in ein den *maqāṣid* widerläufiges System (zinsbasiertes Finanzsystem) die Aussicht auf Profitabilität und Effizienz erschwert? Die durch das hiesige wie auch durch das islamische Recht gegebene Einschränkung für islamische Banken kann höchstwahrscheinlich gegenüber den herkömmlichen Banken zu Wettbewerbsnachteilen mit denkbar negativen finanziellen Folgen führen, die Lösungsansätze bedürfen, welche unter Umständen die Grenzen der (intentionsbezogenen) Scharia-Konformität übertreten, auch wenn die formalen Anforderungen eingehalten werden.[378] Trotz dieser Einschränkungen stehen im hiesigen Rechtsrahmen viele Ziele wie das Transparenzgebot, Stärkung von Vertrauen, Stabilität Vermögensschutz, Wahrheitsgebot, Sorgfaltsgebot und Offenlegungspflichten im Einklang mit den *maqāṣid*. Die Leitgedanken und der Normenzweck einschlägiger Richtlinien, Gesetze und Verordnungen (CRD IV, CRR, BGB, EGBGB, KWG, WpHG, EAEG, KAGB u.a.) können mit denen des islamischen Rechts auf der abstrakten Ebene als deckungsgleich betrachtet werden. In der inhaltlichen Ausgestaltung und im Verständnis einzelner Elemente finanzwirtschaftlicher Transaktionen kann es im Detail Differenzen geben, etwa bei der Zulässigkeit von *ribā* (Zins) im deutschen Recht.[379]

Die Auseinandersetzung mit der ökonomischen und rechtlichen Funktionsweise von Banken und insbesondere mit ihrer gesellschaftlichen Machtstellung,[380] die sich in der Ermöglichung (Finanzierungszusage) oder Verwehrung (Finanzierungsabsage) von Projekten äußert, nimmt in der *maqāṣid*-Theorie eine Sonderstellung ein.[381] Die finanzwirtschaftlichen Krisen der letzten Jahre und Jahrzehnte mit einschneidenden realwirtschaftlichen Folgen[382] sind insofern

378 Zu *ṣukūk* vgl. bspw. Muhammad Taqi Usmani, *Sukuk and their Contemporary Applications*, o.O. o.J., S. 4 ff.; zum *organizedtawarruq* Yuhanis Bt Ismon, *Legality of Tawarruq in Islamic Finance*, in: Tazkia Islamic Finance and Business Review, Vol. 7, 2007, No. 1, (81–108) S. 83 ff.

379 Siehe Johannes Engels, *Betrachtungen zum islamischen Bankdienstleistungswesen in Deutschland*, in: Abdurrahim Kozali/Ibrahim Salama/Souheil Thabti, *Das islamische Wirtschaftsrecht*, Frankfurt am Main 2015, S. 13 ff.; Rüdiger Litten, *Das regulatorische Umfeld für die Gründung und den Betrieb islamischer Banken in Deutschland*, in: ebd., S. 60 ff.

380 Vgl. Bacher, *Bankmanagement*, S. 34 f.

381 Der Grund hierfür liegt im Gestaltungspotenzial der Banking Ideen den Zugang in die reale Entfaltung zu ermöglichen.

382 Die Finanz- und Bankenkrisen im 20. und 21. Jahrhundert allein in chronologischer Reihenfolge: Panik von 1907, Weltwirtschaftskrise von 1929, US-Sparkassen-Krise in den 1980er Jahren, Lateinamerika-Krise in den 1970er und 1980er Jahren, japanische

nur ein Aspekt, den es zu berücksichtigen gilt. Hinzu kommen gesellschaftliche und ökologische Herausforderungen, deren Entstehung auch auf das Finanzierungsinstitut zurückgeführt werden kann; denn sie gehören zu denjenigen, die bspw. umweltschädliche Projekte finanzieren.[383] Daraus ist jedoch nicht abzuleiten, dass Banken, die sicherlich eine Mitverantwortung für die Finanz- und die anschließende Wirtschaftskrise sowie – wie noch zu zeigen – auch für gesellschaftliche und ökologische Zerwürfnisse tragen, abgeschafft werden sollen, um Krisen zu vermeiden.[384] Ein reibungsloses und effizientes Wirtschaftsleben ist ohne Instanzen, die den Liquiditätsfluss regeln, unmöglich.[385] Insofern haben Banken eine exponierte Stellung, die ihnen Mitbestimmungs- und Gestaltungsmacht bereitstellt und die deshalb nicht zu verkennen ist. Ohne die Funktion der Banken als Geldnehmer und -geber wäre die Deckung des Kapitalbedarfs in der Realwirtschaft nur unter erschwerten Bedingungen und mit hohen Kosten möglich.[386] Die Verantwortung jener Institute gegenüber ihren Kunden und der Gesellschaft insgesamt ist daher hoch.[387] Die reine Orientierung nach

---

Bankenkrise in den 1990er Jahren, Tequila-Krise (Peso-Krise) 1994/1995 in Mexiko, Asien-Krise 1997 und 1998, Russland-Krise 1998 und 1999, Brasilien-Krise 1999, Argentinien-Krise 2000, Dotcom-Krise 2000, Finanzkrise 2007, Euro-Krise seit 2010; zum historischen Überblick siehe Werner Plumpe, *Wirtschaftskrisen. Geschichte und Gegenwart*, München 2010.

383 „Deutsche Klime-Killerbanken" unter https://www.urgewald.org/kampagne/meine-bank-klima-killer/deutsche-klima (letzter Zugriff: 7.7.2016); „Die Waffen meiner Bank" unter http://www.facing-finance.org/files/2016/04/waffenmeinerbank.pdf (letzter Zugriff: 9.7.2016); „Geld für Bombengeschäfte" unter http://www.zeit.de/2016/16/ruestung-deutsche-banken-krieg-finanzierung/komplettansicht (letzter Zugriff: 2.7.2016).

384 Siehe bspw. http://www.rp-online.de/wirtschaft/wirtschaftskolumnen/die-oekonomin/wenn-banken-sich-abschaffen-aid-1.5945035 (letzter Zugriff: 7.5.2016); http://www.handelsblatt.com/unternehmen/banken-versicherungen/fintech-messe-im-silicon-valley-wie-banken-sich-selbst-ueberfluessig-machen/13600388.html (letzter Zugriff: 27.5.2016). Sinnvoller wäre die Frage, ob Banken in der Form, wie sie jetzt existieren, sinnvoll sind oder ob Banken ihrem Wesen nach überdacht werden müssten und ihre Rolle hinterfragt wird.

385 Paul Krugman/Robin Wells, *Volkswirtschaftslehre*, Stuttgart 2010, S. 967 f.

386 Ebd.; Thomas Hartmann-Wendels/Andreas Pfingsten/Martin Weber, *Bankbetriebslehre*, Heidelberg 2014, S. 114 f.

387 Souheil Thabti, *Unternehmerische Gesellschaftsverantwortung aus Sicht der Scharia*, in: Hikma – Zeitschrift für Islamische Theologie und Religionspädagogik, Heft 8, 2014, Nr. 1, (47–66) S. 48 ff.; Muḥammad Ṣāliḥ ʿAyyāš, *al-Masʾūliyya al-iǧtimāʿiyya li-l-maṣārif al-islāmiyya: Ṭabīʿatuhā wa-ahammiyyatuhā*, Dschidda 2010, S. 51 ff.;

Gewinnmaximierung im monetären Sinne,[388] die sich zulasten der Gesellschaft auswirkt,[389] kann wegen der unternehmerischen Verantwortung dieser Finanzierungsinstitute gegenüber Stakeholdern im Sinne der *maqāṣid* nicht die Lösung sein.[390] Daher ist ebenfalls der Frage nachzugehen, ob die für die Wirtschaft unerlässliche Funktion der Banken nur in der einen Form (im Sinne des KWG) oder auch in einer anderen mit der gleichen Effizienz und Profitabilität angeboten werden kann. Die Auseinandersetzung mit den islamisch geprägten Grundsätzen zur Finanzwirtschaft bildet ein Grundverständnis für die Ausgestaltung des Kredit- und Einlagengeschäfts. Dabei stellt sich die Frage nach der Stellung der Einleger und danach, wie der Einlagenvertrag im Sinne der *maqāṣid* ausgestaltet sein sollte.

In jeder Gesellschaft herrscht eine Fülle individueller Wünsche, die mit dem Begriff „Bedürfnisse"[391] (*ḥāǧiyyāt*) umschrieben werden,[392] die alle Gesellschaftsteilnehmer zu decken suchen. Diesen Bedürfnissen stehen geeignete Mittel[393] bzw. Ressourcen (Güter, arab.: *mawārid*) zu ihrer Befriedigung gegenüber,[394] die nicht in unbegrenzter Menge vorliegen und daher knapp sind.[395] Dieser Umstand wird in den Wirtschaftswissenschaften als gegeben angenommen. Gegenstand jeder Wirtschaft ist daher die optimale Verteilung dieser knappen

---

Andreas Schneider/René Schmidpeter (Hrsg.), *Corporate Social Responsibility. Verantwortungsvolle Unternehmensführung in Theorie und Praxis*, Heidelberg 2015, S. 21 ff.

388 Neben dem monetären Gewinn lässt sich aus den Intentionen der Scharia ein sozialer Gewinn und somit auch soziale Gewinnmaximierung ableiten, was als Primärziel des Bankings formuliert werden kann. Die Zielsetzung wird zwar nicht auf die Gewinnmaximierung allein reduziert, jedoch werden die anderen Ziele nur verfolgt, soweit das Ziel der Gewinnmaximierung erreicht werden kann; vgl. N. Gregory Mankiw/Mark P. Taylor/Andrew Ashwin, *Volkswirtschaftslehre für Schule, Studium und Beruf*, Stuttgart 2015, S. 141 ff.

389 Siehe *Boom*/Richards/Leonard, *Climate Justice: The international momentum towards climate litigation*; „Deutsche Klime-Killerbanken" unter https://www.urgewald.org/kampagne/meine-bank-klima-killer/deutsche-klima (letzter Zugriff: 7.7.2016).

390 Siehe James J. Lynch, *Ethical Banking. Surviving in an Age of Default*, New York 1991, S. 11 ff.

391 Bedürfnis wird definiert als das Gefühl einer Mangelsituation mit dem Wunsch, diese zu beseitigen; Engelkamp/Sell, *Einführung*, S. 12.

392 Ebd.

393 Die Begriffe *Mittel*, *Ressourcen* und *Güter* werden im Zusammenhang mit der Allokationsthematik synonym verwendet.

394 Ebd.

395 Ebd.; Rafīq Yūnus al-Maṣrī, *Uṣūl al-iqtiṣād al-islāmī*, Damaskus 2010, S. 25 f.

Güter auf verschiedene, miteinander konkurrierende Bedürfnisse.[396] Aufgrund der Güterknappheit auf der einen Seite und der Unbegrenztheit der Bedürfnisse auf der anderen ist nicht jede Art von Ressourcenallokation für eine Gesellschaft akzeptabel.[397] Das problematische Verhältnis der grenzenlosen Bedürfnisse gegenüber begrenzten Güter haben auch islamische Rechtsgelehrte erkannt,[398] und so betrachteten sie diese Bedürfnisse in unterschiedlichen Kategorien, die eine entsprechende Behandlung verlangen.[399] Die von ihnen vorgenommene Einteilung entsprach der Einteilung der Interessen, die im Rahmen der *maqāṣid* der Scharia herrschen.[400] Die Bedürfnisse betreffen folglich die bereits vorgestellten *ḍarūriyyāt*, *ḥāǧiyyāt* und *taḥsīniyyāt*.[401]

Das Verteilungsproblem beschreibt bspw. al-Ġazālī wie folgt: „Wenn ein bestimmtes Gut in den Besitz einer Person gelangt, fehlt es bei einer anderen. In den Besitz eines Guts gelangt eine Person also nur dann, wenn eine andere den Besitz darüber verliert. Wenn nun angenommen wird, dass eine Person alle Güter dieser Erde besäße, blieben allen anderen keine Güter mehr zum Besitzen übrig.[402] Hingegen kommen weitere Bedürfnisse, sobald eines davon gedeckt ist, hinzu."[403] Die Priorisierung der Bedürfnisse und die entsprechende Verteilung nimmt deshalb u.a. im Rahmen des Bankwesens eine wichtige Stellung ein. Diese Aufgabe kann auf einem bankbasierten (Finanz-)Markt von Kreditinstituten erfüllt werden (und im Euro-Raum wird sie das), nicht zuletzt aufgrund von deren Erfahrung und Expertise sowie wegen ihres Zugangs zu entscheidungsrelevanten Informationen.[404]

Im Rahmen der Kreditvergabe haben Banken bspw. einen großen Einfluss darauf, ob und für wen überhaupt ein Projekt finanziert wird. Diese

---

396 Engelkamp/Sell, *Einführung*, S. 40 f.

397 Ausführlich hierzu siehe Richard Wilkinson/Kate Pickett, *Gleichheit ist Glück. Warum gerechte Gesellschaften für alle besser sind*, Berlin 2010, S. 55.

398 Ibn ʿAbd as-Salām, *Qawāʿid al-aḥkām*, Bd. 1, S. 69; Abū l-Ḥasan ʿAlī al-Māwardī, *al-Aḥkām as-sulṭāniyya wa-l-wilāyāt ad-dīniyya*, ed. von Aḥmad Mubārak al-Baġdādī, Kuwait 1989, S. 215; al-Ġazālī, *Iḥyāʾ ʿulūm ad-dīn*, Bd. 3, S. 207.

399 Al-Maṣrī, *Uṣūl*, S. 25; ähnlich der maslowschen Bedürfnishierarchie.

400 Insofern können die hier zu behandelnden Bedürfnisse auf konkreter Ebene und die Interessen aus Perspektive der Intentionen auf abstrakter Ebene in diesem Zusammenhang synonym verwendet werden.

401 Ebd.

402 Vgl. al-Ġazālī, *Iḥyāʾ*, Bd. 3, S. 169.

403 Ebd., Bd. 3, S. 196; so auch Abū l-Ḥasan ʿAlī al-Māwardī, *Adab ad-dunyā wa-d-dīn*, ed. von Muḥammad Karīm Rāǧiḥ, Alexandria 1985, S. 216, 336.

404 Hartmann-Wendels/Pfingsten/Weber, *Bankbetriebslehre*, S. 4 f., 128.

Entscheidungsmacht der Banken gibt ihnen eine Mitbestimmung darüber, welche Projekte realisiert werden können. Für Banken besteht im Sinne der *maqāṣid* etwa das Potenzial, nur jene Projekte zu finanzieren und in jene Unternehmen zu investieren, die für die Gesamtgesellschaft in ökonomischer und ökologischer Hinsicht nachhaltig sind. Dabei können sie bei der Bereitstellung von Kapital die verschiedenen Dringlichkeitsebenen menschlicher Bedürfnisse (*ḍarūriyyāt*, *ḥāǧiyyāt* und *taḥsīniyyāt*) so berücksichtigen, dass sie die Grundbedürfnisse (*ḍarūriyyāt*) gegenüber den nachrangigen Bedürfnissen (*ḥāǧiyyāt* und *taḥsīniyyāt*) vorziehen.[405] Dadurch kann eine gerechtere Umverteilung erzielt werden, die allen Stakeholdern eine reelle Zugangsmöglichkeit zu Kapital ermöglicht und ihre direkten und indirekten Bedürfnisse erfasst.

Die Aufgabe dieses Kapitels besteht darin, nach der Vorstellung des Bankwesens (Theorie der Banken) und der herrschenden gesetzlichen Regularien für Bankgeschäfte die in der Theorie postulierten Besonderheiten islamischer Banken aufzuzeigen und die damit verbundenen Herausforderungen in der Praxis zu analysieren. Im Zentrum steht dabei die Frage, ob die auf der theoretischen Ebene behauptete Besonderheit und damit das Alleinstellungsmerkmal islamischer Banken im Vergleich zum herrschenden Bankenverständnis in der Praxis umsetzbar ist.

3.2 Theoretische Grundüberlegungen

Im Zusammenhang mit Finanzmärkten (u.a. Banken) stehen sich in der Regel Kapitalgeber, die Zahlungsmittelüberschüsse zur Anlage bereitstellen (Einlagengeschäfte), und Kapitalnehmer, die Zahlungsmittel nachfragen (Kreditgeschäfte), gegenüber.[406] Kapitalgeber können hierbei sowohl private Haushalte als auch Unternehmen sein, die durch Sparen oder Gewinnerwirtschaftung Zahlungsmittelüberschüsse generieren.[407] Schon hier fragt sich, wie Angebot und Nachfrage nach Kapital ausgeglichen werden können, wenn die Bedürfnisse unzählig, die Ressourcen – hier das Zahlungsmittel – hingegen begrenzt sind. Diese Aufgabe übernehmen der Finanztheorie zufolge formelle und informelle Einrich-

---

405 Asyraf Wajdi Dusuki/Nurdianawati Irwani Abdullah, *Maqasid al-Shari'ah, Maslahah, and Corporate Social Responsibility*, in: The American Journal of Islamic Social Sciences, Vol. 24, 2007, No. 1, (25–45) S. 35.

406 Hartmann-Wendels/Pfingsten/Weber, *Bankbetriebslehre*, S. 2; Peter Albrecht/Raimond Maurer, *Investment- und Risikomanagement. Modelle, Methoden, Anwendungen*, Stuttgart 2002, S. 5.

407 Albrecht/Maurer, *Investment- und Risikomanagement*, S. 6.

tungen – Finanzmärkte –, die Anbieter und Nachfrager zusammenführen.[408] Die entscheidende Besonderheit solcher Finanzmärkte im Vergleich zu anderen Märkten, auf denen Waren und Dienstleistungen gehandelt und in einer Maßeinheit gemessen werden, besteht darin, mit Finanzkontrakten zu handeln, die den temporal versetzten Tausch von Zahlungsmitteln zum Gegenstand haben.[409] Es handelt sich dabei also um Ansprüche auf gegenwärtige und/oder zukünftige Zahlungen (Forderungen).[410] Obwohl Finanzmärkte nicht *per se* nur in Form von Banken existieren, sondern auch in Form von Kapitalmärkten, Geldmärkten, Rohstoffmärkten, P2P-Plattformen etc., erfüllen sie doch im Prinzip ähnliche Funktionen: Sie bringen Kapitalgeber und Kapitalnehmer zusammen.[411] Dennoch gibt es hier den wichtigen Unterschied zwischen Finanzmarkt und Bank, dass die Bank, obwohl sie eine Art Marktplattform anbietet und Koordinationsaufgaben wahrnimmt, selbst als Marktteilnehmer auftritt, indem sie das Kapital der Kapitalgeber annimmt und Kapitalnehmern Kapital im eigenen Namen bereitstellt.[412] Aufgrund dieser Mittlerfunktion der Banken, die es ihnen erlaubt, die aufgenommenen Gelder nach eigenem Ermessen zu verwenden, bezeichnet man sie daher auch als *Finanzintermediäre*.[413] Märkte im Allgemeinen und Banken im Besonderen übernehmen sog. Marktfunktionen, die für

---

408 Ebd., S. 13; Hartmann-Wendels/Pfingsten/Weber, *Bankbetriebslehre*, S. 2.

409 Albrecht/Maurer, *Investment- und Risikomanagement*, S. 16 f.; Hans Büschgen, *Bankbetriebslehre – Bankgeschäfte und Bankmanagement*, Wiesbaden 1998, S. 187.

410 Hartmann-Wendels/Pfingsten/Weber, *Bankbetriebslehre*, S. 2; Büschgen, *Bankbetriebslehre*, S. 187; Klaus Spremann/Pascal Gantenbein, *Finanzmärkte – Grundlagen, Instrumente, Zusammenhänge*, Konstanz 2013, S. 18 f.

411 Hartmann-Wendels/Pfingsten/Weber, *Bankbetriebslehre*, S. 3 f.

412 Vgl. Günther Lutz/Werner Neus/Mathias Schaber/Paul Scharpf/Peter Schneider/Max Weber (Hrsg.), *Kreditwesengesetz. Kommentar zum KWG inklusive SolvV, LiqV, GroMiKV, MaRisk*, Stuttgart 2011, § 1, Rn. 8 ff.; Büschgen, *Bankbetriebslehre*, S. 33 f.

413 Man unterscheidet darüber hinaus zwischen dem Finanzintermediär im engeren und im weiteren Sinne. Nach der engeren Definition ist ein Finanzintermediär eine Institution, die Kapital von Anlegern entgegennimmt und an Kapitalnehmer weitergibt. Eine Bank, die Depositen aufnimmt und als Kredite vergibt, aber auch Venture Capital Fonds – Gesellschaften, die Eigenkapital für junge, riskante Unternehmen bereitstellen – und Versicherungen stellen Finanzintermediäre im engeren Sinne dar. Finanzintermediäre im weiteren Sinne umfassen zusätzlich solche Institutionen, die Handel zwischen Kapitalgebern und -nehmern ermöglichen oder erleichtern. Zu dieser Kategorie gehören bspw. Finanzmakler, die Versicherungsleistungen anbieten, sowie Börsendienste und Rating-Agenturen, die Informationsleistungen bereitstellen; vgl. Hartmann-Wendels/Pfingsten/Weber, *Bankbetriebslehre*, S. 3.

einen reibungslosen, funktionierenden Markt sorgen.[414] Finanzmärkte erfüllen wie andere Märkte, auf denen beliebige Güter gehandelt werden, eine Koordinations- und Allokationsfunktion.[415] Sie bieten Kapitalgebern und -nehmern einen Platz, an dem Anbieter und Nachfrager sich treffen können, um Handel zu treiben.[416] Mit der Allokationsfunktion hilft der Markt, Angebot und Nachfrage dadurch auszugleichen, indem diejenigen, die Kapital benötigen, es von Marktteilnehmern mit überschüssigem Kapital erhalten.[417] Im herrschenden Marktverständnis dienen Finanzmärkte durch die Kommodifizierung des Zahlungsmittels dem Geldhandel.[418] Die dadurch entstandenen Marktpreise liefern damit Informationen über die Knappheit des Kapitals und sollen die Grundlage für dessen effiziente Allokation bilden.[419] Aus Sicht der *maqāṣid* dürfte es aufgrund des einen Schutz intendierenden *ribā*-Verbots keinen Geldhandel und in dem Sinne somit auch keinen Finanzmarkt geben.[420] Die Beachtung des Verbots gemäß der Intention einer Maximierung des gesamtgesellschaftlichen Gewinns (im Gegensatz zur monetären Gewinnmaximierung) hätte zur Folge, dass die Allokation nicht über das Angebot und die Nachfrage nach Geld erfolgt, sondern abhängig von der Frage, welche Projekte für die Gesellschaft am förderlichsten sind. Für die Konsum- und Produktionsfinanzierung müssten die Realgüter neben ihrem Kassapreis (Spotpreis) einen Terminpreis erhalten, der sich nicht nach dem zukünftigen Wert des Geldes bemisst, sondern dem der Ware.[421] Über das Angebot und die Nachfrage für den „Warenterminmarkt" werden die

414 Ebd., S. 4.

415 Ebd.

416 Finanzmärkte können verschiedenartig gestaltet werden, sodass es sich dabei nicht nur um physische, sondern auch um virtuelle Orte handeln kann; vgl. Hartmann-Wendels/Pfingsten/Weber, *Bankbetriebslehre*, S. 4.

417 Vgl. Werner Sauter, *Grundlagen des Bankgeschäfts*, Frankfurt am Main 1996, S. 22; Hartmann-Wendels/Pfingsten/Weber, *Bankbetriebslehre*, S. 4 ff.

418 Ebd., S. 3.

419 Albrecht/Maurer, *Investment- und Risikomanagement*, S. 15 ff.

420 Damit wäre der Handel mit Forderungen ebenfalls nicht mehr möglich; vgl. Ayub, *Understanding Islamic Finance*, S. 146 f.

421 Abu Umar Faruq Ahmad/M. Kabir Hassan, *The Time Value of Money Concept in Islamic Finance*, in: The American Journal of Islamic Social Sciences, Vol. 23, 2006, No. 1, (66–89) S. 71 ff.; Mohamed Fairooz Abdul Khir, *The Concept of The Time Value of Money. A Shari'ah Viewpoint*, in: International Journal of Islamic Banking & Finance, Vol. 3, 2013, Issue 2, (1–15) S. 3 ff.; M. Fahim Khan, *Time Value of Money and Discounting in Islamic Perspective*, in: Review of Islamic Economics, Vol. 1, 1991, No. 2, (35–45) S. 36 ff.

Terminpreise gebildet.[422] Darüber hinaus können Märkte eine Auswahlfunktion erfüllen, indem sie Zugangsbeschränkungen für Marktteilnehmer erlassen.[423] Der Markt bringt dann nur Kapitalgeber und Kapitalnehmer zusammen, die bestimmten Anforderungen (Bonität, Know-How, Kompetenzen, gesetzliche Mindestvoraussetzungen u.a.) entsprechen.[424] Neben diesen allgemeinen Marktfunktionen erfüllen Finanzintermediäre spezielle Funktionen, die – bezogen auf die Banken – die Aufgabe der Banksteuerung (Transformationsaufgaben) ausmachen. Diese Transformationsfunktionen sind: Losgrößentransformation, Fristentransformation und Risikotransformation, auf die im weiteren Verlauf noch gesondert eingegangen wird.

Im Zentrum der theoretischen Auseinandersetzung mit der Idee der Banken stehen Finanzkontrakte und asymmetrische Informationen, welche die Banktheorie auf bedeutende Weise prägen.[425] Dem liegt die Tatsache zugrunde, dass Informationen *in praxi* nie symmetrisch verteilt sind, was nach herrschender Auffassung bei der Gestaltung von Finanzkontrakten verlangt, Anreize zu schaffen, um die aufgrund asymmetrischer Informationsverteilung evtl. resultierenden negativen Folgen weitestgehend zu reduzieren.[426] Finanzkontrakte sind in der Finanztheorie dadurch gekennzeichnet, dass eine gegenwärtige Zahlung mit einer zukünftigen (Rück-)Zahlung korrespondiert, wobei der Kapitalgeber die gegenwärtige Zahlung leistet, um die zukünftige Zahlung vom Kreditnehmer zu erhalten.[427] Insofern liegt hier eine Kooperation zwischen beiden Parteien vor (im Folgenden stets als A und B bezeichnet), die darin besteht, dass A zunächst eine Leistung erbringt, worauf B eine vertraglich fixierte Gegenleistung zu erbringen hat, die auf dem Gelddarlehensverständnis gründet, eine Forderung gegen eine höhere Forderung zu tauschen.[428] Anders als bspw. bei den Bargeschäften des täglichen Lebens, die direkt nach der Entstehung durch gegenseitige Leistung durch Erfüllung erlöschen (§ 362 BGB), charakterisieren sich Finanzkontrakte dadurch, dass zum einen Leistung und Gegenleistung nicht gleichzeitig erfolgen – bzw. nach

422 Ebd.

423 Hartmann-Wendels/Pfingsten/Weber, *Bankbetriebslehre*, S. 4.

424 Ebd. Denkbar wäre im Zusammenhang mit der Förderung von *muḍāraba*-basierten Geschäften die Entwicklung von Anforderungen bzgl. der Vertrauenswürdigkeit, der Zuverlässigkeit, der ethisch vertretbaren Geschäftsbereiche u.ä.

425 Ebd., S. 96.

426 Ebd., S. 136.

427 Ebd., S. 92.

428 Ebd., S. 87, 98 f.; Horst Gischer/Bernhard Herz/Lukas Menkhoff, *Geld, Kredit und Banken. Eine Einführung*, Heidelberg 2012, S. 21 ff.

dem Usus des Wirtschaftsverkehrs nicht in einem als unmittelbar verstandenen Zeitraum (etwa drei Werktage) – und zum anderen die Höhe der Rückzahlung von einer Vielzahl von Faktoren beeinflusst werden kann, die der Kapitalgeber zum Zeitpunkt der Leistung (und auch später) nicht ohne Weiteres kennt.[429] Darüber hinaus zeichnen sich Finanzkontrakte durch den Tausch von Gütern gleicher Art und gleicher Qualität, aber unterschiedlicher Quantität aus.[430]

Die prinzipielle Unsicherheit zukünftiger Ereignisse hat zur Folge, dass auch die Ergebnisse von Finanzgeschäften (Rückzahlung) unsicher sind. Der Grad an Sicherheit kann dabei bei beiden Vertragspartnern identisch sein, wenn eine – *in praxi* eher unwahrscheinliche – symmetrische Informationsverteilung vorliegt, oder verschieden (asymmetrische Informationsverteilung). Gemeinhin wird davon ausgegangen, dass der Kapitalnehmer (die Bank in Relation zu ihren Einlegern bzw. der Kreditnehmer in Relation zu seiner kreditgewährenden Bank) in der Regel besser über die zukünftige Entwicklung seiner Unternehmung Bescheid weiß als der Kapitalgeber, was allerdings durch verschiedene exogene Faktoren[431] nur schwer identifizierbar und u.U. nicht immer gegeben sein muss.[432] Naturgemäß herrscht in dieser Beziehung daher stets eine asymmetrische Informationsverteilung vor, der mit Blick auf den Wissensvorsprung des Kreditnehmers durch vertragliche Ausgestaltungen und andere Überwachungs- und Sicherungsmechanismen entgegengewirkt werden kann.[433]

Ein wichtiger Faktor bei der Herstellung bzw. Annäherung an eine symmetrische Informationsverteilung stellt die Offenlegung aller entscheidungsrelevanten Informationen seitens des über einen Informationsvorsprung verfügenden Vertragspartners dar. Ausgehend vom Modell des *homo oeconomicus*, das auf der Annahme gründet, dass Marktteilnehmer stets ihren Nutzen zu maximieren suchen,[434] auch unter Inkaufnahme eines Nachteils für den Vertragspartner,

---

429 Hartmann-Wendels/Pfingsten/Weber, *Bankbetriebslehre*, S. 98 f.

430 Die Unterschiedlichkeit hinsichtlich der Quantität wird durch den Faktor Zeit (Zeitpräferenz) begründet; siehe Gischer/Herz/Menkhoff, *Geld, Kredit und Banken*, S. 93 ff.

431 Exogene Faktoren können Naturkatastrophen, Krieg, Witterungseinflüsse (z.B. Missernten) u.ä. sein, die sich auf die konjunkturelle Entwicklung mit volatilen Schwankungen auswirken und auf die der individuelle Marktteilnehmer keinen Einfluss hat. Zu Konjunktur und Konjunkturphasen siehe Werner Rothengatter/Axel Schaffer/Joachim Sprink, *Makroökonomik, Geld und Währung*, Heidelberg 2008, S. 163 f.

432 Hartmann-Wendels/Pfingsten/Weber, *Bankbetriebslehre*, S. 97 f.

433 Ebd.

434 Aus Sicht der Intentionen wird der Ansatz des *homo oeconomicus* deshalb kritisiert, weil er auf der Annahme basiert, dass jeder Einzelne bestrebt ist, primär seinem

werden diejenigen, die mehr entscheidungsrelevante Informationen haben, bemüht sein, diese so wenig wie möglich offenzulegen, um den größtmöglichen Nutzen zu erlangen.[435] Entsprechend kommt der Vertragsgestaltung eine entscheidende Rolle zu, weil darin Anreize gesetzt werden, den Kreditnehmer in seinem für den Kreditgeber eventuell schädlichen Handeln einzuschränken.[436] Einzig der Vertrag sichert somit – ungeachtet der Frage der Durchsetzbarkeit der daraus resultierenden Ansprüche – den Vertragsparteien ihre Rechte, insbesondere derjenigen mit einem Informationsdefizit.[437] Er regelt zwecks Einhaltung des (Rechts-)Friedens den vereinbarten Ablauf des Geschäfts.[438] Institutionelle

---

individuellen Interesse zu dienen und sein Vermögen unter Inkaufnahme eines ökonomischen Nachteils zulasten Dritter zu vermehren. Dies führt zwangsläufig zur Vernachlässigung des kollektiven Interesses (Gemeinwohl). Die Berücksichtigung der Interessen aller Stakeholder und die vorrangige Deckung ihrer Bedürfnisse, was gewinnbringend erreicht werden kann, könnten hingegen zu einer sozioökonomisch gerechten Gesellschaft führen; vgl. Mankiw/Taylor/Ashwin, *Volkswirtschaftslehre*, S. 38 f. Damit ist impliziert, dass jedem Stakeholder die gleiche Bedeutung zukommt. In diesem Zusammenhang nimmt das Gewinnstreben eine wichtige Rolle ein, solange sich die wirtschaftliche Transaktion nicht nachteilig auf den einzelnen Betroffenen oder die Gesellschaft insgesamt auswirkt. Im Rahmen der Intention des Vermögensschutzes kann das Gewinnstreben als eine Pflicht begriffen werden. Denn durch die Erzielung von Gewinnen wird das Vermögen nicht nur geschützt, sondern auch vermehrt. Dadurch entsteht weiteres Vermögen, das reinvestiert werden und zu einer breiteren Umverteilung führen kann. Darüber hinaus kann die Wichtigkeit der Gewinne darin gesehen werden, dass sie im Falle eines Verlusts diesen abfedern und relativieren; siehe Iqbal/Mirakhor, *An Introduction*, S. 6 f.

435 Kai Brühl, *Corporate Governance, Strategie und Unternehmenserfolg. Ein Beitrag zum Wettbewerb alternativer Corporate-Governance-Systeme*, Heidelberg 2009, S. 33.

436 Hartmann-Wendels/Pfingsten/Weber, *Bankbetriebslehre*, S. 102 f.

437 Vgl. Shirley Aunert-Micus/Dirk Güllemann/Siegmar Streckel/Norbert Tonner/Ursula Eva Wiese, *Wirtschaftsprivatrecht*, München, 2013, S. 93 f.; Tim Jesgarzewski, *Wirtschaftsprivatrecht. Grundlagen und Praxis des Bürgerlichen Rechts*, Heidelberg 2012, S. 12 f.

438 Der Rechtsfrieden ist in diesem Zusammenhang nur auf die monetäre Ebene begrenzt. Die aus dem Vertrag eventuell hervorgehenden sozialen und ökologischen Verwerfungen sind dabei nicht Gegenstand der Betrachtung. Dabei ist es wichtig, darüber hinausgehende Implikationen zu berücksichtigen; siehe bspw. „Deutsche Klima-Killerbanken“ unter https://www.urgewald.org/kampagne/meine-bank-klima-killer/deutsche-klima (letzter Zugriff: 7.7.2016); „Die Waffen meiner Bank“ unter http://www.facing-finance.org/files/2016/04/waffenmeinerbank.pdf (letzter Zugriff: 7.7.2016); „Geld für Bombengeschäfte“ unter http://www.zeit.de/2016/16/ruestung-deutsche-banken-krieg-finanzierung/komplettansicht (letzter Zugriff: 2.7.2016).

Vertragsparteien wie Banken und Versicherungen haben aufgrund ihrer Expertise, ihrer Erfahrung und ihrer Fähigkeit, das Vertragswerk mithilfe von bewusst undeutlichen Formulierungen in ihrem Sinne zu bestimmen, die Möglichkeit, ihren Kunden entscheidungsrelevante Informationen vorzuenthalten.[439] Deshalb hat der Gesetzgeber Normen erlassen, die dem Schutz des „schwächeren" Vertragspartners dienen sollen.[440]

Auch aus der Perspektive der *maqāṣid* stellen Verträge einen entscheidenden Faktor für die Sicherung der Rechte der Vertragsparteien und die Regelung des Geschäfts dar. Der Koran betont die Wichtigkeit, eingegangene Verträge einzuhalten.[441] Neben Verträgen, die trotz ihres weiten Regelungsspektrums ihre Grenze dort finden, wo Vertragsparteien doch die Möglichkeit haben, ihrem Gegenüber entscheidungsrelevante Informationen vorzuenthalten, erlangt das Verantwortungsbewusstsein und damit die Freiwilligkeit, die entsprechenden Informationen herauszugeben, eine wichtige Rolle. Aus diesem Grund bietet die Scharia Instrumentarien zur Kultivierung und Stärkung dieses Verantwortungsbewusstseins an.[442] Durch seine Darstellung der Intentionen des Individuums hat aš-Šāṭibī gezeigt, dass die *maqāṣid*, die den Schutz des Vermögens der Vertragsparteien vorsehen und hierfür symmetrische Informationen bei den partizipierenden Kontraktparteien verlangen, nur durch die deckungsgleiche Intention des Einzelnen realisiert werden können. Seine Kernaussage in Bezug auf die menschliche Ebene der Intentionen ist darauf ausgerichtet, eine Entsprechung mit den Intentionen der Scharia herzustellen.[443] Im Sinne der *maqāṣid* versucht der Marktteilnehmer ebenfalls seinen (monetären) Nutzen zu maximieren, er berücksichtigt die Position seines Vertragspartners dabei aber in dem Sinne, dass sich aus seinem Handeln kein Nachteil für diesen ergeben darf.[444]

---

439 Michael Bitz/Gunnar Stark, *Finanzdienstleistungen*, München 2008, S. 430.

440 Palandt, Otto, *Bürgerliches Gesetzbuch. Kommentar*, München 2015, Überblick von § 305, Rn. 7 ff., Vorbemerkungen zum § 491, Rn. 5 ff.

441 Vgl. Sure 5:1 („O die ihr glaubt, haltet die Abmachungen!").

442 Vertragliche Anreize können die Eigenschaft besitzen, ein feindseliges Konkurrenzklima zu schaffen und die Akteure dazu zu veranlassen, nach „Schlupflöchern" zwecks Realisierung des Eigennutzens zu suchen. Vgl. Russell Korobkin, *Behavioral Economics, Contract Formation, and Contract Law*, in: Cass R. Sunstein, *Behavioral Law and Economics*, Cambridge 2000, (116–143) S. 116 ff.

443 Aš-Šāṭibī, *al-Muwāfaqāt*, Bd. 1, S. 494 f.

444 Anas berichtete, dass der Prophet sagte: „Keiner von euch darf sich als gläubig ansehen, bis er seinem Bruder auch dasselbe gönnt, was er sich selbst gönnt"; vgl. al-Buḫārī, *Ṣaḥīḥ*, Nr. 13; siehe hierzu Souheil Thabti, *Sharing and Caring*, in: Art & Thought/Fikrun wa Fann, Vol. 53, 2015–2016, No. 104, (21–25) S. 23.

Die Nutzenmaximierung findet ihre Schranken also dort, wo die *maqāṣid* die Grenzen des zulässigen Handelns festlegen. Durch die *ʿibādāt*[445] sollen die Tugenden kultiviert und soll das Wahrnehmungs- und Berücksichtigungsfeld dergestalt erweitert werden, dass der Marktteilnehmer durch die introspektive Reflexion des eigenen Selbst und der eigenen Handlungen aus innerer Überzeugung heraus seinem Vertragspartner keine entscheidungsrelevanten Informationen vorenthält. In der islamischen Theologie wird diese Erkenntnis und die daraus resultierende Handlung als das Ergebnis von Gottesbewusstsein (*taqwā*) bezeichnet. Hieraus soll sich das Gefühl einer jenseitigen Verantwortlichkeit für die diesseitigen Handlungen entfalten, das Letztere unmittelbar beeinflusst. Die implizite Aufgabe der *ʿibādāt* besteht darin, an diese Verantwortlichkeit zu erinnern.[446]

Die Messbarkeit des Verantwortungsgefühls eines Vertragspartners und somit seiner Vertrauenswürdigkeit könnte neben den üblichen Kennzahlen (Schufa-Abfrage, Scoring) ein genaueres Bild von der Vertragspartei liefern, was eine möglichst gute und kosteneffiziente Einschätzung des Geschäftsergebnisses bietet.[447] Durch die Berücksichtigung ethischer Kriterien kann ein Finanzintermediär ein Bewusstsein für die gesellschaftlichen Folgen des eigenen Handelns schaffen und gewährt diesem neu geschaffenen Bewusstsein Einzug in die bisher rein auf ökonomischen Kennzahlen beschränkten Finanzierungstransaktionen. Das ethische Bewusstsein erfährt bei den Kreditnachfragern so eine Aufwertung und findet auch bei der Erarbeitung von Geschäftsplänen und Machbarkeitsstudien eine Berücksichtigung. Durch die Hinzunahme der ethischen Komponente in die Geschäftsbeziehung stünde die rein monetäre Nutzen- bzw. Gewinnmaximierung nicht mehr allein im Vordergrund der Transaktion und wäre somit auch nicht mehr alleiniger Antrieb wirtschaftlichen Handelns. Vielmehr würden die Akteure des Marktes auf die Realisierung einer „besseren" Umwelt abzielen, was zum einen darin zum Ausdruck kommt, dass jeder Vertragspartner die für die von ihm erbrachte Leistung äquivalente Gegenleistung erhält, und zum anderen, dass auf der sozio-ökologischen Ebene Schäden gegenüber Gesellschaft und Umwelt vermieden werden. Hierfür sind Transparenz und damit eine symmetrische Informationsverteilung wichtig, die jedoch von der Offenlegung durch den über den Informationsvorsprung Verfügenden abhängt und durch das Gefühl einer jenseitigen Verantwortlichkeit abgebaut werden kann. Der

445 Diese können als Werkzeuge zur Entsprechung der göttlichen Intention verstanden werden.

446 Vgl. Koran 20:40; 18:24; 7:205.

447 Geringere laufende Überwachungs- und Informationsbeschaffungskosten.

über einen Informationsvorsprung verfügende A müsste sich in die Lage des B, der gegenüber A einen Vermögensdefizit aufweist, versetzen und die Folgen einer Vorenthaltung entscheidungsrelevanter Informationen bedenken.[448] Hier nimmt das Verantwortungsbewusstsein der Akteure mit Blick auf die Realisierung der *maqāṣid* im Zusammenhang mit dem Islamic Banking eine entscheidende Rolle ein.

Exogene Risiken wie Konjunkturentwicklungen spielen für die Entwicklung von Projekten zwar eine wichtige Rolle, aber auch personen- und verhaltensbezogene Risiken sind für das Ergebnis eines Projekts von großer Bedeutung.[449] Die fachliche Eignung und die nötige Erfahrung reichen für die Gewährleistung des erforderlichen Vertrauens nicht aus.[450] Die fachlichen Qualifikationen sind allein also kein Garant dafür, dass entscheidungsrelevante Informationen offengelegt werden.[451]

Die *maqāṣid* wollen den Menschen dazu anregen, seine Intentionen denen der Scharia entsprechen zu lassen, seine Achtsamkeit und sein Bewusstsein für seine Verantwortlichkeit zu stärken, was unmittelbare Auswirkungen auf mögliche Kooperationsprobleme[452] hat, die vor (*ex ante*), während (*interim*) oder nach (*ex post*)einem Finanzierungsvertrag entstehen können. Alle hier möglichen Probleme stehen in direktem Zusammenhang mit dem Verhalten der Vertragspartner, deren Handeln eigennützig ausgerichtet sein kann und evtl. dem Interesse des jeweils anderen, ja dem des Geschäfts an sich widerspricht.[453] Der Vertrag sieht die Erfüllung vereinbarter Bedingungen vor, was zu einem Ergebnis im Sinne beider Parteien führen soll. Das Ergebnis kann – unter Ausblendung exogener Faktoren – nur dann verfehlt werden, wenn eine Partei ihr Interesse (etwa eine Leistung zu erhalten, ohne die Gegenleistung vertragsgemäß zu erfüllen) zum

---

448 Diese Überlegung basiert auf der Annahme, dass Menschen sich selbst und den ihnen wichtigen Personen keinen Schaden zufügen wollen und würden.

449 Hartmann-Wendels/Pfingsten/Weber, *Bankbetriebslehre*, S. 100.

450 Ebd.

451 Das Erfordernis der Einführung von Überwachungsmechanismen, welche die übermittelten Informationen letztlich auf ihre Richtigkeit prüfen und damit dem Kapitalgeber die Möglichkeit geben, Korrekturmaßnahmen vorzunehmen, bleibt davon unberührt; vgl. ebd.

452 Kooperationsprobleme können sich temporal in Qualitätsunsicherheit (*ex ante*), Verhaltensunsicherheit (*interim*) und Problemen der Verifizierbarkeit (*ex post*) äußern; siehe ausführlich Brühl, *Corporate Governance*, S. 33–51; Mankiw/Taylor/Ashwin, *Volkswirtschaftslehre*, S. 135 ff.

453 Hartmann-Wendels/Pfingsten/Weber, *Bankbetriebslehre*, S. 97 f.

Nachteil des Vertragspartners verfolgt.[454] Die Entscheidung zur eigennützigen Interessenverfolgung unter Inkaufnahme eines Vermögensschadens des anderen kann daher nur bei einer Gleichgültigkeitshaltung gegenüber dem Vertragspartner erfolgen.[455] Durch die wiederholte Ausübung gottesdienstlicher Handlungen soll zum einen an die Verantwortlichkeit erinnert und zum anderen die Fähigkeit entwickelt werden, sich in die Lage anderer hineinversetzen zu können.[456] Dabei soll die Erkenntnis entstehen, dass das intendierte Handeln (Realisierung des eigenen Interesses zum Nachteil des anderen) ein im Sinne des Handelnden selbst unerwünschtes, nicht gebotenes Verhalten darstellt. Dadurch soll möglichen Kooperationsproblemen entgegengewirkt werden. Zwar weiß B *exante* mehr über die Projektqualität, also über geschäftsrelevante Informationen wie Risiko, Ertragsfähigkeit, Potential, Marktsituation und Absatzmöglichkeit, doch er hat die Möglichkeit, sie A zu kommunizieren. Aus Sicht der *maqāṣid* wird er dies dann tun, wenn seine Intention der Intention der Scharia entspricht.

Diese Funktion der *ʿibādāt* kann auch für Kooperationsprobleme mit Blick auf das Verhalten eines Vertragspartners während eines Projekts eine Lösung liefern. Durch die wiederkehrende Erinnerung an die jenseitige Verantwortlichkeit und die sich daraus ergebende Achtsamkeit hinsichtlich des eigenen diesseitigen Handelns ist der Vertragspartner eher bereit, ein Verhalten zu unterlassen, das sich zwar positiv auf seine Interessen, aber negativ auf das Geschäft als solches auswirkt und das aufgrund der Vermischung mit exogenen Faktoren vom Vertragspartner nicht beobachtbar ist. Auch *ex post* können die Achtsamkeit und die Erinnerung an die eigene Verantwortlichkeit einen unmittelbaren Einfluss auf das Verhalten des Vertragspartners ausüben. Die Offenlegung der Informationen über den Projektausgang kann die Folge daraus sein. Die die Spiritualität fördernde Praxis der *ʿibādāt* kann nicht nur positive Auswirkungen auf das Verhalten der Vertragsparteien haben, sondern es kann auch positive ökonomische Implikation zur Folge haben, wie etwa die Reduzierung der Kosten der asymmetrischen Informationen. Insofern besteht ein direkter Zusammenhang zwischen der Intention der Scharia zur spirituellen Kultivierung des Individuums und der Reduzierung von Kosten innerhalb finanzwirtschaftlicher Beziehungen.

Zum besseren Verständnis der Tätigkeit von Banken sei im Folgenden der theoretische Ansatz zur Erklärung der Existenz von Banken vorgestellt und die Frage

---

454 Ebd.

455 Ebd.

456 Darauf deutet die in allen Pflichtgebeten rezitierte Sure *al-Fātiḥa* hin, in der stets in der Mehrzahl gesprochen wird. So auch beim Vater-unser-Gebet, in dem das Kollektiv im Vordergrund steht.

diskutiert, wie das Problem der asymmetrischen Informationsverteilung in diesem Bereich gelöst werden soll. Die Existenz von Banken als Finanzintermediär, der zwischen Kapitalgeber und Kapitalnehmer vermittelt, wird anhand des Modells von Diamond erklärt.[457] Danach ist die Finanzierung durch Banken im Vergleich zu einer direkten Finanzierung (Unternehmer-Kapitalgeber-Beziehung) gesamtkostensenkend. Durch die Asymmetrie der Informationsverteilung müssen bei direkter Finanzierung die jeweiligen Kapitalgeber Maßnahmen zur Überwachung des Kapitalnehmers (Monitoring) durchführen, um eine möglichst symmetrische Informationsverteilung zu erreichen.[458] Hierdurch entstehen jedoch Kosten, die von den Kapitalgebern einzeln zu tragen sind.[459] Die Delegation dieser Monitoring-Aufgabe an eine Bank führt zur Senkung dieser Kosten, weil nun anstatt vieler nur eine Person die Überwachung übernimmt und ausführt.[460] In der Banktheorie wird im delegierten Monitoring jedoch ein neues Anreizproblem gesehen.[461] Es stellt sich die Frage, wie Kapitalgeber sicherstellen können, dass der mit der Aufgabe Beauftragte (also die Bank) erstens die Überwachung tatsächlich durchführt und zweitens die richtigen Projekterträge übermittelt.[462] Es wird dabei angenommen, dass der Intermediär ein arbeitsintensives Monitoring vortäuschen würde oder sich mit dem Unternehmer auf die Bekanntgabe eines extrem schlechten Projektertrags einigt und die Gewinne mit ihm teilt.[463] Die Delegationskosten, die durch eine entsprechende, die Interessen der Kapitalgeber durch Garantie und Vergütung des bereitgestellten Kapitals sichernde Lösung des Kooperationsproblems zwischen Kapitalgeber und Finanzintermediär entstehen, wirken bei der Einführung eines Finanzintermediärs im Vergleich zur Direktfinanzierung folglich gesamtkostenreduzierend.[464] Die Gesamtkosten dieser Lösung setzen sich aus den Vertragskosten zwischen Unternehmer und Finanzintermediär sowie den Delegationskosten zwischen Finanzintermediär und Kapitalgeber zusammen.[465] Durch das nunmehr einmalige Monitoring und eine das Kapital weitestgehend sichernde Vertragsgestaltung wird in der Beziehung zwischen Unternehmer und Finanzintermediär die

457 Zu den anderen Erklärungsansätzen siehe Hartmann-Wendels/Pfingsten/Weber, *Bankbetriebslehre*, S. 122–126.
458 Ebd., S. 123 f.
459 Ebd.
460 Ebd.
461 Ebd., S. 137.
462 Ebd.
463 Ebd.
464 Ebd.
465 Ebd., S. 138.

asymmetrische Informationsverteilung beseitigt.[466] Der bei symmetrischer Information dann mögliche Vertrag verursacht damit keine Wohlfahrtsverluste.[467] Im Verhältnis zwischen Kapitalgeber und Finanzintermediär wird die effiziente Lösung des Kooperationsproblems mit der Existenz eines Schuldvertrags begründet, der eine Straffunktion beinhaltet.[468] Durch Diversifikation (*n* vom Finanzintermediär finanzierte Projekte) ist die Wahrscheinlichkeit eines sehr schlechten Ausgangs des „Gesamtprojekts Finanzintermediär" im Gegensatz zu einem einzelnen Projekt vergleichsweise sehr gering.[469] Der Kapitalgeber stellt durch den Finanzintermediär sein Kapital somit nicht mehr einem einzelnen Projekt zur Verfügung, sondern dem Finanzintermediär selbst.[470] Der Finanzintermediär garantiert somit dem Kapitalgeber die Rückzahlung und bietet ihm eine risikofreie Kapitalanlage, produziert auf der Aktivseite Finanzverträge, die eine Kreditvergabe vorsehen, die damit verbundenen Risiken trägt der Finanzintermediär selbst.[471] Insofern wird hier ein ungewisses zukünftiges Ergebnis bereits bei Vereinbarung determiniert, ohne dabei die sich künftig ergebenden Situationen vollständig erfassen zu können. Auch bei einer symmetrischen Informationsverteilung bleiben durch das Eingehen von Darlehensverträgen auf beiden Seiten (Aktiv- und Passivseite) die genannten Transformationsfunktionen weiterhin bestehen. Aus Sicht der *maqāṣid* stellt die Verwendung von Darlehensverträgen eine Hürde zur eigenen Realisierung dar, weil darin u.a. ein Anreiz zur Wiederherstellung asymmetrischer Informationsverteilung gesehen wird. Die mit dem bereitgestellten Kapital der Einleger realisierten Projekte können höhere oder geringere Erträge generieren als der garantierte Zins; Gleiches gilt für den Kapitalnehmer. Die Volatilität der Erträge außer Acht zu lassen und einen garantierten Gewinn (Zins) zu beanspruchen, kann den Schuldner (Bank gegenüber Einleger oder Kapitalnehmer gegenüber Bank) in Leistungsschwierigkeiten bringen, was diesen dazu bewegen kann, entscheidungsrelevante Informationen nicht offenzulegen, um seine Risiken weitestgehend zu minimieren, oder höhere Risiken einzugehen, um eventuellen Verlusten entgegenzuwirken. Durch eine Flexibilisierung der Vergütung des bereitgestellten Kapitals, die gewinn- und verlustorientiert ist (*muḍāraba*), kann eine erhöhte Resilienz im Hinblick auf die

466 Ebd.
467 Ebd.
468 Ebd., S. 139 f.
469 Ebd.
470 Bitz/Stark, *Finanzdienstleistungen*, S. 10 f.
471 Hartmann-Wendels/Pfingsten/Weber, *Bankbetriebslehre*, S. 139.

ökonomische Nachhaltigkeit des Intermediärs erreicht werden, die entsprechend eine erhöhte Überwachung wegen des Prinzipal-Agenten-Problems[472] erfordert.

3.3 Gesamtwirtschaftliche Aufgaben

Kreditinstitute können auf zwei Ebenen analysiert werden: einzel- und gesamtwirtschaftlich. Die einzelwirtschaftliche Perspektive sieht Banken als Dienstleistungsbetriebe an, die Geld- und Kapitalanlagen, Finanzierungen, Zahlungsabwicklungen und sonstige Leistungen (z.B. Beratung, Risikoübernahme, Vermittlung und Verwaltung) anbieten.[473] Hierunter kann auch die geschäftspolitische Ausrichtung des Instituts gefasst werden, die eine profitmaximierende Orientierung zum Gegenstand hat.[474] Diese Zielsetzung[475] wirkt sich maßgeblich auf den Produktentwicklungsprozess der Bank aus, weil die entwickelten Produkte dem geschäftspolitisch festgesetzten Ziel dienen sollen. Aus der gesamtwirtschaftlichen Perspektive betrachtet versorgen Banken Unternehmen und Haushalte mit Geld, bieten Möglichkeiten zur Kapitalanlage, vermitteln, beraten und übernehmen Risiken.[476] Daraus lassen sich zwei Aufgabenkomplexe ableiten, die Kreditinstitute in ihrer Gesamtheit wahrnehmen: Intermediation und Geldschöpfung.[477]

Hinsichtlich ihrer Intermediationsaufgaben erfüllen Kreditinstitute die genannten traditionellen Aufgaben Losgrößen-, Fristen- und Kreditrisikotransformation (Kapitallenkung, Gesamtbanksteuerung).[478] Diese Aufgaben ergeben sich aus der Eigenschaft der Banken als bilanzierende Institutionen, die zwischen

---

472 Im Rahmen der Prinzipal-Agenten-Theorie beschreibt das Prinzipal-Agenten-Problem eine Wirtschaftsbeziehung, in der ein Geschäftspartner Informationsvorsprünge gegenüber dem anderen aufweist. Diese Informationsasymmetrien bewirken Ineffizienzen bei der Vertragsbildung und -durchführung.

473 Hans Paul Becker/Arno Peppmeier, *Bankbetriebslehre*, Herne 2015, S. 16.

474 In der Finanz- bzw. Banktheorie wird entscheidungstheoretisch zwischen Fundamental- und Instrumentalzielen unterschieden. Fundamentalziele werden um ihrer selbst willen verfolgt, Instrumentalziele wegen ihrer vermuteten positiven Wirkung auf die Erreichung der Fundamentalziele; vgl. Hartmann-Wendels/Pfingsten/Weber, *Bankbetriebslehre*, S. 323 f.

475 In den Wirtschaftswissenschaften werden weitere Ziele genannt wie Zufriedenheits- und Marktanteilsziele, die bei näherer Betrachtung jedoch keine Ziele um ihrer selbst willen sind, sondern Instrumente darstellen; siehe ebd., S. 323. Es wird auch zwischen monetären und nicht-monetären Zielen unterschieden; vgl. Erich Priewasser, *Bankbetriebslehre*, München 2001, S. 191.

476 Becker/Peppmeier, *Bankbetriebslehre*, S. 25.

477 Ebd.

478 Ebd., S. 26.

Kapitalgeber und Kapitalnehmer geschaltet sind und für einen Ausgleich zwischen den unterschiedlichen Angebots- und Nachfragebedürfnissen sorgen.[479] Bei der Aufnahme von Einlagen, die gem. § 1 Abs. 1 Nr. 1 KWG unbedingt rückzahlbare Gelder des Publikums darstellen, und der Kreditgewährung, die gem. § 1 Abs. 1 Nr. 2 KWG Gelddarlehen und Akzeptkrediten sind, handelt es sich in beiden Fällen (Aufnahme von Einlagen und Gewährung von Krediten) um Darlehen im Sinne des § 488 BGB und damit um unbedingt rückzahlbare Forderungen,[480] die entsprechend als Forderungen (Kapital + Zinsen) bilanziert werden und die verschiedenen Transformationsfunktionen ergeben.

Losgrößentransformation bedeutet eine quantitative Anpassung der Kapitalbeträge, die sich im Ausgleich zwischen den zahlreichen kleineren Beträgen und den kleineren Zahl von Kredit höheren Volumens ausdrückt.[481] Dadurch ergeben sich höhere durchschnittliche Kreditbeträge als durchschnittliche Einlagenbeträge.[482] Hieraus werden die Einlagenbeträge bei vielen Banken gebündelt und in Form größerer Kredite gewährt.[483]

Daneben besteht die Aufgabe der Fristentransformation darin, für einen Ausgleich zwischen den divergierenden Kapitalüberlassungsfristen auf der Kreditseite und den auf der Einlagenseite eingegangenen Zinsbindungsfristen zu sorgen.[484] Der Hintergrund liegt in der Annahme, dass Kapitalgeber ihre Mittel so anlegen möchten, dass sie bei Bedarf schnell über ihr Geld verfügen können, während die Kreditnachfrager dem mit einem längerfristigen Kreditbedarf gegenüberstehen.[485] Meist handelt es sich bei den kurzfristigen Einlagen um Sichteinlagen, bestimmten

479 Ebd.

480 Dabei muss im Kreditbereich in Ermangelung der Unbedingtheit der Rückzahlung als Eigenschaft des Kreditbegriffs im Sinne des § 1 Abs. 1 Nr. 2 KWG eine schwächere Form der Unbedingtheit der Rückzahlung angenommen werden, da es sich in beiden Fällen um Darlehen im Sinne des § 488 BGB handelt, die dadurch gekennzeichnet sind, dass der Darlehensnehmer nach Abs. 1, S. 2 verpflichtet ist, das zur Verfügung gestellte Darlehen bei Fälligkeit zurückzuzahlen.

481 Vgl. Becker/Peppmeier, *Bankbetriebslehre*, S. 26; Detlef Hellenkamp, *Bankwirtschaft*, Heidelberg 2015, S. 7.

482 Ebd.

483 Denkbar ist der Fall einer Großeinlage, die in zahlreiche Kleinkredite aufgespalten wird; vgl. ebd.

484 Ebd.

485 Insbesondere dann, wenn sie langfristig disponieren müssen oder ein günstiges Zinsniveau besteht; vgl. ebd.

Termin- und Spareinlagen, bei langfristigen Krediten dagegen vor allem um Investitionskredite an Unternehmen und Darlehen an Privatpersonen.[486]

Die Risikotransformation betrifft in der Regel die Transformation der sich aus dem Kreditgeschäft ergebenden Risiken und beinhaltet die Transformation von Kreditausfallrisiken. Dabei geht es um den Interessenausgleich zwischen den unterschiedlichen Risikowünschen von Kapitalangebot und -nachfrage.[487] Die mit den oben genannten Monitoring- und Delegationskosten verbundenen Risiken auf der Kapitalgeberseite (Bonitätsfrage) erschweren es Privatpersonen und Unternehmen – in der Regel junge Privatpersonen sowie kleine und mittelständische Unternehmen –, an Kapital zu kommen, weil Kapitalgeber aufgrund der genannten Risiken eine sichere Anlage bevorzugen. Durch die sichere Anlage bei einem Kreditinstitut übernimmt der Kapitalgeber (Einleger) in diesem Fall gem. § 1 Abs. 1 Nr. 1 KWG kein Kreditausfallrisiko. Kreditnachfrager wenden sich zwecks Kapitalaufnahme an eine Bank, die nun zwischen den Kapitalgeber und den Kapitalnehmer geschaltet ist. Das mit der Kreditgewährung verbundene Kreditausfallrisiko wird in diesem Fall von der Bank übernommen, die durch ihre Erfahrung sowie ihr fachliches und instrumentelles Potenzial solche Risiken vermeiden, vermindern oder steuern kann.[488]

Neben den Intermediationsaufgaben[489] sind Kreditinstitute auch für die sog. Geldschöpfung zuständig.[490] Gemeint ist damit die Erhöhung der Geldmenge durch Aktivgeschäfte (Kreditgewährung) und Passivgeschäfte (Einlagenaufnahme) des Bankensystems (Geldschöpfungssektor).[491] Die

---

486 Ebd., S. 116; Becker/Peppmeier, *Bankbetriebslehre*, S. 26 f. Aus Sicht der Kreditinstitute besteht der Vorteil der Fristentransformation darin, dass die Zinssätze für kurzfristige Gelder meistens niedriger sind als für langfristige Zinsbindungen. In diesem Fall ist von einer normalen Zinsstruktur (Zinssatz auf der y-Achse, Zinsbindung in t auf der x-Achse) die Rede, und die dadurch entstandene Differenz stellt abzüglich der Kosten die Gewinnmarge für das Kreditinstitut dar, womit eine stetige Fristeninkongruenz herrscht; vgl. ebd.

487 Becker/Peppmeier, *Bankbetriebslehre*, S. 28.

488 Ebd.

489 Neben den traditionellen Transformationsfunktionen erfüllen Kreditinstitute die sog. Marktintermediation, die insbesondere im Bereich des Wertpapier- und Informationsmarktes eine wichtige Rolle spielt, für die im Rahmen dieser Arbeit zu betrachtenden Einlage- und Kreditgeschäfte aber nicht unmittelbar relevant ist.

490 Ebd., S. 29.

491 Ebd. Das Bankensystem umfasst das Europäische System der Zentralbanken (ESZB)/Eurosystem und die Geschäftsbanken, wobei unter Geschäftsbanken alle Kreditinstitute verstanden werden, die keine Zentralbankfunktionen wahrnehmen. Ausführlich

sowohl durch Zentral- als auch durch Geschäftsbanken mögliche Geldschöpfung hat volkswirtschaftlich drei mögliche Konsequenzen:[492] 1.) Zunächst kann die Zentralbank das Basisgeld[493] durch Kreditgewährung oder durch Ankauf bzw. Verkauf von Wertpapieren, Devisen und anderen Vermögenswerten erhöhen bzw. vermindern.[494] Hauptquelle der Geldschöpfung ist jedoch die Kreditgewährung der Geschäftsbanken (aktive Geldschöpfung).[495] 2.) Durch die Erhöhung der Geldmenge kann das neu geschöpfte Geld realwirtschaftlich zur Produktion von Realgütern eingesetzt werden und somit eine Ausdehnung bzw. Veränderung der Produktion bewirken, wodurch eine Zunahme der gesamtwirtschaftlichen Nachfrage und des gesamtwirtschaftlichen Angebots erfolgen kann.[496] Weil realwirtschaftlich engagierte Investitionsprojekte nicht immer erfolgreich sind, führt die banktübliche Finanzierung in Form von Darlehen nach § 488 BGB an erfolglose Investitionsprojekte zur Inflation, weil den erhöhten Ausgaben (erhöhte Geldmenge) keine Mehrproduktion (erfolgloses Projekt) gegenübersteht.[497] Wird die Geldmenge auf eine unproduktive Weise im Sinne einer Finanzierung des Kaufs bereits existierender Güter und Dienstleistungen (z.B. bei der Konsumfinanzierung) erhöht, führt das ebenfalls zur Inflation, da sich die gesamtwirtschaftliche Nachfrage zwar erhöht, das Angebot aber konstant bleibt.[498] 3.) Schließlich kann die Geldschöpfung auf Finanzmärkten zum Kauf von Wertpapieren und Immobilien eingesetzt werden und inflationär wirken, wenn das neu geschaffene

---

hierzu, insbesondere zur Unterscheidung zwischen ESZB und Eurosystem, siehe ebd., S. 98.

492 Mathias Binswanger, *Geld aus dem Nichts. Wie Banken Wachstum ermöglichen und Krisen verursachen*, Weinheim 2015, S. 131.

493 In der Finanztheorie unterscheidet man zwischen verschiedenen Geldmengen: einer eng gefassten Geldmenge M1, einer mittleren Geldmenge M2 und einer weit gefassten Geldmenge M3. Diese verschiedenen Geldmengen-Aggregate werden entsprechend ihres Liquiditätsgrades gruppiert. Siehe zusammenfassend Ulrich Baßeler/Jürgen Heinrich/Burkhard Utecht, *Grundlagen und Probleme der Volkswirtschaft*, Stuttgart 2006, S. 506 f.

494 Becker/Peppmeier, *Bankbetriebslehre*, S. 29; Gischer/Herz/Menkhoff, *Geld, Kredit und Banken*, S. 65 ff.

495 Ebd.

496 Binswanger, *Geld aus dem Nichts*, S. 131 f.

497 Ebd., S. 132. Sind die finanzierten Investitionsprojekte in der Mehrheit erfolgreich, bewirken Investitionen in Realkapital genauso wie die Schaffung von neuen Arbeitsplätzen in erster Linie reales Wirtschaftswachstum.

498 Ebd.

Geld zur Finanzierung bestehender Wertpapiere und Immobilien eingesetzt wird.[499] Zwar folgt aus der Geldschöpfung nicht unbedingt eine Inflation oder ein Wirtschaftswachstum, jedoch ist keine dieser drei möglichen Auswirkungen längerfristig ohne eine entsprechende Geldschöpfung möglich, womit die Geldschöpfung eine notwendige, aber nicht hinreichende Bedingung für Wirtschaftswachstum, Inflation oder spekulative Blasen darstellt.[500]

Durch die Erhöhung der Geldmenge für den unproduktiven Einsatz (Konsumptionskredite) bzw. ohne die Vernichtung im Falle von erfolglosen Investitionsprojekten (Investitionskredite) kann der inflationäre Effekt aufgrund der dadurch entstandenen Minderung der eingangs (vor der Geldschöpfung) bestandenen Kaufkraft aus Sicht der Intentionen der Scharia eine Enteignung Dritter hinsichtlich ihres Vermögens bewirken.[501] Zur Vermeidung dieser Resultate werden durch das *ribā*-Verbot eine Kommodifizierung des Geldes und ein möglicher Handel mit Schulden ausgeschlossen.

3.4 Institutionelle und rechtliche Rahmenbedingungen

Im deutschen Bankensektor werden Kreditinstitute in Universal- und Spezialbanken eingeteilt.[502] Universalbanken zeichnen sich dadurch aus, dass sie alle wesentlichen Bankgeschäfte abwickeln.[503] Das ist dann gegeben, wenn mindestens Einlagen- und Kreditgeschäfte sowie gleichzeitig Effektengeschäfte zum Aufgabenspektrum der Bank zählen.[504] Typische Universalbanken sind Kreditbanken, Sparkassen und Genossenschaftsbanken.[505] Unter Kreditbanken werden Universalbanken mit privater Rechtsform (AG, KGaA, GmbH, Personengesellschaft und Einzelfirmen) erfasst.[506] Private Kreditbanken sind privatrechtlich

---

499 Ebd.

500 Ebd.

501 Zubair Hasan, *Money Creation and Control from Islamic Perspective*, in: Journal of Islamic Business and Management, Vol. 1, 2011, No. 1, (49–68) S. 63 ff.

502 Hellenkamp, *Bankwirtschaft*, S. 25.

503 Hierzu zählen alle unter § 1 Abs. 1 KWG numerisch aufgelisteten Geschäfte: Einlagengeschäft, Pfandbriefgeschäft, Kreditgeschäft, Diskontgeschäft, Finanzkommissionsgeschäft, Depotgeschäft, Garantiegeschäft, Scheckeinzugsgeschäft, Wechseleinzugsgeschäft, Emissionsgeschäft.

504 Becker/Peppmeier, *Bankbetriebslehre*, S. 111.

505 Ebd.

506 Die Bundesbank unterteilt diese Gruppe in ihren Statistiken in Großbanken, Regionalbanken und sonstige Kreditbanken sowie Zweigstellen ausländischer Banken; vgl. ebd., S. 112.

organisiert und verfolgen das Primärziel, Gewinne zu generieren.[507] Sparkassen sind zum Großteil öffentlich-rechtliche Unternehmen, deren Eigentümer öffentliche Träger (Gemeinden, Ämter, Landkreise und Zweckverbände) sind.[508] Sie unterliegen dem Sparkassengesetz und den Sparkassenverordnungen der jeweiligen Bundesländer.[509] Sparkassen haben einen öffentlichen Auftrag und dienen als gemeinwohlorientierte Kreditinstitute der Förderung des Sparsinns, der Vermögensbildung und der sicheren Geldanlage.[510] Darüber hinaus haben sie die Kreditversorgung der Bevölkerung ihres Geschäftsgebiets sicherzustellen und dabei vor allem die Kreditausstattung des Mittelstandes und der wirtschaftlich schwächeren Bevölkerungskreise zu berücksichtigen.[511] Der Genossenschaftssektor ist zweistufig organisiert. Auf örtlicher Ebene sind die Kreditgenossenschaften (Primärbanken) angesiedelt, während die zweite Stufe von den genossenschaftlichen Zentralbanken gebildet wird.[512] Kreditgenossenschaften sind Banken in der Form einer Genossenschaft, und sie sehen ihr Hauptziel in der Förderung ihrer Mitglieder aufgrund eines gemeinschaftlichen Geschäftsbetriebs.[513] Dagegen fokussieren Spezialinstitute ihre Geschäftsaktivität auf einzelne ausgewählte Bankgeschäfte.[514]

Banken spielen im Wirtschaftsleben eine entscheidende Rolle sowohl auf der volkswirtschaftlichen (Makro-) als auch auf der betriebswirtschaftlichen (Mikro-)Ebene, und sie ermöglichen neben anderen Dingen reibungslose Geschäftsabläufe, indem sie Kapitalgebern Anlagemöglichkeiten anbieten und Kapitalnehmern Kredite gewähren.[515] Trotz dieser wichtigen, exponierten

---

507 Ebd., S. 111.

508 Ebd., S. 114.

509 Ebd.

510 Carsten Peter Claussen, *Bank- und Börsenrecht. Für Studium und Praxis*, München 2014, S. 16 f.

511 Ebd., S. 17.

512 Becker/Peppmeier, *Bankbetriebslehre*, S. 116.

513 Die Mitgliedschaft wird durch den Kauf mindestens eines Geschäftsanteils erworben. Darüber hinaus können auch Nichtmitglieder Kunden von Genossenschaftsbanken werden und alle angebotenen Leistungen in Anspruch nehmen; vgl. ebd.

514 Hellenkamp, *Bankwirtschaft*, S. 25. Spezialbanken nehmen Einschränkungen in den von ihnen angebotenen Bankdienstleistungen und der Ausrichtung ihres Geschäftsmodells und/oder in der Auswahl ihrer Kundengruppen und/oder der Inanspruchnahme möglicher Vertriebswege vor; vgl. ebd., S. 30. Zu den Spezialbanken gehören Realkreditinstitute, Bausparkassen, Banken mit Sonderaufgaben und sonstige Spezialbanken; vgl. Claussen, *Bank- und Börsenrecht*, S. 22 ff.

515 Becker/Peppmeier, *Bankbetriebslehre*, S. 25 ff.

Stellung existiert keine allgemeingültige Definition von Banken,[516] was auf die fortwährenden dynamischen Veränderungen der Rahmenbedingungen zurückgeführt wird.[517] Die in dieser Arbeit zugrunde gelegte Sicht zur Definition von Banken ist die juristische, welche für die Einordnung entscheidend ist. Maßgeblich ist hierbei das Gesetz über das Kreditwesen (KWG). Dieses betrachtet die operative Ausgestaltung in der Praxis aus Bankensicht und leitet so seine Begriffsdefinition ab. § 1 KWG unterscheidet zwischen Instituten und Finanzunternehmen, die unterschiedlichen gesetzlichen Rahmenbedingungen unterliegen.

Institute können im Sinne des Kreditwesengesetzes Kreditinstitute nach § 1 Abs. 1 S. 1 oder Finanzdienstleistungsinstitute nach § 1 Abs. 1a S. 1 sein. Kreditinstitute sind dabei Unternehmen, die Bankgeschäfte gewerbsmäßig betreiben oder in einem Umfang, der einen auf kaufmännische Weise eingerichteten Geschäftsbetrieb erfordert. Was Bankgeschäfte sind, bestimmt § 1 Abs. 1. Sie sind beispielsweise Kredit-, Einlagen-, Wertpapier- und Zahlungsverkehr-Geschäfte. Unternehmen, die eines der in § 1 Abs. 1 aufgelisteten Geschäfte betreiben, betreiben damit Bankgeschäfte im Sinne des KWG und sind nach § 32 KWG erlaubnispflichtig.[518]

Finanzdienstleistungsinstitute sind im Unterschied zu Kreditinstituten nach § 1 Abs. 1a KWG Unternehmen, die Finanzdienstleistungen für andere gewerbsmäßig erbringen oder in einem Umfang, der einen auf kaufmännische Weise eingerichteten Betrieb erfordert, und die keine Kreditinstitute sind. Finanzdienstleistungen sind beispielsweise Anlagevermittlung, -beratung und -verwaltung, Finanzportfolioverwaltung, Factoring und Finanzierungsleasing. Hierunter fallen etwa zahlreiche Vermögensverwaltungsgesellschaften sowie Leasing- und Factoring-Gesellschaften.[519]

Finanzunternehmen sind nach § 1 Abs. 3 S. 1 KWG Unternehmen, die keine Institute und keine Kapitalverwaltungsgesellschaften oder extern verwaltete Investmentgesellschaften sind. Ihre Haupttätigkeit besteht im Erwerb und Halten von Beteiligungen, in Beratungen von Dritten bei der Anlage in Finanzinstrumenten (Aktien, Aktienzertifikate, Genussscheine, Inhaberschuldverschreibungen), im Handel mit Finanzinstrumenten auf eigene

516 Hellenkamp, *Bankwirtschaft*, S. 4.

517 Ebd.

518 Institute sind demnach Kreditinstitute und Finanzdienstleistungsinstitute; § 1 Abs. 1b KWG.

519 Hellenkamp, *Bankwirtschaft*, S. 5.

Rechnung und in der Vermittlung von Darlehen zwischen Kreditinstituten (Geldmaklergeschäfte).[520]

Im Folgenden werden drei für das Bankgeschäft maßgebliche Bereiche behandelt, die weitreichende Implikationen für islamische Banken im Rahmen der hiesigen Gesetze haben: Eigenmittelausstattung nach Basel III, Risikomanagement und *Corporate Governance*. Bestimmungen zur Eigenmittelausstattung zeigen in der Praxis eine starke Auswirkung auf das Kreditgeschäft, insbesondere auf die Kreditvergabe, weil die Anforderungen an die Eigenmittelunterlegung im Zuge der Basel-III-Richtlinie aufgrund der während der Finanzkrise deutlich gewordenen Defizite strenger formuliert wurden.[521] Zur besseren Steuerung von Risiken werden seitens der Aufsicht Mindestanforderungen an das Risikomanagement gestellt, die von jedem Kreditinstitut erfüllt werden müssen.[522]

3.5 Das Kreditwesengesetz

Das am 5.12.1934 erlassene Reichsgesetz über das Kreditwesen galt mit kleineren Änderungen für alle Kreditinstitute bis zum Erlass des Kreditwesengesetzes (KWG) von 1961.[523] Seitdem erfuhr das KWG mehrere Novellierungen, die bankaufsichtliche Zwecke erreichen sollen, die in der Regierungsbegründung zum Entwurf des KWG von 1961 erklärt wurden.[524] Dort heißt es, dass die Bankaufsicht durch vorbeugende Überwachung allgemein Schäden im Kreditwesen und den Verlust der Institutsgläubiger verhindern soll.

Dementsprechend ergeben sich folgende Gründe für eine Bankenaufsicht:[525]

- Schlüsselfunktion der Kreditwirtschaft bei der Vermittlung von anlagesuchendem Kapital an die kreditnehmende Wirtschaft und Private: Die dabei stattfindende Kapitalakkumulation, Risikosteuerung und Fristentransformation bewirkt eine Optimierung der Kapitalallokation und erfüllt damit

520 Für den weiteren Verlauf sind allein Kreditinstitute maßgeblich, weil nur diese direkte Finanzierungs- und Einlagengeschäfte betreiben dürfen und diese Geschäfte Gegenstand dieser Arbeit sind.

521 Pascal Jessberger, *Auswirkungen von Basel III auf Risikomanagement und Risikocontrolling. Chancen, Risiken, Schlussfolgerungen für mittelständische Banken*, Heidelberg 2012, S. 35 f.

522 Hannes Enthofer/Patrick Haas, *Asset Liability Management/Gesamtbanksteuerung. Handbuch/Handbook*, Wien 2016, S. 163.

523 Boos/Fischer/Schulte-Mattler, *KWG-Kommentar*, S. 93.

524 BT-Drs. III/114.

525 Boos/Fischer/Schulte-Mattler, *KWG-Kommentar*, S. 107.

eine wesentliche Bedingung für die Funktionsfähigkeit einer modernen Volkswirtschaft.

- Instrument staatlicher Geld- und Wirtschaftspolitik: Insbesondere die Deutsche Bundesbank und die Europäische Zentralbank nutzen die Schlüsselfunktion der Kreditwirtschaft zur Beeinflussung der Wirtschaftspolitik z.B. über die Mindestreserve- und Offenmarktpolitik. Diese Instrumentalfunktion der Kreditwirtschaft begründet ein erhebliches staatliches Interesse an einem funktionsfähigen Kreditapparat.
- Vertrauensempfindlichkeit der Kreditwirtschaft: Die Kapitalbereitstellung der Anleger und die meist langfristige Bindung in Dauerschuldverhältnissen auch der Kreditnehmer bedingen eine hohe Vertrauensempfindlichkeit. Die Bankgeschichte zeigt, dass Zahlungsschwierigkeiten einzelner Institute eine starke Verunsicherung auch der unbeteiligten Anleger verursachen und gesunde Institute in eine Liquiditätskrise ziehen können.

Im Folgenden sollen diese Gründe und Ziele in ihrer normativen Umsetzung innerhalb des Kreditwesengesetzes skizziert werden. Zum einen ist das Kreditwesen vom Konzessionsprinzip geprägt, wonach der Betrieb von Bank- oder Finanzdienstleistungsgeschäften einer Erlaubnis bedarf, die zu erteilen ist, sofern die gesetzlichen Voraussetzungen erfüllt sind.[526] Des Weiteren spielt die Qualifikation der Geschäftsleiter und die Zuverlässigkeit der Inhaber eine wesentliche Rolle bei der Erlaubniserteilung und verlangt, dass das Institut über hinreichend zuverlässige und fachlich geeignete Geschäftsleiter verfügt.[527] Das KWG verlangt, dass das Institut über ein ausreichendes Anfangskapital verfügt, dessen Mindestumfang in § 32 Abs. 1 Nr. 1 KWG normiert wird, um in der Anlaufphase die wirtschaftliche Basis für seine Funktionsfähigkeit sicherzustellen.[528] Auch während des laufenden Geschäftsbetriebs muss ein angemessenes Verhältnis zwischen Aktiva und Passiva gewährleistet sein, vor allem, um in Fällen von Verlusten, z.B. Kreditausfällen, gegenüber Gläubigern die Zahlungsfähigkeit zu erhalten. Entsprechendes gilt für die Zahlungsbereitschaft, wo vorausgesetzt wird, dass die Anlage der Mittel so erfolgt, dass die jeweils fälligen Einlagen und sonstigen Passiva jederzeit bedient werden können.[529] Zudem definieren die Grundsätze über die Eigenmittel und die Liquidität das Adressausfall- und Marktrisiko der Institute und schreiben eine Relation der gewichteten

526 Ebd., S. 111.
527 Ebd.
528 Ebd.
529 Ebd., S. 112.

Risiken zu den Eigenmitteln vor. Neben den Grundsätzen über Eigenmittel und Liquidität sollen Kreditstreuungsbestimmungen vor zu großen Einzelrisiken schützen.[530] Dementsprechend sind gem. § 13 KWG Großkredite institutsindividuell nach dem Umfang des jeweiligen Eigenkapitals definiert und der Höhe nach begrenzt. Schließlich müssen die Institute über geeignete Regelungen zur Steuerung, Überwachung und Kontrolle der Risiken, über eine ordnungsgemäße Geschäftsorganisation samt angemessener interner Kontrollverfahren und über eine auch für Zwecke der Bankenaufsicht geeignete Buchführung und Dokumentation verfügen.[531] Bei Auslagerung von unternehmerischen Tätigkeiten (Outsourcing) müssen sie besondere Pflichten zur Gewährleistung ihrer Verantwortung und der Kontrolle dieser Tätigkeiten gem. § 25a Abs. 2 KWG erfüllen. Daneben müssen die BaFin und die Deutsche Bundesbank über ein detailliertes System von Anzeigepflichten über Großkredite, Millionenkredite und organisatorische Veränderungen sowie durch Monatsausweise und zusammengefasste Monatsausweise über die laufenden Entwicklungen bei den Kredit- und Finanzdienstleistungsinstituten informiert werden.[532]

3.6 Bankenaufsicht

Die Aufsicht über die Banken ist dem öffentlichen Bankrecht zugeordnet und regelt somit die Staat-Bank-Beziehung.[533] Die beschriebene Marktsituation, in der Marktteilnehmer agieren, deren individuelle Einnahmen und Ausgaben zeitraumbezogen in der Regel nicht deckungsgleich sind, erfordert wegen der unterschiedlichen Bedürfnisse dieser Teilnehmer die Bereitstellung überschüssiger Ressourcen von denen, die über einen solchen Überschuss verfügen, zugunsten von jenen, die einen Ressourcendefizit haben. Dies kann – wie gesehen – direkt (marktbasiertes Finanzsystem) oder über die Zwischenschaltung eines Finanzintermediärs (bankbasiertes Finanzsystem) erfolgen.[534] Das in der EU vorherrschende Finanzsystem ist bankenbasiert und umfasst in seiner strukturellen Organisation die Gesamtheit aller relevanten Institutionen, die Bankgeschäfte definieren.[535] Die 1988 vom Europäischen Rat bestimmte europäische Wirtschafts- und Währungsunion (WWU) zur fiskali-

---

530 Ebd.

531 Ebd.

532 Ebd.

533 Claussen, *Bank- und Börsenrecht*, S. 41 f.

534 Hellenkamp, *Bankwirtschaft*, S. 14; Gischer/Herz/Menkhoff, *Geld, Kredit und Banken*, S. 5 ff.

535 Ebd.

schen und monetären Konvergenz der europäischen Mitgliedsstaaten erforderte in der Konsequenz die Homogenisierung der gesetzlichen Rahmenbedingungen für die einzelstaatlichen Bankgeschäfte.[536] Für die in der Bundesrepublik Deutschland geltende Bankaufsicht sind neben der Bundesanstalt für Finanzdienstleistungsaufsicht (BaFin) in Zusammenarbeit mit der Bundesbank die Europäische Zentralbank (EZB) und die europäische Bankenaufsicht (EBA) maßgeblich.[537]

Die Leistungsfähigkeit einer Volkswirtschaft hängt in hohem Maße von einem funktionierenden Bank- und Finanzdienstleistungswesen ab. Eine Bankenaufsicht ist erforderlich, um neben der Etablierung von gesetzlichen Rahmenbedingungen deren Einhaltung, also das reibungslose Betreiben von Bankgeschäften zu kontrollieren, um das Vertrauen in das System aufrechtzuerhalten.[538] Hierdurch soll Fehlentwicklungen vorgebeugt werden, die das zuverlässige Funktionieren des Bankensystems beeinträchtigen könnten.[539] Seit dem 4.11.2014 trägt die Europäische Zentralbank deshalb die alleinige Verantwortung für die zentralen Aufgaben im Zusammenhang mit der Bankenaufsicht.[540] Die Ausgestaltung der Bankenaufsicht lag bis dahin auf nationaler Ebene im Verantwortungsbereich der BaFin im Rahmen ihrer Allfinanzaufsicht, in dem sie ihre Aufgaben der Banken-, der Versicherungs- und der Wertpapieraufsicht in der Bundesrepublik wahrnahm. Im Bereich der Bankenaufsicht führt die BaFin ihre Aufgaben in Zusammenarbeit mit der Bundesbank nach § 7 Abs. 1 KWG durch. Die Deutsche Bundesbank ist insbesondere für die operative Bankenaufsicht zuständig, d.h. die laufende Überwachung der Institute, beispielsweise durch Auswertung der von ihnen eingereichten Unterlagen, Meldungen, Jahresabschlüsse und Prüfungsberichte sowie regelmäßige bankgeschäftliche Prüfungen oder bedarfs- und routinemäßige Aufsichtsgespräche innerhalb der einzelnen Institute.[541] Die BaFin nimmt hingegen hoheitliche Aufgaben zur Sicherung der Funktionsfähigkeit, Stabilität und Integrität des Finanzsystems wahr.[542]

---

536 Ebd.

537 Becker/Peppmeier, *Bankbetriebslehre*, S. 46 f.

538 Ebd.

539 Hellenkamp, *Bankwirtschaft*, S. 34; vgl. Bacher, *Bankmanagement*, S. 41 ff.

540 Ebd.

541 Claussen, *Bank- und Börsenrecht*, S. 38 f.; vgl. auch die Darstellung der Bundesbank selbst unter https://www.bundesbank.de/Navigation/DE/Aufgaben/aufgaben.html?startpageId=Startseite-DE&startpageAreaId=Navigationsbereich&startpageLinkName=aufgaben+25076 (letzter Zugriff: 12.7.2016).

542 Ebd., S. 45; siehe „Richtlinie zur Durchführung und Qualitätssicherung der laufenden Überwachung der Kredit- und Finanzdienstleistungsinstitute durch die Bundesbank

Die Hauptziele der BaFin bestehen nach § 6 Abs. 2 KWG darin, Missständen im Kreditwesen entgegenzuwirken, die die Sicherheit der den Kreditinstituten anvertrauten Vermögenswerte gefährden, die ordnungsgemäße Durchführung der Bankgeschäfte beeinträchtigen oder erhebliche Nachteile für die Gesamtwirtschaft nach sich ziehen können.[543]

Die seit November 2014 geltende Alleinverantwortung der EZB im Zusammenhang mit der Bankenaufsicht wird durch den einheitlichen Aufsichtsmechanismus, den *Single Supervisory Mechanism* (SSM) gewährleistet, wodurch zukünftige vom Bankensektor ausgelöste Risiken reduziert werden sollen.[544] Die Rechtsgrundlage wird durch die SSM-Rahmenverordnung (EZB/2014/17) geschaffen.[545] Die Durchführung der Bankenaufsicht erfolgt hierbei auf zwei Wegen. Die EZB unterscheidet zwischen direkter und indirekter Aufsicht, wobei die aus Sicht der EZB bedeutenden Banken (etwas mehr als 100) unter ihre direkte Aufsicht fallen.[546]

Die genannten Verordnungen und Gesetze geben den Banken die Regeln vor, die sie bei der Gründung und beim Betreiben ihrer Geschäfte zu beachten haben. Diese Regeln sind darauf ausgerichtet, Fehlentwicklungen vorzubeugen, die das reibungslose Funktionieren des Bankenapparats stören können. Wie intensiv Banken beaufsichtigt werden, hängt von der Art und dem Umfang ihrer Geschäfte ab und damit entscheidend von den dabei eingegangenen Risiken. Daher wird die Bankenaufsicht auch als risikoorientierte Aufsicht bezeichnet. Sie richtet ihr Hauptaugenmerk grundsätzlich darauf, dass Institute erstens über

---

(Aufsichtsrichtlinie)“ unter: http://www.bafin.de/SharedDocs/Veroeffentlichungen/DE/Aufsichtsrecht/Richtlinie/rl_130521_aufsichtsrichtlinie.html?nn=7845884 (letzter Zugriff: 2.9.2015).

543 Dirk Auerbach, *Banken- und Wertpapieraufsicht*, München 2013, S. 8 f.

544 Ebd., S. 11.

545 Ebd.

546 Eine Bank gilt aufgrund mehrerer Faktoren als bedeutend: Größe – Gesamtaktiva (Bilanzsumme) von mehr als 30 Mrd. Euro oder über 20 % des Bruttoinlandprodukts (BIP), aber nicht unter 5 Mrd. Euro Bilanzsumme; Bedeutung für die Wirtschaft in dem ansässigen Land oder der EU insgesamt; Relevanz ihrer grenzüberschreitenden Tätigkeiten; Inanspruchnahme bzw. Beantragung direkter finanzieller Unterstützung durch den Europäischen Stabilitätsmechanismus (ESM) oder die Europäische Finanzstabilitätsfazilität (EFSF). Die etwa 4.500 weniger relevanten Banken der teilnehmenden Länder im Euro-Raum werden durch die EZB nur mittelbar beaufsichtigt, unmittelbar jedoch durch die nationalen Aufsichtsbehörden. Vgl. Hellenkamp, *Bankwirtschaft*, S. 37.

genügend Eigenkapital und Liquidität verfügen und dass sie zweitens angemessene Mechanismen zur Risikokontrolle eingerichtet haben.[547]

Die Gesetze, auf denen die Bankenaufsicht basiert, stehen im Einklang mit den Prinzipien der freien Marktwirtschaft. Das bedeutet zunächst, dass allein die Geschäftsleiter der Institute die Verantwortung für deren Geschäftspolitik tragen. Die Institute müssen aber sowohl qualitative als auch quantitative Rahmenbedingungen erfüllen und sind verpflichtet, ihre Bücher der Aufsicht offenzulegen. Wenn die BaFin im Rahmen ihrer Solvenzaufsicht, das heißt bei der Überprüfung des Liquiditätsrisikos, bei einem Institut erhebliche Defizite feststellt und die gesetzlichen Voraussetzungen gegeben sind, kann sie – gegebenenfalls auch in Abstimmung mit der EZB – aufsichtsrechtliche Maßnahmen ergreifen.[548]

3.6.1 Die Basel III-Richtlinie

Die Termini *Basel I, II, III* bezeichnen die verschiedenen Beschlüsse des von den Zentralbanken und Bankaufsichtsbehörden der G10-Staaten gegründeten Baseler Ausschusses für Bankenaufsicht (*Basel Committee on Banking Supervision*), kurz Baseler Ausschuss, der seinen Sitz an der Bank für Internationalen Zahlungsausgleich (*Bank for International Settlements*) in Basel, kurz BIZ, hat.[549] Der am 1.1.2014 in Kraft getretene und bis zum Jahr 2019 in nationale Gesetze umzusetzende Basel-III-Beschluss bringt eine Reform der bestehenden Bankenregulierung nach Basel II als Reaktion auf die Finanz- und Wirtschaftskrise seit 2007 und die Schwächen bisheriger Regulierungsmaßnahmen.[550] Dabei geht es im Kern insbesondere um Änderungen der Eigenmittelanforderungen sowie der quantitativen und qualitativen Liquiditätsanforderungen.[551] Besonders die erste von drei Säulen des Basel-II-Reglements erfährt eine Verschärfung der Eigenmittelanforderungen und damit eine Anpassung der Eigenmittelelemente

547 http://www.bafin.de/DE/Aufsicht/BankenFinanzdienstleister/bankenfinanzdienstleister_node.html (letzter Zugriff: 27.5.2016).

548 Ebd.

549 Hellenkamp, *Bankwirtschaft*, S. 77. Zur Historie und Entwicklung des Baseler Ausschusses siehe ausführlich Stephan Paul, *Umbruch der Bankenregulierung. Die Entwicklung des Baseler Regelwerks im Überblick*, in: Gerhard Hofmann, *Basel III und MaRisk. Regulatorische Vorgaben, bankinterne Verfahren, Risikomanagement*, Frankfurt am Main 2011, (9–64) S. 12.

550 Silvio Andrae, *Regulierung und Aufsicht im Wandel. Der Fall „Basel III"*, in: Thorsten Gendrisch/Walter Gruber/Ronny Hahn, *Handbuch Solvabilität. Eigenkapitalunterlegung von Markt-, Kredit- und Operationellem Risiko*, Stuttgart 2014, (3–22) S. 7.

551 Vgl. Hellenkamp, *Bankwirtschaft*, S. 78.

gem. § 10 KWG.[552] Die quantitative Liquiditätsanforderung sieht eine sukzessive Erhöhung der Mindesteigenkapitalquote in Höhe von 8 % auf bis zu 13 % vor, d.h. Kreditinstitute müssen für die eingegangenen Risiken ihrer bankbetrieblichen Aktivitäten Eigenkapital in dieser Höhe vorhalten.[553] Die Auswirkungen erhöhter Mindestkapitalanforderungen zeigen sich deutlich im Kreditgeschäft. Die Politik zur Kreditvergabe gerade an mittelständische Unternehmen wurde restriktiver gestaltet.[554] Erschwerend kommt hinzu, dass sich kleine und mittelständische Unternehmen (KMU) im Vergleich zu Großunternehmen in Ermangelung diversifizierter Portfolios und damit eines reduzierten Risikoprofils nicht in der Lage sehen, eine Außenfinanzierung über den Kapitalmarkt zu erhalten.[555] Die KMU sind daher zwecks positiver Kreditanfrage auf die Erhöhung ihrer Eigenmittel und damit auf ein positives bankinternes Rating angewiesen.[556]

Die rechtliche Umsetzung von Basel III erfolgte im Rahmen der EU-Richtlinie *Capital Requirements Directive Number IV* (CRD IV) und der EU-Verordnung *Capital Requirements Regulation* (CRR).[557] Durch die CRD IV werden im Wesentlichen europaweit Rahmenbedingungen über den Zugang zur Tätigkeit von Kreditinstituten, über die Modalitäten der Unternehmensführung (z.B. *Corporate Governance*) und über den Aufsichtsrahmen der Institute harmonisiert und rechtsverbindlich festgelegt.[558]

---

552 Zu den einzelnen Bestandteilen der Eigenmittel im Rahmen von Basel III siehe Jana Schmiedel/Gabriele Hois, *Eigenkapitalbestandteile und -anforderungen*, in: Thorsten Gendrisch/Walter Gruber/Ronny Hahn, *Handbuch Solvabilität. Eigenkapitalunterlegung von Markt-, Kredit- und Operationellem Risiko*, Stuttgart 2014, (63–108) S. 67 f.; Auerbach, *Banken- und Wertpapieraufsicht*, S. 62 ff.

553 Vgl. ebd., S. 79. Siehe ausführlich Paul, *Umbruch der Bankenregulierung*, S. 50 ff.

554 Siehe hierzu die Studie der Kreditanstalt für Wiederaufbau (KfW) von 2005, die davon berichtet, dass 42 % der befragten Unternehmen eine im Vergleich zum Vorjahr erschwerte Kreditaufnahme beklagen; vgl. Christoph J. Börner/Jörg Rühle, *Auswirkungen der Baseler Reformen auf die Finanzsituation mittelständischer Unternehmen in Deutschland*, in: Gerhard Hofmann, *Basel III und MaRisk. Regulatorische Vorgaben, bankinterne Verfahren, Risikomanagement*, Frankfurt am Main 2011, (367–396) S. 380 f.

555 Ebd., S. 371 f.

556 Ebd., S. 390 f. Die Erhöhung der Eigenmittel wirkt sich positiv auf die Risikogewichtung des Kredits aus und erleichtert damit die Kreditvergabe.

557 http://www.bafin.de/DE/Aufsicht/BankenFinanzdienstleister/Liquiditaetsanforderungen/liquiditaetsanforderungen_node.html (letzter Zugriff: 8.11.2015).

558 Hellenkamp, *Bankwirtschaft*, S. 81 f.

Der von drei Säulen getragene Basel-II-Ansatz sollte die Stabilität des internationalen Finanzsystems stärken[559] und wurde im Zuge der Finanzkrise durch Basel III adjustiert, um seine krisenpräventive Wirkung zu entfalten. Kern des Basel-III-Rahmenwerks ist die Überarbeitung der bankaufsichtlichen Eigenkapitaldefinition durch den Baseler Ausschuss in Basel II. Dabei wird auf eine Verbesserung der Qualität und Quantität des Eigenkapitals der Banken sowie auf dessen einheitliche und für alle Marktteilnehmer transparente Ermittlung abgezielt.[560] Diese Vorgaben werden durch strengere Anerkennungsvoraussetzungen für aufsichtliche Kapitalbestandteile, schärfere und harmonisierte Abzugsvorschriften bei der Ermittlung der Kapitalbasis, erweiterte Offenlegungsvorschriften für die Banken sowie eine höhere Kernkapitalquote erreicht.[561] Zweck der bankaufsichtlichen Mindestkapitalanforderungen ist die Erfüllung der Verpflichtungen der Kreditinstitute gegenüber ihren Gläubigern, insbesondere im Hinblick auf die Sicherheit der ihnen anvertrauten Vermögenswerte, über eine angemessene Eigenkapitalausstattung zu verfügen (§ 10 Abs. 1 Satz 1 KWG).[562] Das bankaufsichtliche Eigenkapital dient dabei zum Ausgleich anfallender Verluste im laufenden Geschäftsbetrieb (*going concern*), zur Befriedigung der Ansprüche von Gläubigern im Insolvenzfall (*gone concern*) und zur Begrenzung der Verlustrisiken aus bestimmten Geschäften (Geschäftsbegrenzungsfunktion durch gesetzliche Vorgabe eines Mindestverhältnisses zwischen vorhandenem Eigenkapital und eingegangenen Risikopositionen).[563] Die von der Aufsicht angestrebte verbesserte Widerstandsfähigkeit der Banken durch striktere Eigenkapitalregeln hat jedoch auch ihren Preis, denn sie wird zwangsläufig auch die Erwartungen der Investoren an die Rentabilität der Institute beeinflussen. Höhere Kapitalquoten und Kapitalpuffer bedeuten einen höheren Haftbeitrag

---

559 Grundsätzlich zum Überblick vgl. Deutsche Bundesbank, *Die neue Baseler Eigenkapitalvereinbarung (Basel II)*, in: Monatsberichte, 53. Jg., 2001, Nr. 4, S. 15–44; Deutsche Bundesbank, *Das Eigenkapital der Kreditinstitute aus bankinterner und regulatorischer Sicht*, in: Monatsberichte, 54. Jg., 2002, Nr. 1, S. 41–61; Deutsche Bundesbank, *Neue Eigenkapitalanforderungen für Kreditinstitute (Basel II)*, in: Monatsberichte, 56. Jg., 2004, Nr. 9, S. 75–100; Europäische Zentralbank, *Die neue Baseler Eigenkapitalvereinbarung aus Sicht der EZB*, in: Monatsberichte, 2001, Nr. 5, S. 65–84.

560 Deutsche Bundesbank, *Basel III. Leitfaden zu den neuen Eigenkapital- und Liquiditätsregeln für Banken*, 2011, S. 8, abrufbar unter https://www.bundesbank.de/Redaktion/DE/Downloads/Veroeffentlichungen/Bundesbank/basel3_leitfaden.pdf?__blob=publicationFile (letzter Zugriff: 28.7.2015).

561 Ebd.

562 Becker/Peppmeier, *Bankbetriebslehre*, S. 42 f.

563 Deutsche Bundesbank, *Basel III*, S. 8.

der Eigentümer, führen zu niedrigeren Hebelwirkungen und begrenzen die Risiken.[564] Gleichzeitig sind damit – jedenfalls kurzfristig – niedrigere Eigenkapitalrenditen (*return on equity*) verbunden.[565]

Ein wesentliches Element des Reformpakets stellt die Steigerung der Qualität des aufsichtlichen Kapitals, allem voran des sogenannten „harten" Kernkapitals dar, das seit dem Baseler Akkord von 1988 (Basel I) die zentrale Ausgangsgröße im Eigenmittelrechenwerk darstellt.[566] Bei Instituten, die als Aktiengesellschaft firmieren, werden somit nur die ausgegebenen Aktien sowie das zugehörige Aufgeld und die einbehaltenen Gewinne als hartes Kernkapital anerkannt.[567] Für Institute in einer anderen Rechtsform als der Aktiengesellschaft sind deren typische Eigenkapitalinstrumente als hartes Kernkapital anerkennungsfähig. Diese Ausweitung kommt insbesondere Genossenschaftsanteilen und stillen Einlagen an öffentlich-rechtlichen Sparkassen zugute.[568]

Über das harte Kernkapital hinaus lässt der Baseler Ausschuss zusätzliche Kernkapitalinstrumente (*Additional Tier 1 Capital*, früher „hybrides" Kernkapital genannt) als Teil der neuen Eigenkapitaldefinition zu, wenn auch in geringerem Umfang als bisher. Hartes Kernkapital und zusätzliches Kernkapital bilden zusammen das Kapital, das in vollem Umfang Verluste während der Unternehmensfortführung auffängt und eine Insolvenz verhindert (*going concern capital*).[569] Bei den weiteren bisher anerkannten Eigenmittelelementen wird die Struktur gestrafft. Dabei wird die Zweiteilung innerhalb des Ergänzungskapitals (*Tier 2*) aufgegeben, sodass nur noch eine Kategorie von Ergänzungskapital verbleibt, das für Gläubiger im Liquidations- bzw. Insolvenzfall zur Verfügung steht (*gone concern capital*).[570] Die derzeit nur zur Abdeckung von Marktrisiken berücksichtigungsfähigen sog. Drittrangmittel (*Tier 3*) entfallen in der neuen Eigenkapitalstruktur völlig.[571] Die Elemente des harten Kernkapitals setzen sich wie folgt zusammen: Stammaktien bzw. deren Äquivalent bei Nicht-Aktiengesellschaften, sofern sie jeweils den Kriterienkatalog erfüllen; Aufgeld, das aus der Emission der vorstehend genannten Instrumente erlöst wird;[572]

564 Ebd.
565 Ebd.
566 Bacher, *Bankmanagement*, S. 73.
567 Deutsche Bundesbank, *Basel III*, S. 9.
568 Ebd.
569 Ebd.
570 Ebd.
571 Ebd.
572 Kein Aufgeld aus der Emission von Vorzugsaktien.

Gewinnrücklagen; andere offene Rücklagen (u.a. Neubewertungsrücklagen); eingeschränkt Minderheitenanteile Dritter am harten Kernkapital, sofern sie die Anerkennungskriterien erfüllen; abschließende Aufzählungen von Korrekturposten/Abzügen.[573] Mit der Einführung eines Kapitalerhaltungspuffers werden die Banken dazu verpflichtet, über die Mindestkapitalanforderungen hinaus in „guten Zeiten" einen Kapitalpuffer aufzubauen. Er beträgt 2,5 % der risikogewichteten Aktiva (RWA) und ist in hartem Kernkapital zu halten. Der Gesamtbedarf an hartem Kernkapital der Institute beträgt damit künftig 4,5 % plus 2,5 %, also 7 % der RWA. Der Puffer kann zum Auffangen von Verlusten aus dem laufenden Geschäftsbetrieb jedoch teilweise oder vollständig abgeschmolzen werden; die Bank kann dann ohne Einschränkung ihres laufenden Geschäftsbetriebs mit der für das harte Kernkapital geforderten Mindestquote von 4,5 % weiterarbeiten. Allerdings unterliegt die Bank, sobald und solange sie diese Regelung in Anspruch nimmt, in zunehmendem Ausmaß Restriktionen hinsichtlich ihrer Gewinnausschüttung und anderer diskretionärer Zahlungen wie z.B. Bonuszahlungen.[574] Die Kapitalklasse „zusätzliches Kernkapital" entspricht weitgehend dem bisherigen hybriden Kernkapital.[575] In dieser Kategorie kommt ein ausschließlich prinzipienorientierter Ansatz zur Anwendung. Grundsätzlich gelten dabei die gleichen Kriterien wie beim harten Kernkapital: effektive Kapitaleinzahlung, Dauerhaftigkeit, Verlustteilnahme sowie Flexibilität der Ausschüttungen. Abweichend vom harten Kernkapital darf der Emittent jedoch unter bestimmten Bedingungen (frühestens nach fünf Jahren und nur nach vorheriger Zustimmung durch die Aufsicht) kündigen bzw. Rückkäufe oder Rückzahlungen tätigen, wobei das Institut keinerlei Erwartungen bei den Investoren schüren darf, das Kapital könne zu einem bestimmten Zeitpunkt zurückgezahlt werden.[576] Weiterhin müssen die Instrumente nachrangig sein gegenüber Einlegern und Kreditgebern sowie anderen nachrangigen Gläubigern der Bank. Somit setzt sich das zusätzliche Kernkapital wie folgt zusammen: Kapitalinstrumente, darunter Vorzugsaktien, sofern sie jeweils den Kriterienkatalog erfüllen; Aufgeld, das aus der Emission der vorstehend genannten Instrumente erlöst wird; eingeschränkt Minderheitenanteile Dritter am zusätzlichen Kernkapital, sofern sie die Anerkennungskriterien erfüllen.[577] Durch die Verringerung der anerkennungsfähigen Elemente im Ergänzungskapital und den Wegfall des

573 Deutsche Bundesbank, *Basel III*, S. 11; Bacher, *Bankmanagement*, S. 74.

574 Deutsche Bundesbank, *Basel III*, S. 11 f.

575 Ebd.

576 Ebd.

577 Ebd.

Ergänzungskapitals 1. Klasse, dem in Deutschland u.a. Genussrechte zugerechnet werden konnten, unterstreicht der Baseler Ausschuss die in Zukunft deutlich reduzierte Bedeutung des Ergänzungskapitals für die Zusammensetzung des regulatorischen Kapitals. Künftig beschränkt sich die Verlusttragungsfähigkeit des Ergänzungskapitals allein auf den Liquidations- bzw. Insolvenzfall (*gone concern*).[578]

Neben der Steigerung der Qualität des Kapitals und der Vereinfachung der Kapitalstruktur hat der Baseler Ausschuss sich als Konsequenz aus der Krise auf eine erhebliche Erweiterung der Offenlegungsanforderungen verständigt. Eine erhöhte Transparenz bei der Darstellung des regulatorischen Kapitals soll nicht zuletzt die Marktdisziplin verbessern.

Das Fehlen detaillierter Offenlegungsvorgaben sowie einheitlicher Begriffsdefinitionen ließ in der Vergangenheit laut Bundesbank den Marktakteuren entsprechende Freiräume in der Darstellung der aufsichtlichen Eigenmittel sowie der daraus ermittelten und veröffentlichten Quoten. Infolgedessen war auch die Vergleichbarkeit der von den Banken veröffentlichten Zahlen international nicht oder nur sehr eingeschränkt möglich. Das war nicht nur wegen unterschiedlicher Rechnungslegungsvorschriften so, sondern auch aufgrund unterschiedlicher Auslegungen bzw. Anwendungen der Regelwerke.

Folgende Elemente werden die Banken künftig im Bereich der aufsichtlichen Eigenmittel offenlegen müssen:[579]

- Eine vollständige Überleitungsrechnung aller regulatorischen Kapitalelemente aus der testierten Bilanz.
- Separat alle Abzugspositionen sowie alle Positionen, die im Rahmen der Ausnahmeregelung nicht vom harten Kernkapital abgezogen werden.
- Eine Beschreibung aller Beschränkungen und Mindestanforderungen unter Einbeziehung aller positiven wie negativen Kapitalbestandteile, auf welche die Beschränkungen und Mindestanforderungen Anwendung finden.
- Die wesentlichen Merkmale der emittierten aufsichtlichen Kapitalinstrumente.
- Sofern Quoten veröffentlicht werden, die auf die Nutzung bestimmter Komponenten des aufsichtlichen Kapitals abstellen, muss umfassend dargelegt werden, wie diese Quoten berechnet wurden. Darüber hinaus wird verlangt, dass die vollständigen Emissionsbedingungen aller aufsichtlichen Kapitalinstrumente auf der Webseite der Bank verfügbar gemacht werden.

578 Ebd.
579 Ebd., S. 17.

Das Basel-III-Regelwerk führt zu einer deutlichen Erhöhung der Menge an Eigenkapital, insbesondere im Bereich des harten Kernkapitals. Sein Anteil beträgt nach den gegenwärtig geltenden internationalen Vereinbarungen (*Sydney Agreement* des Baseler Ausschusses aus dem Jahr 1998) mindestens 2 % der RWA. Er wird bis zum Jahr 2015 schrittweise auf die dann geltende Zielgröße von 4,5 % – unter Einbeziehung des Kapitalerhaltungspuffers auf 7 % – nachhaltig erhöht. Das heißt, gegenüber der heutigen Situation steigt die Mindestanforderung faktisch um mehr als das Dreifache. Die Mindestanforderung für das gesamte Kernkapital (ohne Puffer) steigt auf 6 % an, wobei die Differenz zu 4,5 % hartem Kernkapital aus zusätzlichem Kernkapital (*Additional Tier 1 Capital*) gebildet werden kann.

Das Ergänzungskapital verliert an Bedeutung und muss künftig nur noch einen Anteil von 2 % an den Gesamtkapitalanforderungen aufweisen. Die formale Mindestanforderung hinsichtlich des gesamten Kern- und Ergänzungskapitals bleibt somit zwar bei 8 % der RWA, die Anforderungen werden aber durch den neuen zusätzlichen Kapitalerhaltungspuffer ergänzt, der ebenfalls aus hartem Kernkapital in Höhe von 2,5 % der RWA gebildet werden muss, sodass sich die Anforderungen an das harte Kernkapital faktisch auf 7 %, an das gesamte Kernkapital auf 8,5 % sowie an das gesamte Eigenkapital auf 10,5 % belaufen. Der Kapitalerhaltungspuffer kann unter bestimmten Voraussetzungen vorübergehend abgeschmolzen werden.[580]

3.6.2 Risikomanagement nach den MaRisk

Durch das Eingehen von Finanzkontrakten (Betreiben von Bankgeschäften) – insbesondere im Bereich des Einlagen- und Kreditgeschäfts –, die durch eine temporale Trennung zwischen Leistung und Gegenleistung zum einen und die Verzinsung der Gegenleistung zum anderen gekennzeichnet sind, ergeben sich für Kreditinstitute zahlreiche Risiken, die sich auf eine ordnungsgemäße Geschäftsorganisation auswirken. Diese Risiken, auf die im Folgenden eingegangen werden soll, müssen nach § 25a Abs. 1 S. 3 KWG in einem angemessenen und wirksamen Risikomanagement[581] erfasst sein, das eine Basis für die laufende

580 Ebd., S. 17 f.; Becker/Peppmeier, *Bankbetriebslehre*, S. 44 f.; Bacher, *Bankmanagement*, S. 75.

581 Für den Begriff des Risikomanagements gilt nach dem § 25 KWG das Proportionalitätsprinzip: Die Ausgestaltung des Risikomanagements hängt von Art, Umfang, Komplexität und Risikogehalt der Geschäftstätigkeit ab (AT 1 Tz. 4 MaRisk). Dabei wird vom Gesetzgeber nicht nur die „Angemessenheit" des Risikomanagements, sondern auch dessen „Wirksamkeit" eingefordert, was zum Ausdruck bringen soll, dass die mit dem Management von Risiken verfolgten Ziele auch tatsächlich erreicht werden; vgl. Hannemann/Schneider/Weigl, *MaRisk*, S. 57.

Sicherstellung der Risikotragfähigkeit des Instituts darstellen soll.[582] Die von der Bankenaufsicht konzipierten Mindestanforderungen an das Risikomanagement (MaRisk)[583] geben dem Management des Kreditinstituts zu allen wesentlichen Risiken nach § 25a KWG einen Handlungsrahmen vor.[584] Die Tatsache, dass kreditspezifische Risiken in Korrelation mit marktspezifischen Risiken mit der Zeit zu einer Verbriefungsstrategie – von der traditionellen *Buy-and-Hold*-Strategie[585] hin zu einer *Originate-to-Distribute*-Strategie[586] – übergingen, was in eine Wiederverbriefung der Verbriefung mündete, erfordert die Installation geeigneter Risikomanagementstrukturen, um die wie in der *Subprime*-Krise von 2007 resultierenden unüberschaubaren Risiken, die zu einer Wirtschafts- und Staatsschuldenkrise führten,[587] weitestgehend gering zu halten.[588] Die insbesondere für bankspezifische Risiken konzipierten MaRisk[589] haben das Ziel,

582 Die MaRisk, die als Interpretation des § 25a KWG zu sehen ist, erfasst kreditinstitutsspezifische Risiken und erklärt die in § 25a aufgestellte gesetzliche Grundlage einer modernen Gesamtbanksteuerung, die alle wesentlichen Risiken eines Kreditinstituts steuert; vgl. Roland Eller/Markus Heinrich/René Perrot/Markus Reif, *Kompaktwissen Risikomanagement. Nachschlagen, verstehen und erfolgreich umsetzen*, Wiesbaden 2010, S. 13.

583 Der MaRisk gingen eine Reihe von Mindestanforderungen voraus, die einzelne Bereiche des Gesamtbankgeschäfts betreffen: Mindestanforderungen an das Betreiben von Handelsgeschäften (MaH, 1995), Mindestanforderungen an die Ausgestaltung der Internen Revision (MaIR, 2000), Mindestanforderungen an das Kreditgeschäft (MaK, 2002); vgl. Hannemann/Schneider/Weigl, *MaRisk*, S. 10 ff.; Roland Eller, *Gesamtbanksteuerung und qualitatives Aufsichtsrecht*, Stuttgart, 2005, S. 33, 56, 76.

584 Hellenkamp, *Bankwirtschaft*, S. 73. In diesem Zusammenhang ist der Vorstand dazu verpflichtet, ein Risikomanagement-System einzurichten; vgl. Karsten Paetzmann, *Corporate Governance. Strategische Marktrisiken, Controlling, Überwachung*, Heidelberg 2012, S. 66.

585 Hier werden die vergebenen Kredite vom Institut selbst bis zur Endfälligkeit gehalten, wodurch das Risiko beim Institut bleibt; vgl. Hannemann/Schneider/Weigl, *MaRisk*, S. 3.

586 Um Risiken zu diversifizieren, wurde das eigene Kreditportfolio in Pakete verpackt (Originate) und mit Unterstützung von Investmentbanken und Ratingagenturen an Investoren in der ganzen Welt verkauft (Distribute); vgl. ebd.

587 Zu den Hintergründen der Subprime Krise 2007 und ihren Folgen für Finanz-, Wirtschafts- und Staatsschuldenkrise siehe Hellenkamp, *Bankenwirtschaft*, S. 68 ff.; Hannemann/Schneider/Weigl, *MaRisk*, S. 3 f.; Lutz/Neus/Schaber/et al., *KWG-Kommentar*, S. 9 ff.

588 Vgl. Hannemann/Schneider/Weigl, *MaRisk*, S. 3 f.

589 Der Anstoß für die Konzeption der MaRisk, die eine Antwort war auf die Frage nach einer qualitativ orientierten Bankenaufsicht zwecks Schutz vor ähnlichen

Mindestanforderungen an das Risikomanagement zu formulieren, die von den Kreditinstituten zu erfüllen sind. Die MaRisk, die im Allgemeinen Teil (AT) übergreifende Anforderungen wie z.B. die Gesamtverantwortung der Geschäftsleitung bestimmen, befassen sich im Besonderen Teil (BT) einerseits mit den aufbau- und ablauforganisatorischen Anforderungen an das Kredit- und Handelsgeschäft und andererseits mit den Risikosteuerungs- und Controlling-Prozessen der einzelnen Risikoarten.[590] Für das im Sinne dieser Arbeit zu behandelnde Kreditgeschäft kennen die MaRisk vier Risikoarten, die entsprechend gemanagt werden müssen: Adressausfall-, Marktpreis-, Liquiditätsrisiken und operationelle Risiken.[591]

Das Adressausfallrisiko beschreibt die Gefahr, dass ein Kreditnehmer (Adresse) seinen vertraglichen Zahlungsverpflichtungen nicht bzw. nur eingeschränkt nachkommt.[592] Dieses Kontrahentenrisiko kann im Rahmen eines Kreditportfolios in der Gesamtheit der darin befindlichen Kredite größere Verlustrisiken entfachen als die Einzelrisiken im Sinne des Bonitätsrisikos eines einzelnen Kreditnehmers.[593] Mit dem Kreditrisiko steht das Besicherungsrisiko in direktem Zusammenhang. Darunter wird die Gefahr verstanden, dass die zur Besicherung eines Kredits hereingenommenen Kreditsicherheiten während der Kreditlaufzeit in ihrem Wert teilweise oder ganz verfallen können und deshalb nicht mehr ausreichen, um damit die Kreditforderung abzudecken.[594] Daneben

---

Finanzmarktkrisen mit weitreichenden, sektorenübergreifenden Folgen, kam von Basel II und korrespondierenden EU-Richtlinien für die Entwicklung eines umfassenden Regelwerks, das auf der Basis einer ganzheitlichen Risikobetrachtung einen Rahmen für das Management aller wesentlichen Risiken vorgibt; vgl. ebd., S. 5.

590 Im BT finden sich noch spezifische Anforderungen an die Interne Revision; vgl. Eller/Heinrich/Perrot/Reif, *Kompaktwissen Risikomanagement*, S. 16; Hannemann/Schneider/Weigl, *MaRisk*, S. 34 ff.

591 Diese von der MaRisk aufgestellten Risiken sind wesentlich und für Kreditinstitute typisch, aber nicht abschließend. Gerade in Bezug auf islamische Banken ergeben sich, wie noch zu zeigen wird, weitere wesentliche Risiken. In diesem Sinne ordnet die MaRisk ein von der Geschäftsleitung zu erstellendes Gesamtrisikoprofil zwecks Ermittlung der institutsspezifischen wesentlichen Risiken an; vgl. AT 2.2 Tz. 1 MaRisk.

592 Eller/Heinrich/Perrot/Reif, *Kompaktwissen Risikomanagement*, S. 19.

593 Zu diesen Strukturrisiken zählen: Granularität (der Ausfall weniger großer Kreditnehmer kann im Vergleich zu wenigen kleinen Kreditausfällen zu einem erheblichen Schaden führen), Branchenkonzentration, regionale Konzentrationen und Länderrisiko; siehe ausführlich ebd.

594 Peter Bartetzky, *Praxis der Gesamtbanksteuerung. Methoden, Lösungen, Anforderungen der Aufsicht*, Stuttgart 2012, S. 47.

wird das Marktpreisrisiko als die Gefahr von Verlusten bei bilanziellen und außerbilanziellen Positionen definiert, die aus Schwankungen der Marktpreise (z.B. Aktienkurse, Wechselkurse und insbesondere Zinssätze) erwachsen.[595] Die Unterkategorien der Marktpreisrisiken werden in BTR 2.1 Tz. 1 MaRisk aufgezählt. Für die vorliegende Arbeit ist das Zinsänderungsrisiko maßgeblich, das für Kreditinstitute deshalb am wichtigsten ist, weil Zinsänderungen erhebliche negative Einflüsse auf eine Bank haben können.[596] Auch Liquiditätsrisiken stellen eine nicht zu unterschätzende Gefahr für Kreditinstitute dar und beschreiben das Risiko, dass ein Institut seine Zahlungsverpflichtungen nicht mehr uneingeschränkt erfüllen kann.[597]

Das operationelle Risiko betrifft die Gefahr von Verlusten in Verbindung mit Menschen, die Fehler machen, mit IT-Systemen, die ausfallen, oder mit Naturkatastrophen.[598] Nach § 269 Abs. 1 Satz 1 SolvV werden operationelle Risiken als Gefahr von Verlusten definiert, die infolge der Unangemessenheit oder des Versagens von internen Verfahren und Systemen sowie von Menschen oder infolge externer Ereignisse eintreten. Die in den MaRisk formulierten Anforderungen haben im Zusammenhang mit den Vorgaben zur Eigenmittelausstattung entsprechende Auswirkungen u.a. auf das Kreditgeschäft und die Verwendung der Einlagengelder. Die sich im Zusammenhang mit Basel III ergebenden Mindestkapitalanforderungen zur Unterlegung von risikogewichteten Krediten mit Eigenkapital haben erschwerende Auswirkungen auf die Kreditvergabe.[599]

3.6.3 Einlagensicherung

Das hiesige Bankensystem kennt grundsätzlich zwei Formen der Einlagensicherung: die gesetzliche und die freiwillige.[600] Aufgabe der Einlagensicherungssysteme ist die Sicherung der Geldmittel, die die Gläubiger (Einleger) den Kreditinstituten anvertrauten.[601] Diese Systeme greifen im Insolvenzfall des Kreditinstituts und umfassen weder Kundendepots noch den Inhalt von

595 Hannemann/Schneider/Weigl, *MaRisk*, S. 113.

596 Bartetzky, *Praxis der Gesamtbanksteuerung*, S. 50.

597 Eller/Heinrich/Perrot/Reif, *Kompaktwissen Risikomanagement*, S. 20; Hannemann/Schneider/Weigl, *MaRisk*, S. 114 f.

598 Hannemann/Schneider/Weigl, *MaRisk*, S. 116.

599 Bartetzky, *Praxis der Gesamtbanksteuerung*, S. 67; Börner/Rühle, *Auswirkungen der Baseler Reformen*, S. 390.

600 Becker/Peppmeier, *Bankbetriebslehre*, S. 153.

601 Hellenkamp, *Bankwirtschaft*, S. 119.

Schließfächern.[602] Das für die privaten Banken zuständige Einlagensicherungssystem ist die Entschädigungseinrichtung deutscher Banken (EdB) und für die öffentlich-rechtlichen Kreditinstitute die Entschädigungseinrichtung des Bundesverbandes Öffentlicher Banken Deutschland (EdÖ). Die freiwillige Einlagensicherung ist der Einlagensicherungsfonds des jeweiligen Bankenverbands. Der Schutz umfasst Sicht-, Termin- und Spareinlagen, auf einen bestimmten Namen lautende Sparbriefe, nicht aber Inhaberpapiere wie Inhaberschuldverschreibungen und Inhabereinlagenzertifikate.[603]

3.6.3.1 Gesetzliche Entschädigungseinrichtungen

Das Einlagensicherungs- und Anlegerentschädigungsgesetz (EAEG) trat 1998 in Kraft und beruht auf zwei EU-Richtlinien, die den Einlegern sowie den Anlegern in Wertpapieren einen in der EU harmonisierten Mindestschutz gewähren soll.[604] Danach sind Kreditinstitute dazu verpflichtet, ihre Einlagen und ihre Verbindlichkeiten aus Wertpapiergeschäften durch Mitgliedschaft in einer Entschädigungseinrichtung zu sichern. Ist ein Institut etwa in einem Insolvenzfall nicht in der Lage, den Verpflichtungen gegenüber seinen Gläubigern nachzukommen, haben diese einen Entschädigungsanspruch gegen die Entschädigungseinrichtung.[605] Dieser ist begrenzt auf den Gegenwert von 100.000 EUR der Einlagen sowie auf 90 % der Verbindlichkeiten aus Wertpapiergeschäften und den Gegenwert von 20.000 EUR.[606]

Beide Entschädigungseinrichtungen werden durch jährlich zu entrichtende Mitgliederbeiträge finanziert. Reichen in einem Entschädigungsfall die Beiträge nicht aus, können beide Entschädigungseinrichtungen Sonderbeiträge erheben und/oder Kredite aufnehmen.[607] Sie unterliegen nach § 7 Abs. 3 EAEG der Aufsicht und Prüfung durch die BaFin.[608] Eine Ausnahme stellen die Sparkassen und die Genossenschaftsbanken dar, die einem sog. institutssichernden System angeschlossen sind und deshalb die gesetzliche Sicherungspflicht zu erfüllen haben.[609] Deshalb müssen sie keiner zusätzlichen Entschädigungseinrichtung angehören.

---

602 Becker/Peppmeier, *Bankbetriebslehre*, S. 153.
603 Martin Tonner/Thomas Krüger, *Bankrecht*, Baden-Baden 2014, S. 33.
604 Becker/Peppmeier, *Bankbetriebslehre*, S. 153.
605 Ebd.
606 Hellenkamp, *Bankwirtschaft*, S. 120.
607 Ebd.
608 Becker/Peppmeier, *Bankbetriebslehre*, S. 154.
609 Ebd.

3.6.3.2 Freiwillige Sicherungssysteme

Durch das EAEG hat sich für hiesige Kreditinstitute und Sparkassen nichts geändert. Deren Einlagen sind wesentlich höher abgesichert, als es der gesetzliche Mindestschutz verlangt.[610] Das liegt daran, dass die freiwilligen Sicherungssysteme der Bankenverbände ergänzend zu den bzw. anstelle der gesetzlichen Entschädigungseinrichtungen bestehen.[611] In der Bundesrepublik gibt es je nach Bankgruppen Sicherungssysteme für die privaten Banken, den Sparkassensektor, den Genossenschaftssektor und die öffentlichen Banken.[612] Da sich diese Arbeit auf private Banken beschränkt, soll im Folgenden nur deren Sicherungssystem beleuchtet werden.

Der Einlagensicherungsfonds der privaten Kreditinstitute wird vom Bundesverband deutscher Banken (BdB) getragen.[613] Zweck des Sicherungsfonds ist der Einlagenschutz: Einlagen von Nichtbanken sind pro Gläubiger bis zu einer Grenze von 30 % des maßgeblich haftenden Eigenkapitals des jeweiligen Kreditinstituts gesichert.[614] Als Einlagen kommen im Wesentlichen Sicht-, Termin- und Spareinlagen sowie auf einen bestimmten Namen lautende Sparbriefe von Privatleuten, Unternehmen und öffentlichen Stellen in Betracht.[615] Bei drohenden oder bestehenden finanziellen Schwierigkeiten der angeschlossenen Banken kann der Sicherungsfonds Maßnahmen zum Schutz der Einleger und des öffentlichen Vertrauens ergreifen.[616] Auch im Rahmen der Maßnahmen der BaFin gem. § 46 KWG kann der Einlagensicherungsfonds tätig werden.[617] Schließlich liegt es in der Entscheidungskompetenz des Sicherungsfonds, ob eine zahlungsunfähige Bank weitergeführt, ein Vergleich angestrebt oder ein Insolvenzverfahren beantragt werden soll.[618]

3.7 Grundelemente und Charakteristika einer islamischen Bank

Nachdem der ökonomisch-rechtliche Rahmen für Banken in Deutschland dargestellt wurde, stellt sich die Frage nach der Konzeption einer Bank,

---

610 Bacher, *Bankmanagement*, S. 109.

611 Becker/Peppmeier, *Bankbetriebslehre*, S. 154.

612 Ebd.

613 Hellenkamp, *Bankwirtschaft*, S. 119.

614 Becker/Peppmeier, *Bankbetriebslehre*, S. 154.

615 Hellenkamp, *Bankwirtschaft*, S. 120.

616 Die Hilfen bestehen bspw. darin, Zahlungen an Gläubiger zu leisten oder Garantien zu übernehmen; vgl. Becker/Peppmeier, *Bankbetriebslehre*, S. 154.

617 Ebd., S. 155.

618 Ebd.

die zusätzlich islamischen Anforderungen genügen möchte. Dabei gilt es zunächst im Sinne eines metaphysischen, übergeordneten Prinzipal-Agenten-Verhältnisses zu klären, welche Intentionen die jeweiligen Akteure verfolgen.[619] Erreicht werden kann das insbesondere durch die Betrachtung der Ansätze, die sich im Bereich der Produktentwicklung offenbaren. Das Produkt und seine ökonomischen und rechtlichen Folgen drücken den Willen einer bzw. beider Vertragsparteien aus.[620] In der Theorie und Praxis des Islamic Banking lassen sich zwei Hauptansätze ausmachen, die zu unterschiedlichen Ergebnissen führen.[621] Auf der intentionalen Ebene stehen beide Ansätze diametral zueinander, weshalb sie für eine Untersuchung islamischer Banken grundsätzlich geeignet sind. Die beiden Ansätze sind der intentionale und der formalistische Ansatz.[622]

Eine möglichst gerechte Umverteilung von Vermögen, soziale Verantwortung sowie ökonomische und ökologische Nachhaltigkeit erfordern eine entsprechende Einstellung der Akteure, die einen maßgeblichen Einfluss auf die Güterallokation und damit eine Entscheidungsgewalt über die Gewährung des Zugangs zu Kapital haben. Banken spielen hierbei volkswirtschaftlich eine entscheidende Rolle und können entscheiden, ob und wem eine Unternehmung finanziert wird. Insofern hängt es vom Ansatz und dem Selbstverständnis der Bank ab, ob die Intentionen der Scharia realisiert werden können. Banken bilden im Euro-Raum aufgrund des von ihnen geprägten Systems einen der Hauptakteure mit Blick auf die Verteilung von Ressourcen und die damit

---

619 Nach der Prinzipal-Agent-Theorie ist die optimale Erfüllung (Effizienz) eines Auftrags nur dann möglich, wenn sich die Interessen beider Akteure decken. Je stärker ihre Interessen divergieren, umso mehr kommt es zu Ineffizienzen. Vgl. Welge/Eulerich, *Corporate-Governance-Management*, S. 14 f.

620 Daher auch der Begriff der Willenserklärung: Die Vertragsparteien erklären ihren Willen bzw. ihre Intention, die – sofern sie nicht mündlich bzw. schriftlich erklärt wurde – aus der vorgenommenen Handlung ergründbar ist.

621 Kilian Bälz, *Breaking the Formalist Deadlock. Islamic Investment and Corporate Social Responsibility*, in: S. Nazim Ali (Hrsg.), *Islamic Finance. Innovation and Authenticity*, Cambridge 2010, (249–264). Unterschiedliche Abstufungen und Abgrenzungen innerhalb der jeweiligen Ansätze sind dabei denkbar.

622 Souheil Thabti, *Islamic Banking im Rahmen der Intentionen der Scharia*, in: Milena Valeva/Mohammad Ashfaq/Klaus Hegemann, *Befunde zu Wirtschaftsethik in der globalisierten Gesellschaft. Grundsätzliche Überlegungen aus Theorie und Praxis in Wirtschaft, Recht und im Speziellen in Ethical Finance & Islamic Banking*, Mering 2016, (207–223) S. 215 f.

einhergehenden Implikationen für Mensch und Umwelt.[623] Sie entscheiden durch die Bereitstellung von Kapital darüber, wem ein Kredit gewährt wird und welches Projekt realisiert werden kann. Umso wichtiger erscheint es, die genannten Ansätze zu analysieren. Der formalistische Ansatz setzt islamische Banken mit konventionellen Banken gleich und versucht die Unterschiede kenntlich zu machen. Dabei wird das klassische Bankenverständnis im Sinne der verzinslichen Kapitalüberlassung sowohl auf der Passiv- als auch auf der Aktivseite als gemeinsamer Nenner zugrunde gelegt.[624] Der intentionale Ansatz dagegen geht von einem anderen Grundverständnis von Banking aus und verortet islamische Banken nicht im ökonomisch-rechtlichen Rahmen konventioneller Banken.[625] Insofern liegt die Annahme nahe, islamische Banken im Sinne des intentionalen Ansatzes nicht als Banken im Sinne des KWG zu verstehen.[626] Die verwendete Bezeichnung wäre somit nur aus Marketing- und vertriebstechnischen Gründen nachvollziehbar.[627]

Je nachdem, auf welchen Ansatz sich eine islamische Bank im Rahmen ihrer Geschäftspolitik stützt, ergeben sich zwingende Strukturen bei den angebotenen Produkten und ihrer vertraglichen Ausgestaltung. Besonders, wenn sie dem formalistischen Ansatz folgen, ordnen sich islamische Banken zwingend den Regelungen des KWG unter.

3.7.1 Der formalistische Ansatz

In der Praxis des Islamic Banking hat sich Untersuchungen zufolge gezeigt, dass islamische Banken hauptsächlich die Abbildung konventioneller Produkte

---

623 Eva-Maria Passarge, *Institutioneller Wandel im Finanzsystem Deutschlands - vom bank- zum marktbasierten Modell?*, Bamberg 2010, S. 14 ff.

624 Siehe Zamir Iqbal, *Financial Engineering in Islamic Finance*, in: Thunderbird International Business Review, Vol. 41, 1999, Issue 4–5, (541–559) S. 544 ff.; Haider Ala Hamoudi, *Jurisprudential Schizophrenia. On Form and Function in Islamic Finance*, in: Chicago Journal of International Law, Vol. 7, 2007, No. 2, (606–622) S. 614 ff.

625 Aufgrund der handelsgeprägten Natur des Islamic Banking bewegt es sich nicht im Finanzmarkt, sondern in der Realwirtschaft.

626 Schon wegen ihrer handelsgeprägten Natur, die nur auf Realgüter begrenzt ist, dürften klassische Bankgeschäfte wie die Aufnahme und Gewährung von Gelddarlehen nach § 1 Abs. 1 Nr. 1 und Nr. 2 KWG nicht in Betracht kommen.

627 Vgl. Mahmoud A. El-Gamal, *A Simple Fiqh-and-Economics Rationale for Mutualization in Islamic Financial Intermediation*, Houston, 2006, (1–10) S. 2, verfügbar unter: http://www.ruf.rice.edu/~elgamal/files/mutualize.pdf (letzter Zugriff: 30.1.2016).

verfolgen.[628] Diese Produkte sollen dabei in ihrer Funktion mit denen herkömmlicher Banken identisch sein, um die gleichen Ergebnisse zu erzielen. Der Grund hierfür liegt zunächst in der Intention des Bankmanagements, das in Ermangelung entsprechender Expertise in den Prinzipien und Zielen des Islamic Banking die Kenntnisse und Erfahrungen aus dem konventionellen Banking auf das Islamic Banking anwendet.[629] Zugleich stellt das Islamic Banking in seiner theoretischen Konzeption einen Paradigmenwechsel dar, was einen erhöhten Lernaufwand und die Aneignung von Erfahrungen auf einem neuen Gebiet erfordert. Dies ist im Rahmen einer auf Gewinnmaximierung ausgelegten Unternehmung, die Leistungsdruck (Rendite, jährliches Wachstum etc.) ausgesetzt ist, jedoch nicht ohne Weiteres realisierbar. Hierdurch wird die Intention des Islamic Banking zwingend außer Acht gelassen und findet allenfalls auf der Marketing- und Vertriebsebene statt.[630]

Aufgrund des formalistischen Ansatzes und seiner produktbezogenen Implikationen werden beim Kunden die gleichen Erwartungen geweckt wie bei konventionellen Banken.[631] So wird bspw. durch den Glättungseffekt[632] bei Inhabern von *muḍāraba*-Konten die Erwartungshaltung generiert, zum gleichen Ergebnis zu

---

628 Hamoudi, *Jurisprudential Schizophrenia*, S. 612; Ahmed spricht in diesem Zusammenhang von *Pseudo-Islamic Products*; vgl. Habib Ahmed, *Maqāṣid al-Sharīʿah and Islamic Financial Products. A Framework for Assessment*, in: ISRA International Journal of Islamic Finance, Vol. 3, 2011, Issue 1, (149–160) S. 155.

629 Die Erfahrung und das Wissen werden in der Regel auf alle Bereiche angewendet, insbesondere Geschäftsleitung, Geschäftspolitik, Gesamtbanksteuerung, Produktentwicklung, Kreditvergabeprozess und Accounting.

630 Darauf deutet die Werbung im konventionellen Rahmen agierender islamischer Banken, die darin auf soziale Verantwortung, Fairness, Partnerschaft und Transparenz verweisen; siehe beispielhaft die Darstellung des Beteiligungskontos der KT-Bank unter: https://www.kt-bank.de/privatkunden/beteiligungskonto/ (letzter Zugriff: 9.4.2016).

631 Nienhaus, *Governance o Islamic Banks*, S. 132 f.

632 *Muḍāraba*-Konten basieren auf dem Prinzip der Gewinn- und Verlustbeteiligung. Die Ertragsentwicklung aus dem Aktivgeschäft (Kreditgeschäft, Anlagen auf dem Kapitalmarkt, Interbankengeschäft) fluktuiert dementsprechend, was sich im Zeitablauf positiv oder negativ auf die *muḍāraba*-Einlage auswirken kann. Um dieser Volatilität entgegenzuwirken, werden Mechanismen eingesetzt, die eine Glättung dieser Entwicklung herbeiführen, da man davon ausgeht, dass Kunden aufgrund der nicht konstanten „Profite" ihre Einlage andernfalls abziehen und zu einer anderen Bank umziehen. Dadurch werden jedoch das konventionelle Banking-Verständnis und die damit einhergehenden Herausforderungen unter einem anderen Mantel aufrechterhalten; vgl. ebd.

kommen wie bei konventionellen Banken.[633] Dazu kommen die nationalen gesetzlichen Regularien, die zwingende Vorgaben festlegen, was die Einhaltung der Form selbst erschwert.[634] Die Umsetzung des intentionalen Ansatzes wäre unter diesen Bedingungen nur bei vergleichsweise hohen Kosten und mit nachteiligen Auswirkungen auf die Wettbewerbsfähigkeit möglich.[635] Aufgrund der formalistischen Ausrichtung und der damit verbundenen Konkurrenzfähigkeit und monetären Profitabilität werden sich islamische Banken im Rahmen konventioneller Banken verorten und sich trotz ihres grundlegenden konzeptionellen Unterschieds mit ihnen vergleichen. Insofern werden sie sich immer an der Grenze der Islam-Konformität bewegen müssen, um dem Markt zu entsprechen.[636] So werden konventionelle verzinsliche Darlehen etwa durch *tawarruq* bzw. *reversed murābaḥa* und *Call Options* durch *ʿarbūn* nachgebildet.[637] Dieser Ansatz stellt zwar die einfachste Vorgehensweise bei der Entwicklung Islam-konformer Finanzierungsprodukte dar, weil die Zielsetzung von vornherein klar ist, doch er birgt auch einige Nachteile.[638] Erstens räumt diese Produktentwicklungsstrategie der Form eine höhere Priorität gegenüber dem Inhalt ein, was zur Folge hat, dass die aus den *maqāṣid* resultierenden Prinzipien und Wertvorstellen eine untergeordnete Rolle spielen und aufgrund der ausschließlich auf monetärer Nutzenmaximierung ausgerichteten Zielsetzung der Bank nicht realisiert werden können.[639] Zweitens impliziert die Imitation konventioneller Finanzprodukte eine dem konventionellen Verständnis ähnliche Intention, was Auswirkungen auf die Geschäftspolitik und die daraus resultierenden Geschäftsmodelle bzw. Produkte hat.[640] Durch die zusätzlichen „formalen" Einschränkungen islamrechtlicher Anforderungen würden sich derartige Banken folglich gegenüber ihren konventionellen Pendants aufgrund der höheren Kosten im Nachteil befinden.[641]

---

633 Ebd.

634 Ayub, *Understanding Islamic Finance*, S. 16 ff.

635 Iwona Sobol, *Islamic Banking in the European Union Countries*, in: European Integration Studies, 2015, No. 9, (184–197) S. 189 f.

636 Dabei verlangt die Grundidee des Islamic Banking die Auflösung eines Finanzmarktes und die Etablierung eines Alternativmarktes, auf dem Realgüter gehandelt werden, nicht Geld (Geldmarkt).

637 Siehe Mohammed Obaidullah, *Financial Engineering With Islamic Options*, in: Islamic Economic Studies, Vol. 6, 1998, No. 1, (73–103) S. 85 f.; Ḫūǧa, *an-Niẓām*, S. 186 f.

638 Nienhaus, *Governance of Islamic Banks*, S. 131.

639 Asyraf Wajdi Dusuki/Abdulazeem Abozaid, *A Critical Appraisal on the Challenges of Realizing Maqasid al-Shariah in Islamic Banking and Finance*, in: IIUM Journal of Economics and Management, Vol. 15, 2007, No. 2, (143–165) S. 145 ff.

640 Ebd.

641 Sobol, *Islamic Banking in the European Union Countries*, S. 189 f.

Schließlich sind die konventionellen Bankprodukte für das konventionelle Bankwesen entwickelt worden, dessen Herausforderungen nach wie vor bestehen und u.a. Krisen verursachend wirken. Die Nachbildung dieser Produkte macht islamische Banken anfällig für dieselben Probleme und schafft Zweifel an ihrer Krisensicherheit.

Untersuchungen haben gezeigt, dass islamische Banken in der Praxis keine wesentlichen Unterschiede zu konventionellen Banken aufweisen.[642] Auch wenn die Produkte anders strukturiert sind, so sind sie im Ergebnis nahezu identisch.[643]

3.7.2 Der intentionale Ansatz

Legt man den intentionalen Ansatz zugrunde, stellt sich die Frage, ob ein Islamic Banking dem klassischen Verständnis von Banken nach praktisch denkbar ist. Zwar sind die Ziele beider Formen in Teilen identisch – Aufnahme und Bereitstellung von Kapital mit Gewinnerzielungsabsicht, finanzielle Versorgung der Realwirtschaft etc. –, die Umsetzungen jedoch haben abweichende Implikationen.[644] Der entscheidende Aspekt eines von den *maqāṣid* geprägten Finanzierungsunternehmens besteht nicht nur in der Aufgabe, *ribā* zu vermeiden – auch wenn dieser Aspekt das charakterisierende Alleinstellungsmerkmal eines solchen Instituts ist, baut doch das herkömmliche Bankensystem sein Geschäftsmodell gerade darauf auf, Kapital gegen Zins aufzunehmen und gegen Zins bereitzustellen. Entscheidend ist auch der Aspekt der spezifischen Zielsetzung islamischer Banken. Während bei konventionellen Banken die monetäre Nutzenmaximierung[645] im Vordergrund steht, müsste ein von den *maqāṣid* geprägtes Banking das Ziel einer gesamtgesellschaftlichen Nutzenmaximierung verfolgen. Monetäre

---

642 Vgl. Olga Krasicka/Sylwia Nowak, *What's in it for Me? A Primer on Differences between Islamic and Conventional Finance in Malaysia*, IMF Working Paper 12/151, Washington, 2012, (1–21); Beng Soon Chong/Ming-Hua Liu, *Islamic Banking. Interest-Free or Interest-Based?*, in: Pacific-Basin Finance Journal, 2009, No. 17, (125–144); Thorsten Beck/Asli Demirgüç-Kunt/Ouarda Merrouche, *Islamic vs. Conventional Banking: Business Model, Efficiency and Stability*, in: Journal of Banking and Finance, Vol. 2, 2013, No. 37 (433–447); Martin Čihák/Heiko Hesse, *Islamic banks and financial stability. An empirical analysis*, in: Journal of Financial Services Research, Vol. 38, 2010, No. 2, (95–113).

643 Hussain/Shahmoradi/Turk, *An Overview of Islamic Finance*, IMF Working Paper, WP/15/120, 2015, S. 11.

644 Das Zinsverbot bspw. erlaubt keinen entgeltlichen Geldverleih und lässt die Finanzierung über Handel und Investitionen bzw. Beteiligungen zu. Damit ist Geld nicht mehr Gegenstand von Angebot und Nachfrage, sondern ein zu finanzierendes Gut selbst.

645 Ayub, *Understanding Finance*, S. 43 ff.

Nutzenmaximierung wäre somit nicht das alleinige Ziel.[646] Dabei sollte die Interessenhierarchie (*ḍarūriyyāt, ḥāǧiyyāt, taḥsīniyyāt*) im Sinne der *maqāṣid* im Vordergrund der Geschäftstätigkeit insbesondere im Bezug auf das Finanzierungsgeschäft stehen.[647] Die Bank wird also darauf achten, was in der Gesellschaft als notwendig gilt und ihre Gelder in Projekte investieren, die Notwendigkeiten (*ḍarūriyyāt*) aufheben, ohne dabei die Einlagengelder einem hohen Verlustrisiko auszusetzen. Sie wird also nicht *per se* in Projekte investieren, die kurz- bis mittelfristig hohe Gewinne versprechen, sondern primär in der Gesellschaft dienliche Unternehmungen, die gewinnversprechend sind. Damit stehen die Gesellschaft und ihr Wohlergehen (Gemeinwohl: *maṣlaḥa ʿāmma*) und nicht das Gewinninteresse der Shareholder (Einzelinteresse: *maṣlaḥa ḫāṣṣa*) im Vordergrund.[648] Shareholder, deren Intention den Intentionen der Scharia entsprechen, sehen das Wohlergehen der Gesellschaft ebenfalls im Vordergrund ihrer Investitionsbestrebungen.[649] Die Verwendung von Darlehen als Finanzierungsgrundlage kann also keine sinnvolle Finanzierungslösung sein, weil hierdurch keine Gerechtigkeit im Sinne der *maqāṣid* herbeigeführt werden kann. Die Vermeidung von *ribā* ist somit gleichbedeutend mit der Idee von Gerechtigkeit, die darin liegt, eine Äquivalenz der Leistung und ihrer Gegenleistung herzustellen.[650] Denn durch die Vergabe verzinster Darlehen beteiligt sich die Bank nicht am unternehmerischen Risiko des Darlehensnehmers. Entstehen durch die Unternehmung Verluste, hat die Bank trotz der Zahlungsschwierigkeit bzw. -unfähigkeit des Darlehensnehmers weiterhin Anspruch auf die Darlehenssumme nebst den vereinbarten Zinsen.[651] Der Darlehensnehmer hat also neben seinem unternehmerischen Verlust auch die verzinste Darlehenssumme zu tragen. Da die Bank Darlehen in der Regel nicht ohne Sicherheiten vergibt, besteht also für den Schuldner die Gefahr, sein der Bank zur Sicherheit überlassenes Eigentum an diese zu verlieren. Die unter Umständen fehlende Differenz aus der Liquidierung der Sicherheit und des geschuldeten Darlehensbetrags nebst Zinsen bleibt er der Bank weiterhin

---

646 Dusuki/Abozaid, *A Critical Appraisal on the Challenges of Realizing Maqasid al-Shariah*, S. 144 ff.

647 Ahmed, *Maqāṣid al-Sharīʿah and Islamic Financial Products*, S. 150 ff.

648 Thabti, *Islamic Banking*, S. 217.

649 Im Rahmen der *maqāṣid*-Lehre aš-Šāṭibīs kann nur dadurch die Intention der Scharia erreicht werden; vgl. aš-Šāṭibī, *al-Muwāfaqāt*, Bd. 1, S. 494.

650 Vgl. Iqbal/Mirakhor, *An Introduction*, S. 45 f.

651 Vgl. § 488 Abs. 1 Satz 2 BGB; eine Verlusttragung seitens des Darlehensgebers ist nicht vorgesehen.

schuldig.[652] Im Sinne der *maqāṣid* wird eine solche Vorgehensweise zur Finanzierung der Wirtschaft als nicht gerecht betrachtet. Eine mögliche Alternative, die sich aus der Regel „der Gewinn geht mit dem Risiko" (*al-ġunm bi-l ġurm*)[653] ableitet, geht mit dem Kapitalnehmer eine Partnerschaft ein, die von einer Gewinn- und Verlust-Beteiligung gekennzeichnet ist. Der Partnerschaftscharakter hätte eine erhöhte Sorgfalt bei der Überwachung des finanzierten Projekts zur Folge. Das Interesse des Finanziers ist dadurch nicht mehr primär auf die Rückzahlung des bereitgestellten Kapitals ausgerichtet, sondern auf dessen effiziente Verwendung innerhalb der Unternehmung, auf die Umsetzung der *maqāṣid*, den gesellschaftlichen Nutzen und die Vermeidung umweltschädigender Materialien und Verfahren.

Die Darlehensvariante wäre somit eine Fremdkapitalfinanzierung, die den Gewinn für den Kapitalgeber vom Risiko und der Sinnhaftigkeit[654] des zu finanzierenden Projekts separiert und anders funktioniert als eine auf der Bereitstellung von Eigenkapital basierende Partnerschaft (wie *muḍāraba* oder *mušāraka*), in der Gewinn und Risiko nicht getrennt werden dürfen.[655] Die Unterscheidung in Fremd- und Eigenkapital spiegelt die Risikotragung des Finanziers und somit den Umfang der Belastung des Unternehmers hinsichtlich der Gestaltungsmöglichkeit seiner Unternehmung wider. Um Fremdkapital handelt es sich immer dann, wenn der Kapitalgeber (Darlehensgeber) zwar am Risiko der vom Kapitalnehmer (Darlehensnehmer) auszuführenden Tätigkeit nicht partizipiert, jedoch bei

652 Mit der Folge der Privatinsolvenz des Darlehensnehmers und der anschließenden Abschreibung seitens des Darlehensgebers; vgl. Becker/Peppmeier, *Bankbetriebslehre*, S. 562.

653 Diese Regel findet sich sowohl in der Lehre der *qawāʿid fiqhiyya* als auch in der Portfoliotheorie wieder; zur Portfoliotheorie vgl. Bacher, *Bankmanagement*, S. 232 f., und zur *fiqh*-Maxime Ḫūǧa, *an-Niẓām*, S. 91 ff.

654 In der Regel wird die Sinnhaftigkeit nur berücksichtigt, soweit sie für die Sicherstellung der Rückzahlung maßgebend ist. Zu den schädlichen Folgen umweltschädlicher Projekte siehe etwa den Bericht, der der Frage nachgeht, inwieweit deutsche Finanzinstitute in Waffengeschäfte involviert sind, unter: http://www.facing-finance.org/files/2016/04/waffenmeinerbank.pdf; eine Bewertung deutscher Finanzinstitute, die ökologische und soziale Selbstverpflichtungen eingegangen sind, dennoch aber kontroverse Unternehmen finanzieren: http://www.fairfinanceguide.de; eine Übersicht zu der Frage „Wie fair & nachhaltig ist die Deutsche Bank?": http://www.fairfinanceguide.de/ffg-d/banken/deutsche-bank/; „Dirty Profits 4 – Report on Companies and Financial Institutions Benefiting from Violations of Human Rights": http://www.facing-finance.org/files/2016/02/ff_dp4_EN_WEB.pdf (alle letzter Zugriff: 27.6.2016).

655 Ayub, *Understanding Islamic Finance*, S. 81 f.

Begründung der Forderung einen Gewinn (Zins) beansprucht, dessen Realisierung ungewiss ist.[656] Diese Asymmetrie der fremdkapitalbasierten Finanzierung und die Belohnung derselben können nur dann gerechtfertigt werden, wenn das bereitgestellte Fremdkapital an sich einen Wert aufweist, also ein intrinsischer Wert des bereitgestellten Geldes angenommen wird.[657] Das ist bei der Zinsdefinition jedoch nur dann gültig, wenn Zeit einen eindeutig feststellbaren Wert besitzt.[658] Durch diese auf Zeit basierende Definition des Geldes wird der Kapitalgeber zur Nicht-Teilnahme an wirtschaftlicher Aktivität bewegt, wogegen der Kapitalnehmer bei erfolgreicher Wirtschaftsaktivität den Kapitalgeber am Erfolg teilhaben lässt.[659] Im Falle des Misslingens bleibt der Geldgeber davon nicht nur unberührt, sondern er hat Anspruch auf den gleichen Geldbetrag, der sich im Falle des Erfolgs ergeben hätte.[660] Langfristig ergibt sich nach dieser Logik eine Konservierung des Zustands von Kapitalgebern, wobei Kapitalnehmer durch erfolgreiche Aktivitäten zu Kapitalgebern werden können. Offensichtlich ist nach diesem Zeit-Preis-Verständnis die Zeit mit den einen nachsichtiger, den anderen gegenüber aber weniger nachgiebig.[661] Aus Sicht der *maqāṣid* kann erst durch eine Eigenkapitalbeteiligung, die gleichbedeutend mit Risikobeteiligung ist, eine gerechte Finanzierung der realen Wirtschaft erreicht werden, was zu sozio-ökonomischer Gerechtigkeit führen kann.[662]

Finanzierungsunternehmen, die von den *maqāṣid* geprägt sind, unterscheiden sich auch durch ihren immanent ethischen Investitionscharakter.[663] Dieser wird einerseits durch eine Restriktion hinsichtlich der Investitionsfelder (Negativliste) gewährleistet: Spekulationen mit dem Charakter eines Nullsummenspiels, Investitionen in zinsbasierende Vermögenswerte, in Alkohol, Pornographie, Rüstung,

---

656 Valeva, *Theoretische Grundlegung ethischer Bankbetriebslehre*, S. 194 f.

657 Ebd.

658 Ebd.

659 Ebd.

660 Brown/Hassan/Skully, *Operational Efficiency and Performance of Islamic Banks*, S. 97.

661 Saad Abdul Sattar Al-Harran, *Islamic Finance - Partnership Financing*, Petaling Jaya 1993, S. 23 ff.; Valeva, *Theoretische Grundlegung ethischer Bankbetriebslehre*, S. 196 f.

662 Iqbal/Mirakhor, *An Introduction*, S. 45 f.; Ayub, *Understanding Islamic Finance*, S. 113 f.

663 Die Praxis hat davon weitgehend Abstand genommen, wofür sie in der Literatur kritisiert wird; siehe Robert R. Bianchi, *The Revolution in Islamic Finance*, in: Chicago Journal of International Law, Vol. 7, 2007, No. 2, (569–580) S. 573; und ausführlich Mahmoud A. El-Gamal, *Mutuality as an Antidote to Rent-seeking Shari'ah-arbitrage in Islamic Finance*, Houston, 2005, (1–13) S. 1, 3–4, 7–11, verfügbar unter: http://www.ruf.rice.edu/~elgamal/files/Mutuality.pdf (letzter Zugriff: 23.4.2015).

die Tabakindustrie, Drogen u.ä.[664] werden hier ausgeschlossen,[665] da angenommen wird, dass sie der Gesellschaft schaden. Die gesellschaftliche Verantwortung, welche die Einhaltung dieser Vorgaben erfordert, verlangt andererseits bei der Finanzierungsentscheidung die Berücksichtigung förderlicher Kriterien (Positivkriterien),[666] die einen gesellschaftlichen, ökologischen Mehrwert generieren sollen.

Das Hauptziel des Islamic Banking, die sozioökonomische Gerechtigkeit, rührt aus der islamischen ontologischen Vorstellung her, wonach jeder Mensch in dieser Welt Statthalter Gottes (*ḫalīfat Allāh*) ist.[667] Als solche verstehen sich auch die islamischen Banken in ihrem Wirkungsbereich innerhalb der Gesellschaft und sehen sich folglich damit beauftragt, im Rahmen ihrer Tätigkeit Gerechtigkeit herzustellen. Damit kommt diesen Banken eine entscheidende gesellschaftliche und ökonomische Rolle zu, da sie von denjenigen, die Zahlungsmittelüberschuss besitzen, Kapital entgegennehmen und es denjenigen bereitstellen, die es für ihre Unternehmungen benötigen, wobei sie darüber entscheiden, wem sie es bereitstellen.[668] Banken, die den Anspruch erheben, sich an die Vorgaben der Scharia zu halten, kommunizieren das entsprechend und bieten deshalb nur jene Finanzierungen an, die für die Gesellschaft nutzbringend sind.[669] Das Allgemeinwohl stellt im Sinne der *maqāṣid* somit das Primat des islamischen Wirtschaftsverständnisses dar, ohne die Rolle des Individuums zu verkennen.[670] Die Balance zwischen Individualinteressen und Allgemeinwohl

---

664 Diese Aufzählung ist nicht abschließend und müsste fortlaufend um neu auftretende, schadenverursachende Industrien ergänzt werden. Das Erfordernis ergibt sich hierbei aus der Idee der Intentionen, die fünf Universalrechte u.a. durch Abwendung von Schäden zu schützen (*al-ḥifẓ min ǧānib al-ʿadam*).

665 Abdul-Rahman, *The Art of Islamic Banking and Finance*, S. 422.

666 So handhaben es ethische Banken hierzulande; siehe bspw. die GLS unter: https://www.gls.de/privatkunden/ueber-die-gls-bank/arbeitsweisen/anlage-und-finanzierungsgrundsaetze/ (letzter Zugriff: 5.3.2016) und die Ethikbank unter: https://www.ethikbank.de/die-ethikbank/anlagekriterien.html#c729 (letzter Zugriff: 6.3.2016).

667 Vgl. Vers 2:30 („Und als dein Herr zu den Engeln sagte: ‚Ich bin dabei, auf der Erde einen Statthalter einzusetzen' […]") und 51:56 („Und Ich habe die Ginn und die Menschen nur darum erschaffen, damit sie Mir dienen").

668 Dusuki/Abdullah, *Maqasid al-Shariah*, S. 33.

669 Hierunter könnten auch konventionelle und ethische Banken subsumiert werden, die soziale und umweltschonende Projekte fördern. Mit der Frage, ob dies tatsächlich passiert, beschäftigen sich Nichtregierungsorganisationen (NGOs); siehe bspw. facing-finance und urgewald.

670 Valeva, *Theoretische Grundlegung ethischer Bankbetriebslehre*, S. 180 f.

wird dabei auf der Basis des islamischen Menschenbilds gesucht, das den Menschen als Verwalter des Gotteseigentums betrachtet.[671] Wer als bloßer Verwalter agiert, hat sein Handeln am eigentlichen Eigentümer auszurichten, und die individuelle Freiheit als Verwalter erlangt durch diese implizite Gleichstellung aller Menschen Begrenzungen, während die Gesellschaft hierdurch eine Aufwertung gegenüber den Einzelnen erfährt. Kapital und Kapitalzuwachs werden in diesem Zusammenhang nicht als Selbstzweck gesehen, sondern vielmehr als Mittel gesellschaftsförderlicher Ziele.

Gerechtigkeit und Fairness sollen im Islamic Banking eine entscheidende Rolle spielen. Jede eingegangene Beziehung muss im Sinne dieses Konzepts deshalb gerecht und fair erfolgen.[672] Aufforderungen zu gerechtem Handeln finden sich im Koran an zahlreichen Stellen.[673] Durch gerechtes und faires Verhalten sollen die Rechte aller Marktakteure, die alle gleich behandelt werden, gewahrt und nicht verletzt werden. Ein solches Verhalten verlangt jedoch Ehrlichkeit und Aufrichtigkeit hinsichtlich der Angebote und der vertraglichen Verpflichtungen.[674] Das Islamic Banking gründet insgesamt auf drei Grundprinzipien, die sich aus den vorgestellten Intentionen der Scharia ableiten lassen: dem Prinzip der Gleichheit und Gerechtigkeit, dem der Beteiligung und dem der Eigentümerschaft.

Das Prinzip der Gleichheit und Gerechtigkeit verlangt, dass eine Vermehrung von Vermögen stets mit produktiver Tätigkeit einhergehen muss. Dieses Prinzip ist zugleich die Grundlage für das Verbot von *ribā* als ungerechtfertigte Vermehrung des Vermögens und *ġarar* als vertragliche Zweideutigkeit bzw. Unsicherheit. In diesem Sinne haben Transaktionspartner eine moralische Pflicht, entscheidungsrelevante Informationen offenzulegen, bevor sie einen Vertrag eingehen. Dadurch soll die Informationsasymmetrie verringert werden; andernfalls würde das Vorhandensein von *ġarar* den Vertrag unwirksam machen.

---

671 Ebd.

672 Ayub, *Understanding Islamic Finance*, S. 64.

673 Vgl. Koran 5:8 („O ihr, die ihr glaubt! Setzt euch für Allah ein und seid Zeugen der Gerechtigkeit. Und der Haß gegen eine Gruppe soll euch nicht (dazu) verleiten, anders als gerecht zu handeln. Seid gerecht, das ist der Gottesfurcht näher. Und fürchtet Allah; wahrlich, Allah ist eures Tuns kundig."), 4:135 („O ihr, die ihr glaubt, tretet für die Gerechtigkeit ein und legt Zeugnis für Gott ab, auch wenn es gegen euch selbst oder gegen die Eltern und die Angehörigen sein sollte."), 2:188 („Und zehrt nicht euren Besitz untereinander auf nichtige Weise auf und besticht nicht damit die Richter, um einen Teil des Besitzes der Menschen in sündhafter Weise zu verzehren, wo ihr (es) doch wißt.").

674 Ayub, *Understanding Islamic Finance*, S. 65.

Das Prinzip der Beteiligung besagt, dass ein Kapitaleinsatz ohne Risikobereitschaft nicht belohnt werden darf. Das *ribā*-Verbot bedeutet nicht, dass die Bereitstellung von Kapital nicht belohnt werden soll. Vielmehr wird der Gewinn (Belohnung) durch die Bereitschaft gerechtfertigt, Risiken einzugehen.[675] Das Prinzip der Beteiligung kann aus Sicht der Scharia als ein Kernelement des Finanzgeschäfts betrachtet werden, das sicherstellt, dass die Vermögenszunahme abhängig von der realwirtschaftlichen Tätigkeit verläuft.[676]

Das Prinzip der Eigentümerschaft gründet auf der Regel, dass man nicht verkaufen darf, was man nicht als Eigentümer besitzt.[677] Darüber hinaus besagt das Prinzip, dass man ohne eine rechtmäßige Grundlage nicht enteignet werden darf, was aus Sicht der Scharia bei einem verzinsten Darlehen in Bezug auf den Zins eine unrechtmäßige Enteignung darstellt.

3.7.3 Scharia-Konformität und Sharia Boards

Der im Islamic Banking zentrale Begriff der Scharia-Konformität – auch Islam-Konformität genannt – steht für die Einhaltung der Scharia-Vorgaben, die sich auf Geschäftsprozesse, Verträge, Produkte und Kundenberatung erstrecken.[678] Die Scharia-Konformität ist für eine islamische Bank *das* konstitutive Kriterium, um sich als „islamisch“ bezeichnen zu können. Sie stellt ihr Alleinstellungsmerkmal gegenüber den konventionellen wie auch den ethischen Banken dar. Was aber unter den Begriffen *Scharia* bzw. *Islam* im Islamic Banking genau verstanden wird, bleibt bei Betrachtung der externen Kommunikation islamischer Banken häufig unklar. Untersuchungen zeigen, dass diese Unklarheit durch die Diskrepanz zwischen Anspruch und Wirklichkeit begründet ist.[679] Die Aussage, sozial verantwortlich, ethisch nachhaltig und den islamischen Werten entsprechend zu agieren,

675 Die bloße Laufzeit ist aus Sicht der Intentionen der Scharia kein Argument für die Begründung von Gewinn. Dieser entsteht abhängig von *Asset Performance* bzw. der Projektentwicklung, wodurch die korrelative Beziehung zwischen Kapital und realwirtschaftlicher Unternehmung sichtbar wird; vgl. Mumtaz Hussain/Asghar Shahmoradi/Rima Turk, *An Overview of Islamic Finance*, IMF Working Paper, WP/15/120, 2015, (1–34) S. 6.

676 Ebd.

677 Bspw. Leerverkäufe.

678 Ayub, *Understanding Islamic Finance*, S. 16.

679 M. Houssem Eddine Bedoui, *Shari'a-based ethical performance measurement framework*, 2012, (1–12) S. 1; Mohammad Nejatullah Siddiqi, *Islamic Banking and Finance*, S. 2 ff.

lässt keinen Niederschlag in der Realität erkennen.[680] Vielmehr wirkt es so, dass in der Praxis unter Scharia-Konformität die Tatsache verstanden wird, dass eine Bank ihre Verträge und Produkte so gestaltet, dass sie den islamischen formaljuristischen Anforderungen genügen.[681] Das der Scharia-Konformität zugrunde gelegte Verständnis entspricht also dem formalistischen Ansatz. Der intentionale Ansatz umfasst über die Form hinaus den Schutz des Lebens, der Umwelt, der Nachkommen und des Vermögens.[682] Dieser Schutz erstreckt sich also auf das Kollektiv, die Gesellschaft. Zur umfassenden Berücksichtigung müssen die möglichen rechtlichen, ökonomischen, gesellschaftlichen und ökologischen Folgen betrachtet werden, die sowohl die Vertragsparteien im engeren als auch die Stakeholder und die Umwelt im weiteren Sinne umfassen. Für die Gewährleistung des Schutzes der in der *maqāṣid*-Lehre genannten Rechtsgüter sind die Folgen der intendierten Finanzierung wegen ihrer weitreichenden und sich oft erst mittel- bis langfristig abzeichnenden möglichen Schäden für Mensch und Natur daher einzuschätzen. Die Finanzierungsentscheidung sollte insofern von der Nachhaltigkeit des Projekts und vom mittel- bis langfristigen ökonomischen Gewinn abhängen.

Die Begriffe „islamisch", „Islam-konform" und „Scharia-konform" sind Synonyme, die im Islamic Banking keine klare Abgrenzung erfahren. In der Theorie wie auch in der praktischen Umsetzung wird eine zunehmende Diskrepanz deutlich. Zwar decken sich die Vorstellungen über Islamic Banking in der Praxis mit den Vorstellungen in der Theorie, wenn es sich um den Bereich Marketing und Vertrieb, also die Öffentlichkeitsarbeit, handelt. Jedoch ist davon auszugehen, dass die innerbetriebliche Umsetzung bei den Banken stark divergiert.[683] Die beiden besprochenen Ansätze (formalistisch vs. intentional) bilden die Basis für das Verständnis von Islam-Konformität einer Bank. Die Wahl des Ansatzes obliegt dabei den Shareholdern, vertreten durch den Aufsichtsrat und das Management. Je nachdem, welchen Ansatz diese Akteure im Rahmen ihres Selbstverständnisses wählen, ergibt sich für das Geschäftsmodell und insbesondere für die Produktentwicklung die Form der vertraglichen Gestaltung. Darüber hinaus bestimmen für das Institut exogene Faktoren (aufsichtsrechtliche, regulatorische Rahmenbedingungen) darüber, welcher der Ansätze möglich ist.

---

680 Asutay/Harningtyas, *Developing Maqasid al-Shari'ah Index*, S. 36 ff.

681 Mohammad Akram Laldin/Hafas Furqani, *The Development of Islamic Finance: Reflecting the Achievment and Direction*, 9th International Conference on Islamic Economics and Finance, 2013, (1–20) http://conference.qfis.edu.qa/app/media/7012 (letzter Zugriff: 12.1.2014), S. 6 f.

682 Dusuki/Abdullah, *Maqasid al-Shariah*, S. 31 f.

683 Asutay/Harningtyas, *Developing Maqasid al-Shari'ah Index*, S. 36 ff.

Hierbei spielt der rechtliche Rahmen eine entscheidende Rolle, weil er die praktischen Möglichkeiten im Bankwesen u.a. zwecks Einlagengarantie stark eingrenzt. Die Islam-Konformität bedeutet in der Praxis je nach Jurisdiktion und *Sharia Board* etwas anderes. Das kann aus rechtlicher Sicht zu erheblichen Risiken (Scharia-Risiko) führen, die von der jeweiligen Rechtsprechung abhängen.[684] Die Islam-Konformität kann damit ein Risiko mit Blick auf die Durchsetzbarkeit von Ansprüchen vor Gericht darstellen.[685] Umso wichtiger ist es daher sowohl für islamische Banken als auch für Interessenten, ein klares Verständnis davon zu erlangen, was eine Islam-konforme Transaktion im Rahmen des geltenden Rechts ist, um Rechtssicherheit zu haben.[686] Der formalistische Ansatz verfolgt im Kreditgeschäft bspw., wie oben gesehen, die Nachbildung verzinster Darlehen. So durchgeführte Transaktionen werden daher sehr wahrscheinlich und ganz zu Recht vom Richter nicht als Handels-, sondern als Darlehensgeschäfte gewürdigt.[687] Dem intentionalen Ansatz folgend müsste hier im Sinne des geltenden Rechts aber ein Handelsgeschäft durchgeführt werden, das als solches richterlich anerkannt würde.[688] Die Lösung für das Problem des Scharia-Risikos könnte daher in Transparenz und einer dem kommunizierten Zweck dienender (dem Handel entsprechender) Vertragsstrukturierung liegen. Auch wäre im Zuge einer steigenden Zahl islamischer Banken auf aufsichtsrechtlicher Ebene zu überlegen, ob eine Standardisierung und inhaltliche Homogenisierung im Sinne sowohl der Islamic-Banking-Industrie als auch des Vermögensschutzes angebracht ist.[689]

---

684 Ausführlich hierzu siehe Bälz, *Sharia Risk?*, S. 8 ff.

685 Ebd.

686 Deshalb ist es von Vorteil, wenn die zuständigen Gremien nicht nur über die islamrechtliche Expertise verfügen, sondern mit dem geltenden Recht auch zumindest in Grundzügen vertraut sind.

687 So geschehen im Fall Beximco Pharmaceuticals Limited v. Shamil Bank of Bahrain; vgl. Colón, *Choice of Law and Islamic Finance*, S. 424 f.

688 Saiful Azhar Rosly, *Shariah Compliant Parameters Reconsidered*, in: International Journal of Islamic and Middle Eastern Finance and Management, Vol. 3, 2010, Issue 2, (132–146) S. 139 f. Andernfalls dürfe man nicht vom islamischen Recht, sondern müsse vielmehr vom islamischen Risiko bzw. *Sharia Risk* sprechen; vgl. Bälz, *Sharia Risk?*, S. 8.

689 Eine Standardisierung wie im malaysischen Modell wäre eine erstrebenswerte Lösung; vgl. *Sharia Resolution* der malaysischen Zentralbank Bank Negara unter dem Link http://www.bnm.gov.my/guidelines/01_banking/04_prudential_stds/07_shariah_resolution.pdf (letzter Zugriff: 17.10.2015).

Islamische Banken zeichnen sich im Vergleich zu konventionellen Banken durch die Existenz zweier Gremien[690] aus, die für die Gewährleistung der Islam-Konformität zuständig sind. Das der Geschäftsleitung untergeordnete, interne Gremium ist als Audit-Einheit zu verstehen, die für die Überwachung und Überprüfung der Islam-Konformität in den Prozessen, Transaktionen, Verträgen, Produkten und Beratungen verantwortlich ist.[691] Der im Zentrum dieser Aufgabe stehende Begriff der Islam-Konformität ist in diesem Zusammenhang klar definiert: Er bedeutet die Konformität mit den Beschlüssen des externen Gremiums, des sog. *Sharia Boards*. Die interne Audit-Einheit ist somit nicht befugt, die Islam-Konformität selbst zu definieren, sondern sie ist von der Ausrichtung des *Sharia Boards* abhängig. Diesem Ausschuss – in einigen islamischen Banken im europäischen und angelsächsischen Raum auch *Ethikrat* oder *Ethik-Ausschuss* genannt – kommt die Aufgabe zu, alle Produkte, Prozesse und Verträge zu zertifizieren. Er legt damit fest, was „Islam-konform" ist und implizit daher auch, wie der Islam (im finanzwirtschaftlichen Bereich) zu verstehen ist. Er nimmt also die Aufgabe wahr, zu definieren, was der Islam im konkreten Fall der Bankprodukte bedeuten soll. Mit ihrem Bekenntnis zur Islam-Konformität ordnet sich die Geschäftsleitung freiwillig dem Diktum des *Sharia Boards* unter.[692] Umso wichtiger erscheint in diesem Zusammenhang die Frage nach der *maqāṣid*-kongruenz zwischen Geschäftsleitung und *Sharia Board*. Divergierende Vorstellungen darüber, wie der Islam im finanzwirtschaftlichen Sinne zu verstehen ist und welche Rolle er konkret[693] spielt, können sich nachteilig auf Effizienz und Rentabilität auswirken. Die Empfehlungen des Ausschusses bilden für die Geschäftsleitung zur Wahrung der Alleinverantwortlichkeit des Vorstands nach § 76 Abs. 1 AktG zwar formal eine unverbindliche Meinung, an die sie nicht gebunden ist. Die Geschäftsleitung läuft jedoch bei Missachten der Empfehlungen des *Sharia Boards* Gefahr, gegen die eigene Selbstverpflichtung zu verstoßen und an Reputation zu verlieren, was sich in erheblichen monetären Verlusten ausdrücken kann.[694]

---

690 Die Rechtsgrundlage für die Gründung dieser Gremien ergibt sich in der Regel aus der bankinternen Satzung.

691 Ǧumʿa/Sirāǧ/Badrān, *Mausūʿat fatāwā*, Bd. 18, S. 37 f.

692 Sorge, *Mitglieder des Sharia Boards*, S. 364.

693 In den Bereichen Geschäftspolitik, Geschäftsmodell, Produktentwicklung, Vertragsgestaltung.

694 Hierin kann eine faktische Bindungswirkung vermutet werden, die die Eigenverantwortlichkeit der Geschäftsleitung beeinträchtigen kann. Bei einer solchen Argumentation sollte in der Konsequenz dann aber auch bei Wirtschafts- und Rechtsberatern

3.7.3.1 Das ribā-Verbot

Das kennzeichnende Merkmal des islamischen Finanzwesens ist das *ribā*-Verbot. Dieser Begriff birgt einige Schwierigkeiten, die bereits mit dessen Übersetzung beginnen. Denn *ribā* mit *Zins* zu übersetzen, wäre deshalb falsch, weil das Wort Zins nicht nur den Geldzins meint, sondern beispielsweise auch den Mietzins, der nicht *ribā* ist. Deshalb wird in dieser Arbeit der arabische *ribā*-Begriff beibehalten und mit „entgeltlicher Überlassung von Zahlungsmitteln" umschrieben.

Der Blick in den Koran zeigt einen etappenweisen Prozess zum Verbot von *ribā*.[695] In der mekkanischen Zeit wird *ribā* lediglich mit *zakāt* in Zusammenhang gebracht. So besagt Vers 30:39:

> „Derjenige, der *ribā* praktiziert, um sein Vermögen durch anderes zu vermehren, wird nicht den Segen Gottes erhalten. Was ihr aber aus Verlangen nach dem Angesicht Gottes als Almosen gebt, das sollt ihr verdoppelt wiedererhalten."

An diesem Vers ist zwar eine ablehnende Haltung gegenüber *ribā* deutlich, jedoch wird kein eindeutiges Verbot ausgesprochen. Ein kategorisches *ribā*-Verbot kam erst in der medinensischen Zeit.[696] In den Versen 3:130–131 wird erklärt:

> „O Gläubige, praktiziert nicht den *ribā* durch andauerndes Verdoppeln. Fürchtet Gott, damit ihr glücklich seid, und fürchtet das Feuer, das den Ungläubigen bestimmt ist."

Ausführlicher dann wird die Thematik in Vers 2:275 behandelt:

> „Die nun *ribā* praktizieren, werden einst mit Krämpfen auferstehen als vom Satan Besessene; deshalb, weil sie sagen: ‚Handel ist gleich *ribā*'. Aber Gott hat den Handel erlaubt und *ribā* verboten. Wer dies nun, von Gott ermahnt, unterlässt, dem wird Vergebung für das Vergangene zuteil, wenn er hinfort seine Geschäfte nach Gottes Willen treibt. Wer aber von neuem *ribā* praktiziert, wird ein Bewohner des Höllenfeuers, darin wird er bleiben. Dem *ribā* wird Gott wehren, die Tat der Almosen aber mehren. Gott liebt die Gottlosen nicht. Die, welche glauben, Gutes tun, das Gebet verrichten und Almosen geben, haben Lohn von ihrem Herrn zu erwarten; weder Furcht noch Trauer kommt über sie. O Gläubige, fürchtet Gott und gebt das, was ihr in der Vergangenheit durch *ribā* erlangt habt, zurück, wenn ihr wahre Gläubige seid. Tut ihr das aber nicht, so ist euch Krieg von Gott und seinem Propheten verkündet. Doch bekehrt ihr euch in Reue, steht euch euer Kapital zu, sodass weder ihr Unrecht tut noch euch Unrecht getan wird."

---

eine Mitbestimmung derselben vermutet werden, weil auch hier bei Missachten der Empfehlungen der Berater Rechts- und Reputationsrisiken entstehen können.

695 Abū Zahra, *Buḥūṯ fī r-ribā*, S. 15.

696 Ebd., S. 16 f.

Aus den Versen wird klar, dass *ribā* im Sinne der Quellen eine schwere Sünde darstellt und zu Vermögensschaden führt, weshalb diese Praxis verboten wurde. Fraglich bleibt in diesem Zusammenhang jedoch, was mit *ribā* genau gemeint ist. Klar wird immerhin, dass es sich bei *ribā* um einen vorislamischen Handelsbrauch handelt, bei dem die ursprüngliche Schuld im Falle der Zahlungsunfähigkeit immer wieder verdoppelt wurde. Rechtsgelehrte haben die letzte Koranstelle auch so verstanden, dass der Profit im Handel ausdrücklich erlaubt, Gewinne aus *ribā* aber gänzlich untersagt sind.[697]

In der Prophetentradition lassen sich konkretere Angaben zum *ribā* finden. Hier wird *ribā* in zwei Kategorien eingeteilt: *ribā al-faḍl* und *ribā an-nasīʾa*.[698] *Ribā al-faḍl* (auch *ribā al-buyūʿ*) meint den unerlaubten Überschuss eines der beiden ausgetauschten Güter.[699] Der Begriff *ribā an-nasīʾa* (auch *ribā ad-duyūn*) leitet sich von dem erwähnten Hadith ab und meint den Fall, in dem die dort genannten Güter zeitlich verzögert ausgetauscht werden, ganz gleich, ob ein Überschuss an Gewicht oder Menge besteht. Bei al-Buḫārī, Muslim und anderen findet sich etwa der Hadith:

> „Wenn die ausgetauschten Waren zu unterschiedlichen Genera gehören, ist ihr Austausch ohne Einschränkung zulässig, vorausgesetzt, dies geschieht Zug um Zug."[700]

Wird beispielsweise Gold gegen Silber, also Ware unterschiedlicher Art getauscht, so soll das direkt und nicht zeitlich verzögert geschehen.[701] Es gibt auch Hadithe, die sich explizit auf verzinste Darlehen beziehen:

> „Jedes Darlehen, das einen Mehrbetrag (*nafʿ*) bringt, ist *ribā*."[702]

Ein dem Prophetengenossen ʿAbdullāh ibn Salām zugeschriebener Ausspruch ist hier ebenfalls heranzuziehen:

> „Du bist bei einem Volk, in dem *ribā* weit verbreitet ist. Wenn ein anderer dir etwas schuldet und dieser dir eine Ladung Stroh oder eine Ladung Gerste oder Viehfutter (arab.: *qatt*) schenkt, dann nimm es nicht an, denn das ist *ribā*."[703]

---

697 Ayub, *Understanding Islamic Finance*, S. 75.

698 Ebd., S. 46.

699 Der Zeitfaktor bzw. die Zeitpräferenz spielt bei dieser Konstellation keine Rolle, da der Tausch Zug um Zug ohne zeitliche Verschiebung einer Leistung erfolgt. Für den zugrunde liegenden Hadith siehe Fn. 290.

700 Al-Buḫārī, *Ṣaḥīḥ*, Nr. 2182.

701 Ayub, *Understanding Islamic Finance*, S. 47, 74 ff.

702 Mirakhor/Zaidi, *Profit-and-Loss sharing contracts*, S. 51 f.

703 Al-Buḫārī, *Ṣaḥīḥ*, Nr. 3814.

Dem *ribā*-Verbot kommt im Zusammenhang mit finanzwirtschaftlichen Geschäften besonders bei der Konstruktion von Finanzierungsprodukten eine wichtige Rolle zu. Die Einhaltung des Verbots hängt u.a. eng mit der Einhaltung der Islam-Konformität der Bank zusammen und ist vom Scharia-Audit hinsichtlich der Anwendung der Produkte zu untersuchen. Besonders bei Feststellung divergierender Intentionen kommt der Überwachung eine bedeutende Rolle zu, weil in diesem Fall eine hohe Wahrscheinlichkeit besteht, dass die Bank Umgehungstechniken verwendet, um verzinste Darlehen „Islam-konform" nachzubilden.[704] Aus dem *ribā*-Verbot ergeben sich für islamische Banken also zwei Finanzierungstypen: Beteiligungs- und handelstypische Transaktionen.[705]

Im Rahmen der beteiligungstypischen Transaktion tritt die Bank als Investor auf, der sich an der Unternehmensentwicklung beteiligt. Hierbei kann es sich um die Beteiligung an einer Neugründung oder an einem bestehenden Unternehmen handeln. Die Bank stellt dem Kapitalnehmer das Kapital zur Verfügung und vereinbart mit diesem einen prozentualen Gewinnanteil für den Fall eines Gewinns.[706] Im Verlustfall hat die Bank keinen Anspruch auf das bereitgestellte Kapital, sofern der Kapitalnehmer den Verlust nicht zu verschulden hat.[707] Dadurch entwickelt sich das Kapitalwachstum (Finanzebene) in Abhängigkeit von der realwirtschaftlichen Entwicklung des Unternehmens und erfährt nur dann einen Zuwachs, wenn das Unternehmen einen realwirtschaftlichen Mehrwert generiert.[708]

Soll eine handelstypische Finanzierung erfolgen, erwirbt die Bank die zu finanzierende Ware zunächst selbst und erlangt Eigentum daran.[709] Hierdurch

704 So gesehen bei der Entwicklung von *ṣukūk*-Geschäften, die im Kern Zinsprodukte abbilden sollten und in der Folge als nicht Islam-konform beurteilt wurden; siehe Usmani, *Sukuk and their Contemporary Applications*, S. 4 ff.; zum *organized-tawarruq* siehe Ismon, *Legality of Tawarruq in Islamic Finance*, S. 83 ff. Dies gab der AAOIFI Anlass, einen *ṣukūk*-Standard zu entwickeln, der die Islam-konforme Umsetzung beschrieb; siehe AAOIFI, *Sharia Standard*, No. 17, und https://islamicbankers.files.wordpress.com/2008/09/aaoifi_sb_sukuk_feb2008_eng.pdf (letzter Zugriff: 14.3.2015). Daneben bestehen auch im Retailgeschäft realisierte Konzepte zur Umgehung des *ribā*-Verbots wie die *reverse murābaḥa*, die *commodity murābaḥa* und die gelebte Praxis der *muḍāraba* im Rahmen des hiesigen Aufsichtsrechts.

705 Ayub, *Understanding Islamic Finance*, S. 76.

706 Der Gewinnanteil bezieht sich nicht auf das Kapital, sondern auf den Nettoprofit.

707 Mirakhor/Zaidi, *Profit-and-Loss sharing contracts*, S. 53 f.

708 Ebd.

709 Ebd., S. 52.

kann sie die Ware an den Kunden mit einem Gewinnaufschlag veräußern.[710] Der Kunde ist der Bank somit den Kaufpreis schuldig, der feststeht und nicht mehr verändert werden darf.[711] Dadurch kann die an die Ware gekoppelte und durch sie begründete Schuld nicht mehr steigen. Zudem ist die Schuld aufgrund des *ribā*-Verbots nicht handelbar.[712] Verglichen mit der beteiligungsorientierten Finanzierung (*muḍāraba*) kommt die handelstypische Finanzierung (*murābaḥa*) einer konventionellen, auf Darlehen basierten Finanzierung näher, weshalb islamische Banken ihre Finanzierungen fast ausschließlich über *murābaḥa* abwickeln.[713] Der Gewinnaufschlag auf den Anschaffungspreis, den islamische Banken veranschlagen, bemisst sich in der Regel nach dem herrschenden Zinssatz. Auch die Berechnung des Profits erfolgt auf der Grundlage eines Annuitätendarlehens, und der Profit wird *per annum* ausgewiesen. Dadurch wird der Anschein erweckt, dass der Profit nicht die Gewinnmarge des Kaufpreises darstellt, sondern die jährliche Verzinsung auf die noch offen stehende Forderung.[714]

3.7.3.2 Das maisir-Verbot

Der Begriff *maisir* lässt sich mit „Glücksspiel" übersetzen und bezeichnet einen Vertrag, in dem der Besitz einer Sache davon abhängig gemacht wird, ob in der Zukunft ein vorher festgelegtes, unsicheres Ereignis eintritt.[715] In finanzwirtschaftlichen Fragen impliziert das Verbot, dass ein Geschäft, das einen definitiven Gewinn für die eine und einen definitiven Verlust für die andere Vertragspartei enthält, als unzulässig gilt, sofern bei Vertragsschluss noch nicht feststeht, wer der Gewinner und wer der Verlierer sein wird.[716] Anders als bei einem

---

710 Ebd.

711 Die Forderung darf auch im Falle eines Zahlungsverzugs nicht steigen.

712 Mohammed Oubaidullah, *Securitization in Islam*, in: M. Kabir Hassan/Mervyn K. Lewis, *Handbook of Islamic Banking*, Cheltenham, 2007, (191–199) S. 191.

713 Mahmoud A. El-Gamal, *Islamic Bank Corporate Governance and Regulation: A Call for Mutualization*, Houston 2005, (1–19) S. 3. Quelle verfügbar unter: http://www.ruf.rice.edu/~elgamal/files/IBCGR.pdf (letzter Zugriff: 9.1.2016).

714 Man kann die Berechnungsgrundlage für irrelevant halten, solange der „Rückzahlungsbetrag" nicht variabel ist. Diese Argumentation lässt aber die Frage offen, wodurch sich dann eine islamische Bank, die als Zwischenhändler auftreten soll, von einer konventionellen Bank unterscheidet, die einen Kredit mit fester Zinsbindung anbietet, insbesondere dann, wenn die islamische Bank der „Prozessoptimierung" halber ihren Kunden im Innenverhältnis bevollmächtigt, in ihrem Namen die Ware zu erwerben, im Außenverhältnis aber der Kunde im eigenen Namen handelt.

715 Ayub, *Understanding Islamic Finance*, S. 61 f.

716 Ebd., S. 62.

Handelsgeschäft, in dem die tauschenden Parteien je ein Äquivalent für die von ihnen erbrachte Leistung erhalten, erhält hier eine Partei eine Leistung, ohne eine Gegenleistung erbringen zu müssen, und die andere erbringt eine Leistung, ohne eine entsprechende Gegenleistung zu erhalten.[717] Ein Geschäft, das für die eine Partei ein positives und für die andere ein negatives Ergebnis zur Folge hat, ist von den *maqāṣid* nicht intendiert.[718] Eine Leistung muss mit einer gleichwertigen Gegenleistung korrespondieren, sofern es sich nicht um eine einseitige und/oder gemeinnützige Leistung[719] handelt.

Anders als beim *ġarar* lassen sich zum *maisir* explizite Verbote im Koran finden. So heißt es in Vers 2/219:

> „Man fragt dich nach dem Wein und dem Losspiel (*maisir*). Sag: In ihnen liegt eine schwere Sünde. Und dabei sind sie für die Menschen (auch manchmal) von Nutzen. Die Sünde, die in ihnen liegt, ist aber größer als ihr Nutzen."

Und in den Versen 5/90–91 wird erklärt:

> „Ihr Gläubigen! Wein, das Losspiel (*maisir*), Opfersteine (*anṣāb*) und Lospfeile (*azlām*) sind (ein wahrer) Greuel (*riǧs*) und Teufelswerk. Meidet es! Vielleicht wird es euch (dann) wohlergehen. Der Satan will (ja) durch Wein und Losspiel (*maisir*) nur Feindschaft und Hass zwischen euch aufkommen lassen und euch vom Gedenken Gottes und vom Gebet abhalten. Wollt ihr denn nicht (damit) aufhören?"

Das *maisir*-Verbot soll vor korrespondenzloser Leistung schützen, die zu einer ungerechtfertigten (also ohne Gegenleistung stattfindenden) Verschiebung von Vermögen zugunsten einer Partei führt. Dadurch soll die soziale Verantwortung gewahrt und das Vermögen realwirtschaftlich nutzbringend verwendet werden. Durch den Vermögenseinsatz in *maisir*-Geschäften wird der Realwirtschaft nötiges Kapital entzogen. Zudem versprechen Wettgeschäfte eine im Vergleich zum geringen Einsatzbetrag unverhältnismäßig hohe Gewinnmarge.[720] Die Vermehrung des Kapitals wird somit zum Hauptziel der Transaktion. Es wird kein realwirtschaftlicher Mehrwert geschaffen, was aber von der Scharia intendiert wird. Ausgehend von den zur Wahl stehenden Ansatzmöglichkeiten werden islamische Banken, die sich im Kern als eine konventionelle Bank betrachten,

---

717 Ḫūǧa, *al-Madḫal*, S. 179 f.

718 Ayub, *Understanding Islamic Finance*, S. 61 f.

719 Bspw. Schenkung, Spende, Testament, Auslobung, Bürgschaft.

720 Ayub, *Understanding Islamic Finance*, S. 76; Sherin Kunhibava, *Derivatives in Islamic Finance*, ISRA Research Paper No. 7, 2010, (1–55) S. 35.

Wege finden, über die Kopplung des *maisir*-Geschäfts an Realgüter[721] unzulässige Geschäfte abzubilden. Die Frage nach dem verfolgten Ansatz der „islamischen" Bank ist also von entscheidender Bedeutung.

3.7.4 Das Risikomanagement islamischer Banken

Risiko birgt für Kapitaleinsätze die Möglichkeit eines positiven oder negativen Ertrags: Diese Tatsache machen sich erfolgreiche Unternehmen zunutze.[722] Ein wichtiges Element im Risikomanagement ist dabei das Risiko-Rendite-Profil. Danach können höhere Renditen nur dann erwartet werden, wenn höhere Risiken eingegangen werden. Da das Ziel der Finanzinstitute darin besteht, das Kapital der Shareholder zu vermehren, spielt das Management von Risiken eine immer größere Rolle. Neben den bereits erwähnten Risiken im konventionellen Banking gibt es für islamische Banken aufgrund ihrer handelsorientierten Natur weitere Risiken, die über die üblichen Risiken hinausgehen und von den Risikomanagement-Systemen nicht erfasst werden.[723] Damit sehen sich islamische Banken zwei Arten von Risiken ausgesetzt: solchen, die den Risiken traditioneller Finanzintermediäre ähneln, und solchen, die sich aus der Einhaltung der islamrechtlichen Anforderungen ergeben. Außerdem können diese Banken einige der Instrumente, die der Risikominderung dienen und die ihre konventionellen Pendants verwenden, aufgrund der islamrechtlichen Vorgaben nicht nutzen.

Die Aktiv- und Passivseite von islamischen Banken zeichnet sich durch einzigartige Risikomerkmale aus. Auf der Passivseite (Einlagengeschäft) wurde für das islamische Bankenmodell die sog. *One-Tier-muḍāraba* entwickelt, die durch das Prinzip der Gewinn- und Verlustbeteiligung der Einleger gekennzeichnet ist.[724] Dabei handelt es sich um Spar-, Festgeld- oder Beteiligungskonten, die von Sichteinlagen (Girokonten) zu unterscheiden sind, die ein zinsloses Darlehen des Kunden an die Bank darstellen.[725] Auf der Aktivseite (Kreditgeschäft)

---

721 Die Güter wechseln faktisch nicht den Eigentümer; vgl. Ayub, *Understanding Islamic Finance*, S. 209.

722 Aswath Damodaran, *Value and risk: beyond betas*, in: Financial Analysts Journal, 61, 2005, No. 2, (38–45).

723 Ahmed/Khan, *Risk Management*, S. 144.

724 So gesehen handelt es sich hierbei um ein Bail-In-System islamischer Banken, das momentan im Euro-Raum kontrovers diskutiert wird; vgl. http://www.handelsblatt.com/politik/deutschland/bail-in-vier-gesetze-sollen-bankenabwicklung-reformieren/10171568-2.html; http://www.faz.net/aktuell/politik/staat-und-recht/gastbeitrag-bail-in-wenn-die-sparer-haften-13436235.html (letzter Zugriff: 9.2.2016).

725 Ahmed/Khan, *Risk Management*, S. 144.

nehmen islamische Banken für die Finanzierung die *murābaḥa* in Anspruch. Die auf Gewinn- und Verlustbeteiligung basierenden Einlagen sollen durch die Erträge aus dem Kreditgeschäft belohnt werden. Dieser Umstand unterscheidet die islamischen grundsätzlich von konventionellen Banken, die ihre Einlagen und den angebotenen Zins (Belohnung) garantieren müssen.[726]

Laut dem *IFSB Standard No. 1* mit dem Titel „Guiding Principles of Risk Management for Institutions (other than Insurance Institutions) offering only Islamic Financial Services“ Ziffer 1.1 Unterziffer 15–18 sollen islamische Finanzinstitute über ein zuverlässiges Verfahren verfügen, das ihnen alle Elemente des Risikomanagements ermöglicht, einschließlich der Risiko-Identifikation, -Messung, -Minderung, -Überwachung, des Risiko-Reportings und der Risiko-Steuerung. Dieser Prozess erfordert die Implementierung geeigneter Richtlinien, Limits, Verfahren und effektiver Management-Informationssysteme (MIS) für das interne Risiko-Reporting und die Entscheidungsfindung, die für den Umfang, die Komplexität und die Art der Tätigkeit der islamischen Finanzinstitute angemessen sind.[727] Darüber hinaus sollen diese Finanzinstitute über ein angemessenes Kontrollsystem mit entsprechenden Prüfungen verfügen. Diese Prüfungen müssen die Einhaltung (a) der Scharia-Regeln und -Prinzipien sowie (b) der geltenden gesetzlichen und internen Richtlinien und Verfahren gewährleisten, und sie müssen (c) die Integrität der Risikomanagementprozesse berücksichtigen.[728] Des Weiteren sollen islamische Finanzinstitute die Qualität und Aktualität des Risiko-Reportings den Regulierungsbehörden zur Verfügung stellen. Neben einem formalen, standardisierten Reporting-System sollen sie darüber hinaus imstande sein, zusätzliche und freiwillige Informationen, die benötigt werden, um entstehende Probleme, die zu systemischen Risiken führen, erkennbar zu machen. Gegebenenfalls sollen im Reporting enthaltene Informationen vertraulich behandelt und nicht öffentlich gemacht werden.[729] Schließlich sollen islamische Finanzinstitute den Inhabern von Beteiligungskonten angemessen und rechtzeitig Informationen offenlegen, sodass die Einleger in der Lage sind, die Risiken und Chancen ihrer Beteiligungseinlage zu bewerten und ihre Einlage im Sinner ihrer eigenen Interessen im Wege des Entscheidungsprozesses zu

726 Islamische Banken, die aufgrund der Form der Bank den entsprechenden gesetzlichen Anforderungen gerecht werden müssen – bspw. die Einlagengarantie betreffend –, sehen sich ihnen fremden Risiken ausgesetzt.

727 IFSB, Standard No. 1, Ziffer 1.1, Teilziffer 15.

728 Ebd., Teilziffer 16.

729 Ebd., Teilziffer 17.

schützen. Dazu sollen geltende Formen der internationalen Rechnungslegung und entsprechende Prüfungsstandards verwendet werden.[730]

3.7.4.1 Die Risiken islamischer Banken

Mit dem Begriff *Adressausfallrisiko* – auch *Kreditrisiko* genannt – ist die Gefahr bezeichnet, dass ein Kreditnehmer (Adresse) den ihm gewährten Kredit nicht oder nicht vollständig vertragsgemäß zurückzahlen kann oder will.[731] Ein solches Risiko besteht in allen Finanzierungsinstrumenten islamischer Banken, so bspw. im Fall der *murābaḥa*. Die gestundete bzw. ratierliche Kaufpreiszahlung kann teilweise oder vollständig ausbleiben, etwa dann, wenn der Käufer (Bankkunde/Finanzierungsnachfrager) die Kaufpreiszahlung nicht leistet. Auch im Falle von Anlageprodukten wie der *muḍāraba* ist das Kreditrisiko präsent, etwa dann, wenn der Kapitalnehmer den vereinbarten Gewinnanteil – im Falle eines positiven Ertrags – nicht zahlt.[732] In diesem Fall besteht das Ausfallrisiko aufgrund des gegebenen asymmetrischen Informationsverhältnisses. Islamische Banken sind hier demselben Risiko ausgesetzt wie konventionelle Banken.

Unter *Marktrisiko* – auch *Marktpreisrisiko, Marktpreisänderungsrisiko* oder *systematisches Risiko* (in der Portfoliotheorie) – versteht man das Risiko finanzieller Verluste aufgrund sich ändernder Marktpreise (Wechselkurse, Aktienkurse, Rohstoffpreise).[733] Bei der *murābaḥa*-Finanzierung handelt es sich um eine Aufschlagfinanzierung, die derart gestaltet ist, dass die Bank das vom Kunden gewünschte Gut erwirbt und an diesen mit einem festgelegten Aufschlag veräußert. Dieser Aufschlag ist dadurch gekennzeichnet, dass er während der gesamten Laufzeit nicht verändert werden darf.[734] Die für den Aufschlag verwendete Benchmark – in der Regel der LIBOR oder EURIBOR – kann im Zeitablauf variieren, was zur Folge hat, dass eine islamische Bank aus einer erhöhten Benchmark nicht mehr profitieren kann.[735] Neben diesem Aufschlagsrisiko (*mark-up risk*) besteht für islamische Banken im Rahmen des Marktrisikos ein weiteres sog. *commodity*

730 Ebd., Teilziffer 18.

731 Ahmed/Khan, *Risk Management*, S. 144 f.

732 Ebd., S. 145.

733 Hannemann/Schneider/Weigl, *MaRisk*, S. 113.

734 Zumindest darf der Aufschlag, der ein Bestandteil des Kaufpreises ist, nicht erhöht werden. Eine Minderung ist hingegen denkbar.

735 Vgl. Ahmed/Khan, *Risk Management*, S. 145. Dies als Risiko zu sehen, stellt die Frage nach dem Selbstverständnis islamischer Banken: Verstehen sich islamische Banken als Zwischenhändler, die eine Ware *verkaufen*, oder als konventionelle Banken, die Geldhandel betreiben.

bzw. *asset price risk*.[736] Dieses Risiko betrifft die Möglichkeit, dass die islamische Bank Eigentum an Realgütern hält, deren Marktwert schwanken kann. So kann bspw. im Rahmen einer *iǧāra*-Finanzierung die vermietete Sache einem *commodity risk*, die festgelegte Profitrate einem Aufschlagsrisiko ausgesetzt sein.[737]

Als *Liquiditätsrisiko* bezeichnet man das Risiko, das entweder aus der Schwierigkeit erwächst, Liquidität zu einem angemessenen Preis zu beschaffen (Refinanzierungsrisiko) oder aus der Schwierigkeit, die Vermögenswerte zu einem angemessenen Preis zu veräußern (*asset liquiditiy risk*).[738] Beide Risikotypen können islamische Banken in Schwierigkeiten bringen. Zum einen ist es ihnen aufgrund des *ribā*-Verbots nicht möglich, ihre Forderungen gegen ihre Kunden zu verbriefen. Zum anderen haben sie aufgrund ihrer Instrumente schnell Kapital aus dem Markt aufzubringen; dafür sind diese Instrumente aber weder ausgereift noch weit genug verbreitet.[739] Schließlich haben konventionelle Banken den sog. *lender of last resort* (LLM), auf den sie als *ultima ratio* zurückgreifen können. Das ist auf nationaler Ebene meist die jeweilige Zentralbank, die als Kreditgeber letzter Instanz fungiert.[740] Wegen des *ribā*-Verbots können islamische Banken auf diese Möglichkeit im gegebenen Fall nicht zurückgreifen.[741]

Dazu kommt das *operationelle Risiko* als Gefahr von Verlusten in Verbindung mit Menschen, die Fehler machen, mit IT-Systemen, die ausfallen, oder mit Folgen von Naturkatastrophen.[742] § 269 Abs. 1 Satz 1 SolvV definiert operationelle Risiken als Gefahr von Verlusten infolge der Unangemessenheit oder des Versagens interner Verfahren und Systeme, durch Menschen oder externe Ereignisse. Angesichts der Neuartigkeit islamischer Banken kann dieses Risiko in Ermangelung ausreichender Expertise und Erfahrung sowohl auf personeller (nicht genügend qualifizierte Fachkräfte) als auch informationstechnologischer (Eignung von Kernbankensysteme konventioneller Banken für die Bedürfnisse islamischer Banken) Ebene akut sein.

Zu erheblichen Schwierigkeiten kann für islamische Banken schließlich das *Rechtsrisiko* führen, das aus verschiedenen Gründen erwachsen kann. Zum einen berücksichtigen die gesetzlichen Anforderungen an Banken nicht die Eigentümlichkeit islamischer Banken. Deren Besonderheit liegt darin, Handel zu treiben

---

736 Iqbal/Mirakhor, *An Introduction*, S. 233.

737 Ahmed/Khan, *Risk Management*, S. 145.

738 Ebd. Beide Formen von Liquiditätsrisiko sind für islamische Banken von Bedeutung.

739 Ebd. Das gilt gerade, weil es keinen speziellen Interbankenmarkt für islamische Banken gibt.

740 Gischer/Herz/Menkhoff, *Geld, Kredit und Banken*, S. 50, 162.

741 Iqbal/Mirakhor, *An Introduction*, S. 239.

742 Hannemann/Schneider/Weigl, *MaRisk*, S. 116.

und Investitionen zu tätigen, was in den westlichen Jurisdiktionen nicht für Banken, sondern für Handels- und Investitionsgesellschaften vorgesehen ist.[743] Zum anderen ist es in Ermangelung (standardisierter) gesetzlicher Vorgaben für islamische Banken schwierig, die Risiken adäquat zu kalkulieren. Insbesondere die Frage nach der rechtlichen Einordnung der Finanzierungs- und Anlageprodukte islamischer Banken und die prozessuale Durchsetzbarkeit können nicht ohne Weiteres eingeschätzt werden, was ein unkalkulierbares Risiko bedeutet, weil sich daraus nicht nur ein erhebliches Prozessrisiko, sondern auch ein gravierendes Reputationsrisiko mit womöglich existentiellen Folgen ergeben kann.[744] Die aufsichtliche Anerkennung und Standardisierung islamischer Finanzierungs- und Anlageprodukte könnte dieses Risiko stark reduzieren.

Die variable Vergütung und die Gewinn- und Verlustbeteiligung der Spar- und Termineinlagen islamischer Banken stellen aus Sicht der Einleger eine Unsicherheit dar, die sie dazu veranlassen kann, ihre Einlage abzuziehen (*withdrawal risk*).[745] Für die Bank kann das zum Verlust von Kunden und deren Einlagen an konkurrierende Banken führen.[746] Im Zusammenhang mit diesem Risiko besteht auch ein sog. *fiduciary risk*, was bedeutet, dass die Einleger aufgrund der vergleichsweise niedrigen Vergütung der Einlage der Bank bspw. Missmanagement vorwerfen können.[747]

Während in der Regel verschiedene Risiken nicht gebündelt auftreten, können im Falle der meisten islamischen Finanzierungsformen, die eine Summe unterschiedlicher Verträge umfassen, jedoch mehrere Risiken gleichzeitig bestehen.[748] So können bspw. im Rahmen einer Immobilienfinanzierung nach deutschem Recht sowohl Marktpreisrisiken, *commodity liquidity risks*, Adressausfallrisiken, operationelle Risiken als auch Rechtsrisiken bestehen.

Islamischen Banken stehen die Standardtechniken zur Risikoidentifizierung, -beurteilung, -steuerung und -überwachung zur Verfügung wie die GAP-Analyse – auch Lückenanalyse genannt –, die RAROC-Steuerung, interne

---

743 Ahmed/Khan, *Risk Management*, S. 146.

744 Damit geht das bereits thematisierte Scharia-Risiko einher; siehe Bälz, *Sharia Risk?*, S. 8 ff.

745 Iqbal/Mirakhor, *An Introduction*, S. 238.

746 Ebd.

747 Ahmed/Khan, *Risk Management*, S. 146; Dadang Muljawan/Humayon A. Dar/Maximilian J. B. Hall, *A Capital Adequacy Framework for Islamic Banks. The Need to Reconcile Depositors' Risk Aversion With Managers' Risk Taking*, in: Applied Financial Economics, Vol. 14, 2004, No. 6, (2–13) S. 3.

748 Ahmed/Khan, *Risk Management*, S. 147.

Kontrollsysteme u.ä. Ihre Anwendung steht in puncto Islam-Konformität außer Frage.[749] Die komplexe Risikonatur islamischer Banken erfordert ein umfassendes Risikomanagement, *risk reporting* und Risikosteuerung.[750]

Mithilfe verschiedener Maßnahmen zur Risikobewältigung können islamische Banken versuchen, Risiken weitestgehend zu reduzieren. So lässt sich bspw. bei der *murābaḥa*-Finanzierung das Kreditausfallrisiko durch eine Sicherungsübereignung nach §§ 929, 930 BGB senken, weil die Bank kein Geld gewährt, sondern eine Ware veräußert.

3.7.4.2 Risikomanagement im Sinne der maqāṣid

Risiko im Sinne der Gefahr von ökonomischem Verlust und Vermögensschaden ist aus Sicht der *maqāṣid* weitestgehend zu vermeiden. Die Maßnahmen des Risikomanagements wie Risikovermeidung, -minderung, -diversifikation, -transfer und -vorsorge sind mit den *maqāṣid* insofern grundsätzlich konform. Problematisch sind sie jedoch dann, wenn diese Maßnahmen einen eventuellen ökonomischen Verlust für einen Dritten bedeuten. So kann etwa im Sinne der Risikovermeidung vertraglich zwischen Bank und Kunde vereinbart werden, dass Gesellschafteransprüche des Kunden gegen die Bank – bspw. Verlustausschluss – innerhalb einer eingegangenen Partnerschaft ausgeschlossen sind. Dadurch sollen Risiken vermieden werden, die in diesem Fall zulasten des Mitgesellschafters fallen würden.[751] Denn die Vermeidung von Risiken bei risikobehafteten Geschäften bedeutet schließlich nicht deren Auflösung. Vielmehr werden diese Risiken auf Dritte verschoben. Eine Risikovermeidung ohne die Verschiebung auf Dritte hieße die Vermeidung des risikobehafteten Geschäfts an

---

749 Ebd.

750 Iqbal/Mirakhor, *An Introduction*, S. 246. Das ist aktuell noch eine Herausforderung für islamische Banken weltweit und insbesondere für islamische Banken innerhalb westlicher Jurisdiktionen; vgl. Ahmed/Khan, *Risk Management*, S. 149.

751 Eine Möglichkeit der Immobilienfinanzierung besteht in der Gründung einer Gesellschaft zwischen Bank und Kunde, bei der beide Parteien jeweils ihre Einlagen auf das Konto der zum Zwecke der Finanzierung gegründeten Gesellschaft einzahlen (bspw. Bank = 80 %, Kunde = 20 %). Die Gesellschaft erwirbt die Immobilie, und die Bank veräußert sukzessive ihre Anteile an den Kunden. Für den noch einbehaltenen Anteil an der Gesellschaft (Immobilie) verlangt sie einen Mietzins – je nach vertraglicher Konstellation kann es sich dabei auch um Kapitalzins handeln, also um ein Ergebnis von *ribā*. Um möglichen Verlusten zu entgehen, die die Bank als Mitgesellschafterin in die Haftung bringen kann, vereinbart die Bank einen Verlustausschluss, der nur sie betrifft. Der Kunde bleibt weiterhin für etwaige Verluste haftbar.

sich. Da jedoch Geschäfte eingegangen und die ihnen immanenten Risiken im Sinne einer Verschiebung vermieden werden, stellt sich aus Sicht der *maqāṣid* die Frage, wer diese Risiken übernimmt und mit welcher Berechtigung die Bank hier Anspruch auf einen etwaigen Gewinn erheben darf. Denn, wie bereits gesehen, besagt eine grundlegende islamisch-wirtschaftsrechtliche Maxime, dass Gewinne mit Risiken einhergehen.[752]

Es ist daher wichtig, bei der Konzeption eines Risikomanagementsystems im Wege der Risikoidentifizierung danach zu fragen, welche ökonomischen Folgen die Maßnahmen zur Risikobewältigung für die Vertragsparteien haben. Diese Maßnahmen dürfen nicht zum Nachteil eines Dritten führen. Findet eine solche Risikoverschiebung zulasten eines Dritten statt, ist das nicht im Sinne der *maqāṣid*. Vielmehr müsste die risikoverschiebende Person das dem Geschäft inhärente Risiko selbst übernehmen, wenn nicht gewährleistet werden kann, dass die Maßnahmen zur Risikobewältigung zu keinem Nachteil für die risikoübernehmende Partei führen. Das Risikomanagement im Sinne der *maqāṣid* ist also folgenorientiert.

3.7.5 *Corporate Governance* islamischer Banken

Neben dem Risikomanagement spielt auch das sog. *Corporate Governance* (Unternehmensführung) eine wichtige Rolle für die Leitung und Überwachung islamischer Banken, vor allem mit Blick auf die besondere Beziehung dieser zu ihren Einlegern, die Inhaber von Beteiligungskonten sind.[753] Die moderne Unternehmensführung, die das Eigentum und die Verwaltung desselben separiert, birgt das Problem der Interessendivergenz von Shareholder und Management, aber auch von Stakeholdern und Management.[754] Eben diese Interessengleichheit in Bezug auf die Unternehmung ist für den Erfolg des Unternehmens jedoch wichtig.[755] Anders als die Shareholder (und Einleger) ist das Management besser über Sachlage, Risiken und Chancen des Unternehmens informiert, wodurch sich eine natürliche, asymmetrische Informationsverteilung ergibt.[756] Gegenstand

752 *Al-ġunm bi-l-ġurm*, s.o.

753 El-Gamal, *Islamic Bank Corporate Governance and Regulation*, S. 9.

754 Nienhaus, *Governance of Islamic Banks*, S. 128; Mirakhor/Zaidi, *Profit-and-Loss sharing contracts*, S. 53.

755 Siehe Deutscher Corporate Governance Kodex, 2014, Ziffer 4, Tz. 4.1.1 Dort heißt es: „Der Vorstand leitet das Unternehmen in eigener Verantwortung im Unternehmensinteresse, also unter Berücksichtigung der Belange der Aktionäre, seiner Arbeitnehmer und der sonstigen dem Unternehmen verbundenen Gruppen (Stakeholder) mit dem Ziel nachhaltiger Wertschöpfung."

756 El-Gamal, *Islamic Bank Corporate Governance and Regulation*, S. 9.

des *Corporate Governance* ist die organisatorische und inhaltliche Ausgestaltung der Führung und Überwachung[757] zur Gewährleistung deckungsgleicher Interessen beider Akteure (Shareholder/Stakeholder und Management). Für islamische Banken spielt *Corporate Governance* vor allem wegen der Natur der von ihnen angebotenen und auf Gewinn- und Verlustbeteiligung basierenden Konten eine wichtigere Rolle als bei konventionellen Banken.[758]

Finanzierungsformen, die zu einer von der Scharia intendierten Gerechtigkeit im Sinne der Wahrung der Rechte aller Akteure führen sollen – wie etwa die auf Gewinnbeteiligung basierende Finanzierung (*muḍāraba*) –, verlangen ein besonders effektives *Corporate Governance* und eine ebenso effektive Aufsicht; insbesondere in Bezug auf die Behandlung der besonderen Stellung der Einleger islamischer Banken, die auf Gewinn- und Verlustbeteiligung basierende Konten besitzen.[759] Weil sie womöglich Totalverluste zu tragen haben, sind sie einem ungleich höheren Risiko ausgesetzt als die Einleger konventioneller Banken und sind deshalb eher mit Shareholdern zu vergleichen, die ebenfalls einem eventuellen Totalverlust ausgesetzt sind.[760] Dieser Umstand führt zu der Annahme, dass Einlagen islamischer Banken keine Einlagen im Sinne des KWG sein können, weil Letztere unbedingt rückzahlbare Gelder des Publikums und damit garantiert sein müssen.[761] Um *muḍāraba*-Konten dennoch als Einlagen im Sinne des KWG zu qualifizieren, werden die entsprechenden Verträge so formuliert, dass sie das betreffende Konto als *muḍāraba*-Vertrag disqualifizieren.[762] Anders als Shareholder haben die Einleger islamischer Banken nicht die Möglichkeit, über Instanzen wie den Aufsichtsrat die Geschäftsleitung zu überwachen, und sie verfügen auch nicht über Stimmrechte, um etwa auf der Jahresversammlung Einfluss auf das Management auszuüben, um ihre Interessen hinsichtlich der Verwendung der von ihnen bereitgestellten Mittel zu verfolgen.[763]

757 Welge/Eulerich, *Corporate-Governance-Management*, S. 121.

758 El-Gamal, *Islamic Bank Corporate Governance and Regulation*, S. 3 f. Im Rahmen der Corporate Governance spielen darüber hinaus Fragen nach der Natur und Stellung des *Sharia Boards* eine wichtige Rolle; vgl. Sorge, *Mitglieder des Sharia Boards*, S. 364.

759 Chapra/Ahmed, *Corporate Governance*, S. 43 ff.

760 Nienhaus, *Governance of Islamic Banks*, S. 129.

761 Casper, *Islamische Finanztransaktionen*, S. 347.

762 Dadurch stellt sich die Frage, ob aufgrund der gegenteilig lautenden Kommunikation in der Werbung und in Kundengesprächen dadurch nicht eine Irreführung nach § 264a StGB zu beanstanden wäre.

763 Nienhaus, *Governance of Islamic Banks*, S. 128.

Die Einleger islamischer Banken wie Shareholder (Prinzipale) sehen sich beim Fehlen effektiver Instrumentarien zur Herstellung einer transparenten und symmetrischen Informationsverteilung daher einem moralischen Risiko (*moral hazard*) ausgesetzt, das dem Management (Agent) einen Anreiz bietet, mit dem bereitgestellten Kapital ein höheres Risiko einzugehen.[764] Dieser Umstand verlangt eine effektivere Überwachung aufseiten des Aufsichtsrats (Monitoring-Ebene) und eine höhere Verantwortung des Vorstands (Exekutiv-Ebene).[765] Eine solche Überwachung sollen die *Sharia Boards* übernehmen, die im Interesse der Shareholder auch die Islam-Konformität überwachen.

Das asymmetrische Informationsverhältnis wird von der sog. Prinzipal-Agent-Theorie (PA-Theorie) beschrieben, die davon ausgeht, dass der Prinzipal in der Regel über weniger Informationen verfügt als der Agent.[766] Die sich daraus ergebenden Probleme (Transparenzfrage hinsichtlich der Informationen, der Handlungen und der Intentionen des Agenten) lassen sich gemäß der PA-Theorie für den Prinzipal nur in Verbindung mit hohen Überwachungskosten lösen.[767] Anders gewendet stellt sich für ihn die Frage, ob ihm der Agent vertrauenswürdig erscheint.

Aufgrund dieses Verhältnisses kann der Prinzipal ein bestimmtes Verhalten des Agenten also nicht nachweisen. Beispielsweise ist es Einlegern islamischer Banken in Bezug auf Beteiligungskonten im Verlustfall nicht ohne Weiteres möglich, der Bank Missmanagement nachzuweisen. Hierfür müssten die betroffenen Einleger auf Überwachungs- und Kontrollmechanismen zurückgreifen können, um im Interesse ihrer Einlage entsprechende Maßnahmen ergreifen zu können. Erschwerend kommt hinzu, dass das Management (Insider) einer islamischen Bank aufgrund des Wissensvorsprungs gegenüber dem Einleger (Outsider) etwa Manipulationsmöglichkeiten hat, die ihm im Zweifelsfall nicht ohne Weiteres nachgewiesen werden können. Insofern besteht für den Einleger ein Problem, das sich in Form von Vertrauensverlust auch auf die Bank auswirken kann.[768] Die Lösung dieses Konflikts in der Instanz des *Sharia Boards* zu sehen, kann nicht überzeugen, weil *Sharia Boards* in der Praxis zum einen

764 Ebd.
765 Ebd.
766 Welge/Eulerich, *Corporate-Governance-Management*, S. 14 f.
767 Ebd.
768 Iqbal/Mirakhor, *An Introduction*, S. 243 f.

nicht die Interessen der Einleger vertreten[769] und sie zum anderen weder die nötige Expertise haben noch in die operationellen Geschäfte der Bank involviert sind (ALCO-Komitee, Kreditkomitee). Die Einbeziehung der Einleger islamischer Banken in das *Corporate Governance* ist daher ein logischer Lösungsvorschlag.[770] Denn Probleme zwischen Prinzipal und Agent können aufgrund der Rechte des Prinzipals intern gelöst werden. Solche Rechte müssten – solange dadurch kein Widerspruch zu den Quellen der Scharia entsteht[771] – im Sinne der Intention der Scharia dem Vermögensschutz dienen. Einleger beteiligen sich – wie gesehen und wie im nächsten Kapitel noch ausführlicher behandelt wird – an den Gewinnen und Verlusten der Bank. Sie sind hier also wie Anteilseigner einzustufen, die sich ebenfalls an den Gewinnen und Verlusten der Bank beteiligen. Da beide Gruppen denselben Risiken ausgesetzt sind und einen Totalverlust erleiden können, sind auch beiden dieselben Rechte einzuräumen.

Ein *Corporate Governance* islamischer Banken, das auch und vor allem die Einleger einbezieht und berücksichtigt, ist im Interesse der Einleger und im Sinne der Intentionen der Scharia zu sehen, Nutzen zu wahren und Schaden abzuwehren. Der Nutzen liegt hier darin, dass den Einlegern Rechte eingeräumt werden, durch die sie ihr Vermögen vor Schaden schützen können.[772] Denn ohne die Einbeziehung der Einleger besteht die Gefahr, dass das Management der islamischen Bank die Beweise im Verlustfall so zu ihren Gunsten manipuliert, dass die Schuldfrage schwer zu klären ist. Die Auswirkungen einer Einbeziehung der Einleger zeigen sich auch im Gewinnfall, denn nur sie verschafft den Einlegern Transparenz und Nachvollziehbarkeit.[773] Andernfalls könnten die Einleger nicht sicherstellen, dass ihnen der Gewinn zukommt, der ihnen auch tatsächlich zusteht. Das Management islamischer Banken orientiert sich bei der Gesamtbanksteuerung und der Festlegung der Profitrate zugunsten der

---

769 Sie werden von diesen nicht vergütet und stehen in keiner rechtlichen Beziehung. Eine implizite Überwachung im Interesse der Einleger kann ebenfalls nicht angenommen werden, weil die Tätigkeit des *Sharia Boards* einzig auf die Überprüfung der Islam-Konformität des Vertrags eingeschränkt ist. Eine Überwachung der Anwendungsweise des Vertrags findet nicht statt.

770 Nienhaus, *Governance of Islamic Banks*, S. 129.

771 Die Frage nach Interventionsrechten des *muḍārib* (Einleger) innerhalb einer *muḍāraba* wird im nächsten Kapitel besprochen.

772 Vgl. IFSB Standard No. 1, Ziffer 1.1, Nr. 18; Mervyn K. Lewis, *Islamic Corporate Governance*, in: Review of Islamic Economics, Vol. 9, 2005, No. 1, (5–29) S. 22 f.

773 El-Gamal, *Islamic Bank Corporate Governance and Regulation*, S. 5.

Einleger an den herrschenden Zinssätzen konventioneller Einlagen.[774] Verkannt wird dabei jedoch der entscheidende Unterschied zwischen konventionellen und islamischen Einlagen in der Risikoverteilung. Konventionelle Einlagen sind aufgrund ihrer Leihnatur gesetzlich garantiert.[775] Sie sind mit keinerlei Risiken verknüpft. Die Einlagen islamischer Banken sind dagegen der Gefahr eines Totalverlusts ausgesetzt. Die Risikobeteiligung der Einleger wird bei der Festsetzung der Profitrate nicht berücksichtigt. Dieser Umstand erfordert umso mehr, dass die Einleger als Shareholder qualifiziert werden, entsprechende Überwachungsinstrumente erhalten und in den maßgeblichen Instanzen vertreten sind.[776]

Für den Spareinleger konventioneller Banken ist die Zinshöhe, sowohl in Hochzinsphasen als auch in der gegenwärtigen Niedrigzinsphase, häufig unbefriedigend, weil sie mit 0,35 % bis 4 % p.a. als zu niedrig empfunden wird und noch nicht einmal einen Inflationsausgleich ermöglicht, also zu einem realen Wertverlust führt.[777] Die Einlage ist im Vergleich zur *muḍāraba*-Einlage garantiert. Islamische Banken stellen ihre Einleger, die aufgrund der *muḍāraba* ein Verlustrisiko hinnehmen müssen, hinsichtlich der Vergütung mit Spareinlegern gleich. Eine Berücksichtigung der Risikoübernahme des Einlegers findet nicht statt. Eine langfristig tragfähige Corporate Governance trägt dieser Tatsache in ihrer Grundkonzeption Rechnung und ordnet ihre Bezugsgruppen nach dem von ihnen zu tragenden Risiko ein. Die Vernachlässigung dieses Umstands führt mittel- bis langfristig zu Erfolgsdefiziten.

3.7.6 Die Vermeidung entgeltlicher Geldleihe

Aus der als Hauptcharakteristikum islamischer Banken postulierten *ribā*-Freiheit soll folgen, dass alle angebotenen Produkte bezogen auf das Passiv- und Aktivgeschäft nicht auf verzinslichen Darlehen basieren. Dies müsste alle geschäftlichen Beziehungen der Bank betreffen, also sowohl auf horizontaler Ebene (Interbankengeschäft) als auch auf vertikaler (Geschäft zwischen Bank und Zentralbank bzw. Bank und Kunde).[778] Die Geschäftsleitung hat damit im Rahmen ihres

774 Ebd., S. 3.

775 Vgl. § 488 Abs. 1 Satz 2 BGB i.V.m. § 1 Abs. 1 Nr. 1 KWG.

776 Ayub, *Understanding Islamic Finance*, S. 368.

777 Claussen, *Bank- und Börsenrecht*, S. 116; Schimansky/Bunte/Lwowski, *Bankrechts-Handbuch*, Bd. 1, S. 2056.

778 Bolsinger/Breschendorf, *Grundlagen des Islamic Banking & Finance*, S. 462.

Geschäftsmodells und der Gesamtbanksteuerung dafür zu sorgen, dass dieses Prinzip eingehalten und umgesetzt wird.[779]

Durch die Aufnahme und Weitergabe von Zinsen profitiert in dem Fall die Bank von der Bereitstellung des Kapitals vor und in nicht wenigen Fällen ohne eine(r) tatsächliche(n) Generierung von Profit. Darüber hinaus erlangt die Frage nach der Rückzahlbarkeit des Kredits eine fundamentale Relevanz, wodurch der Grund der Mittelverwendung (das Projekt) in den Hintergrund rückt und nur solange beachtet wird, wie es für die Rückzahlungsfrage relevant ist. Dabei sollte ausgehend von den *maqāṣid* das Projekt an sich im Vordergrund stehen und auf seine Nützlichkeit hin geprüft werden, ohne dabei die wichtige Frage der Kreditfähigkeit zu ignorieren. Schließlich begründet der Zinseffekt (vorgeschobener Gewinn, der erst noch realisiert werden muss) einen Druck, der darin liegt, dass in den meisten Fällen nur solche Geschäfte betrieben werden, die einen sicheren monetären Gewinn versprechen, ungeachtet der gesellschaftlichen und ökologischen und insofern auch ökonomischen Folgen.

Eine *ribā*-freie Bank konstatiert nur realwirtschaftliche Leistungen als Haupteinnahmequelle, womit Einnahmen, die auf keiner realwirtschaftlichen Leistung beruhen, nicht als legitim gelten können.[780] Kapitalgeber, die Gewinne aus der Bereitstellung von Kapital generieren, müssen hierfür die der Investition inhärenten Risiken tragen; entsprechend dem Prophetenausspruch, wonach Gewinne durch das Eingehen von Risiken legitim sind.[781]

3.7.7 Die Investition in gesellschafts- und umweltfördernde Geschäftsfelder

Zusammen mit der obligatorischen *ribā*-Freiheit des Vertrages und der auf den Güterschutz abhebenden Restriktion hinsichtlich der Geschäftsfelder soll sich die Ausrichtung der Bank bzw. der Kapitaleinsatz ausschließlich auf ökologisch und gesellschaftlich nutzbringende Geschäftsbereiche fokussieren.[782] Dies kann sich auf das Einleger- wie auf das Bankverhalten so auswirken, dass Einleger, die auf die intendierten Werte der Scharia achten, sich nicht mit der Sicherheit respektive Vergütung ihrer Einlage allein begnügen, sondern

---

779 Hierfür müssten ein *Sharia Compliance System*, ein *Sharia Board* und interne Scharia-Auditoren bzw. ein *Islamic Compliance Officer* installiert werden.

780 Ibn Zuġaiba, *Maqāṣid aš-šarīʿa*, S. 87 ff. Ausgenommen sind Vermögenszuwächse aus Schenkungen, Erbschaft u.ä.

781 Ḫūǧa, *an-Niẓām*, S. 91.

782 Dusuki/Abdullah, *Maqasid al-Shari'ah*, S. 35 ff.

darüber hinaus transparente Informationen wünschen, die über die Verwendung ihrer Einlagen Aufschluss geben. Dies erfordert von der Bank eine hohe Transparenz und eine offene Kommunikation in Bezug auf ihre Kunden. Umso wichtiger ist das, wenn Einlagen tatsächlich auf einer Gewinn- und Verlustbeteiligung basieren und damit einem Verlustrisiko ausgesetzt sind.[783] Aus der Rolle islamischer Banken, den *maqṣad ḥifẓ al-māl* zu erfüllen, erwächst ihre Geschäftsstrategie, nur in jene Bereiche zu investieren, die im Einklang mit den Vorgaben der Scharia stehen.

Aus Sicht der *maqāṣid* müsste eine islamische Bank darüber hinaus die Einhaltung der Interessenpriorität wahren, was sich darin zeigt, dass aufgenommene Gelder dort investiert werden, wo ein notwendiges Interesse (*maṣlaḥa ḍarūriyya*) besteht.[784] Erst wenn dieser Bereich gesättigt ist oder das in absehbarer Zeit sein wird, kann sich die islamische Bank dem Bereich der *ḥāǧiyyāt* und später dem der *taḥsīniyyāt* zuwenden.[785] Die Priorisierung der Projekte stellt eine Orientierungshilfe für islamische Banken dar, die sie bei ihren Investitionen berücksichtigen sollen. Um eine Abwägung zu ermöglichen, müssten allerdings Instrumente zur Identifizierung und Qualifizierung der zu finanzierenden Projekte entwickelt werden.

Ein in diesem Zusammenhang zentraler Begriff ist *Corporate Social Responsibility* (CSR), worunter laut der Europäischen Kommission die Verantwortung von Unternehmen für ihre Wirkungen auf die Gesellschaft verstanden wird.[786] Diese Verantwortung wird laut der Kommission dann wahrgenommen, wenn die geltenden Rechtsvorschriften und die zwischen Sozialpartnern bestehenden Tarifverträge eingehalten werden.[787]

---

783 Das verlangt zum einen, dass Kunden ein Bewusstsein für finanzwirtschaftliche Fragen und ihre weitreichenden Implikationen für Umwelt und Gesellschaft entwickeln (Aufklärungsarbeit von Wissenschaft und Praxis). Zum anderen müssten islamische Banken hierfür eine verständliche Form der Kommunikation finden, um ihre Kunden in Bezug auf ihre Tätigkeiten zu informieren.

784 Dusuki/Abdullah, *Maqasid al-Shari'ah*, S. 35 ff.

785 Ebd.

786 Europäische Kommission, *Mitteilung der Kommission an das Europäische Parlament, den Rat, den Europäischen Wirtschafts- und Sozialausschuss und den Ausschuss der Regionen. Eine neue EU-Strategie (2011-14) für die soziale Verantwortung der Unternehmen (CSR)*, Brüssel 2011, S. 7; vgl. Gisela Burckhardt, *Corporate Social Responsibility. Mythen und Maßnahmen, Unternehmen verantwortungsvoll führen, Regulierungslücken schließen*, Wiesbaden 2014, S. 3.

787 Unternehmen, die ihrer gesellschaftlichen Verantwortung gerecht werden möchten, sollen international anerkannten Grundsätzen und Leitlinien folgen; vgl. ebd.,

Nachhaltigkeitsorientierte Investoren und andere Anspruchsgruppen (Stakeholder) wie Kunden, Mitarbeiter und Nichtregierungsorganisationen fordern von Unternehmen mit zunehmendem Nachdruck Beiträge zur nachhaltigen Entwicklung[788] der Gesellschaft. Unternehmen müssen sich daher immer mehr gegenüber diesen Stakeholdern bzgl. der sozialen und ökologischen Konsequenzen ihrer wirtschaftlichen Aktivitäten verantworten.[789] Zwar übernehmen immer mehr Unternehmen diese Verantwortung, um wettbewerbsfähig zu bleiben, jedoch richtet sich CSR in der Unternehmenspraxis weniger an den Unternehmensgegenstand und gilt eher als eine Marketingmaßnahme, die zu einer steigenden Resonanz führen kann.[790] Deshalb besteht definitorisch Uneinigkeit darüber, welche inhaltlichen Bestimmungen dieser Terminus umfasst und welche Arten gesellschaftlicher Verantwortung unter diesen Begriff fallen.[791] Anhänger

---

S. 8. Solche finden sich beispielsweise in den OECD-Leitsätzen für multinationale Unternehmen, den zehn Prinzipien des „Global Compact" der Vereinten Nationen und der 2011 veröffentlichten DIN ISO 26000, die einen Leitfaden zur gesellschaftlichen Verantwortung von Organisationen darstellt. Abgesehen davon, dass sich die Leitsätze nicht mit dem Kerngeschäft des Unternehmens, das gesundheitliche und ökologische Nachteile bedeutet, befassen, ist die Befolgung der dort aufgestellten Leitsätze freiwillig. Insofern ist es den Unternehmen selbst überlassen, ob sie diese implementieren oder nicht. Das Unternehmen entscheidet also selbst, ob es seine Verantwortung wahrnimmt; vgl. OECD, *OECD-Leitsätze für multinationale Unternehmen*, Ausgabe 2011, S. 15. Dieselbe Frage stellt sich für islamische Unternehmen, da es keine Instanz gibt, die überwacht und ggf. forciert, ob ein Unternehmen diese Verantwortung übernimmt und ihr gerecht wird. In der Praxis zeigt sich laut Studien, dass CSR – entgegen der vorherrschenden Ansicht, dass diese bereits seit Jahren zunehmend von den Führungen der Unternehmen berücksichtigt wird – faktisch für Unternehmensentscheidungen kaum eine Rolle spielt, wobei sie nichts anderes darstellt als Key Marketing für große und mittelständische Unternehmen; vgl. Peter Fleming/Marc T. Jones, *The End of Corporate Social Responsibility – Crisis and Critique*, New York 2012, S. 1.

788 Unter nachhaltiger Entwicklung wird die gleichberechtigte Berücksichtigung von Umweltgesichtspunkten und sozialen und wirtschaftlichen Gesichtspunkten verstanden; vgl. Burckhardt, *Corporate Social Responsibility*, S. 5.

789 Klaus Machazina/Joachim Wolf, *Unternehmensführung. Das internationale Managementwissen. Konzepte, Methoden, Praxis*, Wiesbaden 2008, S. 775.

790 Ursula Hansen/Ulf Schrader, *Corporate Social Responsibility als aktuelles Thema der Betriebswirtschaftslehre*, in: Die Betriebswirtschaft, 65, 2005, (373–395) S. 374.

791 Abagail McWilliams/Donald S. Siegel/Patrick M. Wright, *Corporate Social Responsibility. Strategic Implications*, in: Journal of Management Studies, 43:1, 2006, (1–18) S. 8.

des islamischen Wirtschaftsmodells vertreten hier ein eigenes Verständnis von gesellschaftlicher Unternehmensverantwortung. Nach ihrer Vorstellung ist der CSR-Gedanke tief im Wesen eines islamischen Wirtschaftssystems verankert. Das rührt daher, dass die Übernahme von Verantwortung des Einzelnen gegenüber seinem Umfeld eine religiöse Verpflichtung darstellt.

> „Und als dein Herr zu den Engeln sagte: Ich bin dabei, auf der Erde einen Statthalter einzusetzen […].“[792]

> In einem von al-Buḫārī überlieferten Prophetenausspruch berichtet ʿAbdallāh b. ʿUmar, dass der Gesandte Gottes sagte: „Wahrlich, ihr seid alle Hirten, und jeder von euch ist verantwortlich für seine Herde: Der Anführer (*imām*) ist ein Hirte, und er ist verantwortlich für seine Herde. […]“[793]

Diesem Vers und diesem Prophetenausspruch kommt eine konstitutive Rolle in der Konzeption einer gesellschaftlichen Unternehmensverantwortung zu, wie sie die Scharia im Rahmen ihrer Intention versteht. Im Arabischen spricht man hier von einem *ḫalīfa*, was im Deutschen neben „Statthalter“ und „Nachfolger“ auch „Stellvertreter“ bedeuten kann. Ein Stellvertreter ist eine Person, die gemäß den Vorgaben des Vertretenen handelt. In diesem Sinne sucht sich der Vertretene einen kompetenten Stellvertreter für den Auftrag aus. Im Sinne des genannten Verses bedeutet dies, dass Gott den Menschen mittels der Offenbarung mit der Fähigkeit ausgestattet hat, das Richtige vom Unrichtigen zu unterscheiden, und mit dem Potenzial, das Richtige und Nützliche zu tun, damit er die ihm vom Vertretenen aufgetragenen Aufgaben ausführen kann. Die Grundlage für dieses Verantwortungsbewusstsein ist aus Sicht des Koran die angeborene Veranlagung zum Guten (*fiṭra*), obwohl der Mensch über den freien Willen verfügt, sich für oder gegen das Gute zu entscheiden. Der Prophetenausspruch bestärkt die Rolle des Menschen, ja seine Aufgabe, gesellschaftlich verantwortlich zu sein, indem er beispielhaft den Vorsteher einer Gemeinde, den Ehemann bzw. die Ehefrau und den Diener nennt.[794] All diese stellen unterschiedliche gesellschaftliche Akteure dar. So wird gezeigt, dass alle Gesellschaftsteilnehmer gegenüber der Gesellschaft als solche Verantwortung tragen. Durch den zunächst allgemeinen

---

792 Koran 2:30. Weitere auf die Statthalterrolle des Menschen verweisende Verse sind: 6:165 („Und er ist es, der euch zu Statthaltern auf der E rde machte […]“); 35:39 („Er ist es, der euch zu Statthaltern auf Erden gemacht hat […]“); 38:26 („Oh David! Wir machten dich zu einem Statthalter auf Erden. So richte zwischen den Menschen in Gerechtigkeit […]“).

793 Al-Buḫārī, *Ṣaḥīḥ*, Nr. 893.

794 Ebd.

Ausdruck *kullukum* („ihr alle") ist die Aufzählung als nicht abgeschlossen zu verstehen, vielmehr sind damit die wichtigsten Personengruppen einer Gesellschaft genannt und die Aufzählung ist gemäß der allgemeinen Formulierung (*lafẓ ʿāmm*) um weitere erweiterbar.

Aus dieser Perspektive nimmt die unternehmerische Verantwortung gegenüber der Gesellschaft einen den Unternehmen innewohnenden Stellenwert ein. Anders als im westlichen Ökonomieverständnis, das CSR als eine Freiwilligkeit der Unternehmen ansieht, stellt diese Verantwortung einen wesentlichen Bestandteil der Geschäftspolitik eines Unternehmens[795] dar. Eine islamische Bank etwa nimmt ihre gesellschaftliche Verantwortung ebenso wie die Gewinnorientierung als ein grundlegendes Element ihrer unternehmerischen Konzeption wahr.[796] Dabei kommt den *maqāṣid* insbesondere im Zusammenhang mit der Frage, was konkret vom Unternehmen mit Blick auf seine gesellschaftliche Verantwortung zu tun ist, eine entscheidende Rolle zu. Das Tragen dieser Verantwortung ist somit keine Freiwilligkeit, sondern eine individuelle Pflicht (*farḍ ʿain*) für jedes Unternehmen, das im Rahmen der Scharia seine Geschäfte tätigen möchte.

Aus der Perspektive der *maqāṣid* resultiert die gesellschaftliche Unternehmensverantwortung aus der Aufgabe des Menschen, gerecht und fair zu handeln.[797] Damit ist die gesellschaftliche Verantwortung im Wirtschaftsbereich aus Sicht der Scharia ein integraler Bestandteil für ein nachhaltiges Wirtschaften, das im Islamic Banking nicht nur in der Theorie, sondern vor allem in der Praxis Anwendung finden muss. Somit sind bspw. Finanzierungsanfragen auch darauf zu prüfen, ob sich aus dem zu finanzierenden Geschäft mit hoher Wahrscheinlichkeit ein gesellschaftlicher bzw. ökologischer Nachteil ergeben kann. Um einen denkbar hohen Arbeitsaufwand mit hohen Transaktionskosten zu vermeiden, bietet es sich an, unternehmenseigene Standards zu formulieren, die konkrete Orientierungshilfen etwa für die Kreditabteilung zur Verfügung stellen.

---

795 Hierunter sind auch (islamische) Banken zu subsumieren.

796 Dusuki/Abdullah, *Maqasid al-Shari'ah, Maslahah, and Corporate Social Responsibility*, S. 33.

797 Thabti, *Unternehmerische Gesellschaftsverantwortung aus Sicht der Scharia*, S. 58.

4 Das Einlagen- und Kreditgeschäft islamischer Banken

4.1 Einleitung

Die *maqāṣid* und die sich daraus ergebenden wesentlichen Elemente einer islamischen Bank sollen im Rahmen dieses Kapitels auf das Kredit- und Einlagengeschäft angewandt werden. Diese beiden Bereiche stellen die wichtigsten Bankgeschäfte dar und genießen vor dem Hintergrund der Zwecksetzung der Bankaufsicht das höchste Schutzniveau.[798] Neben anderen bankspezifischen Dienstleistungen (wie Zahlungsverkehr, Depotgeschäften, Finanzkommissionsgeschäften, Scheckeinzugsgeschäften und anderen Geschäftstypen im Sinne des § 1 Abs. 1 KWG) dienen sie beide der Erfüllung gesamtwirtschaftlicher Intermediationsfunktionen, die sich auf der einen Seite in der Versorgung von Unternehmen und Haushalten mit Geld sowie auf der anderen Seite in der Sicherung und Anlage aufgenommener Gelder des Publikums niederschlagen.[799]

Zur Lösung des behandelten Kooperationsproblems werden im herrschenden Bankensystem Verträge konzipiert, die eine Garantie des zur Verfügung gestellten Kapitals samt Zinsen vorsehen. Zum einen garantiert der Finanzintermediär dem Kapitalgeber (Einleger) so sein Kapital (Einlage) samt Zinsen, um ihn zur Überlassung seines Kapitals zu bewegen und so eine Kooperation zu ermöglichen.[800] Es wird davon ausgegangen, dass der Kapitalgeber ohne eine solche Garantie sein Kapital nicht zur Verfügung stellen würde.[801] Zum anderen garantiert der Kapitalnehmer im Rahmen des vom Finanzintermediär aufgestellten

798 Vgl. Lutz/Neus/Schaber/et al., *KWG-Kommentar*, § 1, Rn. 9.

799 Becker/Peppmeier, *Bankbetriebslehre*, S. 25. Die Tatsache, dass Banken für die Bereitstellung von Kapital im Kreditgeschäft keine Einlagen benötigen und im Rahmen der sog. Geldschöpfung Geld durch die Schließung eines Kreditvertrags schaffen, soll hier nicht berücksichtigt werden, weil islamische Banken – zumindest in der Theorie – keinen Kredit im Sinne eines Darlehens vergeben dürfen, sondern zwecks Finanzierung nur Handel betreiben können. Islamische Banken erwerben also ein Realgut, das sie durch Eigenmittel erwerben und dann verkaufen. Sie können also kein neues Geld schaffen.

800 Ebd.

801 Nienhaus, *Governance of Islamic Banks*, S. 129. Ein Misstrauen gegenüber den Banken scheint hier darin zu liegen, dass sie bei nicht garantierten Einlagen jegliches Risiko eingehen würden.

Kreditvertrags diesem die Rückzahlung des gewährten Kapitals samt Zinsen.[802] Diese Aneinanderreihung von Rückzahlungsgarantien (Finanzintermediär an Kapitalgeber, Kapitalnehmer an Finanzintermediär) ist im Sinne der *maqāṣid* nicht sinnvoll, weil die zukünftigen Ergebnisse dadurch bei Vertragsschluss zunächst ungewiss bleiben. Entsprechen die tatsächlichen Ergebnisse nicht den vertraglich determinierten, entsteht eine Diskrepanz zwischen der finanzwirtschaftlichen und der realwirtschaftlichen Ebene mit gravierenden Eigentumsverschiebungen nicht zuletzt durch die Verwertung von Kreditsicherheiten.[803]

All diese (finanzwirtschaftlichen) Beziehungen entstehen nur deshalb, weil eine Partei einen Bedarf empfindet und diesen eigenständig nicht befriedigen kann. Ausgangspunkt einer jeden wirtschaftlichen Beziehung ist also die Bestrebung, einen eigenen Bedarf zu decken. Der Bedürftige tritt hierfür in Beziehung mit einer anderen Partei, die anbietet, diesen Bedarf durch ihre Leistung zu decken. Diese den Beziehungen innewohnende Zielsetzung wird von den *maqāṣid* insofern geschützt, als dass die korrespondierenden Leistungen gleichwertig sein müssen.[804] Diese Feststellungen sollen dabei helfen, die zu betrachtenden Einlagen- und Kreditgeschäfte auf der vertraglichen Ebene im Lichte der *maqāṣid* zu analysieren und mögliche alternative Instrumente zu diskutieren.

4.2 Einlagengeschäfte

Einlagen gelten im konventionellen Bankensystem im Sinne des § 1 Abs. 1 Nr. 1 KWG als unbedingt rückzahlbare Gelder des Publikums und dienen der Bank als eines von verschiedenen Refinanzierungsinstrumenten.[805] Mit Ausnahme von Sichteinlagen dürfen Einlagen nicht für den Zahlungsverkehr eingesetzt werden und dienen in der Regel der Geldanlage.[806] Einlagen sind rechtlich Darlehen im Sinne des § 488 BGB.[807] Das Versprechen der Bank, die Bereitstellung der Einlage mit einem Zins zu honorieren, erfordert die Generierung eines Ertrages, der höher ausfallen muss als der versprochene Zins und die betriebsbedingten Kosten.[808]

---

802 Also ungeachtet der Tatsache, dass ein Ausfall eintreten kann.

803 Ayub, *Understanding Islamic Finance*, S. 73 ff.

804 Dies gilt in Tauschgeschäften (Sache gegen Geld). Bei Investitionen gilt die gemeinsame Risikotragung.

805 Gischer/Herz/Menkhoff, *Geld, Kredit und Banken*, S. 130.

806 Claussen, *Bank- und Börsenrecht*, S. 98.

807 Siegfried Platz, *Passivgeschäft*, Stuttgart 2002, Bd. 2, S. 24 ff.

808 Gischer/Herz/Menkhoff, *Geld, Kredit und Banken*, S. 94 f.

Diese Finanzierungs- bzw. Refinanzierungsstruktur der Einlagen herkömmlicher Banken steht wegen des *ribā*-Verbots im klaren Widerspruch zum islamischen Banking-Verständnis.[809] Eine mögliche Alternative liegt in einer Einlagenstruktur, die die ungewisse Natur des Bankwesens berücksichtigt. Aus Sicht der *maqāṣid* könnte dies die Anwendung des Gewinn- und Verlustbeteiligungsprinzips sein.[810]

Das Einlagengeschäft ist ein zentraler Teil des Passivgeschäfts der Kreditinstitute.[811] Im Rahmen der klassischen Einteilung der Bankgeschäfte in die Bereiche Aktiv-, Passiv-, Dienstleistungs- und Eigengeschäft bezeichnet das Passivgeschäft in erster Linie diejenigen Geschäfte und Maßnahmen, die der Beschaffung von Finanzmitteln als Basis für das Aktivgeschäft dienen und sich als Fremdkapital auf der Passivseite der Bankbilanz niederschlagen.[812] Dazu zählen Einlagen von Kunden, bei anderen Banken aufgenommene Gelder und Darlehen sowie eigene Schuldverschreibungen.[813]

§ 1 Abs. 1 Satz 2 Nr. 1 KWG definiert als Einlagengeschäft die „Annahme fremder Gelder als Einlagen oder anderer unbedingt rückzahlbarer Gelder des Publikums, sofern der Rückzahlungsanspruch nicht in Inhaber- oder Orderschuldverschreibungen verbrieft wird, ohne Rücksicht darauf, ob Zinsen vergütet werden“. Das Einlagengeschäft zählt zu den besonderer staatlicher Aufsicht unterworfenen Bankgeschäften des § 1 Abs. 1 KWG und bedarf nach § 32 KWG einer aufsichtsbehördlichen Erlaubnis, um das Publikums vor Verlusten bei der Anlage seiner Mittel zu schützen.[814]

Das KWG selbst definiert Einlagen nicht. In den Kommentaren finden sich jedoch Definitionen, die Faustregelcharakter haben und Einlagen bestimmen als die Entgegennahme von Zahlungsmittel von einer Vielzahl von Geldgebern, die keine Kreditinstitute sind. Diese Zahlungsmittel werden aufgrund typisierter Verträge zur unregelmäßigen Verwahrung, darlehensweise oder in ähnlicher Weise,[815] also mit einer Rückzahlungsverpflichtung, ohne Stellung banküblicher Sicherheiten, aufgenommen.[816] Gleiches gilt für

---

809 Ayub, *Understanding Islamic Finance*, S. 188.

810 Ḫūǧa, *an-Niẓām*, S. 263.

811 Platz, *Passivgeschäft*, Bd. 1, S. 18 ff.

812 Hellenkamp, *Bankwirtschaft*, S. 116 f.

813 Ebd.

814 Becker/Peppmeier, *Bankbetriebslehre*, S. 56.

815 Vgl. OVG Berlin, 12, 219.

816 Lutz/Neus/Schaber/et al., *KWG-Kommentar*, § 1, Rn. 11; Leo Schork, *Gesetz über das Kreditwesen. Text mit Begründung, Durchführungsvorschriften und Anmerkungen*, Stuttgart 2008, S. 68.

das Zahlungsdiensteaufsichtsgesetz (ZAG), dessen § 2 die Entgegennahme von Einlagen durch Zahlungsinstitute regelt. Das BGB verwendet in § 248 Abs. 2 den Begriff im Zusammenhang mit Zinseszinsvereinbarungen, nennt aber ebenfalls keine nähere Bestimmung. Eine Definition findet sich im Einlagensicherungs- und Anlegerentschädigungsgesetz (ESAEG): Dessen § 1 Abs. 2 bezeichnet als „Einlagen im Sinne dieses Gesetzes Guthaben, die sich aus auf einem Konto verbliebenen Beiträgen oder aus Zwischenpositionen im Rahmen der Geschäftstätigkeit eines Instituts [...] ergeben und von diesem aufgrund gesetzlicher oder vertraglicher Bestimmungen zurückzuzahlen sind". Diese Merkmale sind allerdings speziell für die Bestimmungen nach dem ESAEG geschaffen und können deshalb keine allgemeine Geltung beanspruchen.[817] Der Begriff der Einlage ist daher ein unbestimmter Rechtsbegriff, der der Auslegung bedarf. Nach neuer Ansicht[818] lässt sich der Begriff stark vom Schutzzweck des § 1 Abs. 1 KWG herleiten, der das Betreiben von Einlagengeschäften durch Nichtbanken verbietet, um das Publikum vor Verlusten bei der Anlage seiner Mittel zu schützen.[819] Nach der traditionellen Verwaltungspraxis nimmt eine Bank fremde Gelder immer dann als Einlage an, wenn von einer Vielzahl von Geldgebern auf der Grundlage typisierter Verträge darlehensmäßig oder in ähnlicher Weise laufend Gelder entgegengenommen werden, die ihrer Art nach nicht banküblich besichert sind.[820] Das weitgefasste und über die konventionelle bankwirtschaftliche Verkehrsauffassung hinausgehende Verständnis des Einlagenbegriffs soll insbesondere dem

---

817 Karl-Heinz Boos/Reinfrid Fischer/Hermann Schulte-Mattler, *Kreditwesengesetz. Kommentar zu KWG und Ausführungsvorschriften*, München 2012, § 23a, Rn. 5.

818 Der ältere Einlagenbegriff stützt sich auf die Initiativtheorie vom 15.12.1950; vgl. BGBl. 1951 I, S. 142. Die Einlage wurde danach bestimmt, ob das Geld auf Initiative des Kreditinstituts („geholtes Geld") oder auf diejenige des Geldgebers („gebrachtes Geld") hereingenommen wurde. Siehe hierzu Herbert Schimansky/Hermann-Josef Bunte/Hans-Jürgen Lwowski, *Bankrechts-Handbuch*, München, 2015, Bd. 1, 4. Auflage, (2041–2096), S. 2042; Heinrich Birck, *Die Bankbilanz. Aufstellung, Bewertung und Gliederung der Jahresabschlüsse der Kreditinstitute nach Handels- und Steuerrecht. Ein Handbuch für Banken und Sparkassen*, Wiesbaden, 1961, Bd. 2, S. 299 f.; Friedrich Reischauer/Joachim Kleinhans, *Kreditwesengesetz (KWG). Kommentar für die Praxis nebst CRR, Nebenbestimmungen und Mindestanforderungen*, Berlin 2013, § 1 KWG, Rn. 13.

819 Boos/Fischer/Schulte-Mattler, *KWG-Kommentar*, S. 58; BGH WM 95, S. 876.

820 BaFin-Merkblatt vom 7.1.2009, abrufbar unter www.bafin.de (letzter Zugriff: 24.3.2014); so auch die Regierungsbegründung zur 6. KWG-Novelle, BT-Drs. 13/7142, S. 62 f.

Publikumsschutz Rechnung tragen. Die Intention des Gesetzgebers, das Publikum vor dem Verlust seines Vermögens zu schützen, deckt sich grundsätzlich mit der Intention des Vermögensschutzes des Einzelnen in der Scharia. Ob eine Garantie der Rückzahlung die geeignete Schutzmaßnahme darstellt, ist aus Sicht der Scharia jedoch fraglich. Ob darüber hinaus die auf Gewinn- und Verlustbeteiligung basierende Alternative islamischer Banken in Form der *muḍāraba* als Einlage angesehen werden kann, soll im Folgenden untersucht werden.

Konventionelle Banken nehmen die (Spar-)Einlagen ihrer Kunden auf der Grundlage von (Spar-)Verträgen entgegen. Diese Verträge stellen ihrem Wesen nach Darlehensverträge gem. § 607 BGB dar,[821] was bedeutet, dass die Gelder in jedem Fall zurückgezahlt werden müssen.[822] Für die Bereitstellung ihrer Einlagen und ihren Liquiditätsverzicht erhalten die Einleger eine Vergütung in Form von Zinsen.[823] Diese fallen in jedem Fall an, gleich ob Verluste oder Gewinne entstanden sind. Die Einleger tragen aufgrund der unbedingten Rückzahlbarkeit ihrer Einlage also kein Verlustrisiko.[824] Entsprechend niedrig ist die Liquiditätsverzichtvergütung (die Zinsen) im Vergleich zu einer Anlage, die einem Verlustrisiko ausgesetzt ist. Die Zinsen werden daher auch als Anreiz für Einleger verstanden.

Aus schariarechtlicher Sicht – und besonders aus der Perspektive der *maqāṣid* – problematisch erscheint dabei nun aber die Risikoinkongruenz der garantierten Spareinlagen auf der einen Seite und der verlustrisikobehafteten Finanzierungen auf der anderen. Das Verlust- bzw. Ausfallrisiko auf der Aktivseite ist mit der garantierten Einlage nicht kongruent.

4.2.1 Einlagenarten

Einlagen werden im Sinne des KWG in drei Arten unterschieden: Sichteinlagen, befristete Einlagen (Termineinlagen) und Spareinlagen; die Unterscheidung erfolgt anhand der Fälligkeit der Einlage.[825] Im Folgenden sollen die drei Einlagenarten vorgestellt und anschließend die *muḍāraba* entsprechend eingeordnet werden.

821 BGHZ 64, 284, Bunte, AGB-Banken, S. 508.

822 Vgl. § 1 Abs. 1 KWG.

823 Hartmann-Wendels/Pfingsten/Weber, *Bankbetriebslehre*, S. 227.

824 Boos/Fischer/Schulte-Mattler, *KWG-Kommentar*, S. 61; Schimansky/Bunte/Lwowski, *Bankrechts-Handbuch*, Bd. 1, S. 2044.

825 Schimansky/Bunte/Lwowski, *Bankrechts-Handbuch*, Bd. 1, S. 2050.

4.2.1.1 Sichteinlagen

Sichteinlagen sind Einlagen, deren Auszahlung jederzeit verlangt werden kann.[826] In der Regel dienen Sichteinlagen der Durchführung des bargeldlosen Zahlungsverkehrs, wobei es sich meist um Guthaben auf Girokonten handelt.[827] Sie dienen nicht der Geldanlage und werden entsprechend als „täglich fällige" Gelder bilanziert.[828] Für Sichteinlagen ist weder eine Laufzeit noch eine Kündigungsfrist vereinbart.[829] Ihnen liegt eine unregelmäßige Verwahrung i.S.v. § 700 BGB zugrunde, da es sich um täglich fällige Gelder handelt.[830] Für den Verwahrvertrag bestimmt nämlich § 695 BGB ein Recht zur jederzeitigen Rückforderung.[831] Ein Darlehensvertrag kann hingegen mit der Aufnahme von Sichteinlagen nicht kommen sein, weil § 488 BGB Abs. 3 BGB entweder die Vereinbarung einer Laufzeit oder, wenn diese fehlt, eine Kündigung fordert, was beim Girovertrag nicht vorliegt.[832]

Der Vertragszweck der *muḍāraba* dient der (Kapital-)Anlage.[833] Zwar umfasst der *muḍāraba*-Vertrag auch ein Verwahrungselement, das solange besteht, wie das Kapital dem *muḍārib* zur vertraglich vereinbarten Verfügungsumfang überlassen und noch nicht unternehmerisch eingesetzt wurde, jedoch ist dies nicht der Hauptzweck der *muḍāraba*.[834] Insofern kann die *muḍāraba* nicht unter der Kategorie der Sichteinlagen eingeordnet werden.

4.2.1.2 Termineinlagen

Befristete Einlagen dienen dem Kunden vornehmlich zur Erzielung von Erträgen in Form von Zinsen oder zur nur kurzzeitigen Anlage von Liquidität.[835] Sie haben entweder eine Laufzeit (Festgelder) oder sie sind mit einer Kündigungsfrist

---

826 Dorothee Einsele, *Bank- und Kapitalmarktrecht. Nationale und Internationale Bankgeschäfte*, Tübingen 2014, S. 45.
827 Claussen, *Bank- und Börsenrecht*, S. 118.
828 Schimansky/Bunte/Lwowski, *Bankrechts-Handbuch*, Bd. 1, S. 2051.
829 Siegfried Kümpel/Arne Wittig, *Bank- und Kapitalmarktrecht*, Köln 2011, S. 1156.
830 Ebd.
831 Schimansky/Bunte/Lwowski, *Bankrechts-Handbuch*, Bd. 1, S. 2052.
832 Ebd.
833 Az-Zuḥailī, *Mausū ʿat al-fiqh al-islāmī*, Bd. 4, S. 628.
834 Vgl. ebd., Bd. 4, S. 645. Fordert der Kapitalgeber sein Kapital zurück bevor es unternehmerisch eingesetzt wurde, liegt Islam-rechtlich keine Kündigung eines *muḍāraba*-Vertrags vor, sondern die eines Verwahrvertrags (*wadī ʿa*); vgl. ebd.
835 Kümpel/Wittig, *Bank- und Kapitalmarktrecht*, S. 1160.

(Kündigungsgelder) versehen.[836] Für die zivilrechtliche Einordnung bedeutet die Befristung zwingend, dass hier ein Darlehensvertrag besteht, weil nur ein Darlehen gem. § 488 BGB, anders als bei §§ 700, 695 BGB, nach Kündigung oder nach Ablauf einer Frist zur Rückzahlung fällig werden kann.[837] Laufzeitvereinbarung und Zinszahlung zeigen, dass hier das Verwahrungsinteresse des Kunden hinter sein Geldanlageinteresse zurücktritt.[838] Wesentliche vertragliche Leistungspflichten sind damit zum einen die Kapitalüberlassung durch den Kunden auf Zeit und zum anderen deren Vergütung durch die Bank in Form eines Zinses, dessen Höhe in der Regel von der Höhe des Anlagebetrages sowie der Laufzeit bzw. Länge der Kündigungsfrist abhängt.[839]

Werden bei Vertragsschluss für die Anlage eines bestimmten Anlagebetrages eine feste Anlagedauer und eine bestimmte Fälligkeit vereinbart, so ist nach deren Ablauf der Vertrag ohne weitere Erklärungen oder Vereinbarungen beendet.[840] Das Festgeld wird dann von selbst fällig und in der Praxis regelmäßig dem Girokonto gutgeschrieben, es sei denn, Kreditinstitut und Einleger vereinbaren eine Prolongation.[841] Im Gegensatz zum Festgeld können Kündigungsgelder auf unbestimmte Zeit aufgenommen werden; ihre Fälligkeit wird durch eine Kündigung herbeigeführt.[842] Aufsichtsrechtlich ist die Entgegennahme von Termin- oder Festgeldern ein Einlagengeschäft im Sinne von § 1 Abs. 1 Satz 2 Nr. 1 KWG, das nur durch Kreditinstitute betrieben werden darf.[843]

Bei der *muḍāraba* wird zwischen der beschränkten und der unbeschränkten *muḍāraba* unterschieden.[844] Hierbei kann sich die Beschränkung sowohl temporal als auch lokal äußern.[845] Vereinbaren Kapitalgeber und -nehmer im *muḍāraba*-Vertrag

---

836 Schimansky/Bunte/Lwowski, *Bankrechts-Handbuch*, Bd. 1, S. 2053; Einsele, *Bank- und Kapitalmarktrecht*, S. 56.

837 Ebd., S. 57.

838 Ebd.

839 Kümpel/Wittig, *Bank- und Kapitalmarktrecht*, S. 1161.

840 Ebd.

841 Um dem Renditeinteresse des Einlegers gerecht zu werden, wird in der Praxis bereits zum Zeitpunkt der Hereinnahme der Einlage vereinbart, dass sich das Festgeld ohne Abgabe weiterer Erklärungen verlängert, es sei denn, der Kunde begehrt rechtzeitig Auszahlung; vgl. Schimansky/Bunte/Lwowski, *Bankrechts-Handbuch*, Bd. 1, S. 2053.

842 Ebd., S. 2054.

843 Claussen, *Bank- und Börsenrecht*, S. 131.

844 Vgl. AAOIFI, *Sharia Standards*, No. 13, Ziffer 5; az-Zuḥailī, *Mausūʿat al-fiqh al-islāmī*, Bd. 4, S. 628.

845 Vgl. ebd. Der Kapitalgeber kann darüber hinaus auch die Betätigungsfelder des Kapitalnehmers bestimmen; vgl. al-Māwardī, *al-Muḍāraba*, S. 153.

eine feste Laufzeit für die Kapitalüberlassung, liegt eine beschränkte *muḍāraba* vor, die in diesem Punkt dem Festgeld im Sinne des § 1 Abs. 1 Satz 2 Nr. 1 KWG ähnelt. Auch die Vereinbarung eines Zinses (Gewinnanteil), der prozentual bestimmt wird und auf den entstandenen Gewinn anfällt, legt die Vermutung nahe, dass es sich bei der zeitlich begrenzten *muḍāraba* im Bankwesen um eine Termineinlage handelt. Einzig der Umstand, dass Termineinlagen im Sinne des § 1 Abs. 1 Satz 2 Nr. 1 KWG als Darlehen gem. § 488 BGB definiert werden, lässt eine Einordnung der *muḍāraba* unter der Kategorie der Termineinlagen im Sinne des KWG nicht zu, da es sich bei der *muḍāraba* um einen gesellschaftsähnlichen Vertrag handelt, der eine Verlusttragung des Kapitalgebers verlangt.[846] Losgelöst von der Definition des KWG kann bei der *muḍāraba* von einer Termineinlage ausgegangen werden, wenn auf die Merkmale Laufzeit und Zinsvereinbarung abgestellt wird.

Die in der Theorie als maßgeblich für den Erfolg des Islamic Banking propagierte *muḍāraba* wirft an dieser Stelle die Frage nach ihrer Umsetzung im Rahmen des hiesigen Bankwesens auf, das jede Entgegennahme von Geldern als Darlehen definiert, was mit der Rechtsnatur der *muḍāraba* nicht vereinbar ist. Dieses Ergebnis soll bei der Konzeption eines Lösungsvorschlags berücksichtigt werden.

4.2.1.3 Spareinlagen

In Deutschland gibt es das Sparkonto seit fast 200 Jahren.[847] Es ist mit der Entwicklung des deutschen Sparkassenwesens eng verbunden. Seit 1955 hat das Sparkonto auch im privaten Bankgewerbe, hier vor allem bei den Groß-, Regional- und Volksbanken, seine Heimat. Die gesamtwirtschaftliche Bedeutung der auf Sparkonten unterhaltenen Spareinlagen liegt darin, dass sie als das typische Instrument für die private Ersparnisbildung angesehen werden, die die Voraussetzung für internationale Investitions- und Staatsfinanzierung ist. In Deutschland werden rund 11 % des Bruttosozialprodukts gespart (2005 rund 160 Mrd. €); hiervon fließt der größte Teil auf Sparkonten und bildet die Grundlage der Refinanzierung langfristiger Kommunalkredite und Investitionsdarlehen. Dies ist ein gesunder Geldkreislauf, um den andere Industriestaaten Deutschland beneiden.

Das Gesamtvolumen an Spareinlagen betrug Mitte 2006 einschließlich der Sparbriefe rund 700 Mrd. €,[848] also nahezu das dreifache des Bundeshaushalts.

846 Vgl. AAOIFI, *Sharia Standards*, No. 13; az-Zuḥailī, *Mausūʿat al-fiqh al-islāmī*, Bd. 4, S. 628.

847 Claussen, *Bank- und Börsenrecht*, S. 113.

848 Deutsche Bundesbank, *Bankstatistik. Statistisches Beiheft 1 zum Monatsbericht*, März 2013, S. 82.

Es gibt ca. 20 Millionen Sparkonten, die zu etwa 60 % bei Sparkassen und 40 % bei anderen Instituten geführt werden.[849]

Trotz seiner wirtschaftlichen Bedeutung ist das Sparkonto als solches – nach Aufhebung der früheren §§ 21 und 22 KWG zum 1. Juli 1993 – nicht gesetzlich geregelt, sondern nur in § 21 Abs. 4 der VO über die Rechnungslegung der Kreditinstitute und Finanzdienstleistungsinstitute (Kreditinstitut-Rechnungslegungsverordnung – RechKredV),[850] der nur noch formale Minimalregelungen enthält.[851] Einzelheiten regeln die Bedingungen für den Sparverkehr, die AGB der Banken und Sparkassen sind.[852]

Das Sparkonto dient der Verbuchung von Spareinlagen, über die eine Urkunde ausgefertigt wird: das Sparbuch, das ein qualifiziertes Legitimationspapier i.S.d. § 808 BGB ist. Spareinlagen sind Gelder, die nicht zur Verwendung im Geschäftsbetrieb von Unternehmen oder für den Zahlungsverkehr bestimmt sind und die eine Kündigungsfrist von mindestens drei Monaten aufweisen (§ 21 Abs. 4 RechKredV).[853]

Rechtlich ist die Spareinlage wie die Termineinlage als Darlehen im Sinne des § 488 BGB anzusehen, das der Kunde der Bank gewährt.[854] Aus § 488 Abs. 1 Satz 2 BGB folgt insbesondere das Recht des Sparkontoinhabers auf Verzinsung und Rückzahlung seines Guthabens, aus § 488 Abs. 3 BGB das Kündigungsrecht des Kunden als Darlehensgeber.[855] Spareinlagen werden ohne die Vereinbarung einer festen Laufzeit vereinbart.[856] Die temporal unbeschränkte *muḍāraba* könnte insofern zwar als eine Spareinlage angesehen werden, doch steht dieser Einordnung die Definition der Spareinlage als unbedingt rückzahlbares Geld im Sinne des § 1 Abs. 1 Satz 2 Nr. 1 KWG entgegen.

4.2.2 Die Tatbestandsmerkmale des Einlagengeschäfts

Der Gesetzgeber hat 1998 in der 6. KWG-Novelle als Legaldefinition in § 1 Abs. 1 Satz 2 Nr. 1 einen neuen Auffangtatbestand eingefügt, bei dem jede subjektive Zwecksetzung[857] unerheblich geworden ist.[858] Unternehmen, die in Deutschland

---

849 Claussen, *Bank- und Börsenrecht*, S. 113.
850 Schimansky/Bunte/Lwowski, *Bankrechts-Handbuch*, Bd. 1, S. 2054.
851 Claussen, *Bank- und Börsenrecht*, S. 113.
852 Ebd.
853 Kümpel/Wittig, *Bank- und Kapitalmarktrecht*, S. 1163.
854 Claussen, *Bank- und Börsenrecht*, S. 114.
855 Ebd.
856 Hartmann-Wendels/Pfingsten/Weber, *Bankbetriebslehre*, S. 215.
857 Gebrachtes oder geholtes Geld.
858 Schimansky/Bunte/Lwowski, *Bankrechts-Handbuch*, Bd. 1, S. 2043 f.

Bankgeschäfte betreiben wollen, bedürfen nach Maßgabe des § 32 Abs. 1 KWG die Erlaubnis der BaFin.[859] Für das Vorliegen von gewerbsmäßigen Bankgeschäften oder Bankgeschäften, die einen in kaufmännischer Weise eingerichteten Geschäftsbetrieb erfordern, muss einer der in § 1 Abs. 1 genannten und im Folgenden näher aufgeführten Auffangtatbeständen erfüllt sein.

4.2.2.1 Gelder

Gelder sind im Sinne des KWG Bargeld, Buchgeld und Netzgeld; keine Gelder sind Wertpapiere.[860] Die Annahme von Bargeld erfolgt durch tatsächliche Entgegennahme, also etwa durch Bareinzahlung auf ein Konto.[861] Bei Buchgeld erfolgt die Annahme durch unbare Gutschrift im Rahmen des bargeldlosen Zahlungsverkehrs oder durch Umbuchung, bei Netzgeld durch Speicherung der Werteinheiten auf den empfangenden Rechnern.[862] Privatrechtlich geschaffene Zahlungsmittel zählen nicht als Geld, es sei denn, die Vertragsbedingungen der ausgebenden oder verwahrenden Stelle sehen einen Umtausch in gesetzliche Zahlungsmittel oder in entsprechendes Buchgeld vor.[863] Kunden islamischer Banken zahlen ihr Bargeld in der Regel auf ihr Konto ein oder sie überweisen ihr Buchgeld im Rahmen des bargeldlosen Zahlungsverkehrs. Dieser Punkt ist somit unproblematisch, denn das Merkmal „Gelder" ist hier gegeben.

4.2.2.2 Annahme

Unter *Annahme* ist bei Bargeld die körperliche Entgegennahme zu verstehen.[864] Bei Buchgeld besteht die Annahme in der Kontogutschrift im Rahmen des bargeldlosen Zahlungsverkehrs.[865]

---

859 Für die Zwecke dieser Untersuchung wird unterstellt, dass diese Anforderung jeweils erfüllt ist. Eine erste Bank, die die Bezeichnung „islamisch" führt, erhielt im Jahr 2015 die Erlaubnis nach § 32 KWG; vgl. http://www.handelsblatt.com/unternehmen/banken-versicherungen/kuveyt-tuerk-erste-islamische-bank-in-deutschland-eroeffnet/12087500.html (letzter Zugriff: 27.7.2016).

860 Schimansky/Bunte/Lwowski, *Bankrechts-Handbuch*, Bd. 1, S. 2044.

861 Ebd.

862 Ebd.

863 BaFin Merkblatt zum Einlagengeschäft, vgl. https://www.bafin.de/SharedDocs/Veroeffentlichungen/DE/Merkblatt/mb_140311_tatbestand_einlagengeschaeft.html (letzter Zugriff: 3.7.2016).

864 Boos/Fischer/Schulte-Mattler, *KWG-Kommentar*, S. 59.

865 Ebd.

Eine Annahme im Sinne des Einlagengeschäftstatbestands liegt auch bei einer Umwandlung einer Geldforderung aus einem Handelsgeschäft in ein Darlehen sowie bei einem Stehenlassen von Geldern vor.[866] Guthaben, die durch eigene Kreditschöpfung entstehen, werden dem Girokonto des Kunden in gleicher Weise gutgeschrieben wie Gelder, die der Kunde selbst einzahlt oder die ihm von dritter Seite überwiesen werden. Diese Vorgänge sind bankwirtschaftlich gleichwertig, denn diese Gelder unterliegen den gleichen Regeln (Verfügbarkeit, Verzinsung etc.) wie die übrigen Gelder.[867] Es handelt sich um Einlagengeschäfte, ohne Rücksicht darauf, ob Zinsen vergütet werden. Verlangt wird hier außerdem, dass der Annehmende Verfügungsbefugnis erlangt, sodass die Entgegennahme von Geldern zur unverzüglichen Weiterleitung an Dritte lediglich eine vom Grundsatz her erlaubnisfreie Einlagenvermittlung darstellt.[868] Mit der Annahme muss die islamische Bank Verfügungsbefugnis erlangen. Durch die Aufnahme der Gelder auf Grundlage der *muḍāraba* erteilen die Kunden der islamischen Bank die Erlaubnis, über die eingezahlten Gelder zu verfügen. Auch das Merkmal der „Annahme" ist somit gegeben.

4.2.2.3 Publikum

Durch den Begriff des *Publikums* soll die Herkunft der Gelder bestimmt werden, die unter den Tatbestand des Einlagengeschäfts fallen, womit auch der subjektive Schutzbereich des Erlaubnisvorbehalts für das Betreiben des Einlagengeschäfts abgegrenzt wird.[869] Mit dem Ziel eines effektiven Anlegerschutzes sollen grundsätzlich alle Gelder, die von Dritten stammen, durch diesen Tatbestand erfasst werden.[870] Auch Gelder, die nur aus einer kleinen, klar abgegrenzten Teilmenge des Publikums stammen, sind Gelder des Publikums und fallen als solche in den Schutzbereich des § 1 Abs. 1 Satz 2 Nr. 1 KWG.[871] Unter den Begriff des Publikums fällt zunächst jede natürliche oder juristische Person.[872]

---

866 Ebd. Interessant wäre, der Frage nachzugehen, ob islamische Banken im Kreditgeschäft aus einer *murābaḥa*-Finanzierung resultierenden Forderung (Kaufpreiszahlung) in ein Darlehen umwandeln, um Kreditgeschäft im Sinne des § 1 Abs. 1 Satz 2 Nr. 2 KWG basierende Kredite zu betreiben.

867 BaFin, Merkblatt zum Einlagengeschäft, vgl. https://www.bafin.de/SharedDocs/Veroeffentlichungen/DE/Merkblatt/mb_140311_tatbestand_einlagengeschaeft.html (letzter Zugriff: 3.7.2016).

868 Ebd.

869 Ebd.

870 Ebd.

871 Ebd.

872 Ebd.

4.2.2.4 *Fremde/rückzahlbare Gelder*

Da die Merkmale „fremd" im Sinne des § 1 Abs. 1 Nr. 1 Alt. 1 KWG und „rückzahlbar" im Sinne des § 1 Abs. 1 Nr. 1 Alt. 2 KWG weitgehend inhaltsgleich sind, werden sie von der Aufsicht gemeinsam unter dem Begriff *rückzahlbare Gelder* erörtert.[873] Das Kapital, das der Gesellschafter einer Kapitalgesellschaft gegen die Ausgabe der Aktien bzw. für seinen Geschäftsanteil einzahlt, wechselt mit der Einzahlung aus der Sphäre des Gesellschafters in die Eigenmittel der Kapitalgesellschaft.[874] Die Gelder sind weder rückzahlbar noch aus der Perspektive der Kapitalgesellschaft fremd.[875] Die Einwerbung solcher Gelder fällt nicht unter den Tatbestand des Einlagengeschäfts. In diesem Zusammenhang stellt sich die Frage, ob Einlagen auf der Grundlage von Gewinn- und Verlustbeteiligung (also Beteiligungskapital) islamischer Banken ebenfalls als (unbedingt) rückzahlbar bzw. fremd anzusehen sind.

Rückzahlbar sind Gelder, wenn ein zivilrechtlicher Anspruch auf ihre Rückzahlung besteht oder beim Geldgeber der Anschein eines solchen Anspruchs erweckt wird.[876] Der Rückzahlungsanspruch muss, wie typischerweise bei einem Darlehen, bereits bei Annahme der Gelder vereinbart werden („die Annahme rückzahlbarer Gelder"). Rückzahlbar und in diesem Sinne auch fremd ist auch die Einlage des stillen Gesellschafters (§§ 230 ff. HGB), wenn die Verlustteilnahme nach § 231 Abs. 2 HGB vertraglich ausgeschlossen wird.[877] Dabei kommt es für die bankaufsichtsrechtliche Einordnung der Gelder als „rückzahlbar" nicht auf bestimmte zivilrechtliche Vertragsgestaltungen oder die zivilrechtliche Zuordnung des zugrunde liegenden Geschäfts zu einem bestimmten Vertragstypus an, etwa einem Darlehensvertrag nach § 488 Abs. 1 BGB. Maßgebend ist vielmehr der tatsächliche Gehalt der Geldüberlassung.[878]

4.2.2.5 *Unbedingtheit des Rückzahlungsanspruchs*

Für die Einordnung als unbedingt rückzahlbare Gelder zu berücksichtigen sind unter Beachtung der bankwirtschaftlichen Verkehrsauffassung insbesondere die dem Kunden angebotenen Bedingungen der Geldüberlassung, der sich hieraus

873 Ebd.
874 Ebd.
875 Ebd.
876 Ebd.
877 Ebd. Ob der Ausschluss der grundsätzlich nicht ausschließbaren Verlustbeteiligung bei der *muḍāraba* islamrechtlich möglich ist, soll noch untersucht werden.
878 Ebd.

ergebende tatsächliche Gehalt der Geldüberlassung, das werbende Auftreten des Geldannehmenden und die hierdurch beim Geldgeber bezweckte Vorstellung von der getätigten Geldanlage.[879] Die Gelder dürfen nicht endgültig bei dem annehmenden Unternehmen verbleiben, sondern müssen zurückzuzahlen sein.[880] Dies ergibt sich in der 2. Tatbestandsvariante (Annahme anderer unbedingt rückzahlbarer Gelder) unmittelbar aus dem Regelungswortlaut, in der 1. Variante (Annahme fremder Gelder) aus dem Merkmal „fremd".[881]

Sogenannte „mezzanine" oder „hybride" Formen der Unternehmensfinanzierung, die Merkmale sowohl von Eigen- als auch von Fremdkapital aufweisen, etwa partiarische Darlehen, Nachrangdarlehen, Genussrechte oder stille Gesellschaftsbeteiligungen, können im Einzelfall als *unbedingt* rückzahlbare Gelder im Sinne des Einlagentatbestands anzusehen sein.[882]

4.2.2.5.1 Nachrangdarlehen

Beim *Nachrangdarlehen* wird die Rückzahlung des Darlehens durch eine Rangrücktrittserklärung gegenüber anderen Gläubigern des Darlehensnehmers für den Fall der Insolvenz oder Liquidation des Darlehensnehmers nachrangig gestellt.[883] Die Verwendung einer qualifizierten Rangrücktrittsklausel in einem Darlehensvertrag bewirkt eine Wesensänderung der Geldhingabe vom bankgeschäftstypischen Darlehen mit unbedingter Rückzahlungsverpflichtung hin zur unternehmerischen Beteiligung mit einer eigenkapitalähnlichen Haftungsfunktion.[884] Diese Wesensänderung muss für die angesprochenen Verkehrskreise hinreichend deutlich zutage treten, insbesondere für Anleger ohne Erfahrung in Fragen der Unternehmensfinanzierung oder des Insolvenzrechts, um von einer Geldhingabe auszugehen, die unter bewusster Inkaufnahme eines unternehmerischen Geschäftsrisikos über das ohnehin bestehende allgemeine Insolvenzausfallrisiko hinausgeht.[885]

879 Vgl. RegBegr. zum Entwurf eines Gesetzes zur Umsetzung der Richtlinie 2002/87/EG des Europäischen Parlaments und des Rates vom 16.12.2002 (Finanzkonglomeraterichtlinie-Umsetzungsgesetz), BT-Drs. 15/3641, S. 36.

880 Schimansky/Bunte/Lwowski, *Bankrechts-Handbuch*, Bd. 1, S. 2044.

881 Andreas Schwennicke/Dirk Auerbach, *Kreditwesengesetz. Kommentar*, München 2013, § 1, Rn. 13.

882 Ebd.

883 Ebd.

884 BaFin Merkblatt zum Einlagengeschäft, vgl. https://www.bafin.de/SharedDocs/Veroeffentlichungen/DE/Merkblatt/mb_140311_tatbestand_einlagengeschaeft.html (letzter Zugriff: 3.7.2016).

885 Ebd.

Werbeaussagen wie etwa plakative Hinweise auf eine sichere, günstige oder rentable Geldanlage verstellen dagegen den Blick des Anlegers für die Übernahme eines unternehmerischen Risikos. In solchen Fällen kann nicht davon ausgegangen werden, dass die von dem Anlageangebot bezweckte Vorstellung bei dem unerfahrenen Geldgeber eine bedingte Rückzahlbarkeit umfassen soll.[886] Zivilrechtlich unwirksame Klauseln sind auch bankaufsichtsrechtlich nicht als tatbestandsausschließende Bedingung im Sinne des Einlagengeschäftstatbestands geeignet.[887]

4.2.2.5.2 Partiarische Darlehen

Bei *partiarischen Darlehen* wird vereinbart, dass der Darlehensgeber für die Überlassung des Geldes vom Darlehensnehmer eine prozentuale Beteiligung am wirtschaftlichen Erfolg des Darlehensnehmers erhält; der Rückzahlungsanspruch ist damit regelmäßig unbedingt.[888] Die Annahme von partiarischen Darlehen erfüllt also grundsätzlich den Tatbestand des Einlagengeschäfts. Grundsätzlich kann die *muḍāraba* aufgrund der Verlusttragung seitens des Kapitalgebers (Einleger) nicht unter die partiarischen Darlehen fallen. Ausgehend von einer islamrechtlich legitimen Garantie des *muḍāraba*-Kapitals könnte die *muḍāraba* aber doch darunter subsumiert werden.

4.2.2.5.3 Stille Gesellschaften und Genussrechte

Bei einer *stillen Gesellschaft* beteiligt sich der Kapitalgeber gegen Gewinnbeteiligung mit einer Vermögenseinlage am Handelsgewerbe eines anderen.[889] *Genussrechte* dagegen begründen keine gesellschaftsrechtlich geprägten Mitgliedschaftsrechte, sondern sind rein schuldrechtlich verfasste Dauerschuldverhältnisse eigener Art, die sich in einem bestimmten geldwerten Anspruch erschöpfen.[890] Ein Genussrecht stellt typischerweise Risikokapital dar, das an Verlusten der Gesellschaft bis zum Ende seiner Laufzeit partizipiert. Ist die in § 231 Abs. 2 HGB regelmäßig vorgesehene Verlustbeteiligung der stillen Gesellschafter nicht vertraglich abbedungen, sind die Vermögenseinlagen der stillen Gesellschafter nur als bedingt rückzahlbar zu bewerten und erfüllen somit nicht den Tatbestand des Einlagengeschäfts.[891]

---

886 BaFin Merkblatt zum Einlagengeschäft, vgl. https://www.bafin.de/SharedDocs/Veroeffentlichungen/DE/Merkblatt/mb_140311_tatbestand_einlagengeschaeft.html (letzter Zugriff: 3.7.2016).

887 Ebd.

888 Ebd.

889 Schimansky/Bunte/Lwowski, *Bankrechts-Handbuch*, Bd. 1, S. 2046.

890 Ebd.

891 Ebd.

Gleiches gilt für Genussrechte, die eine Beteiligung am laufenden Verlust des kapitalnehmenden Unternehmens vorsehen.[892]

4.2.3 Zwischenergebnis

An diesem Merkmal stellt sich die Frage, ob die auf Grundlage der *muḍāraba* aufgenommenen Gelder als fremd bzw. unbedingt rückzahlbar anzusehen sind. Die *muḍāraba*-Einlage ist aufgrund des Prinzips der Gewinn- und Verlustbeteiligung als Beteiligungskapital anzusehen, ähnlich des Beteiligungskapitals der Shareholder, die sich ebenfalls am Gewinn und Verlust der Bank beteiligen.[893] Rückzahlbar sind Gelder, wenn prinzipiell im Zeitpunkt der Annahme ein Anspruch auf Rückzahlung vereinbart ist, mag dieser auch betagt sein oder von einer Kündigung abhängen.[894] Unbedingt ist der Rückzahlungsanspruch, wenn er nicht von einem ungewissen zukünftigen Ereignis abhängt.[895] Der *muḍāraba*-Vertrag sieht keine unbedingte Rückzahlbarkeit vor. Die Rückzahlung hängt von ungewissen zukünftigen Ereignissen ab (je nach Performance der Bank). Die aufgrund der *muḍāraba* aufgenommenen Gelder werden daher nicht in jedem Fall zurückgezahlt. Es handelt sich dabei folglich *nicht* um fremde oder andere unbedingt rückzahlbare Gelder (Fremdkapital).

Einlagen islamischer Banken sollten, um das erforderliche Tatbestandsmerkmal *fremd* bzw. *unbedingt rückzahlbar* zu erfüllen, so konzipiert werden, dass vom Vorliegen dieses Merkmals ausgegangen werden kann. Weil das *ribā*-Verbot eine Vergütung von gleich wie konzipiertem Fremdkapital verbietet, muss gefragt werden, ob das *muḍāraba*-Kapital vom Kapitalnehmer (hier: Bank) garantiert werden kann, ohne das *ribā*-Verbot zu verletzen.

Eine Prüfung der weiteren Tatbestandsmerkmale erübrigt sich. Auf *muḍāraba* basierende Einlagen erfüllen nicht das Tatbestandsmerkmal *fremd* bzw. *unbedingt rückzahlbar*. Die Tatbestandsmerkmale des § 1 Abs. Nr. 1 KWG sind daher nicht erfüllt.

Mit Blick auf den *muḍāraba*-Vertrag soll im Folgenden der Frage nachgegangen werden, ob eine Garantie des *muḍāraba*-Kapitals im Sinne der *maqāṣid* ist. Das verlangt zum einen eine islamrechtliche Würdigung und zum anderen eine Untersuchung der Folgen in der Praxis.

---

892 Ebd.

893 Nienhaus, *Governance of Islamic Banks*, S. 129.

894 Schimansky/Bunte/Lwowski, *Bankrechts-Handbuch*, S. 2044.

895 BGH WM 95, S. 875; Schwennicke/Auerbach, *KWG-Kommentar*, § 1, Rn. 13; Schimansky/Bunte/Lwowski, *Bankrechts-Handbuch*, S. 2042.

4.3 Der *muḍāraba*-Vertrag

Das im heutigen islamischen Bankwesen wichtige Instrument der *muḍāraba* ist ein aus der vorislamischen Epoche (*ǧāhiliyya*) bekannter und vom Islam anerkannter und übernommener Vertrag.[896] Je nach Region und Rechtsschule wird die *muḍāraba* auch *qirāḍ* genannt. Der *muḍāraba*-Begriff entstammt der Region des heutigen Irak, im Hedschas wird dagegen der Begriff *qirāḍ* verwendet.[897]

4.3.1 Zulässigkeit der *muḍāraba*

Zur Bestimmung der Zulässigkeit (*mašrūʿiyya*) einer rechtlich relevanten Angelegenheit wird laut der Methodologie der Normenableitung (*uṣūl al-fiqh*) eine hierarchisch geordnete Prüfung angewandt. Das islamische Recht ist so strukturiert, dass sich seine Bestimmungen stets primär auf den Koran, sekundär auf die Sunna, tertiär auf den Konsens (*iǧmāʿ*) und schließlich auf den Analogieschluss (*qiyās*) stützen müssen.

Die *muḍāraba* wird von den Rechtsgelehrten durch drei Koranstellen legitimiert:

> „[…] und andere, die im Lande (draußen) unterwegs sind (*yaḍribūna fi l-arḍ*) im Verlangen danach, dass Gott ihnen Gunst erweise (*yabtaġūna min faḍli llāhi*) […]“ (73:20)

> „Doch wenn das Gebet zu Ende ist, dann geht eurer Wege (*fa-ntaširū fi l-arḍ*) und strebt danach, dass Gott euch Gunst erweist (indem ihr eurem Erwerb nachgeht) (*wa-btaġū min faḍli llāhi*).“ (62:10)

> „Es ist keine Sünde für euch, nach der Gunst eures Herren zu streben (*an tabtaġū faḍlan min rabbikum*).“ (2:198)

Insbesondere der zuerst genannte Vers wird für die *muḍāraba* als Legitimationsgrundlage herangezogen, da er eine direkte Bezugnahme auf die Unternehmer darstelle.[898] Die hier verwendete Verbform *yaḍribūna* stammt von dem Verb *ḍaraba*, das derselben Wortwurzel entstammt, von der auch das Wort *muḍāraba* abgeleitet wird. Die beiden anderen Verse werden als Hinweis auf eine allgemeine Erlaubtheit des Handels verstanden.[899]

---

896 ʿAbd ar-Razzāq Raḥīm al-Hītī, *al-Maṣārif al-islāmiyya baina n-naẓariyya wa-t-taṭbīq*, Amman 1998, S. 435.

897 Nazīh Ḥammād, *Muʿǧam al-muṣṭalaḥāt al-māliyya wa-l-iqtiṣādiyya fi luġat al-fuqahāʾ*, Damaskus 2014, S. 422.

898 Ṣafiyya aš-Šarqāwī, *at-Takyīf aš-šarʿī li-šarikat al-muḍāraba al-islāmiyya*, Kairo 1991, S. 25.

899 Ebd., S. 26.

Für die Zulässigkeit der *muḍāraba* lassen sich auch Belege in der Prophetentradition finden, denn es werden hierzu einige Hadithe überliefert. Sowohl der Prophet als auch seine Gefährten sollen Handel auf Grundlage von *muḍāraba* betrieben haben. So soll der Prophet mit dem von seiner ersten Ehefrau Ḫadīǧa bereitgestellten Kapital[900] auf der Basis von *muḍāraba* gehandelt haben.[901] Der Prophetengefährte al-ʿAbbās soll sein Kapital einem *muḍārib* übergeben und die Unternehmung an von ihm gestellte Bedingungen geknüpft haben, denen der Prophet zustimmte, als er später von ihnen erfuhr.[902]

Von Ibn ʿAbbās wird überliefert, dass er sagte: „Immer wenn al-ʿAbbās ibn ʿAbd al-Muṭṭalib das Vermögen als *muḍāraba* übergab, bedingte er sich zulasten des Besitzers aus, dass er damit nicht am Meer entlangziehe, kein Tal (*wādī*) hinabsteige und kein Reittier kaufe, das eine frische Leber (*kabid raṭiba*) habe. Wenn er das tue, hafte er (*ḍamina*). Als der Prophet von der Ausbedingung seines Onkels erfuhr, machte er ihm keinen Vorwurf."[903] Ein solches stillschweigendes Einverständnis ist der Kategorie der *sunna taqrīriyya* zuzuordnen.

Ferner wird die Zulässigkeit der *muḍāraba* auf den Konsens (*iǧmāʿ*) der Prophetengefährten gestützt.[904] Mit Blick auf den Analogieschluss (*qiyās*) kann nach herrschender Meinung der Rechtsgelehrten die Legitimität der *muḍāraba* nicht auf eine Analogie zum Geschäftsbesorgungsvertrag (*iǧārat al-ašḫāṣ*) gestützt werden.[905] Denn anders als dort sind im Fall der *muḍāraba* weder der Lohnbetrag noch der Arbeitsumfang definiert.[906] Der Analogieschluss muss hier aber nicht berücksichtigt werden, da die Zulässigkeit der *muḍāraba* bereits aus Koran und Sunna ausreichend hervorgeht.

---

900 Die Frage, ob der Prophet tatsächlich als *muḍārib* für Ḫadīǧa gereist ist, wird ausführlich diskutiert bei Abū l-Ḥasan ʿAlī al-Māwardī, *al-Muḍāraba*, Mansura 1989, S. 121.

901 Ebd.

902 Ebd., S. 122.

903 Al-Ḥāfiẓ Nūr ad-Dīn al-Haiṯamī, *Maǧmaʿ az-zawāʾid wa-manbaʿ al-fawāʾid*, Beirut 2001, Bd. 4, S. 205.

904 Ǧalāl ad-Dīn as-Suyūṭī, *Tanwīr al-ḥawālik: Šarḥ ʿalā Muwaṭṭaʾ Mālik*, Kairo o.J., Bd. 2, S. 173; Ǧamāl ad-Dīn az-Zailaʿī, *Naṣb ar-rāya li-aḥādīṯ al-hidāya*, Beirut 1973, Bd. 4, S. 114.

905 ʿAlāʾ ad-Dīn Abū Bakr al-Kāsānī, *Badāʾiʿ aṣ-ṣanāʾiʿ fī tartīb aš-šarāʾiʿ*, ed. von ʿAlī Muʿawwaḍ und ʿĀdil ʿAbd al-Mauǧūd, Beirut 2003, Bd. 8, S. 4.

906 Anderes gilt im Falle der fehlerhaften *muḍāraba*, die analog zum Geschäftsbesorgungsvertrag einen Arbeitslohn für den *muḍārib* zur Folge hat, der sich am Arbeitslohn des *aǧīr* orientiert (*uǧrat al-miṯl*); vgl. az-Zuḥailī, *Mausūʿat al-fiqh al-islamī*, Bd. 4, S. 643.

In manchen sunnitischen Rechtsschulen gibt es die Erwägungsmethode des *istiḥsān*, durch die sich Rechtsfälle legitimieren lassen, die sich durch *qiyās* nicht legitimieren lässt.[907] Das praktische Bedürfnis, Kapital gewinnbringend zu investieren, kann vom Kapitalbesitzer selbst nicht immer umgesetzt werden. Dies kann auf einen Mangel an Kompetenz, Erfahrung, Wissen, Interesse und Zeit gegründet sein. Im Gegensatz dazu besitzen andere die nötige Kompetenz und Erfahrung, Kapital werterhaltend und gewinnbringend zu verwalten. Die *muḍāraba* stellt in diesem Zusammenhang ein Instrument zur Zusammenführung von Kapital und unternehmerischer Tätigkeit dar, das nach dem *qiyās* nicht zulässig ist. Deshalb wird in diesem Zusammenhang *istiḥsān* bemüht, um eine Legitimierung rechtsfindungsmethodisch herzustellen.

4.3.2 Definition

Gemäß dem *AAOIFI Sharia Standard* Nr. 13, der sich mit der *muḍāraba* befasst, ist diese eine Gewinnbeteiligungspartnerschaft, in der eine Partei Kapital (*raʾs al-māl*) überlässt (Kapitalgeber, *rabb al-māl*) und die andere (Kapitalnehmer, *muḍārib*) ihre unternehmerische Tätigkeit einbringt.[908] Laut dieser Definition könnte die *muḍāraba* einen Auftrag gem. §§ 662 ff. BGB bzw. einen Geschäftsbesorgungsauftrag nach § 675 BGB darstellen, in dem die Vergütung vom Ergebnis der Tätigkeit des Kapitalgebers abhängt.

Darüber hinaus wird die *muḍāraba* in die uneingeschränkte und die eingeschränkte *muḍāraba* unterteilt.[909] Eine uneingeschränkte *muḍāraba* (*muḍāraba muṭlaqa*) liegt dann vor, wenn der Kapitalgeber dem Kapitalnehmer keine Einschränkungen macht.[910] Der Unternehmer ist hier also an keine Einschränkungen seitens des Kapitalgebers gebunden,[911] sondern kann nach eigenem Ermessen und eigener Erfahrung tätig werden. Diese Uneingeschränktheit findet ihre Grenzen aber dort, wo die Interessen des Kapitalgebers gefährdet sind.[912] Eine eingeschränkte *muḍāraba* (*muḍāraba muqayyada*) liegt dann vor, wenn der Kapitalgeber bestimmt, zu welchen Zeiten, in welchen Regionen und in welchen Bereichen der Unternehmer tätig werden darf.[913]

---

907 Al-Kāsānī, *Badāʾiʿ aṣ-ṣanāʾiʿ*, Bd. 8, S. 5.

908 AAOIFI, *Sharia Standards*, No. 13, Ziffer 2. Die folgenden Ausführungen beschränken sich auf das Einlagengeschäft der Banken.

909 Ebd., Ziffer 5.

910 Ebd., Ziffer 5/1.

911 Ebd.

912 Ebd.

913 Ebd., Ziffer 5/2.

4.3.3 Das Zustandekommen des *muḍāraba*-Vertrags

Ein *muḍāraba*-Vertrag kommt durch Angebot und Annahme zustande.[914] Beide Parteien müssen uneingeschränkt rechts- und geschäftsfähig sein.[915] Ein *muḍāraba*-Vertrag ist grundsätzlich nicht bindend, sodass jede Partei das Recht hat, den Vertrag aufzuheben.[916] Dieses Recht gilt jedoch nicht, wenn der Kapitalnehmer bereits mit seiner Tätigkeit begonnen hat. In diesem Fall ist der *muḍāraba*-Vertrag bis zur Abwicklung (Liquidation) bindend.[917] Auch wenn die Parteien im Vertrag eine Laufzeit vereinbart haben, gilt das Aufhebungsrecht hier nicht. In diesem Fall ist der Vertrag bis zum Ende der Laufzeit bindend.[918]

Die *muḍāraba* gehört zur Kategorie der Treuhandverträge, die einen Haftungsausschluss für den *muḍārib* begründen.[919] Das gilt nur, solange der *muḍārib* die Treuhandprinzipien nicht verletzt. Eine Verletzung liegt dann vor, wenn er die ihm übertragenen Pflichten nicht sorgfältig erfüllt.[920] Bei Vertragsverletzung haftet er für das bereitgestellte Kapital.

4.3.4 Bedingungen bezüglich des *muḍāraba*-Kapitals

Für die Wirksamkeit eines *muḍāraba*-Vertrags müssen die Voraussetzungen für das Kapital erfüllt werden. Grundsätzlich sollte das Kapital in liquider Form (*cash*) vorliegen.[921] Es kann aber auch in Form von Sachvermögen bereitgestellt werden.[922] In diesem Fall wird der Vermögenswert zum Zeitpunkt des Vertragsschlusses als Kapital bestimmt.[923] Das Sachvermögen muss hinsichtlich Qualität (*waṣf, ǧins*) und Quantität (*qadr*) bekannt (*ma ʿlūm*) sein, um Unklarheiten, Unsicherheiten und Mehrdeutigkeiten zu vermeiden,[924] denn eine Unbestimmtheit des Kapitals führt zu einer Unbestimmtheit des Gewinns.[925] Das Kapital darf darüber hinaus keine

914 Ebd., Ziffer 4/1.
915 Ebd., Ziffer 4/2.
916 Ebd., Ziffer 4/3.
917 Ebd., Ziffer 4/3/a.
918 Ebd., Ziffer 4/3/b.
919 Ebd., Ziffer 4/4.
920 Ebd.
921 Ebd., Ziffer 7.
922 Ebd., Ziffer 7/1.
923 Ebd.
924 Ebd., Ziffer 7/2.
925 Vgl. az-Zuḥailī, *Mausū ʿat al-fiqh al-islamī*, Bd. 4, S. 636.

Forderung (*dain*) darstellen.[926] Schließlich muss eine Übergabe (*taslīm*) des Kapitals stattfinden, der Kapitalgeber muss dem Unternehmer das Kapital also übergeben.[927] Der Kapitalnehmer muss darüber uneingeschränkt verfügen können.[928]

Der Kapitalgeber hat in dem Zusammenhang das Recht, vom Kapitalnehmer ausreichende und geeignete Sicherheiten zu verlangen.[929] Jedoch darf der Kapitalgeber die Sicherheiten nur bei Fehlverhalten oder Pflichtverletzung des Kapitalnehmers in Anspruch nehmen.[930]

4.3.5 Allgemeine Bestimmungen und Bedingungen bezüglich des Profits

Für ein *muḍāraba*-Geschäft ist eine bei Vertragsabschluss zu treffende Gewinnverteilungsabsprache erforderlich.[931] Die Gewinnverteilung muss in Prozent angegeben sein und sich auf den Gewinn beziehen, nicht auf das bereitgestellte Kapital.[932] Eine Änderung des eingangs vereinbarten Gewinnanteils kann nach Vertragsabschluss noch vereinbart werden.[933] Die Nichtbenennung von Gewinnanteilen führt zur Anwendung der kontextualen, handelsüblichen Bräuche, sofern solche vorliegen.[934]

Die Gewinnanteile sind allgemein zu bestimmen, etwa ein Drittel gegen zwei Drittel oder ein Viertel gegen drei Viertel. Sie können auch in Prozentzahlen angegeben werden. Ein in absoluten Zahlen vereinbarter Profit, etwa EUR 200, führt zur Unwirksamkeit des Vertrags, weil im Falle eines positiven Ertrags in Höhe von genau EUR 200, nur die begünstigte Partei diesen beanspruchen kann.[935] Aus

---

926 AAOIFI, *Sharia Standards*, No. 13, Ziffer 7/3. Eine Ausnahme hiervon besteht in der Konstellation, wenn der Kapitalgeber den Unternehmer beauftragt, die Herausgabe des Kapitals von einem Schuldner (des Kapitalgebers) zu verlangen und anschließend damit auf Grundlage des *muḍāraba*-Vertrags tätig zu werden; vgl. az-Zuḥailī, *Mausū ʿat al-fiqh al-islamī*, Bd. 4, S. 637.

927 AAOIFI, *Sharia Standards*, No. 13, Ziffer 7/4.

928 Ebd.

929 Ebd., Ziffer 6.

930 Ebd.

931 Ebd., Ziffer 8/1. Wird vereinbart, dass der Gewinn allein beim Unternehmer bleibt, liegt ein Darlehen vor. Wird hingegen die Absprache getroffen, dass der Kapitalgeber allein gewinnberechtigt ist, sprechen die *fuqahā ʾ* von einem Geschäftsausführungsvertrag (*ibḍā ʿ*); vgl. az-Zuḥailī, *Mausū ʿat al-fiqh al-islamī*, Bd. 4, S. 641.

932 Ebd. Dieser Aspekt ist deshalb wichtig, weil darin der Unterschied zum Zins deutlich wird, der bei einem Darlehen auf die gesamte Darlehenssumme fällt.

933 Ebd., Ziffer 8/3.

934 Ebd., Ziffer 8/4.

935 Vgl. az-Zuḥailī, *Mausū ʿat al-fiqh al-islamī*, Bd. 4, S. 642.

Sicht der *maqāṣid* sind die beiden Parteien in diesem Fall nicht gleichberechtigt, weshalb die verhältnismäßige Bestimmung der Gewinnanteile für die Gewinnabsprache als wesentlich angesehen wird.[936]

Für die Gewinnverteilung muss ein Gewinn tatsächlich entstanden sein.[937] Ein Gewinn liegt dann vor, wenn am Ende des *muḍāraba*-Geschäfts abzüglich der Kosten und des *muḍāraba*-Kapitals ein Residuum besteht. Ist ein Gewinn entstanden, so ist dieser unter Einhaltung bestimmter Regeln unter den Vertragsparteien zu verteilen.[938] Diese Vorgehensweise stützt sich auf eine Überlieferung des Propheten, der zufolge für einen Kaufmann sein Gewinn solange nicht sicher ist, bis sein Kapital gesichert ist.[939] Ohne Einverständnis des Kapitalgebers ist es dem Unternehmer außerdem nicht gestattet, seinen Gewinnanteil zu entnehmen,[940] denn dadurch würde die vorgeschriebene Reihenfolge der Gewinnverteilung umgangen.

4.3.6 Berechtigungen und Verfügungen des Unternehmers

Der *muḍārib* ist dazu angehalten, den erforderlichen Aufwind zu erbringen, um die Ziele des *muḍāraba*-Geschäfts zu erreichen, damit der Kapitalgeber das nötige Vertrauen in ihn aufbringen kann.[941] Im Falle einer uneingeschränkten *muḍāraba* kann der *muḍārib* unter Einhaltung der Islam-Konformität alle Instrumente in Anspruch nehmen, die im Rahmen von Investitionen und Handelsgeschäften üblich sind.[942] Transaktionen sind in diesem Zusammenhang bis zur Höhe des *muḍāraba*-Kapitals erlaubt.[943]

4.3.7 Die Beendigung der *muḍāraba*

Die *muḍāraba* endet in folgenden Fällen:[944]

---

936 AAOIFI, *Sharia Standards*, No. 13, Ziffer 8/1.

937 Ebd., Ziffer 8/8.

938 Ebd.

939 Der Wortlaut der Überlieferung: *maṯalu l-mu ʾmini maṯalu t-tāǧiri lā yaslamu lahū ribḥuhū ḥattā yaslama lahū ra ʾsu mālihī*. Dieser Ausspruch ist, wie az-Zuḥailī anmerkt, in keinem der bekannten Hadith-Werke erwähnt. Einzig al-Kāsānī nennt diesen Hadith in seinem Werk *Badā ʾi ʿ aṣ-ṣanā ʾi ʿ*, Bd. 6, S. 107; vgl. az-Zuḥailī, *Mausū ʿat al-fiqh al-islamī*, Bd. 4, S. 658.

940 AAOIFI, *Sharia Standards*, No. 13, Ziffer 8/8.

941 Ebd., Ziffer 9.

942 Ebd., Ziffer 9/1.

943 Verpflichtungen, die über das bereitgestellte Kapital hinausgehen, sind nicht erlaubt; vgl. ebd., Ziffer 9/1/1.

944 AAOIFI, *Sharia Standards*, No. 13, Ziffer 10/1.

- aufgrund ihrer Unverbindlichkeit[945] durch Auflösung einer der beiden Parteien
- durch Vereinbarung
- durch Ablauf der Vertragslaufzeit
- durch Erschöpfung oder Verlust des *muḍāraba*-Kapitals
- durch Ableben des *muḍārib* oder Insolvenz des als *muḍārib* auftretenden Unternehmens

Im Falle einer Beendigung der *muḍāraba* wird wie unter Ziffer 8/8 abgewickelt.[946] Der Gewinnanteil des *muḍārib* kann zwar buchhalterisch errechnet werden, ein Auszahlungsanspruch kann jedoch erst dann geltend gemacht werden, wenn alle *muḍāraba*-bezogenen Kosten abgezogen wurden und das bereitgestellte *muḍārba*-Kapital im Zuge der Liquidierung des entstandenen *muḍāraba*-Vermögens vorliegt.

4.4 Die Garantie des *muḍāraba*-Kapitals

Inhaber von auf *muḍāraba* basierenden Konten islamischer Banken sind im Vergleich zu den Inhabern von Spar- und Termingeldkonten einem Risiko ausgesetzt, das den Totalverlust ihrer Einlage zur Folge haben kann. Trotz dieser Risikoexposition im Gegensatz zur Risikofreiheit konventioneller Einlagen liegen bei diesen Einlageformen die Erträge (Profitrate bzw. Zinsen) nah beieinander.[947] Im Folgenden soll daher untersucht werden, ob im hiesigen aufsichtsrechtlichen Kontext die Einlagen auf *muḍāraba* basierender Konten aus islamrechtlicher Perspektive garantiert werden können, um neben der Rechts-Konformität auch die Islam-Konformität herzustellen und eine Benachteiligung gegenüber geschützten Einlegern konventioneller Banken weitgehend auszuschließen.

945 Die in Ziffer 4/3 genannten Ausnahmen, die eine Verbindlichkeit begründen, bleiben davon unberührt. Ähnlich verhält es sich im hiesigen Zivilrecht. Im Rahmen von (entgeltlichen) Geschäftsbesorgungsverträgen oder (unentgeltlichen) Aufträgen nimmt der Geschäftsbesorger von seinem Auftraggeber Geld an, um eine Ware, ein Werk oder eine Dienstleistung einzukaufen oder um das Geld einfach an einen Dritten weiterzuleiten. Der Auftraggeber kann das Geschäftsbesorgungsverhältnis jederzeit beenden und das Geld zurückfordern, solange der Geschäftsbesorger das Geld noch nicht bestimmungsgemäß eingesetzt oder weitergeleitet hat. Vgl. Palandt, *Bürgerliches Gesetzbuch – Kommentar*, S. 1135.

946 AAOIFI, *Sharia Standards*, No. 13, Ziffer 10/2.

947 Al-Gamal, *Islamic Bank Corporate Governance and Regulation*, S. 3.

Weil die *muḍāraba* auf dem Prinzip der Gewinn- und Verlustbeteiligung basiert,[948] muss der Kapitalnehmer im Verlustfall das bereitgestellte Kapital nicht zurückzahlen.[949] Sowohl in klassischen *fiqh*-Werken als auch in zeitgenössischen Debatten wird die Garantie des *muḍāraba*-Kapitals oft diskutiert.[950] Dabei geht es dem Kapitalgeber um den Wunsch, sein Kapital sicher zu wissen. Dies hängt mit der bereits behandelten asymmetrischen Informationsverteilung und dem damit verbundenen *moral hazard* zusammen. Das Bedingen einer Kapitalgarantie seitens des Kapitalnehmers führt in der Regel zur Unwirksamkeit des *muḍāraba*-Vertrags und verwandelt diesen in einen Darlehensvertrag.[951]

Die Haftungsfreiheit des *muḍārib* wird zum einen mit seiner Stellvertreterstellung gegenüber dem Kapitalgeber begründet. Dieser hat dem Kapitalnehmer das *muḍāraba*-Kapital treuhänderisch überlassen.[952] Es handelt sich also um ein dem *muḍārib* zu treuen Händen überlassenes Kapital, worüber er im Auftrag des Kapitalgebers in dessen Interesse verfügt.

Zum anderen spielt die Treuhänderstellung des Kapitalnehmers eine Rolle bei der Haftungsfreiheit. Als Treuhänder gilt für ihn die sog. *barāʾa aṣliyya* (grundsätzliche Schuldfreiheit). Im Zusammenhang mit der *muḍāraba* gilt die grundsätzliche Haftungsfreiheit, weil der kapitalnehmende *muḍārib* Treuhänder ist. Da es hierfür keinen islamrechtlichen Beleg gibt, stellt eine Kapitalgarantie durch den *muḍārib* eine ungerechtfertigte Bereicherung dar.[953]

Nach der herrschenden Meinung (*al-muʿtamad al-mašhūr*) ist eine vertragliche Bedingung, die eine Kapitalgarantie vom Kapitalnehmer vorsieht, unwirksam, weil sie der Vertragsnatur der *muḍāraba* (als Treuhandverträge, *ʿuqūd amāna*) zuwiderläuft.[954] In diesem Zusammenhang sagt der mālikitische Rechtsgelehrte al-Baġdādī, dass die treuhänderische Natur der *muḍāraba* durch eine

---

948 Die Verlustbeteiligung in der *muḍāraba* meint die Beteiligung am Gewinn. Im Verlustfall verliert der Kapitalgeber sein Kapital und der Kapitalnehmer seine Arbeit, die nicht vergütet wird.

949 Die schuldhafte Verlustherbeiführung bleibt von dieser Regel unberührt.

950 Interessant ist, dass die AAOIFI in ihrem Standard zur *muḍāraba* hinsichtlich der Thematik der Kapitalgarantie keine Regelung trifft.

951 Vgl. az-Zuḥailī, *Mausūʿat al-fiqh al-islamī*, Bd. 4, S. 646.

952 Ebd., S. 647.

953 Muḥammad b. ʿAlī aš-Šaukānī, *as-Sail al-ğarrār al-mutadaffiq ʿalā ḥadāʾiq al-azhār*, Beirut 2004, S. 595 f.

954 Vgl. *Mağallat al-aḥkām al-ʿadliyya*, § 768; al-Kāsānī, *Badāʾiʿ aṣ-ṣanāʾiʿ*, Bd. 4, S. 210; Ibn Qudāma, *al-Muġnī*, Bd. 9, S. 257.

Garantieklausel eine Wesensänderung erfährt; eine wesensverändernde Klausel ist aber ungültig.[955] Zudem bringt der ḥanbalitische Rechtsgelehrte Ibn Qudāma ein, dass eine Bedingung, die dem *muḍārib* die Garantie des Kapitals auferlegt, als unwirksam zu betrachten ist, weil sie nicht der Vertragsnatur der *muḍāraba* entspricht.[956]

Dieser Meinung folgt gegenwärtig der *fiqh*-Ausschuss (*maǧmaʿ al-fiqh al-islāmī*) in Dschidda. Im entsprechenden Beschluss[957] erklärt er die Unwirksamkeit von Bedingungen, die eine Kapitalgarantie zum Gegenstand haben. Dieselbe Meinung vertritt der Ausschuss auch hinsichtlich auf *muḍāraba* basierenden Konten.[958]

In der mālikitischen und der ḥanbalitischen Rechtsschule finden sich Mindermeinungen, die eine Kapitalgarantieklausel in einem *muḍāraba*-Vertrag erlauben und für wirksam erachten.[959] Ihr Hauptargument liegt in dem Prophetenausspruch, wonach die Muslime an ihre Bedingungen gebunden sind, solange diese Bedingungen kein Verbot erlauben oder etwas Erlaubtes verbieten.[960] Vereinbaren Kapitalgeber und -nehmer im Rahmen eines *muḍāraba*-Geschäfts also eine Kapitalgarantieklausel, so sei diese wirksam. Der zugrunde gelegte Prophetenausspruch bewirkt hier eine Vertragsfreiheit, die es den Kontrahenten erlaubt, ihre Verträge so zu gestalten, wie es ihren Bedürfnissen entspricht, solange kein Widerspruch zu den primären Quellen entsteht. Ob ein Widerspruch – etwa gegen das *ribā*-Verbot – vorliegt, soll weiter unten geprüft werden.

Ein weiterer Faktor für die Zulässigkeit einer vertraglichen Garantieklausel wird darin gesehen, dass ein *muḍārib* sein Einverständnis erklärt, eine

---

955 ʿAbd al-Wahhāb al-Baġdādī, *al-Maʿūna ʿalā maḏhab ʿālim al-Madīna*, ed. von Ḥamīš ʿAbd al-Ḥaqq, Mekka o.J., Bd. 2, S. 1122.

956 Ibn Qudāma, *al-Muġnī*, Bd. 9, S. 258 f.

957 *Qarārāt maǧmaʿ al-fiqh al-islāmī*, 2. Auflage, 14. Sitzung vom 21.1.1995, Beschluss Nr. 6.

958 *Qarārāt maǧmaʿ al-fiqh al-islāmī*, 2. Auflage, 16. Sitzung vom 10.1.2001, Beschluss Nr. 3.

959 Aḥmad b. Yaḥyā al-Wanšarīsī, *Īḍāḥ al-masālik ilā qawāʿid al-imām Mālik*, ed. von aṣ-Ṣādiq al-Ġiryānī, Beirut, 2006, S. 124; Abū ʿAbdallāh al-Ḥaṭṭāb, *Mawāhib al-ǧalīl fī šarḥ Muḫtaṣar aš-šaiḫ Ḫalīl*, ed. von Muḥammad Sālim al-Mubārakī, Nouakchott 2010, Bd. 5, S. 474 ff.

960 *Al-muslimūna ʿalā šurūṭihim*; in einer anderen Überlieferung heißt es: *al-muslimūna ʿalā šurūṭihim illā šarṭan aḥalla ḥarāman au ḥarrama ḥalālan*; vgl. Badr ad-Dīn al-ʿAinī, *ʿUmdat al-qārī: Šarḥ Ṣaḥīḥ al-Buḫārī*, ed. von ʿAbdallāh ʿUmar, Beirut 2001, Bd. 12, S. 133; ʿAlī b. ʿUmar ad-Dāraquṭnī, *Sunan ad-Dāraquṭnī*, ed. von ʿĀdil ʿAbd al-Mauǧūd und ʿAlī Muʿawwaḍ, Beirut 2001, Bd. 2, S. 607.

Garantieklausel einzuhalten. Ihm steht es frei, einer solchen Bedingung nicht zuzustimmen. Stimmt er jedoch zu, ist er verpflichtet, das Kapital zu garantieren.[961] Grundsätzlich gilt das Prinzip, dass die Zulässigkeit von Verträgen vom beidseitigen Einverständnis (*tarāḍin*) der Vertragsparteien abhängt.[962]

Ein drittes Argument, das in diesem Kontext angeführt wird, vergleicht die Kapitalgarantie in der *muḍāraba* mit der zulässigen Garantie von Baum und Boden in einem *muzāraʿa*-Vertrag (*Sharecropping*, Naturalpacht).[963] Im Folgenden sollen die Argumente der herrschenden Meinung und der Mindermeinung diskutiert werden.

4.4.1 Die Ansicht der Mindermeinung

Mit Blick auf das zuletzt genannte Argument der Mindermeinung ist zu sagen, dass die Vermögensarten in einer *muḍāraba* und die in einer *muzāraʿa* grundsätzlich verschieden sind. Das Kapital in einer *muḍāraba* ist ausschließlich monetärer Natur, das mit Beginn der *muḍāraba* in Güter (bewegliche und unbewegliche Sachen) umgewandelt wird. Beim Kapital einer *musāqāh* bzw. *muzāraʿa* handelt es sich hingegen um Grundstücke und die darauf befindlichen Bäume und Pflanzen. Zwar wird der Boden bei einer *muzāraʿa* beackert und bei einer *musāqāh* bewässert, der Boden selbst wird aber nicht wesentlich verändert wie beim *muḍāraba*-Kapital. Darüber hinaus kann eine unbewegliche Sache nicht bewegt und mithin also nicht entwendet werden.[964] Beim *muḍāraba*-Kapital ist dies aber grundsätzlich denkbar. Das *muḍāraba*-Kapital wird hier aus seiner liquiden Form (Zahlungsmittel) in bewegliche oder unbewegliche Sachen umgetauscht, wodurch eine wesentliche Veränderung des Kapitals stattfindet. Die beweglichen Sachen können hierauf entwendet werden. Die Bedingung einer Grundstücksgarantie in einer *muzāraʿa* oder *musāqāh* kann folglich eher erfüllt werden, nicht aber die Garantie des *muḍāraba*-Kapitals, sodass von der Grundstücksgarantie nicht ohne Weiteres auf die Kapitalgarantie in einer *muḍāraba* geschlossen werden kann. Die Gemeinsamkeit der beiden Vertragstypen liegt in ihrer arbeitsteiligen und auf Beteiligung basierenden Natur. In beiden Typen stellt eine Vertragspartei Kapital, die andere Arbeit. Auch wird in beiden Vertragstypen nur der Gewinn geteilt, sofern ein solcher entsteht.

---

961 Aš-Šaukānī, *as-Sail al-ǧarrār*, S. 196 f., 217.

962 Vgl. Koran 4:29.

963 Vgl. Šams ad-Dīn Muḥammad b. al-Mufliḥ, *al-Furūʿ*, ed. von ʿAbdallāh at-Turkī, Beirut 2003, Bd. 7, S. 118 ff.

964 Eine mögliche Entwendung durch fehlerhaften, unrechtmäßigen Grundbucheintrag bzw. durch eine solche Grundbuchänderung bleibt davon unberührt.

Die weiteren Argumente – Gestaltungsfreiheit und Einverständnis beider Vertragsparteien – überzeugen zunächst deshalb, weil weder im Koran noch in der Sunna ein klares Verbot gefunden werden kann. Aus der Perspektive der *maqāṣid* betrachtet kann das Ergebnis (Garantie des *muḍāraba*-Kapitals) dem Zweck dienen, Vermögen zu schützen. Dabei darf aber ein anderes Kapital – in diesem Fall das des *muḍārib* – nicht ohne Rechtfertigung geschädigt werden. Es ist zu fragen, welche Folgen sich daraus ergeben, wenn der *muḍārib* (bspw. eine islamische Bank) das *muḍāraba*-Kapital garantiert. Im Folgenden soll zunächst die Ansicht der herrschenden Meinung untersucht werden.

4.4.2 Die Ansicht der herrschenden Meinung

Das Argument der herrschenden Meinung, die Kapitalgarantieklausel widerspreche der treuhänderischen Vertragsnatur der *muḍāraba*, ist nicht ohne Weiteres hinzunehmen. Dieser Einwand ist deshalb geboten, weil dieses Argument nicht ausnahmslos greift. Es lassen sich Fälle finden, in denen Garantieklausel in Verträgen treuhänderischer Natur von Vertretern der herrschenden Meinung selbst für wirksam erklärt worden sind.

4.4.2.1 Erstes Argument

Das Argument, der Treuhänder hafte nur in Fällen einer Verletzung seiner vertraglichen Pflichten oder bei grober Fahrlässigkeit, ist aufgrund folgender Ausnahmefälle nicht als umfassend (*kullī*) anzusehen.: 1.) *Taǧhīl*: Als *taǧhīl* (wörtl.: Unwissendmachung) wird die Verschleierung bzw. Vorenthaltung relevanter Informationen über die eigene Vermögenslage seitens des Treuhänders verstanden, wofür er haftbar gemacht wird.[965] In der *Maǧalla* (*Maǧallat al-aḥkām al-ʿadliyya* – osmanische Kodifikation der ḥanafitischen Jurisprudenz) Art. 1430 heißt es: „Stirbt der *muḍārib*, ohne seine Erben in Kenntnis (über das *muḍāraba*-Kapital) zu setzen, haften (garantieren) sie mit dem Erbvermögen."[966] Zum selben Ergebnis kommt die *Maǧallat al-aḥkām aš-šarʿiyya* (Kodifikation der ḥanbalitischen Jurisprudenz), die auf die ḥanbalitische Rechtsschule gründet, in Art. 1883.[967] Diese Regelung findet bei allen und ḥanbalitischen Rechtsgelehrten

965 Vgl. Ibn Nuǧaim, *al-Ašbāh wa-n-naẓāʾir*, S. 233; Šams ad-Dīn as-Saraḫsī, *al-Mabsūṭ*, Beirut o.J., Bd. 22, S. 19.

966 Wortlaut: *iḏā māta l-muḍāribu muǧahhilan fa-ḍ-ḍamānu fī tarikatihi.*

967 Wortlaut: *mālu l-muḍārabati dainun fī tarikati l-ʿāmili iḏā māta wa-ǧahhala baqāʾahu, wa-rabbu l-māli uswatu l-ġuramāʾ.*

Anwendung;[968] im Grundsatz ähnlich, aber mit gewissen Abweichungen, auch bei denen der Šāfiʿiten und Mālikiten.[969] 2.) *ʿUrf*: Eine weitere Ausnahme ist der *ʿurf* (hier: kaufmännische Verkehrssitte bzw. Handelsbrauch). Die Ausnahmefälle, die in diesen Bereich fallen, werden von einigen mālikitischen und ḥanafitischen Rechtsgelehrten für eine Kapitalgarantie des Treuhänders herangezogen. Dabei folgen sie der Maxime, dass ein Gewohnheitsrecht anzuerkennen und anzuwenden ist, solange es keiner Primärquelle widerspricht (*al-ʿurfu muʿtabarun, al-ʿurfu ḥuǧǧatun yalzamu l-ʿamalu bihī mā-lam yuḫālif naṣṣan šarʿiyyan*).[970] Einen solchen Ausnahmefall sieht etwa der mālikitische Rechtsgelehrte und Oberrichter (*qāḍī l-quḍāt*) at-Tatāʾī im Fall von Wächtern (*ḥurrās*, Sg. *ḥāris*), die in der Regel nur dann haften, wenn der Verlust zu verschulden ist, und sagt: „Die herrschende Verkehrssitte sieht vor, dass die Wächter garantieren (haften), weil sie für die Bewachungsleistung vergütet werden."[971] Von den Ḥanafiten nennt Ibn Nuǧaim bei der Erklärung der Regel „das als Gewohnheit Geltende gleicht dem Bedungenen" (*al-maʿrūf ka-l-mašrūṭ*) eine ihm gestellte Frage, ob der Mieter einer Küche auch das darin befindliche Geschirr garantieren muss, wenn dieses ohne sein Verschulden untergeht. Darauf antwortete Ibn Nuǧaim, dass das als Gewohnheit Geltende wie das Bedungene zu bewerten ist.[972] 3.) Das Gemeinwohl (*maṣlaḥa*): Eine weitere Ausnahme von der Regel, dass der Treuhänder nur in Fällen von Pflichtverletzung oder grober Fahrlässigkeit haftet, ist nach der weitverbreiteten und allgemein anerkannten Meinung innerhalb der mālikitischen Rechtsschule das Gemeinwohl bzw. der allgemeine Nutzen (*al-maṣlaḥa al-ʿāmma*) in Bezug auf die Garantie der Handwerker (*ṣunnāʿ*, Sg. *ṣāniʿ*). Ihnen vertrauen die Kunden ihre zu verarbeitenden oder zu reparierenden Sachen an. Grundsätzlich sind Handwerker Treuhänder, und solange eine anvertraute Sache nicht schuldhaft beschädigt bzw. zerstört wird, haften sie nicht.[973]

---

968 Manṣūr b. Yūnus al-Buhūtī, *Šarḥ muntahā l-irādāt. Šarḥ daqāʾiq an-nuhā li-šarḥ al-muntahā*, ed. von ʿAbdallāh at-Turkī, Damaskus 2000, Bd. 3, S. 584; ders., *Kaššāf al-qināʿ*, Bd. 5, S. 1746.

969 Abū Zakariyyā Yaḥyā an-Nawawī, *Rauḍat aṭ-ṭālibīn*, ed. von ʿĀdil ʿAbd al-Mauǧūd und ʿAlī Muʿawwaḍ, Riad 2003, Bd. 4, S. 200 ff.; ʿAbd al-Bāqī b. Yūsuf az-Zarqānī, *Šarḥ az-Zarqānī ʿalā Muḫtaṣar Sīdī Ḫalīl*, ed. von ʿAbd as-Salām Muḥammad Amīn, Beirut 2002, Bd. 6, S. 421.

970 Az-Zarqāʾ, *Šarḥ*, S. 219.

971 Abū ʿAlī al-Ḥasan al-Maʿdānī, *Kašf al-qināʿ ʿan taḍmīn aṣ-ṣunnāʿ*, ed. von Muḥammad Abū l-Aǧfān, Tunis, 1986, S. 120.

972 Ibn Nuǧaim, *al-Ašbāh wa-n-naẓāʾir*, S. 109.

973 Aḥmad b. ʿAlī al-Manǧūr, *Šarḥ al-Manhaǧ al-muntaḫab ilā qawāʿid al-maḏhab*, ed. von Muḥammad aš-Šaiḫ Muḥammad al-Amīn, Mekka o.J., Bd. 2, S. 534.

Nach Mālik und einigen späteren mālikitischen Rechtsgelehrten ist die Garantie der anvertrauten Sache hier jedoch u.U. aufgrund des allgemeinen Nutzens und zum Schutz des Vermögens der Kunden wirksam.[974] Der mālikitische Richter Ibn Rušd sagt hierzu in seinem Werk *al-Muqaddimāt al-mumahhidāt*: „Grundsätzlich haften die Handwerker nicht. Sie sind Treuhänder. Der Prophet (*ṣ*) erlegte ihnen keine Haftung auf.[975] Jedoch haben sie (Mālik und seine Schüler) ihnen (den Handwerkern) die Garantie auf Grundlage der *maṣlaḥa* angelastet, weil darin eine Notwendigkeit für die Kunden zu sehen ist. Wüssten die Handwerker, dass sie nicht zu haften haben und ihnen ihre Behauptung, die anvertraute Sache sei ohne ihr Verschulden beschädigt worden, geglaubt wird, liefen die Kunden Gefahr, ihre Sachen zu verlieren und die Handwerker könnten sich unrechtmäßig bereichern. Die Haftungsfreiheit wäre demnach ein Mittel zur Entmachtung der Eigentümer (Kunden) durch die Treuhänder (Handwerker).“[976] 4.) Der Verdacht (*tuhma*): Ein weiterer Ausnahmefall ist der Verdacht (*tuhma*) auf Falschaussage eines Treuhänders in seiner Behauptung, das ihm überlassene (anvertraute) Gut sei ohne sein Verschulden untergegangen.[977] Ein solcher Verdacht ist für einige mālikitische Rechtsgelehrte ein Grund, von der Grundregel der Haftungsfreiheit abzuweichen – so etwa im Fall eines für mehrere Personen tätigen Hirten (*rāʿin muštarak*). Die herrschende mālikitische Meinung geht grundsätzlich von der Haftungsfreiheit des Hirten (hier: *aǧīr*) aus.[978] So sagt al-Laḫmī in diesem Zusammenhang, dass der Hirte im Wege der Analogie nicht haftet. Seiner Ansicht nach erfordern jedoch die vielen Betrugsfälle eine Abweichung von der Grundregel.[979]

Die festgelegte Grundregel – der Treuhänder haftet nur bei Verschuldung – ist keine absolute, in allen Fällen greifende Regel. Die Ausnahmefälle sind unterschiedlich und zeigen die Berücksichtigung der jeweiligen Bedürfnisse der

---

974 Al-Maʿdānī, *Kašf al-qināʿ*, S. 75; Abū l-Walīd Muḥammad b. Aḥmad Ibn Rušd, *al-Muqaddimāt al-mumahhidāt li-bayān mā iqtaḍathu rusūm al-mudawwana min al-aḥkām aš-šarʿiyyāt wa-t-taḥṣīlāt al-muḥkamāt li-ummahāt masāʾilihā al-muškilāt*, ed. von Saʿīd Aḥmad Aʿrāb und Muḥammad Ḥaǧǧī, Beirut 1988, Bd. 2, S. 244.

975 Entsprechend dem Prophetenausspruch: „Der Treuhänder haftet nicht.“ Überliefert von al-Baihaqī und ad-Dāraquṭnī; siehe Muḥammad b. ʿAlī aš-Šaukānī, *Nail al-auṭār: Šarḥ muntaqā min aḥādī sayyid al-aḫyār li-l-imām Maǧd ad-Dīn Ibn Taimiyya*, Dschidda o.J., Bd. 5, S. 296; ders. *as-Sail al-ǧarrār*, S. 342; al-Baihaqī, *as-Sunan*, Bd. 6, S. 289.

976 Ibn Rušd, *al-Muqaddimāt al-mumahhidāt*, Bd. 2, S. 243.

977 Siehe Nazīh Ḥammād, *Fī fiqh al-muʿāmalāt al-māliyya wa-l-maṣrifiyya al-muʿāṣira*, Damaskus 2007, S. 271.

978 Al-Maʿdānī, *Kašf al-qināʿ*, S. 85, 88 f., 94.

979 Ebd.

Kapitalgeber. Zudem lässt sich in den Primärquellen kein Beleg dafür finden, die Treuhänderhaftung auf die von der herrschenden Meinung vorgebrachten Fälle des schuldhaften Untergangs des anvertrauten Gutes zu beschränken.[980] Es lassen sich also, wie gesehen, weitere anerkannte Gründe anführen (*tağhīl*, *ʿurf*, *maṣlaḥa*, *tuhma*), die eine Garantie des Treuhänders erlauben. In einem wandelbaren wirtschaftlichen und gesellschaftlichen Umfeld sind demnach auch neue Fälle denkbar, die eine Garantie begründen.

In den genannten Fällen der herrschenden Meinung ist von einer Zustimmung des Treuhänders nicht die Rede. Vielmehr wird ihm die Haftung hier von einem *qāḍī* auferlegt, was von den Rechtsgelehrten als wirksam und legitim angesehen wurde.[981] Bei einer vertraglichen Kapitalgarantieklausel, der beide Parteien zugestimmt haben und die im gegenseitigen Einvernehmen erfolgt ist, sollte so etwas also erst recht legitim sein.

4.4.2.2 Zweites Argument

Das zweite Argument der herrschenden Meinung besagt, dass die Bedingung, der Treuhänder habe das Anvertraute zu garantieren, unwirksam ist. Dieses Argument stellt sich bei näherer Betrachtung als umstritten dar.

Es gibt zahlreiche Rechtsfälle, in denen eine solche Bedingung als wirksam erachtet wurde, darunter folgende:

- Nach einer überlieferten ḥanafitischen Meinung und einer Überlieferung von Aḥmad ibn Ḥanbal und Qatāda, ʿUṯmān al-Baṭṭī, ʿUbaidullāh ibn al-Ḥasan al-ʿAnbarī, Dāwūd aẓ-Ẓāhirī und Ibn Taimiyya ist das Leihgut in den Händen des Leihnehmers ein Treugut, außer wenn eine Garantie bedungen wird.[982]
- Laut ʿUṯmān al-Baṭṭī ist der Pfandleiher Treuhänder, es sei denn, es wird eine Garantie des Pfandguts bedungen.[983]
- Laut Ibn Taimiyya kann die Garantie der bewachten Sache bedungen werden, obwohl der Wächter dafür aufgrund seiner Treuhänderstellung grundsätzlich keine Garantie zu übernehmen hat.[984]

---

980 Aš-Šaukānī, *as-Sail al-ğarrār*, S. 200.

981 Ḥammād, *Fī fiqh al-muʿāmalāt*, S. 272.

982 Ebd.; Ibn al-Mufliḥ, *al-Furūʿ*, Bd. 7, S. 204; ʿAlāʾ ad-Dīn Abū l-Ḥasan al-Baʿlī, *al-Iḫtiyārāt al-fiqhiyya min fatāwā šaiḫ al-islām Ibn Taimiyya*, ed. von Muḥammad Ḥāmid al-Faqī, Kairo 1950, S. 168.

983 Abū Ğaʿfar Aḥmad aṭ-Ṭaḥawī, *Muḫtaṣar iḫtilāf al-ʿulamāʾ*, ed. von ʿAbdallāh Naḏīr Aḥmad, Beirut 1995, Bd. 4, S. 86, 309.

984 Vgl. al-Baʿlī, *al-Iḫtiyārāt al-fiqhiyya*, S. 195; al-Bahūtī, *Kaššāf al-qināʿ*, Bd. 3, S. 355.

- Ibn al-Ḥāǧib sagt: „Wenn eine Garantie ausbedungen wird, obwohl sie grundsätzlich vorgeschrieben ist, oder wenn eine Garantie bedungen wird, obwohl sie grundsätzlich nicht vorgesehen ist, ist umstritten. Es gibt hierzu zwei Meinungen.“[985]

4.4.2.3 Drittes Argument

Über das dritte Argument der herrschenden Meinung, wonach eine vertragliche Bedingung unwirksam ist, wenn sie nicht der eigentlichen Vertragsnatur (*muqtaḍā al-ʿaqd*) entspricht, herrschen unter den Rechtsgelehrten zwei Meinungen, die die Vertragsfreiheit der Vertragspartner betreffen. Die eine Ansicht sieht vor, dass jede Bedingung, die nicht der Vertragsnatur entspricht, unwirksam ist.[986] Die andere beantwortet die Frage fallabhängig. Entscheidend sei hier, ob die Bedingung den Primärquellen widerspricht und ob sie Verbotenes erlaubt bzw. Erlaubtes verbietet.[987]

Der zweiten Ansicht wird in dieser Arbeit deshalb gefolgt, weil sie der Eigenschaft der Scharia entspricht, sich kontextabhängig und in Rücksicht auf die Gegebenheiten der jeweiligen Umwelt anzupassen. Ihr zufolge müsste also geprüft werden, ob eine Kapitalgarantieklausel einer Primärquelle widerspricht und ob dadurch Erlaubtes verboten bzw. Verbotenes erlaubt wird. Deshalb soll an dieser Stelle ein denkbarer *ribā*-Verdacht diskutiert werden. In der Literatur wird die Meinung vertreten, dass durch die Kapitalgarantiebedingung ein verzinsliches Darlehen vorliegt.[988]

Zwischen einer *muḍāraba* mit Kapitalgarantie und einem verzinsten Darlehen mag es auf den ersten Blick in der Tat Gemeinsamkeiten geben. Laut beiden

---

985 Abū ʿAbdallāh Muḥammad al-Fāsī, *al-Itqān wa-l-iḥkām: Šarḥ Tuḥfat al-ḥukkām fī nukat al-ʿudūd wa-l-aḥkām*, ed. von Muḥammad ʿAbd as-Salām Muḥammad Sālim, Kairo 2011, Bd. 2, S. 356.

986 Abū l-Barakāt ʿAbdallāh b. Nuǧaim, *al-Baḥr ar-rāʾiq: Šarḥ Kanz ad-daqāʾiq fī furūʿ al-ḥanafiyya*, ed. von Zakariyyā ʿUmairāt, Beirut, 1997, Bd. 7, S. 274; Ibn ʿĀbidīn, *Ḥāšiyat Ibn ʿĀbidīn*, Bd. 8, S. 456; aṭ-Ṭaḥāwī, *Muḫtaṣar*, Bd. 4, S. 189 f.; Abū Isḥāq aš-Šīrāzī, *al-Muhaḏḏab fī l-fiqh aš-šāfiʿī*, ed. von Muḥammad az-Zuḥailī, Damaskus 1992, Bd. 3, S. 382; az-Zarqānī, *Šarḥ az-Zarqānī*, Bd. 6, S. 203 ff.; al-Wanšarīsī, *Īḍāḥ al-masālik*, S. 124; Šihāb ad-Dīn Aḥmad al-Qarāfī, *aḏ-Ḏaḫīra*, ed. von Muḥammad Ḥaǧǧī, Beirut 1994, Bd. 6, S. 137 ff.; al-Bahūtī, *Šarḥ*, Bd. 4, S. 233; ders., *Kaššāf al-qināʿ*, Bd. 4, S. 166.

987 Ibn Rušd, *al-Muqaddimāt al-mumahhidāt*, Bd. 2, S. 367; Abū ʿAbdallāh al-Ḥaṭṭāb, *Taḥrīr al-kalām fī masāʾil al-iltizām*, ed. von ʿAbd as-Salām Muḥammad aš-Šarīf, Beirut 1984, S. 392 f., 396.

988 Az-Zuḥailī, *Mausūʿat al-fiqh al-islāmī*, Bd. 4, S. 641.

Verträgen wird das überlassene Kapital in jedem Fall zurückgezahlt, obgleich Gewinne oder Verluste aus dem Geschäft resultieren. Eine kapitalgarantierte *muḍāraba* kann also mit einem verzinsten Darlehen gleichgesetzt werden. Es gibt zwischen beiden Verträgen jedoch einen grundsätzlichen und entscheidenden Unterschied. In einem Vertrag über ein verzinstes Darlehen wird nicht nur das überlassene Kapital garantiert, sondern auch – sofern vereinbart – die Zinsen, die in jedem Fall zu zahlen sind. Das Entstehen von Zinsen aus einer Geldleihe ist laut den Primärquellen wegen der ungerechtfertigten Bereicherung unzulässig. Der überlassene Betrag (Prinzipal) an sich ist vom Verbot jedoch nicht betroffen, da das *ribā*-Verbot einzig den Mehrbetrag meint.[989] In einer kapitalgarantierten *muḍāraba* soll im Gegensatz zu einem verzinsten Darlehen also nicht mehr nur das ursprünglich überlassene Kapital garantiert werden. Ein Gewinn hingegen fällt nur dann an, wenn er auch tatsächlich entsteht. Im Verlustfall wird lediglich der ursprünglich überlassene Betrag zurückgezahlt. Die *muḍāraba* ist also nicht mit einem verzinsten Darlehen gleichzusetzen. Der *ribā*-Verdacht wäre somit unbegründet. Es bliebe schließlich die Frage, ob die Kapitalgarantie als Mittel zum *ribā* angesehen werden kann. Um den *ribā*-Verdacht gänzlich zurückweisen zu können, muss auch die mögliche Vorstellung diskutiert werden, die in der Kapitalgarantie einen Vorwand (*ḏarīʿa*) zu *ribā* sieht. Die Kapitalgarantie könnte nämlich der erste Schritt sein, um in einem weiteren Schritt auch etwaige Gewinne zu garantieren, die nicht erzeugt wurden, womit man beim verzinsten Darlehen wäre.[990] Um das zu vermeiden, käme hier das methodologische Rechtsfindungsinstrument *sadd aḏ-ḏarīʿa* zur Anwendung: das „Versperren" bzw. „Verschließen" jener Vorwände und Mittel, die an sich erlaubt sind, jedoch zu verbotenen Ergebnissen führen (könnten),[991] oder – um es mit den Worten des mālikitischen Rechtsgelehrten aš-Šāṭibī zu sagen: „das Streben nach dem Schändlichen mithilfe des Nützlichen".[992] Für die Anwendung von *sadd aḏ-ḏarīʿa* müssen jedoch zwei Voraussetzungen erfüllt sein:

Die erste Voraussetzung verlangt, dass aus einer immer wiederkehrenden erlaubten Handlung ein Verdacht entsteht, dass hier Verbotenes intendiert

---

989 Darauf verweist der Koranvers 2:279: „[…] Doch wenn ihr bereut, dann steht euch euer (ausgeliehenes) Grundvermögen zu; (so) tut weder ihr Unrecht, noch wird euch Unrecht zugefügt."

990 Beweggründe für ein solches Vorgehen wären die Anwerbung neuer Kunden, die reelle Befürchtung, Kunden an die Konkurrenz zu verlieren, das Schritthalten mit den konventionellen Banken etc.

991 Az-Zuḥailī, *Uṣūl*, S. 873 ff.

992 Aš-Šāṭibī, *al-Muwāfaqāt*, Bd. 2, S. 434 f.

wird und der Verdacht hinsichtlich dieser Intention sich erhärtet.[993] Demnach müsste die in den Verträgen bedungene Kapitalgarantie erkennen lassen, dass die Vertragsparteien das *ribā*-Verbot umgehen möchten. Ein möglicher Ansatzpunkt wäre, die Bilanzierung der Einlage zu untersuchen. Bilanziert die Bank die Einlage samt Zinsen (Profitrate) als Forderung, könnte davon ausgegangen werden, dass eine Abbildung verzinslicher Darlehen vorliegt. In der Bankenpraxis werden Einlagen grundsätzlich mit einem Zins vergütet – Ausnahmen sind nicht bekannt. Islamische Banken stellen hier keine Ausnahme dar, gleich ob Gewinne realisiert wurden oder Verluste hingenommen werden mussten. Faktisch handelt es sich bei der Garantie des *muḍāraba*-Kapitals (Einlage) und seiner Vergütung also um verzinste Darlehen, auch wenn die Form (der Vertrag) der eines *muḍāraba*-Vertrags ähnelt. Im hiesigen Aufsichtsrecht sind Einlagen unbedingt rückzahlbare Gelder des Publikums, die zivilrechtlich ein Darlehen im Sinne des § 488 BGB darstellen. Da islamische Banken die Einlagen ihrer Kunden – aus Angst, sie gingen sonst zu einer anderen Bank – ebenfalls vergüten und als Forderung anstatt als Beteiligungskapital bilanzieren, müsste die Garantie des *muḍāraba*-Kapitals in der Bankenpraxis faktisch als verzinsliches Darlehen angesehen werden.

Die zweite Voraussetzung ist, dass für die Handlung (hier: die Kapitalgarantie) keine Notwendigkeit (*ḥāǧa*) besteht und sie keinen allgemeinen, überwiegenden Nutzen (*maṣlaḥa ʿāmma rāǧiḥa*) bringt. So heißt es beim ḥanbalitischen Rechtsgelehrten Ibn al-Qayyim, dass durch *sadd aḏ-ḏarīʿa* verbotene Handlungen dann erlaubt sind, wenn eine Notwendigkeit oder ein anzuerkennender, überwiegender Nutzen besteht.[994]

Demzufolge dürfte weder eine Notwendigkeit noch ein überwiegender Nutzen gegeben sein, um annehmen zu können, dass durch die Kapitalgarantieklausel die Umgehung des *ribā*-Verbots in der Form der *muḍāraba* bezweckt wird. Aus der aufsichtsrechtlichen Definition der Einlage, ihrer Bilanzierung als Forderung (unbedingt rückzahlbar) und der ausnahmslosen Auszahlung von Profit[995] kann abgeleitet werden, dass im Falle einer auf *muḍāraba*

---

993 Ebd., S. 435.

994 Šams ad-Dīn Abū ʿAbdallāh Ibn al-Qaiyyim, *Zād al-maʿād fī hady ḫair al-ʿibād*, ed. von Šuʿaib al-Arnaʾūṭ und ʿAbd al-Qādir al-Arnaʾūṭ, Beirut 1998, Bd. 4, S. 78; ders., *Iʿlām al-muwaqqiʿīn ʿan rabb al-ʿālamīn*, ed. von Abū ʿUbaida Āl Salmān, Dschidda 2003, Bd. 2, S. 140; ähnlich hierzu ʿAbd ar-Raḥmān b. Qāsim, *Maǧmūʿ fatāwā šaiḫ al-islām Aḥmad b. Taimiyya*, o.O. o.J., Bd. 23, S. 214 f.

995 Ein Profit wird in der Regel bei Auszahlung nicht entstanden sein. In der Praxis entsteht er nur rechnerisch.

basierenden Einlage eine garantierte, verzinste Einlage gegeben ist. Des Weiteren muss eine Notwendigkeit gegeben sein. Eine solche könnte darin gesehen werden, dass die Einleger ihre Einlagen sicher wissen möchten, was jedoch ohne Weiteres möglich ist, wenn die Bank die Einlage als Darlehen entgegennimmt. Eine Vergütung der Einlage müsste in dem Fall ausgeschlossen sein. Eine Notwendigkeit, die *muḍāraba* für den Wunsch einer gesicherten Einlage einzusetzen, kann daraus nicht ersehen werden. Eine Notwendigkeit könnte darin gesehen werden, dass Einlagen *de jure* zu garantieren sind und die grundsätzlich denkbare *muḍāraba*-Kapitalgarantie in diesem Kontext deshalb für Islam-konform zu erachten ist. Auch hier ist eine Notwendigkeit nicht in Betracht zu ziehen, weil die Anwendung der *muḍāraba* in anderer rechtlicher Form möglich ist, etwa im Rahmen von Genossenschaften, *Venture-Capital-*Gesellschaften, *Private-Equity*-Gesellschaften und Handelsunternehmen, die gesetzlich keine obligatorische Garantie des Kapitals vorsehen. Eine Notwendigkeit mangels Alternativen ist also nicht gegeben. Schließlich ist zu prüfen, ob ein allgemeiner, überwiegender Nutzen vorliegt. Es könnte argumentiert werden, dass durch die Garantie der auf *muḍāraba* basierenden Einlagen ein Nutzen für die Einleger entsteht, weil ihre Einlagen zum einen sicher wären und sie sich zum anderen vermehren. Dieser vermeintliche Nutzen sollte jedoch im Gesamtkontext des herrschenden Bankwesens betrachtet werden. Durch die Garantie des *muḍāraba*-Kapitals und der praktisch ausnahmslosen Zahlung eines „indikativ" ausgewiesenen Profits wird der gleiche Effekt erzielt wie bei verzinsten Darlehen: das Determinieren eines ungewissen zukünftigen Ergebnisses, das Liquiditäts- und Zinsrisiken zur Folge hat und im Falle des Nichteintretens erhebliche Schwierigkeiten für die Bank bedeuten kann. Für die Bank kann hier also eine existentielle Gefahr entstehen, die sowohl für die Einlagen als auch für die finanzierungsnachfragende Realwirtschaft insgesamt gravierende Folgen haben kann. Es ist deshalb von keinem allgemeinen, überwiegenden Nutzen auszugehen. Auszugehen ist aber davon, dass durch die Garantie des *muḍāraba*-Kapitals und der Vergütung des Kapitals (Einlage) Erwartungen bei den Einlegern geweckt und mit der Zeit manifest werden, die eine Abkehr von der Garantie ohne eine existenzielle Gefährdung der Bank nahezu unmöglich machen. Die kapitalgarantierende islamische Bank müsste befürchten, dass sich ihre Einleger nach Alternativen umsehen, die ihnen ihre Einlagen garantieren. Diese Erwartungshaltung führt zu den gleichen Herausforderungen, denen sich auch konventionelle Banken gegenübersehen.[996]

---

996 Nienhaus, *Governance of Islamic Banks*, S. 137 ff.

4.4.3 Ergebnis

Im Sinne der *maqāṣid* ist davon auszugehen, dass eine Garantie des *muḍāraba*-Kapitals im Rahmen des Bankwesens nicht Scharia-konform ist. Für hiesige islamische Banken hat dieses Ergebnis zur Folge, dass eine garantierte Einlage aus Gesichtspunkten der Islam-Konformität fragwürdig ist. Für die Anwendung der *muḍāraba* ist das Einlagengeschäft im Sinne des § 1 Abs. 1 Satz 2 Nr. 1 KWG aus Sicht der *maqāṣid* nicht geeignet. Für die Realisierung der *muḍāraba* sind andere Rechtsinstrumente heranzuziehen, die dem Gewinn- und Verlustprinzip Rechnung tragen. Ein möglicher Lösungsvorschlag, der dies gewährleisten könnte, soll im nächsten Kapitel vorgestellt werden.

4.5 Das Kreditgeschäft

Kredite spielen in modernen Volkswirtschaften eine sehr wichtige Rolle.[997] Kredite haben mikroökonomische Funktionen für Unternehmen und Verbraucher und makroökonomische Funktionen für die gesellschaftliche Wohlfahrt.[998]

Für das Kreditgeschäft ist die Definition des KWG maßgeblich. Demnach liegt gem. § 1 Abs. 1 Satz 2 Nr. 2 ein Kreditgeschäft dann vor, wenn Gelddarlehen oder Akzeptkredite gewährt werden.[999] Die Gewährung von Gelddarlehen ist ein Kreditgeschäft im Sinne des § 1 Abs. 1 Satz 2 Nr. 2 Alt. 1 KWG. Für die Bestimmung von Gelddarlehen im Sinne des Tatbestands ist grundsätzlich das Zivilrecht maßgeblich. Ein Gelddarlehen gewährt danach derjenige, der einen privatrechtlichen Darlehensvertrag im Sinne von § 488 BGB oder einen vergleichbaren Vertrag unter ausländischem Recht als Darlehensgeber schließt.[1000] Durch Kredit stellen Banken Unternehmen und Verbrauchern Kaufkraft zur Teilnahme am Markt zur Verfügung, damit diese ihre Bedürfnisse decken können. Wesentliches Kriterium beim Kreditgeschäft ist das prägende Zeitelement.[1001] Für die Bereitstellung von Kaufkraft (Zahlungsmittel) wird der Kreditgeber vergütet (Zins).[1002] Für den Kreditgeber ergeben sich aufgrund der zeitlichen Verschiebung von Leistung (Bereitstellung von Kapital) und Gegenleistung

997 Manuel Falter, *Die Praxis des Kreditgeschäfts*, Stuttgart 2010, S. 25.
998 Katja Langenbucher/Dirk H. Bliesener/Gerald Spindler, *Bankrechts-Kommentar*, München 2016, Bd. 1, S. 644.
999 Boos/Fischer/Schulte-Mattler, *KWG-Kommentar*, S. 64.
1000 Ebd.
1001 Langenbucher/Bliesener/Spindler, *Bankrechts-Kommentar*, Bd. 1, S. 644.
1002 Hartmann-Wendels/Pfingsten/Weber, *Bankbetriebslehre*, S. 166.

(Rückzahlung) Ausfallrisiken.[1003] Darüber hinaus bestehen auch operationelle Risiken, die bewertet werden müssen. Da der Kredit den risikoreichsten Bereich darstellt,[1004] bedarf es zwecks Risikominimierung der Unterlegung bestimmter Risiken mit Eigenmitteln.[1005] Um diese Risikopositionen ermitteln zu können, müssen Kreditinstitute die Risiken bewerten.[1006]

Das Kreditgeschäft stellt für Banken – insbesondere für Universalbanken – ein zentrales Geschäftsfeld dar.[1007] Das Kreditgeschäft, das bilanztechnisch auf der Aktivseite abgebildet wird und Forderungen an Kunden bzw. Kreditinstitute umfasst, generiert einen wesentlichen Bestandteil der Zinserträge.[1008] Der Begriff des Kredits entstammt dem lateinischen Wort *credere* (glauben, vertrauen). In diesem Sinne kann ein Kredit so interpretiert werden, dass der Kreditgeber (Gläubiger) sein Vertrauen in die Fähigkeit und Bereitschaft des Kreditnehmers (Schuldner) setzt, die Schuldverpflichtungen ordnungsgemäß zu erfüllen.[1009] Wesentliches Merkmal von Krediten ist, dass der Kreditgeber seine Leistung sofort erbringt, während die Gegenleistung des Kreditnehmers erst später erfolgt.[1010] Bei einer *murābaḥa* mit gestundeter Kaufpreiszahlung handelt es sich ebenfalls um einen Kredit. Der Verkäufer (Kreditor) übergibt die Ware an den Käufer, der die Gegenleistung (Kaufpreiszahlung) erst später leistet (und deshalb auch Debitor heißt). In dieser Form stellt sich die *murābaḥa* als Kreditgeschäft dar. Im Folgenden soll der *murābaḥa*-Vertrag vorgestellt und die wesentlichen Risiken für Kreditinstitute skizziert werden. Ob die *murābaḥa* auch ein Kreditgeschäft im Sinne des § 1 Abs. 1 Satz 2 Nr. 2 KWG darstellt, soll dann anschließend untersucht werden.

4.5.1 Der Kreditvertrag

Tatsächlich gibt es keinen einheitlichen Begriff des Kredits. So kennt das KWG selbst neben dem Kreditbegriff des § 1 Abs. 1 S. 2 Nr. 2 KWG einen weiter

---

1003 Langenbucher/Bliesener/Spindler, *Bankrechts-Kommentar*, Bd. 1, S. 644.

1004 Hartmann-Wendels/Pfingsten/Weber, *Bankbetriebslehre*, S. 413.

1005 Walter Gruber, *Überblick über die neuen Anforderungen nach Basel III/CRD IV/CRR*, in: Axel Becker/Walter Gruber/Dirk Wohlert, *Handbuch MaRisk und Basel III: Neue Anforderungen an das Risikomanagement in der Bankenpraxis*, Frankfurt am Main 2012, (3–30) S. 4.

1006 Hartmann-Wendels/Pfingsten/Weber, *Bankbetriebslehre*, S. 413 f.

1007 Hellenkamp, *Bankwirtschaft*, S. 96.

1008 Ebd.

1009 Becker/Peppmeier, *Bankbetriebslehre*, S. 157.

1010 Ebd.

gefassten, wirtschaftlichen Kreditbegriff in § 19 KWG, der im Grundsatz sämtliche Adressausfallrisiken umfasst.[1011] Daneben findet sich auch in der Richtlinie über Verbraucherkreditverträge vom 23.4.2008[1012] eine Definition des Kreditvertrags, wonach diese Richtlinie auf Kreditverträge zur Anwendung kommt, die in Art. 3c) als Verträge umschrieben werden, bei denen ein Kreditgeber einem Verbraucher einen Kredit in Form eines Zahlungsaufschubs, eines Darlehens oder einer sonstigen ähnlichen Finanzierungshilfe gewährt oder zu gewähren verspricht.[1013] Auch diese Begriffsbestimmung ist für die Definition des Kreditgeschäfts im Sinne des § 1 Abs. 1 Satz 2 Nr. 2 KWG aber nicht maßgeblich, da sie einerseits nur Kreditgewährung an Verbraucher erfasst, andererseits aber einen bloßen Zahlungsaufschub als Kredit einordnet.[1014] Beim Gelddarlehen im Sinne des § 1 Abs. 1 Satz 2 Nr. 2 KWG handelt es sich um einen Darlehensvertrag gem. § 488 Abs. 1 BGB.[1015] Dieser Vertrag ist ein schuldrechtlicher Vertrag, der die Überlassung eines Geldbetrages oder anderer vertretbarer Sachen zu Eigentum an den Darlehensnehmer und dessen Versprechen umfasst, dem Darlehensgeber Sachen gleicher Art, Güte und Menge zurückzuerstatten.[1016] Im selben Zusammenhang hat die Bankenpraxis daneben den sog. Krediteröffnungsvertrag entwickelt.[1017] Hier verpflichtet sich die Bank, dem Kunden zu bestimmten Konditionen einen Kredit bis zu einer bestimmten Höhe (Kreditlinie) nach Abruf zu gewähren.[1018] Bei einer *murābaḥa*-Finanzierung wird kein Geldbetrag bereitgestellt, sondern die Kaufpreiszahlung gestundet.[1019] Die islamische Bank tritt in dem Fall weniger als Bank auf, sondern eher in der Rolle eines Einzelhändlers, der Waren verschiedener Hersteller auf Wunsch des Kunden beschafft und diese an ihn mit einer vereinbarten Marge veräußert. Es wird also nicht die Rückzahlung des gewährten Geldkredits auf Grundlage eines Darlehensvertrags im Sinne des § 488 BGB kreditiert, sondern die Kaufpreiszahlung nach § 433 Abs. 2

1011 Einsele, *Bank- und Kapitalmarktrecht*, S. 88.

1012 Genauer: Richtlinie 2008/48/EG des Europäischen Parlaments und des Rates vom 23.4.2008 über Verbraucherkreditverträge und zur Aufhebung der Richtlinie 87/102/EWG des Rates, ABl. EU Nr. L 133, S. 66 vom 22.5.2008.

1013 Einsele, *Bank- und Kapitalmarktrecht*, S. 88.

1014 Ebd.

1015 Boos/Fischer/Schulte-Mattler, *KWG-Kommentar*, S. 140.

1016 Schimansky/Bunte/Lwowski, *Bankrechts-Handbuch*, Bd. 1, S. 2177; Hans Brox/Wolf-Dietrich Walker, *Besonderes Schuldrecht*, München 2015, S. 239.

1017 Einsele, *Bank- und Kapitalmarktrecht*, S. 89.

1018 Ebd.

1019 Ayoub, *Understanding Islamic Finance*, S. 213 f.

BGB. Insofern ist im Folgenden zu untersuchen, ob der *murābaḥa*-Vertrag mit einem Kreditvertrag im Sinne des § 1 Abs. 1 Satz 2 Nr. 2 KWG gleichgestellt werden kann.

4.5.2 Der *murābaḥa*-Vertrag

Ein *murābaḥa*-Vertrag ist eine Sonderform des typischen Kaufvertrags. Das islamische Recht kennt verschiedene Arten des Kaufvertrags. Unterschieden werden hinsichtlich des Kaufpreises: *bai' al-murābaḥa*, *bai' at-tauliya*, *bai' al-waḍī'a* und *bai' al-musāwama*. Beim *bai' at-tauliya* handelt es sich um den Verkauf einer Ware zu ihren Anschaffungskosten (Einkaufspreis) ohne Aufschlag einer Marge; der Kaufpreis entspricht also dem Anschaffungspreis.[1020] Beim *bai' al-waḍī'a* wird zu einem niedrigeren Preis verkauft als der ursprüngliche Einkaufspreis.[1021] Der *bai' al-musāwama* entspricht dem heute üblichen Kauf, bei dem die Anschaffungskosten nicht genannt werden und der Preis ohne Offenlegung von Anschaffungskosten und Gewinnaufschlag ausgehandelt wird.[1022]

Die *murābaḥa* gehört zu den sogenannten *buyū' al-amāna* (auf Vertraulichkeit basierenden Kaufverträgen) und bedeutet anders als bspw. der *bai' al-musāwama* für den Verkäufer die Erfüllung von Offenlegungspflichten hinsichtlich Einkaufspreis und Gewinnaufschlag.[1023] Die *murābaḥa* dient insofern dem Käuferschutz.[1024] Gerade Marktunkundige sind auf die Ehrlichkeit der Händler in Bezug auf die „wahren" Preise der angebotenen Waren angewiesen, um zu wissen, ob der angebotene bzw. ausgehandelte Preis unverhältnismäßig über dem „tatsächlichen" Preis (Einkaufspreis + Gewinnaufschlag) liegt.[1025] Der Händler ist deshalb angehalten, die Bestandteile des Kaufpreises wahrheitsgemäß offenzulegen. Dadurch wird eine symmetrische Informationsverteilung hergestellt, die einen Rechtsstreit verhindern soll.

4.5.2.1 Die Zulässigkeit der murābaḥa

Die Zulässigkeit der *murābaḥa* ergibt sich aus den Belegen zur Zulässigkeit des Handels.[1026] Deutlich wird das aus den Koranversen 2:275 „[...] Doch hat Allah

---

1020 Az-Zuḥailī, *Mausū'at al-fiqh al-islāmī*, Bd. 4, S. 357.
1021 Ebd.
1022 Ebd.
1023 Ayub, *Understanding Islamic Finance*, S. 215.
1024 Ebd.
1025 Ebd.
1026 Az-Zuḥailī, *Mausū'at al-fiqh al-islāmī*, Bd. 4, S. 491.

den Handel erlaubt und das Zinsnehmen verboten [...]" und 2:198 „Es ist kein Vergehen von euch, wenn ihr nach der Gunst (*faḍl*) eures Herrn strebt [...]". Die Gunst wird in diesem Zusammenhang auch als Profit verstanden.[1027]

4.5.2.2 *Definition*

Der *AAOIFI Sharia Standard* Nr. 8, der sich mit der *murābaḥa*[1028] befasst, liefert keine Definition von *murābaḥa*. Aus Ziffer 1 (Umfang des Standards) kann jedoch abgeleitet werden, dass es sich hierbei um eine besondere Form des Kaufvertrags handelt. Im Anhang für die entsprechenden Rechtsgründe (*mulḥaq mustanad al-aḥkām aš-šarʿiyya*) wird eine Definition gegeben.[1029] Danach handelt es sich bei der *murābaḥa* um einen Kaufvertrag, in dem der Anschaffungspreis und die Gewinnmarge dem Käufer offengelegt werden.[1030] Dieser Definition zufolge müsste es sich bei der *murābaḥa* um einen Kaufvertrag nach § 433 BGB handeln.

4.5.2.3 *Der Prä-murābaḥa-Prozess*

Im bankbetrieblichen Kontext findet im Vorfeld der eigentlichen *murābaḥa* eine Finanzierungsanfrage des Interessenten statt.[1031] In der Regel legt er ein unverbindliches Angebot des Lieferanten vor. Die Bank erteilt dann, ggf. nach Bearbeitung und Prüfung der Kreditwürdigkeit, eine Finanzierungszusage. Anders als konventionelle Banken stellt eine islamische Bank keinen Geldbetrag zur Verfügung, sondern tritt selbst als Händler auf, der die zu finanzierende Ware zunächst selbst erwirbt.[1032] Die islamische Bank muss daher vor Erteilung der Finanzierungszusage feststellen, ob zwischen dem Interessenten und dem Lieferanten eine vertragliche Beziehung hinsichtlich der zu finanzierenden Ware besteht. Ist von einer vertraglichen Vereinbarung auszugehen, darf eine Finanzierung für die gewünschte Ware nicht angeboten werden.[1033] Um zu vermeiden, dass der Interessent den Kauf der

1027 Ebd.

1028 Im Rahmen dieser Arbeit wird die *murābaḥa* im bankbetrieblichen Kontext behandelt, daher genauer: *murābaḥa* für den Besteller/Auftraggeber des Kaufs (*al-murābaḥa li-l-āmir bi-š-širāʾ*).

1029 AAOIFI, *Sharia Standards*, S. 122.

1030 AAOIFI, *Sharia Standards*, No. 8, Ziffer 4/6.

1031 Ebd., Ziffer 2.

1032 Ebd., Ziffer 3/1/1.

1033 Ebd., Ziffer 2/2/1. Soll dennoch eine Finanzierung durch die Bank erfolgen, muss der Vertrag zwischen Lieferanten und Interessenten aufgelöst werden; vgl. ebd., Ziffer 2/2/2.

Ware ablehnt, sobald die Bank diese erworben hat und sie dem Interessenten zum Verkauf anbietet, und die Bank so Gefahr läuft, die Ware nicht oder nur unter höheren Kosten anderweitig veräußern zu können, verlangen islamische Banken in der Praxis ein verpflichtendes Versprechen (*waʿd mulzim*) vom Interessenten. Dieses Versprechen sieht vor, dass der Interessent sich verpflichtet, die Ware zu erwerben, sobald die Bank ihm diese zum Verkauf anbietet.[1034] Dadurch sichert sich die islamische Bank gegen eine Kaufverweigerung des Kunden.[1035] Die *murābaḥa* sieht eine solche Erklärung allerdings nicht vor.[1036]

4.5.2.4 Das Zustandekommen eines murābaḥa-Vertrags

Ein *murābaḥa*-Vertrag[1037] kommt durch Angebot und Annahme unter Offenlegung der Anschaffungskosten plus Gewinnaufschlag zustande.[1038] Im Rahmen einer Finanzierung muss der Vertrag zwischen Bank und Kunde nach erfolgtem Eigentumserwerb an der Ware seitens der Bank geschlossen werden. Ein vorheriger Vertragsschluss verstieße gegen die Regel, wonach nur die Ware veräußert werden darf, die sich im Eigentum befindet.[1039] Beim Kaufgegenstand darf es sich nicht um eine verbotene Sache handeln.[1040] Des Weiteren muss der Kaufpreis bestehend aus Anschaffungskosten und Gewinnaufschlag bei Vertragsschluss vereinbart werden und darf während der Laufzeit bis zur vollständigen Kaufpreiszahlung nicht variieren.[1041]

1034 Ebd., Ziffer 3/3/2.

1035 Dies kann im hiesigen Rechtssystem mit Geschäftskunden in der Tat sinnvoll sein, Verbrauchern allerdings steht ohnehin ein 14-tätiges Widerrufsrecht zu, sodass die Ware in dieser Zeitspanne jederzeit ohne Nennung von Gründen zurückgesendet werden kann; vgl. Dirk Looschelders, *Schuldrecht. Allgemeiner Teil*, München 2016, S. 309, 313.

1036 AAOIFI, *Sharia Standards*, No. 8, Ziffer 2/3/2.

1037 Auf die Bedingungen des Kaufvertrags im islamischen Recht wird hier nicht eingegangen. Es sei dafür auf die folgende Literatur hingewiesen: Mathias Rohe, *Das islamische Recht*, München 2009, S. 103 f.; Hans-Georg Ebert/Julia Heilen, *Islamisches Recht. Ein Lehrbuch*, Leipzig 2016, S. 196 ff.

1038 Az-Zuḥailī, *Mausūʿat al-fiqh al-islāmī*, Bd. 4, S. 491.

1039 Angelehnt an den Ḥadīṯ: *lā tabiʿ mā laisa ʿindaka*; vgl. Abū Dāwūd Sulaimān as-Siǧistānī, *Sunan Abī Dāwūd*, ed. von Šuʿaib al-Arnaʾūṭ und ʿAbd al-Qādir al-Arnaʾūṭ, Damaskus 2009, Bd. 5, S. 362, Nr. 3503.

1040 Az-Zuḥailī, *Mausūʿat al-fiqh al-islāmī*, Bd. 4, S. 491.

1041 AAOIFI, *Sharia Standards*, No. 8, Ziffer 4/6.

4.5.2.5 *Sicherheiten im murābaḥa-Vertrag*

Die Bank kann im Rahmen der *murābaḥa*-Finanzierung Sicherheiten bestellen, um die gestundete Kaufpreiszahlung zu sichern.[1042] Die Sicherheit kann in der finanzierten Ware bestehen.[1043] Allerdings kommt hierfür nur die Sicherungsübereignung gem. §§ 929, 930 BGB in Betracht. Ein Eigentumsvorbehalt nach § 449 BGB ist hingegen deshalb nicht möglich, weil das Eigentum an der Ware beim Verkauf nicht auf den Kunden übergeht, was islamrechtlich jedoch zwecks Islam-Konformität vorliegen muss.[1044]

4.5.2.6 *Risiken der murābaḥa-Finanzierung*

Islamische Banken können das Kreditrisiko aufgrund der Natur *murābaḥa*-Finanzierung deutlich senken. Das Ausfallrisiko kann durch die veräußerte Sache selbst besichert werden, sodass eine Kreditrisikoreduzierung im Sinne der CRR stattfinden kann. Während bei der Anwendung einer *murābaḥa* als Finanzierungsinstrument das Kreditrisiko reduziert werden kann, erhöhen sich die operationellen Risiken im Vergleich zu konventionellen Banken. Damit geht eine höhere Risikogewichtung im Sinne der CRR einher, was zur Folge hat, dass mehr Eigenmittel vorgehalten werden müssen. Die *murābaḥa*-Finanzierung birgt insbesondere im Zusammenhang mit Verbraucherverträgen gem. § 310 Abs. 3 Risiken, die von den geltenden Systemen zur Risikoermittlung nur schwer eingeschätzt werden können. So resultiert aus dem Widerrufsrecht[1045] des Verbrauchers für die Bank das Risiko, die erworbene und an den Verbraucher veräußerte Ware zurücknehmen zu müssen. Da es sich beim Erwerb der Ware vom Lieferanten um ein zweiseitiges Handelsgeschäft[1046] handelt, ist davon auszugehen, dass der Kaufvertrag zwischen Bank und Lieferant eine Rücknahme bei Widerruf des Kunden (der Bank) ausschließt. Die Bank hielte somit Ware in ihrer Bilanz, die sie nur unter erhöhten Kosten wieder veräußern kann.[1047] Das mit dem Widerrufsrecht einhergehende Risiko wird

1042 Vgl. ebd., Ziffer 5/1.

1043 Vgl. ebd., Ziffer 5/5.

1044 Ebd., Ziffer 5/4. Beim Eigentumsvorbehalt geht das Eigentum an der Ware bis zur vollständigen Bezahlung nicht an den Kunden über.

1045 Ausführlich zum Widerrufsrecht siehe Peter Rott, *Verbraucherdarlehensvertrag*, in: Marina Tamm/Klaus Tonner, *Verbraucherrecht. Rechtliches Umfeld, Vertragstypen, Rechtsdurchsetzung. Beratungshandbuch*, Baden-Baden, 2012, (877–914) S. 893.

1046 Handelsgeschäft zwischen zwei Unternehmen; vgl. Günter H. Roth/Marc-Philippe Weller, *Handels- und Gesellschaftsrecht*, München 2015, S. 355.

1047 Damit ist auch nicht garantiert, dass die Bank die Ware zum gleichen Preis verkaufen kann, den sie mit dem nunmehr widerrufenden Kunden vereinbart hat.

im Falle der *murābaḥa*-Finanzierung um die damit verbundene Warenrücknahme- und Wiederveräußerungsproblematik erhöht. Des Weiteren können sich aus der *murābaḥa*-Finanzierung weitere Risiken für islamische Banken ergeben, weil es sich bei einer solchen Finanzierung im Privatkundengeschäft letztlich um einen Verbrauchsgüterkauf nach §§ 474 ff. BGB handelt.[1048] Daraus ergeben sich Risiken, die aus den Gewährleistungsansprüchen des Kunden erwachsen können.[1049] Die Frist für die Verjährung von Ansprüchen aufgrund von Mängeln an der Kaufsache beträgt gemäß § 438 BGB zwei Jahre.[1050] Diese Frist beginnt regelmäßig mit der Übergabe der Kaufsache; bei Verträgen mit Endverbrauchern kehrt sich die Beweislast jedoch nach sechs Monaten um.[1051] Aufgrund der Nichtberücksichtigung islamischer Banken laut Basel III[1052] und der sich daraus ergebenden CRR müssten islamische Banken vergleichsweise mehr Eigenmittel hinterlegen als konventionelle Banken, was sich in der Preisgestaltung zwingend niederschlagen müsste.

4.5.3 Die Tatbestandsmerkmale des Kreditgeschäfts

§ 1 Abs. 1 Satz 2 Nr. 2 KWG definiert das Kreditgeschäft als Gewährung von Gelddarlehen. Der Tatbestand des Kreditgeschäfts ist also erfüllt, wenn Gelddarlehen oder Akzeptkredite gewährt werden.[1053]

4.5.3.1 Gelddarlehen

Zur Bestimmung von Gelddarlehen im Sinne des eben genannten Tatbestands ist grundsätzlich das Zivilrecht maßgeblich. Ein Gelddarlehen gewährt danach derjenige, der einen privatrechtlichen Darlehensvertrag im Sinne von § 488 BGB schließt. Die Gelder müssen rückzahlbar sein, und der Rückzahlungsanspruch muss auf Geld lauten.[1054] Wer etwa Geld hingibt und nach Laufzeitende bspw.

1048 Andreas Schwartze, *Verbraucherschutz im Bereich des Kaufvertragsrechts*, in: Marina Tamm/Klaus Tonner, *Verbraucherrecht. Rechtliches Umfeld, Vertragstypen, Rechtsdurchsetzung. Beratungshandbuch*, Baden-Baden 2012, (559–607) S. 602.

1049 Ebd, S. 572 ff.; Looschelders, *Schuldrecht*, S. 10, 27 ff.

1050 Hans Brox/Wolf-Dietrich Walker, *Allgemeiner Teil des BGB*, München 2016, S. 292.

1051 Ebd.

1052 Adel Harzi, *The Impact of Basel III on Islamic Banks: A Theoretical Study and Comparison with conventional Banks*, (1–20) S. 16, Quelle: http://iei.kau.edu.sa/GetFile.aspx?id=143465&Lng=EN&fn=Sorbon-8.pdf (letzter Zugriff: 28.5.2016).

1053 Boos/Fischer/Schulte-Mattler, *KWG-Kommentar*, S. 64.

1054 BaFin, Merkblatt zum Kreditgeschäft, 2016, https://www.bafin.de/SharedDocs/Veroeffentlichungen/DE/Merkblatt/mb_090108_tatbestand_kreditgeschaeft.html (letzter Zugriff: 3.8.2016).

Wertpapiere, Sachen oder Rechte zurückerhalten soll, schließt keinen Darlehensvertrag im Sinne des § 488 BGB.[1055] Unerheblich für den Tatbestand ist dagegen insbesondere:

- ob Zinsen bedungen sind,
- ob der Darlehensgeber den Geldbetrag auf Weisung des Darlehensnehmers an einen Dritten auszuzahlen hat,
- die Art und der Umfang der Besicherung,
- ob die Geldvergabe mit Fremdmitteln refinanziert wird oder mit eigenen Mitteln unterlegt ist.[1056]

Bei der *murābaḥa* handelt es sich um den Tausch von Waren gegen Geld auf der Grundlage eines Kaufvertrags nach § 433 BGB. Ein Darlehen liegt bei der *murābaḥa* nicht vor, somit stellt eine *murābaḥa*-Finanzierung kein Kreditgeschäft im Sinne des KWG dar. Aufgrund des Händlerstatus der islamischen Bank in Bezug auf die *murābaḥa*-Finanzierung entspricht diese Art der Finanzierung einer Absatzfinanzierung, die die BaFin nicht als Kreditgeschäft im Sinne des KWG sieht.[1057] Unter Absatzfinanzierung versteht man, dass ein Verkäufer seinen eigenen Absatz kreditiert, indem er den Kaufpreis stundet. Dieser betreibt laut BaFin damit kein Kreditgeschäft, selbst wenn er sich den Stundungskredit verzinsen lässt.[1058] Zwar gibt der Verkäufer dem Käufer wirtschaftlich Kredit, diesem Kredit liegt aber kein Darlehensvertrag zugrunde, sondern nur ein atypisch ausgestalteter Kaufvertrag.[1059] Etwas anderes gilt, wenn eine bereits bestehende Schuld z.B. aus einem Kaufvertrag nicht nur gestundet, sondern auch in ein Darlehen umgeschuldet wird, was bei der *murābaḥa* nicht der Fall ist.

4.5.3.2 Zwischenergebnis

Bei der *murābaḥa* wird kein Gelddarlehen gewährt. Das Tatbestandsmerkmal Gelddarlehen liegt nicht vor.

1055 Ebd.

1056 Boos/Fischer/Schulte-Mattler, *KWG-Kommentar*, S. 65 f.

1057 BaFin, *Merkblatt zum Kreditgeschäft*, 2016, https://www.bafin.de/SharedDocs/Veroeffentlichungen/DE/Merkblatt/mb_090108_tatbestand_kreditgeschaeft.html (letzter Zugriff: 3.8.2016).

1058 Ebd.

1059 Ebd.

4.5.4 Ergebnis

Im Bankwesen kann eine *murābaḥa*-Finanzierung nicht unter § 1 Abs. 1 Satz 2 Nr. 2 KWG subsumiert werden. Die *murābaḥa* stellt damit kein Kreditgeschäft im Sinne des § 1 Abs. 1 Satz 2 Nr. 2 KWG dar. In der hiesigen Rechtsordnung operierende islamische Banken bedeutet die Anwendung der *murābaḥa* aufgrund ihrer Komplexität ein höheres Rechtsrisiko und in der Folge ein höheres Pricing. Darüber hinaus werden islamische Banken in diesem Zusammenhang Konstruktionen anwenden müssen, die eine Islam-Konformität nur in Bezug auf die formalen Vertragsanforderungen gewährleisten können. Aus Sicht der *maqāṣid* ist die Islam-Konformität allerdings fragwürdig.

5 Lösungsvorschlag und Schlussbemerkungen

Die Instrumente des Islamic Banking können, wie im letzten Kapitel gesehen, nicht als Bankgeschäfte im Sinne des KWG angesehen werden. Vielmehr handelt es sich um Instrumente des realwirtschaftlichen Sektors bzw. um Instrumente, die nur in Verbindung mit einem realwirtschaftlichen Gut möglich sind. Dennoch wird weltweit weiterhin versucht, das Islamic Banking in die Form des Bankwesens zu zwingen, obwohl die beiden einander diametral gegenüberstehen. Denn bereits auf der intentionalen Ebene gehen beide Bereiche in ihren Grundsätzen divergierende Wege. Während das konventionelle Bankwesen Finanzkontrakte losgelöst vom Realsektor schließt, handelt es sich bei Verträgen des Islamic Banking um Kauf- und Leasingverträge bzw. Beteiligungsverträge. In der Praxis intendieren islamische Banken, das konventionelle Bankwesen dem Anschein nach nachzubilden. Hierfür werden Rechtskniffe (*ḥiyal*) angewandt, um schließlich den Regularien für das konventionelle Bankwesen gerecht zu werden. So wird eine *muḍāraba*-Einlage auf der Passivseite der Bilanz beispielsweise durch die Bildung einer sog. Gewinnstabilisierungsreserve, durch eine Patronatserklärung der Shareholder und durch eine Kompensation aus Eigenmitteln garantiert. Dadurch soll der Unbedingtheit der Rückzahlung der Einlage entsprochen werden. Auf der Aktivseite wird anstelle des Kaufvertrags zunächst ein Rahmenvertrag geschlossen, der den Finanzierungsprozess regeln soll. In der Regel verpflichtet sich der Kunde, die Ware von der Bank zu erwerben, sobald diese die Ware erwirbt. Diese einseitige Verpflichtungserklärung wird *waʿd mulzim* genannt. Dadurch sichert sich die Bank die Veräußerung der Ware. Darüber hinaus wird in der Regel dem Kunden eine Bevollmächtigung (*taukīl*) erteilt, die Ware im Namen der Bank vom Händler zu erwerben und sie direkt im Anschluss (juristische Sekunde) an sich als Kunde zu verkaufen. Der Kunde tritt also beim Erwerb der Ware als Vertreter der Bank auf. Nach dem Erwerb veräußert der Kunde als Vertreter der Bank, die ja durch ihren Vertreter Eigentum an der Ware erlangt hat, nun die Ware an sich selbst als Kunde der Bank.[1060] Dadurch soll erreicht werden, dass die Zeit des Gefahrübergangs eine juristische Sekunde beträgt und mögliche Risiken ausgeschlossen sind.[1061]

1060 Ḫūǧa, *an-Niẓām*, S. 172.

1061 Es besteht auch die Möglichkeit, anstatt den Kunden als Vertreter der Bank mit dem Verkauf der Ware an sich selbst zu beauftragen, dem Händler eine Vollmacht zu erteilen, die Ware als Vertreter der Bank an den Kunden zu verkaufen. Hierfür

Darüber hinaus werden die Gewährleistungsansprüche, die dem Kunden, wenn dieser Verbraucher ist, gesetzlich zustehen, dadurch aufgehoben, dass er angewiesen wird, sich im Gewährleistungsfall an den Händler zu wenden und die Bank nicht in Anspruch zu nehmen. Dies erfolgt durch die Abtretung der Gewährleistungsrechte der Bank gegen den Händler an den Kunden. Jedoch ist bei zweiseitigem Handelsgeschäft davon auszugehen, dass Gewährleistungsansprüche ausgeschlossen werden, sodass der Händler berechtigterweise die Gewährung von Gewährleistungsansprüchen ablehnen kann, da ohnehin keine vertragliche Beziehung zwischen dem Händler und dem Kunden besteht. Eine Analyse der beschriebenen Konstruktion führt zu dem Ergebnis, dass die Bank kein Handelsgeschäft intendiert, sondern ein Darlehensgeschäft. Es geht um Profitgenerierung ohne Übernahme von Risiken, wie es beispielsweise bei Einzelhändlern der Fall ist.

Es wurde deutlich, dass die Bezeichnung „islamisch" bzw. „Islam-konform" nicht auf die Form allein reduziert werden sollte. Gerade durch die Berücksichtigung des Inhalts können die Ziele, die der Begriff „islamisch" bzw. „Islam-konform" intendiert, zur Entfaltung gelangen. Wie gesehen, können aufgrund der Abbildung konventioneller Finanzierungsinstrumente und durch die Herbeiführung der gleichen Herausforderungen wie im konventionellen Banking die *maqāṣid* nicht realisiert werden.[1062] Die vermeintliche Einhaltung der Scharia-Konformität, die sich allein auf die Erfordernisse der Form beschränkt, führt, wie oben gesehen, zu mehr Komplexität und höheren Risiken. Darüber hinaus kann sich durch ein solches Verständnis ein Reputationsschaden für die Islamic-Banking-Industrie ergeben[1063] – insbesondere in Staaten, die ethische Banken beherbergen. Hier ist der zu Beginn des dritten Kapitels aufgeworfenen Frage nachzugehen, ob die Form des Kreditinstituts dazu geeignet ist, die *maqāṣid* im finanzwirtschaftlichen Bereich zu realisieren. Entsprechend der Ergebnisse der letzten Kapitel muss davon ausgegangen werden, dass Kreditinstitute im Bereich des Einlagen- und Kreditgeschäfts nicht die geeignete Form darstellen, die ein Islamic Banking ermöglicht.

---

erhält er eine entsprechende Vollmacht von der Bank. In der Praxis sähe das so aus: Der Kunde erwirbt die Ware als Vertreter der Bank. Im Anschluss daran tritt der Händler nun als Vertreter der Bank auf, um die Ware im Namen der Bank an den Kunden zu verkaufen.

1062 Ḫūǧa, *an-Niẓām*, S. 172.

1063 Ebd.

5.1 Lösungsansatz

5.1.1 Das Produkt

Der Kauf ist ein gegenseitiger Vertrag, in dem sich der eine Vertragspartner (Verkäufer) zur Veräußerung eines Vermögensgegenstandes und der andere (Käufer) zur Zahlung einer Geldsumme verpflichtet.[1064] Beim Kauf handelt es sich anders als beim Gelddarlehen nicht um einen Finanzkontrakt, der den Austausch von Zahlungsströmen zum Gegenstand hat.[1065] Der Kaufvertrag[1066] deckt den Tausch aller realwirtschaftlichen Güter ab, die innerhalb einer Gesellschaft der Bedarfsdeckung dienen.[1067] Er stellt damit die häufigste Art der Warenabsatzgeschäfte dar und hat deshalb eine erhebliche praktische Bedeutung innerhalb einer Volkswirtschaft.[1068]

Wird dem Käufer der fällige Kaufpreis gestundet oder erhält umgekehrt der Verkäufer die Zahlung ganz oder teilweise vor der Lieferung (mögliche Alternativen innerhalb der *murābaḥa*), so liegt darin jeweils eine Kreditgewährung.[1069] Dadurch wird aber regelmäßig kein Darlehensvertrag gem. §§ 488 ff. BGB begründet, sondern es handelt sich lediglich um besondere Zahlungsmodalitäten.[1070] Das Gesetz enthält hinsichtlich der Leistungszeit zwei Grundsätze, die in der Praxis aber oft nicht beide gleichzeitig durchführbar sind.[1071] Zum einen geht § 271 Abs. 1 BGB davon aus, dass der Verkäufer vom Käufer sofortige Zahlung verlangen kann, sodass der Kaufpreis sofort zum Zeitpunkt des Vertragsschlusses fällig wird.[1072] Zum anderen hat der Käufer allerdings das Recht, die Leistung solange zu verweigern, bis der Verkäufer seine Verpflichtung erfüllt hat. Nach dieser Einrede des nicht erfüllten Vertrages ist der Kaufpreis daher nur Zug-um-Zug gegen Übergabe und Übereignung der Kaufsache zu zahlen.[1073] Unter Umständen wird von der Zug-um-Zug-Regel dahin gehend abgewichen, dass der Verkäufer vorleistungspflichtig ist. So kann die Fälligkeit der Kaufpreisforderung

---

1064 Brox/Walker, *Besonderes Schuldrecht*, S. 3.

1065 Hartmann-Wendels/Pfingsten/Weber, *Bankbetriebslehre*, S. 2 f.

1066 In dieser Arbeit wird der Begriff des Sachkaufs zugrunde gelegt.

1067 Hans-Werner Eckert/Jan Maifeld/Michael Matthiessen, *Handbuch des Kaufrechts*, München 2014, S. 1.

1068 Ebd.

1069 Ebd., S. 26.

1070 Ebd.

1071 Ebd., S. 433.

1072 Klaus Tonner/Armin Willingmann/Marina Tamm, *Vertragsrecht. Kommentar*, Köln 2010, S. 704.

1073 Ebd.; Franz Jürgen Säcker/Roland Rixecker, *Münchner Kommentar zum Bürgerlichen Gesetzbuch*, Bd. 3, München 2012, S. 61.

verschoben sein, weil sie dem Kunden gestundet wurde.[1074] Bei Vorliegen eines Verbrauchergeschäfts[1075] sind dabei die besonderen Schutzbestimmungen gem. §§ 506 ff. BGB zu beachten.[1076] Die Fälligkeit des Kaufpreises kann bei Stundung in einem genauen Zahlungsplan festgelegt sein, der nach §§ 506 Abs. 1, 492 Abs. 3 Satz 2 BGB i.V.m. Art. 247 § 14 EGBGB in der von dem Verbraucher zu unterzeichnenden Vertragserklärung angegeben werden muss.[1077]

Im hiesigen Rechtssystem ist der Kaufvertrag in den §§ 433–479 BGB geregelt und gehört neben Tausch und Schenkung zu den traditionellen Veräußerungsverträgen.[1078] Die wichtigsten Pflichten der Kaufvertragsparteien behandelt § 433 BGB. Abs. 1 regelt die Pflichten des Verkäufers, Abs. 2 die des Käufers.[1079] Beim Sachkauf ist der Verkäufer gem. § 433 Abs. 1 Satz 1 verpflichtet, dem Käufer die Sache zu übergeben und ihm das Eigentum an ihr frei von Sach- und Rechtsmängeln zu verschaffen. Das bedeutet, dass der Verkäufer den Käufer zum Eigentümer der gekauften Sache machen muss[1080] und dass er (oder auf seine Veranlassung hin ein Dritter) dem Käufer den unmittelbaren Besitz an der Kaufsache zu verschaffen hat,[1081] und zwar frei von Sach- und Rechtsmängeln. Die Sache muss bei Lieferung also die vereinbarte Beschaffenheit haben.[1082] Der Käufer ist nach § 433 Abs. 2 BGB zur Kaufpreiszahlung verpflichtet. Die Erfüllung dieser Pflicht erfolgt nach §§ 929 ff. BGB durch Übereignung des Geldes oder durch bargeldlose Zahlung.[1083]

Für die Zwecke der Sicherung der Kaufpreiszahlung ist es wichtig, die *murābaḥa*-Finanzierung kreditfähigen und kreditwürdigen Kunden anzubieten. Hierzu bietet sich an, den im konventionellen Banking angewandten Kreditprozess in Betracht zu ziehen und wesentliche Elemente daraus zu übernehmen. Im Folgenden werden die maßgebenden Schritte (Kreditfähigkeit, Kreditwürdigkeit und Kreditsicherheit) für die Kreditvergabe vorgestellt.

1074 Eckert/Maifeld/Matthiessen, *Handbuch des Kaufrechts*, S. 434.

1075 Ein Verbrauchsgüterkauf liegt dann vor, wenn ein Verbraucher von einem Unternehmer eine bewegliche Sache kauft; Brox/Walker, *Besonderes Schuldrecht*, S. 111.

1076 Eckert/Maifeld/Matthiessen, *Handbuch des Kaufrechts*, S. 434.

1077 Ebd.

1078 Dirk Looschelders, *Schuldrecht. Besonderer Teil*, München 2016, S. 5.

1079 Brox/Walker, *Besonderes Schuldrecht*, S. 4.

1080 Ebd.

1081 Ebd.

1082 Ebd.

1083 Looschelders, *Schuldrecht*, S. 8.

5.1.1.1 Kreditfähigkeit

Unter Kreditfähigkeit versteht man die Fähigkeit, rechtswirksame Kreditverträge abschließen zu können, wobei zwischen natürlichen und juristischen Personen zu unterscheiden ist.[1084] Bei natürlichen Personen ist die Kreditfähigkeit immer dann gegeben, wenn sie unbeschränkt geschäftsfähig sind.[1085] Als unbeschränkt geschäftsfähig gelten hier alle, bei denen weder eine Geschäftsunfähigkeit noch eine beschränkte Geschäftsfähigkeit vorliegt.[1086] Juristische Personen sind dadurch charakterisiert, dass sie selbstständig Rechte erwerben, Verpflichtungen eingehen und über ihr Vermögen verfügen können.[1087] Bei ihnen muss die Bank prüfen, wie die Vertretungsbefugnisse geregelt sind; die Berechtigung ergibt sich in der Regel aus den öffentlichen Registern, Satzungen und Gesellschaftsverträgen.[1088]

5.1.1.2 Kreditwürdigkeit

Unter Kreditwürdigkeit (Bonität) wird die Fähigkeit und die Bereitschaft des Kreditnehmers verstanden, den vereinbarten Geldbetrag zurückzuzahlen.[1089] Der Grad der Bonität hängt von der persönlichen und materiellen Kreditwürdigkeit ab. Dabei richtet sich die Beurteilung der persönlichen Kreditwürdigkeit nach Eigenschaften in der Person des Kreditnehmers wie Zuverlässigkeit, Glaubwürdigkeit, fachliche Qualifikation und unternehmerische Fähigkeit.[1090] Demgegenüber bezieht sich die materielle Kreditwürdigkeit auf wirtschaftliche Kriterien wie Einkommens- und Vermögensverhältnisse (bei Privatpersonen) bzw. Gewinn-, Vermögens- und Liquiditätssituation (bei Unternehmen).[1091] Im Kreditgeschäft liegt das Hauptaugenmerk der Banken auf der Prüfung der Kreditwürdigkeit von Privat- und Firmenkunden.[1092] Bei Privatkunden hängt die Bonität im Wesentlichen von der persönlichen Zuverlässigkeit, einem gesicherten Einkommen und geordneten finanziellen Verhältnissen ab.[1093] Zur Prüfung

---

1084 Becker/Peppmeier, *Bankbetriebslehre*, S. 159.
1085 Claussen, *Bank- und Börsenrecht*, S. 261.
1086 Becker/Peppmeier, *Bankbetriebslehre*, S. 159.
1087 Wolfgang Grill/Hans Perczynski, *Wirtschaftslehre des Kreditwesens*, Bad Homburg 1998, S. 338.
1088 Ebd.
1089 Becker/Peppmeier, *Bankbetriebslehre*, S. 160.
1090 Ebd.
1091 Ebd.
1092 Grill/Perczynski, *Wirtschaftslehre des Kreditwesens*, S. 338.
1093 Becker/Peppmeier, *Bankbetriebslehre*, S. 160.

der Kreditwürdigkeit kann eine Bank hierzu mehrere Informationen einholen, wie etwa das bisherige Zahlungsverhalten des Kreditinteressenten, Selbstauskunft des Antragstellers, Nachweise über Einkommens- und Vermögensverhältnisse und SCHUFA-Auskunft.[1094] Die Bonitätsprüfung erfolgt hier in der Regel mithilfe von Datenverarbeitungssystemen, die eine rationelle Erfassung, Speicherung und Verwaltung der Informationen erlauben.[1095] Darüber hinaus kommen sog. Scoring-Modelle zum Einsatz, die die Bonität von Kreditsuchenden in Punkten bewerten, um die potenziellen Ausfallrisiken zu bestimmen und zu klassifizieren.[1096]

Im Gegensatz hierzu müssen Banken bei der Bonitätsanalyse von Firmenkunden ein umfangreiches Bündel an Informationen sammeln, systematisieren und auswerten.[1097] Hierbei kann zwischen quantitativen und qualitativen Kriterien unterschieden werden. Als quantitative Faktoren kommen Informationen aus den Jahresabschlüssen in Betracht.[1098] Wesentliche qualitative Kriterien sind bspw. die bisherige Kontoführung, Transparenz und Informationsverhalten des Managements sowie die Beschaffungsmarkt- und Absatzmarktbedingungen.[1099]

Diese Erkenntnisse insbesondere hinsichtlich des digitalisierten Kredit-Scoring können für den in dieser Arbeit vorzustellenden Lösungsansatz genutzt werden. Angesichts der technologischen Entwicklung in der Finanzbranche bietet sich ein dieselben Funktionen anbietender und zugleich kostengünstigerer, risikoärmerer und bankenunabhängiger Lösungsansatz an. Wenn sich islamische Banken als das verstehen, was sie eigentlich sind, nämlich Einzelhändler, die sich darauf spezialisieren, ihren Kunden die Kaufpreiszahlung zu stunden, kann es zu echter Innovation kommen. Auch die Authentizität und die Einzigartigkeit der islamischen Banken könnten dann deutlich zum Tragen kommen und für eine höhere Akzeptanz und Seriosität dieses Modells sorgen.

1094 Willi Richard/Jürgen Mühlmeyer/Guido Wefers/Bernhard Bergmann, *Betriebslehre der Banken und Sparkassen*, Rinteln 2004, S. 486.

1095 Grill/Perczynski, *Wirtschaftslehre des Kreditwesens*, S. 338.

1096 Im Zuge moderner finanztechnologischer Trends und des Social-Media-Zeitalters gibt es Firmen, die die Bonität auf Grundlage des sozialen Verhaltens der User in den sozialen Medien zu ermitteln versuchen. Dieser Methode bedient sich bspw. Kreditech; vgl. http://xethix.com/social-scoring-was-das-surfverhalten-ueber-die-bonitaet-verraten-kann/ (letzter Zugriff: 11.10.2016).

1097 Becker/Peppmeier, *Bankbetriebslehre*, S. 162.

1098 Richard/Mühlmeyer/et al., *Betriebslehre der Banken und Sparkassen*, S. 543.

1099 Becker/Peppmeier, *Bankbetriebslehre*, S. 162.

5.1.2 Die Unternehmensform

Die Kommanditgesellschaft (KG) ist eine Personengesellschaft im Sinne des § 705 BGB, die als Sonderform der OHG einzuordnen ist.[1100] Der Zweck der KG ist auf den Betrieb eines kaufmännischen Handelsgewerbes[1101] unter gemeinschaftlicher Firma gerichtet.[1102] Von ihrer Rechtsnatur her ist die KG keine juristische Person, sondern eine rechtsfähige Personengesellschaft im Sinne des § 14 Abs. 2 BGB. Eine Kommanditgesellschaft liegt gem. § 161 Abs. 1 HGB dann vor, wenn bei einem oder bei einigen der Gesellschafter die Haftung gegenüber den Gesellschaftsgläubigern auf den Betrag einer bestimmten Vermögenseinlage beschränkt ist (Kommanditisten), während bei dem anderen Teile der Gesellschafter eine Beschränkung der Haftung nicht stattfindet (persönlich haftende Gesellschafter). Voraussetzung einer KG ist der Abschluss eines Gesellschaftervertrages im Sinne des § 705 BGB, durch den sich mehrere Personen zusammenschließen, um einen gemeinsamen Zweck zu fördern.[1103] Eine KG kann in unterschiedlichen Formen erscheinen. Für die vorliegende Arbeit wird die weitverbreitete GmbH & Co. KG gewählt.[1104] Der Grund dafür sind Gesichtspunkte gesellschaftsrechtlicher Art. Mit der Gründung einer GmbH & Co. KG entsteht eine Personengesellschaft, bei der

---

1100 Ingo Saenger, *Gesellschaftsrecht*, München 2013, S. 174; Stephanie Eberl, *Kommanditgesellschaft*, in: Thomas Heidel/Alexander Schall, *Handelsgesetzbuch. Kommentar*, Baden-Baden 2015, (1247–1469) S. 1247.

1101 Kaufmann ist im Sinne des § 1 Abs. 1 HGB, wer ein Handelsgewerbe betreibt. Handelsgewerbe ist gem. § 1 Abs. 2 HGB jeder Gewerbebetrieb, es sei denn, dass das Unternehmen nach Art und Umfang einen in kaufmännischer Weise eingerichteten Geschäftsbetrieb nicht erfordert. Der Gewerbebegriff wird im HGB nicht definiert, jedoch lassen sich bestimmte Basismerkmale festhalten, die maßgebend sind für die Bestimmung, ob ein Gewerbe vorliegt. So ist ein Gewerbe jede selbstständige, entgeltliche, planmäßige, auf Dauer angelegte Tätigkeit, die nach außen als anbietende Tätigkeit am Markt in Erscheinung tritt und nicht zu den freien, wissenschaftlichen oder künstlerischen Berufen gehört; vgl. Holger Fleischer/Frauke Wedemann, *Handelsrecht*, München 2015, S. 11 f. Als Handelsgesellschaft im Sinne des § 161 Abs. 1 HGB ist die Kommanditgesellschaft stets Kaufmann kraft Rechtsform nach § 6 Abs. 1 HGB.

1102 Saenger, *Gesellschaftsrecht*, S. 174.

1103 Eberl, *Kommanditgesellschaft*, S. 1113.

1104 Die Typenverbindung ist auch mit einer Unternehmensgesellschaft (haftungsbeschränkt) möglich, da die Unternehmergesellschaft ebenso wie die reguläre GmbH rechtsfähig ist; vgl. Ulrich Haas/Sebastian Mock, *Kommanditgesellschaft*, in: Volker Röhricht/Friedrich Graf von Westphalen/Ulrich Haas, *Handelsgesetzbuch. Kommentar*, Köln 2014, S. 1447.

keine natürliche Person unbeschränkt haftet.[1105] Denn ein Komplementär ist die GmbH, die zwar wie jeder Komplementär unbeschränkt für die Schulden der KG haftet, die aber ihrerseits nur mit ihrem Gesellschaftsvermögen für diese Verbindlichkeiten einzustehen hat.[1106] Damit lässt sich das mit der Gründung einer KG verbundene finanzielle Risiko für alle Gesellschafter auf eine bestimmte Summe beschränken. Persönlich haftender Gesellschafter der KG wird die GmbH, die gemäß dem Grundsatz der Selbstorganschaft die Geschäfte der KG führt.[1107] Weil für die GmbH dieser Grundsatz nicht gilt, kann für sie – und damit letztlich für die KG – ein Geschäftsführer handeln, der Gesellschafter der KG sein kann.[1108] Darüber hinaus zeigt sich der Vorzug der GmbH & Co. KG gegenüber kapitalistischen[1109] Körperschaften (bspw. GmbH, AG) in der größeren Flexibilität bei der Gründung und der Aufnahme weiterer Gesellschafter, aber auch bei der Auflösung und bei der Umschreibung von Vermögen.[1110] Wie für Personengesellschaften charakteristisch, sind die gesetzlichen Regelungen bezüglich der inneren Verfassung der Gesellschaft nahezu vollständig disponibel.[1111] Die GmbH & Co. KG vereint die Vorzüge der Personen- und Kapitalgesellschaft.

Die Gestaltungsflexibilität und die Haftungsminimierung der GmbH & Co. KG könnten für das Islamic Banking fruchtbar gemacht werden,[1112] das auf Handels- und Beteiligungsgeschäften basiert. Auch könnten die von den *maqāṣid* intendierten Elemente in der Form der *murābaḥa* und *muḍāraba* realisiert werden, weil die hier zugrunde liegenden Verträge einfacher umzusetzen

---

1105 Barbara Grunewald, *Kommanditgesellschaft*, in: Barbara Grunewald/Karsten Schmidt/Peter Mülbert (Hrsg.), *Münchener Kommentar zum Handelsgesetzbuch*, München 2012, (1–290) S. 21.

1106 Ebd.

1107 Haas/Mock, *Kommanditgesellschaft*, S. 1457.

1108 Hierdurch eignet sich die GmbH & Co. KG besonders gut für die Regelung von Nachfolgeproblemen. So kann durch die Übernahme der Komplementärstellung durch eine GmbH ein Geschäftsführerwechsel problemlos erfolgen, während ein Wechsel des Komplementärs eine Vertragsänderung bei der KG verlangt; vgl. Grunewald, *Kommanditgesellschaft*, S. 21.

1109 Bei den Körperschaften wird zwischen kapitalistischen (AG, KGaA, GmbH) und nichtkapitalistischen (e.V., nrfV, Stiftung, eG, VVaG) unterschieden; vgl. Saenger, *Gesellschaftsrecht*, S. 223 ff., 265 ff.

1110 Vgl. Grunewald, *Kommanditgesellschaft*, S. 21.

1111 Ulrich Prinz/Wolf-Dieter Hoffmann, *Beck'sches Handbuch der Personengesellschaften. Gesellschaftsrecht, Steuerrecht*, München 2014, S. 12.

1112 Der Begriff des Banking ist in diesem Zusammenhang zwar etwas irreführend, wird jedoch der Abgrenzung halber weiter verwendet.

sind. Im Folgenden soll deshalb anhand der Struktur der GmbH & Co. KG und des KG-Vertrags aufgezeigt werden, wie diese beiden Verträge angewendet werden können. Um Transparenz im Sinne der *maqāṣid* zu wahren und eine symmetrische Informationsverteilung herzustellen, wird die personengleiche bzw. „echte" GmbH & Co. KG gewählt.[1113] Sie zeichnet sich dadurch aus, dass alle Kommanditisten auch einen entsprechenden Geschäftsanteil an der Komplementär-GmbH halten.[1114] Dadurch sichern sie sich Informationsrechte als Kommanditisten gem. § 166 HGB[1115] sowie als Gesellschafter der GmbH nach § 51a GmbH.[1116] Die Komplementär-GmbH hält ihrerseits keine Beteiligung am Festkapital der KG.[1117] Sie übernimmt keine Einlage und ist am Vermögen und Ertrag der Gesellschaft nicht beteiligt. Nach herrschender Auffassung in Rechtsprechung und Literatur kann der persönlich haftende Gesellschafter nicht gleichzeitig auch Kommanditist seiner Gesellschaft sein.[1118] Die Errichtung einer GmbH & Co. KG erfordert zwei Gesellschaftsverträge, die aufeinander abzustimmen sind:[1119] die Satzung der GmbH nach GmbHG und die Satzung der KG.[1120]

1113 Stefanie Bergmann, *GmbH & Co. KG*, in: Heidel/Schall (Hrsg.), *Handelsgesetzbuch. Handkommentar*, Baden-Baden 2015, (1400–1469) S. 1402.

1114 Ebd.

1115 Im Rahmen des § 166 Abs. 1 HGB kann der Kommanditist eine Abschrift des jeweiligen Jahresabschlusses (§ 242 Abs. 3 HGB) verlangen und, soweit erstellt, auch des Anhangs. Gleiches gilt für die Eröffnungsbilanz als notwendige Grundlage jeder folgenden Prüfung der Gewinnermittlung durch Bestandsvergleich. Weiter hat der Kommanditist das Recht, zwecks Überprüfung der Richtigkeit des Jahresabschlusses die Bücher und Papiere der KG einzusehen. Siehe ausführlich hierzu: Haas/Mock, *Kommanditgesellschaft*, S. 1524 ff.

1116 Als Gesellschafter der Komplementär-GmbH steht ihnen zum einen ein Anspruch auf Auskunfterteilung über die Angelegenheiten der Gesellschaft zu, zum anderen das Recht auf Einsichtnahme in die Bücher und Schriften der Gesellschaft; vgl. ausführlich Andreas Masuch, *Rechte der Gesellschafter*, in: Reinhard Bork/Carsten Schäfer, *GmbHG. Kommentar*, Köln 2015, S. 1034 f.; Walter Bayer, *Rechte der Gesellschafter*, in: Marcus Lutter/Peter Hommelhoff, *GmbH-Gesetz. Kommentar*, Köln 2012, (1247–1423) S. 1371 f.

1117 Bergmann, *GmbH & Co. KG*, S. 1403.

1118 Siehe ausführlich ebd.

1119 Ebd., S. 1406.

1120 Ebd. Es empfiehlt sich, zuerst die GmbH nach §§ 3 ff. GmbHG zu gründen und in das Handelsregister eintragen zu lassen, damit diese zweifelsfrei besteht, und dann erst die KG nach §§ 106, 162 HGB zum Register anzumelden.

Zur Gründung der Komplementär-GmbH werden die üblichen Gründungsunterlagen benötigt: die Satzung, das Protokoll des Gesellschafterbeschlusses mit Bestellung der Geschäftsführer, die Versicherungen nach § 8 Abs. 2 GmbHG abgeben, dass die Einlagenleistungen geleistet sind und zu ihrer vollen Verfügung stehen, und die Gesellschafterliste.[1121]

Gegenstand der GmbH ist die Beteiligung als persönlich haftende, geschäftsführende Gesellschafterin an einer Kommanditgesellschaft, die den Handel mit Waren (Anschaffung und Weiterveräußerung von beweglichen und unbeweglichen Sachen) jeder Art zum Gegenstand hat. In Bezug auf das Kapital gilt für die Komplementär-GmbH wie bei jeder GmbH, dass das Stammkapital zur Verfügung stehen muss, was den Gläubigern die Garantie bietet, dass eine Mindesthaftsumme zur Verfügung steht (§ 5 GmbHG).[1122] Bei der personengleichen GmbH & Co. KG sind die erforderlichen Einlagen auf die Geschäftsanteile der späteren Kommanditisten zu erbringen.[1123] Die Höhe des Stammkapitals der Komplementär-GmbH muss gem. § 5 Abs. 1 GmbHG mindestens 25.000 EUR betragen.

Entstehungstatbestand und Grundlage der KG ist der Abschluss des Gesellschaftsvertrages.[1124] Darüber hinaus ist die KG nach §§ 161 Abs. 2, 106 HGB zur Eintragung in das Handelsregister anzumelden.[1125] In Bezug auf die Firma der GmbH & Co. KG erfordert § 19 Abs. 2 HGB, dass die Firma der KG, in der keine natürliche Person haftet, eine Bezeichnung enthält, welche die Haftungsbeschränkung kennzeichnet und deutlich macht, dass keine natürliche Person unbeschränkt haftet.[1126] Den Gegenstand der KG bestimmen die Gesellschafter, und er kann wie folgt lauten: „der Handel mit Waren (Anschaffung und Weiterveräußerung von beweglichen und unbeweglichen Sachen) jeder Art".

Das Kapital ist wie bei jeder KG von den Gesellschaftern zu erbringen, wobei die Komplementär-GmbH keine Einlage leistet.[1127] Ein entsprechender Passus

1121 Ebd.

1122 Benedikt Pfisterer, *Errichtung der Gesellschaft*, in: Ingo Saenger/Michael Inhester (Hrsg.), *GmbHG. Handkommentar*, (59–257) S. 149 f.

1123 Bergmann, *GmbH & Co. KG*, S. 1407.

1124 Haas/Mock, *Kommanditgesellschaft*, S. 1438.

1125 Saenger, *Gesellschaftsrecht*, S. 177. Ergänzend muss die Anmeldung der KG gem. § 162 Abs. 1 Satz 1 HGB auch die Kommanditisten benennen sowie den jeweiligen Betrag enthalten, mit dem der einzelne Kommanditist im Außenverhältnis haften soll (Haftsumme).

1126 Bergmann, *GmbH & Co. KG*, S. 1409.

1127 Ebd.

im Vertrag könnte wie folgt lauten: „Persönlich haftende Gesellschafterin ist die *n.n.* GmbH mit Sitz in *n.n.* Sie ist am Vermögen der KG nicht beteiligt und leistet keine Einlage. Kommanditisten sind *n.n.* mit je einer Kommanditeinlage in Höhe von *x* EUR, die jeweils einer Beteiligung von *x* % entspricht."

Die KG setzt sich aus zwei Gruppen von Gesellschaftern zusammen. Eine persönliche und unbeschränkte Haftung trifft nur die persönlich haftenden Gesellschafter (Komplementäre). Die KG muss mindestens einen Komplementär haben.[1128] Die andere Gruppe sind die Kommanditisten. Sie haften für die Gesellschaftsverbindlichkeiten nur bis zur Höhe der für sie im Gesellschaftsvertrag vorgesehenen und im Handelsregister eingetragenen Haftsumme.[1129]

Die Geschäftsführung obliegt gem. §§ 161 Abs. 2, 114 ff. HGB allein der Komplementär-GmbH,[1130] während der Kommanditist davon gem. 164 HGB grundsätzlich ausgeschlossen ist.[1131] Die Komplementär-GmbH übt ihre Befugnisse durch ihre Organe, also ihre Geschäftsführer, oder ihre Bevollmächtigten (z.B. Prokuristen, Handlungsbevollmächtigte, Generalbevollmächtigte) aus, die dabei unmittelbar für die GmbH, nicht für die KG handeln.[1132] Für die geschäftsführende Komplementär-GmbH gelten die Treuepflichten in der Personengesellschaft: Die Komplementär-GmbH darf keine zulasten der KG fallenden Geschäfte durchführen.[1133]

Als Komplementär haftet die Gesellschaft unbeschränkt für die Verbindlichkeiten der GmbH & Co. KG (§ 128 Satz 1 i.V.m. § 161 Abs. 2 HGB).[1134] Im Außenverhältnis kann die Komplementär-GmbH nur durch Vereinbarung mit den Gläubigern der GmbH & Co. KG von der unbeschränkten Haftung für deren Verbindlichkeiten befreit werden.[1135] Es ist jedoch möglich, die persönlich haftende GmbH im Innenverhältnis der Gesellschafter untereinander durch die Kommanditisten oder die GmbH & Co. KG selbst von ihrer Haftung freizustellen.[1136]

1128 Haas/Mock, *Kommanditgesellschaft*, S. 1441.

1129 Ebd.

1130 Die GmbH als Komplementärin unterliegt nicht den Weisungen der Kommanditisten; vgl. OLG Karlsruhe DB 2009, 1977 (Revision: BGH II ZR 76/09).

1131 Saenger, *Gesellschaftsrecht*, S. 178 f.

1132 Mark Binz/Martin Sorg, *Die GmbH & Co. KG*, München 2010, S. 53.

1133 Ein Verstoß kann zu Schadensersatzansprüchen von benachteiligten Gesellschaftern nach § 280 BGB führen; vgl. Bergmann, *GmbH & Co. KG*, S. 1415.

1134 Binz/Sorg, *Die GmbH & Co. KG*, S. 64, ähnlich einer natürlichen Person, die Komplementär einer KG ist.

1135 Ebd.

1136 Ebd. Gegenüber den Gesellschaftsgläubigern haftet die GmbH dann zwar trotzdem unbeschränkt weiter, im Falle ihrer Inanspruchnahme hat sie aber Ausgleichsansprüche gegen die Kommanditisten bzw. die GmbH & Co. KG.

Hiervon ist jedoch aufgrund der Durchbrechung der beschränkten Haftung der Kommanditisten auf ihre Einlage (Haftsumme) abzuraten, weil damit den *maqāṣid* widersprochen würde. Diese sehen den Schutz des Vermögens vor und wollen einen ungerechtfertigten Vermögensverlust vermeiden. Durch eine Befreiung im Innenverhältnis würde dem Schutzzweck der Haftsumme widersprochen.

5.1.3 Die Kapitalaufnahme

Die Kapitalaufnahme kann zum einen über die Aufnahme weiterer Gesellschafter erfolgen, zum anderen aber auch über die Begründung einer stillen Gesellschaft. Für die Aufnahme weiterer Gesellschafter innerhalb der KG sind nach § 161 Abs. 2 HGB die Vorschriften für die OHG maßgeblich. Voraussetzung für den Eintritt eines neuen Gesellschafters ist der Abschluss eines Aufnahmevertrags zwischen dem Eintretenden und allen bisherigen Gesellschaftern der KG, wodurch der Eintretende im Innenverhältnis die mitgliedschaftlichen Rechte und Pflichten erwirbt.[1137] Im Verhältnis zu Dritten wird der Beitritt entsprechend § 123 HGB durch Eintragung im Handelsregister wirksam.[1138]

Darüber hinaus ist eine Kapitalaufnahme über die Begründung einer stillen Gesellschaft möglich. Um eine stille Gesellschaft handelt es sich nach § 230 Abs. 1 HGB, wenn sich ein stiller Gesellschafter am Handelsgewerbe eines anderen mit einer Vermögenseinlage beteiligt, wobei die Einlage in das Vermögen des Inhabers des Handelsgeschäfts übergeht.[1139] Der stille Gesellschafter ist nach § 231 Abs. 2 HGB zwingend am Gewinn des Unternehmens zu beteiligen.[1140] Die genannten Merkmale für die stille Gesellschaft erinnern an die wesentlichen Elemente einer *muḍāraba*. Auch dort geht das Vermögen des Kapitalgebers in das Vermögen des *muḍārib* über.[1141] Insbesondere das Element der Beteiligung am Gewinn, das die *muḍāraba* auszeichnet,[1142] kommt bei der stillen Gesellschaft zum Tragen. Ähnlich der *muḍāraba* ist die stille Gesellschaft nach dem gesetzlichen Leitbild zweigliedrig und besteht aus einem tätigen Gesellschafter und einem lediglich kapitalmäßig beteiligten stillen Gesellschafter.[1143] Zwar schreibt

---

1137 Saenger, *Gesellschaftsrecht*, S. 168.

1138 Ebd., S. 190.

1139 Ebd., S. 195.

1140 Ebd.

1141 Vgl. az-Zuḥailī, *Mausūʿat al-fiqh al-islāmī*, Bd. 4, S. 635; al-Māwardī, *al-Muḍāraba*, S. 128.

1142 AAOIFI Sharia Standards, Standard 13, No. 2.

1143 Saenger, *Gesellschaftsrecht*, S. 195.

das *muḍāraba*-Recht in seiner klassischen Prägung nicht vor, dass der Kapitalnehmer Inhaber eines Handelsgewerbes, also Kaufmann im Sinne des HGB, sein muss,[1144] jedoch handelte es sich bei den Kapitalnehmern *in praxi* in der Regel um Kaufleute,[1145] sodass das Erfordernis des HGB ohne Weiteres übernommen werden kann. Stille Gesellschafter können natürliche und juristische Personen, rechtsfähige Personengesellschaften sowie Erbengemeinschaften sein.[1146] Am Handelsgeschäft des tätigen Gesellschafters können sich auch mehrere stille Gesellschafter unabhängig voneinander beteiligen.[1147] Dieser Aspekt ist auch bei der *muḍāraba* gegeben, da sie dem *muḍārib* erlaubt, mehrere Kapitalgeber zu haben.[1148] Da die stille Gesellschaft Rechtsbeziehungen nur zwischen den Gesellschaftern schafft, also eine reine Innengesellschaft ist, tritt sie nach außen nicht in Erscheinung.[1149] Es erfolgt insofern auch keine Handelsregistereintragung, wodurch sich der stille Gesellschafter beteiligt, ohne dass dies bekannt wird. Die stille Gesellschaft überlässt nach § 231 Abs. 2 HGB den Vertragsparteien die Vereinbarung einer Verlustbeteiligung.[1150] Zwar kann hiernach eine Verlustbeteiligung ausgeschlossen werden, für die Zwecke der *muḍāraba* aber muss die Verlustbeteiligung bestehen. Die Verlustbeteiligung des stillen Gesellschafters ist gem. § 231 Abs. 2 Satz 1 HGB auf dessen eingezahlte bzw. rückständige Einlage beschränkt und entspricht insoweit die Verlustbeteiligung der Kommanditisten nach § 167 Abs. 3 HGB.[1151] Auch die Höhe der Gewinnbeteiligung kann im Gesellschaftsvertrag frei vereinbart werden.[1152] Die in der *muḍāraba* vorgesehene Vereinbarung eines prozentual bestimmten Verteilungsschlüssels kann im Gesellschaftsvertrag entsprechend geschehen. Die Dispositionsfreiheit der Vertragsparteien erlaubt es deshalb, die stille Gesellschaft für die Zwecke der *muḍāraba* dienstbar zu machen.

1144 Uwe Blaurock, *Handbuch Stille Gesellschaft*, Köln 2009, S. 70.

1145 Abraham Udovitch, *At the Origins of the Western Commenda. Islam, Israel, Byzantium?*, in: Speculum – A Journal of Medieval Studies, Vol. 37, 1962, No. 2, (198–207) S. 202 f.

1146 Saenger, *Gesellschaftsrecht*, S. 195.

1147 Ebd.

1148 Vgl. az-Zuḥailī, *Mausūʿat al-fiqh al-islāmī*, Bd. 4, S. 665.

1149 Ulrich Eisenhardt/Ulrich Wackerbarth, *Gesellschaftsrecht I. Recht der Personengesellschaften. Mit Grundzügen des GmbH- und des Aktienrechts*, Heidelberg 2015, S. 209.

1150 Andrea Partikel, *Stille Gesellschaft*, in: Thomas Heidel/Alexander Schall, *Handelsgesetzbuch. Handkommentar*, Baden-Baden 2015, (1469–1511) S. 1485.

1151 Saenger, *Gesellschaftsrecht*, S. 197.

1152 Ebd.

5.1.3.1 Kodifizierungsvorschlag für die muḍāraba im deutschen Recht

Interessant ist der Ansatz von Heckel, der die *muḍāraba* weniger dem gesellschaftsrechtlichen als vielmehr dem auftrags- und erbrechtlichen Bereich des deutschen Rechts zuordnet und hierfür einen Kodifizierungsvorschlag für den Zugang der *muḍāraba* in das deutsche Recht präsentiert. Da die *muḍāraba* zumindest im klassischen islamischen Recht nicht nur eine schuldrechtliche Berechtigung bedeutet, sondern die beiden Parteien in Ansehung des Gewinns als Miteigentümer nach Bruchteilen ansieht,[1153] unterscheidet sie sich von gesellschaftsrechtlichen Vertragstypen, die (etwa stille Gesellschaft oder Kommanditgesellschaft) er ohnehin nicht mit der *muḍāraba* vergleichbar ansieht.[1154]

Anhand der Behandlung von Einzelfragen[1155] die *muḍāraba* betreffend zeigt Heckel, dass nach seinem Dafürhalten eine Integration der *muḍāraba* sinnvoll ist. Nach einer Auswahl einer bestimmten Meinung aus den verschiedenen Rechtsschulen bezüglich Einzelfragen, die erforderlich sind,[1156] sieht er den Kodifikationsbedarf in der erhöhten Nachfrage im Bereich des Islamic Banking begründet.[1157] Ein möglicher Kodifikationsvorschlag soll im Folgenden vorgestellt werden.[1158]

1153 Martin Heckel, *Islamische Finanzwirtschaft (Islamic Finance) – eine Aufgabe für die Rechtsvergleichung*, in: Zeitschrift für Vergleichende Rechtswissenschaft 111 (2012), (311–328) S. 311; ders., *Integration islamischer Rechtsinstitute im Inland? – das Beispiel Mudarabavertrag*, in: ders. (Hg.), *Rechtstransfer – Beiträge zum islamischen Recht VIII*, Frankfurt am Main 2011, (61–84) S. 77.

1154 Martin Heckel, *Muḍāraba* und das deutsche Recht – Probleme, rechtliche Herausforderungen, Lösungsansätze, in: Abdurrahim Kozali/Ibrahim Salama/Souheil Thabti, *Das islamische Wirtschaftsrecht*, Frankfurt am Main 2016, (95–109) S. 100.

1155 So fragt er bspw. welche Regelung das islamische Recht genau für den Fall trifft, in dem das Kapital nach Übergabe an den *muḍārib*, aber vor Beginn seiner Handelstätigkeit teilweise untergeht? Oder: Ist es zulässig, dass der *muḍārib* sich mit dem übergebenen Kapitalbetrag an einer Gesellschaft beteiligt? Oder noch eine Einzelfrage: Was geschieht, wenn der *muḍārib* verstirbt? Kann dann die *muḍāraba* mit seinen Erben fortgesetzt werden? Ferner: Was ist, wenn der *muḍārib* dem *muḍāraba*-Vertrag zuwider Handel treibt?

1156 Heckel, *Muḍāraba* und das deutsche Recht, S. 100.

1157 Ebd., S. 102 f.

1158 Dieser Kodifikationsvorschlag kann, sofern er in der Zukunft tatsächlich in das deutsche Recht integriert wird, als Grundlage für die im Rahmen dieser Arbeit behandelte Kapitalaufnahme dienen. Zum gegenwärtigen Zeitpunkt muss der Kodifikationsvorschlag mangels Realisierung für den Lösungsvorschlag unberücksichtigt bleiben.

Den entsprechenden Vorschlag hat Heckel in seiner Habilitationsschrift gemacht, die am 13.11.2013 von der Juristenfakultät der Universität Leipzig als schriftliche Habilitationsleistung angenommen worden ist. Er stellt diese Modellregelung hiermit der Fachöffentlichkeit erstmals vor. Sein Kodifizierungsvorschlag, der im Besonderen Schuldrecht des BGB Aufnahme finden könnte, lautet wie folgt:[1159]

5.1.3.2 Kodifikationstext

§ 1. (1) [1]Durch den *muḍāraba*-Vertrag wird der Kapitalgeber verpflichtet, dem Gerenten[1160] einen bestimmten Geldbetrag als *muḍāraba*-Kapital zu treuen Händen zu übergeben. [2]Die Übergabe kann nicht dadurch ersetzt werden, dass ein zuvor vom Kapitalgeber als Darlehen gewährter Geldbetrag in *muḍāraba*-Kapital umgewandelt wird; eine entsprechende Vereinbarung ist unwirksam.

(2) [1]Der Gerent ist verpflichtet, zum Zwecke der Gewinnerzielung über den übergebenen Geldbetrag und über die für den Kapitalgeber erworbenen Gegenstände nach Maßgabe des Vertrages und unter Beachtung des Gebots von Treu und Glauben mit Rücksicht auf die Verkehrssitte zu verfügen. [2]Zur *muḍāraba*-weisen Übergabe des *muḍāraba*-Kapitals an einen Dritten, zur Vermischung des *muḍāraba*-Kapitals mit anderem Kapital und zur Beitragung des *muḍāraba*-Kapitals zu einer Gesellschaft ist der Gerent nur berechtigt, soweit der Kapitalgeber ihn hierzu allgemein ermächtigt hat. [3]Zu unentgeltlichen Verfügungen ist der Gerent nur berechtigt, soweit der Kapitalgeber ihn hierzu ausdrücklich ermächtigt hat.

§ 2. Der *muḍāraba*-Vertrag bedarf der schriftlichen Form.

§ 3. (1) [1]Der Gerent ist berechtigt, Verbindlichkeiten für sich einzugehen. [2]Zu ihrer Erfüllung darf er auf das *muḍāraba*-Kapital zugreifen, soweit das zur ordnungsgemäßen Erfüllung seiner Aufgabe erforderlich ist. [3]Der Kapitalgeber ist verpflichtet, einen solchen Zugriff auf das *muḍāraba*-Kapital zu dulden, unbeschadet des Rechts, für die Verbindlichkeiten des Gerenten die Beschränkung seiner Haftung auf das *muḍāraba*-Kapital geltend zu machen.

(2) [1]Geht der Gerent mit einem Dritten eine Verbindlichkeit über den Betrag des *muḍāraba*-Kapitals hinaus ein oder kontrahiert er mit diesem unter Verletzung der ihm obliegenden Verpflichtungen, so wird er diesem gegenüber nur mit seinem persönlichen Vermögen verpflichtet; ein Zugriff auf das *muḍāraba*-Kapital ist ausgeschlossen. [2]Ein Gewinn gebührt dem Gerenten in diesem Fall allein. [3]Eigentümer erworbener Gegenstände wird allein der Gerent.

§ 4. (1) Über das *muḍāraba*-Kapital kann der Kapitalgeber nicht verfügen.

1159 Heckel, *Muḍāraba* und das deutsche Recht, S. 104.

1160 Kapitalnehmer bzw. *muḍārib*.

(2) Die Vorschriften zugunsten derjenigen, welche Rechte von einem Nichtberechtigten herleiten, finden entsprechende Anwendung.

§ 5. (1) [1]Der Gerent ist verpflichtet, dem Kapitalgeber alles, was er zur Ausführung des *muḍāraba*-Vertrages erhält (Kapital), herauszugeben, soweit es noch vorhanden ist. [2]Alles, was der Gerent aus der Verfügung über das *muḍāraba*-Kapital erlangt (Gewinn), steht nach einem im Vertrag allgemein bestimmten Schlüssel Kapitalgeber und Gerent als Eigentum nach Bruchteilen zu. [3]Dementsprechend ist er zu verteilen; die Gewinnteilung kann durch Vereinbarung nicht ausgeschlossen werden.

(2) Die §§ 664 und 666 finden entsprechende Anwendung.

(3) Der Kapitalgeber kann vom Gerenten mindestens jährlich Rechnungslegung verlangen, soweit nichts anderes vereinbart ist.

§ 6. (1) Der Kapitalgeber trägt die Gefahr des zufälligen Untergangs und der zufälligen Verschlechterung des *muḍāraba*-Kapitals allein; eine zum Nachteil des Gerenten abweichende Vereinbarung ist unwirksam.

(2) Der Gerent trägt die Gefahr vergeblicher Aufwendungen allein.

§ 7. Verletzt der Gerent vorsätzlich oder grob fahrlässig die ihm obliegenden Verpflichtungen, so ist er dem Kapitalgeber zum Schadensersatz verpflichtet, auch wenn ihm ein sonstiges Verschulden nicht zur Last fällt.

§ 8. (1) [1]Ist die Laufzeit des Vertrages nicht bestimmt, so kann er vom Kapitalgeber jederzeit widerrufen und von dem Gerenten jederzeit gekündigt werden. [2]Der Gerent darf den Vertrag nur in der Art kündigen, dass der Kapitalgeber für die Besorgung des Geschäfts anderweit Vorsorge treffen kann, es sei denn, dass ein wichtiger Grund für die unzeitige Kündigung vorliegt. [3]Kündigt er ohne solchen Grund zur Unzeit, so hat er dem Kapitalgeber den daraus entstehenden Schaden zu ersetzen.

(2) Ein Vertrag, der auf unbestimmte Zeit eingegangen ist, endet mit dem Ablauf dieser Zeit, sofern er nicht

1. aus wichtigem Grund außerordentlich widerrufen bzw. gekündigt oder
2. verlängert wird.

(3) Wird der Vertrag beendet, so gilt der Gerent gleichwohl als berechtigt, die in seinem Besitz befindlichen Gegenstände zu veräußern und die schwebenden Geschäfte zu beenden.

(4) [1]Auf den Kapitalgeber findet § 672 entsprechende Anwendung. [2]Auf den Gerenten finden die §§ 673 und 674 sowie die §§ 2225 und 2201 entsprechende Anwendung.

§ 9. Ist nicht bekannt, was der Gerent zu Lebzeiten mit dem als *muḍāraba*-Kapital übergebenen Geldbetrag und den erworbenen Gegenständen gemacht hat, so ist der Erbe des Gerenten verpflichtet, dem Kapitalgeber einen dem übergebenen Geldbetrag entsprechenden Betrag herauszugeben, unbeschadet des Rechts, die Beschränkung seiner Haftung für die Nachlassverbindlichkeiten geltend zu machen.

5.1.4 Zahlungsverkehr

Für die Zwecke des Zahlungsverkehrs (ratierliche Kaufpreiszahlung der Kunden, bargeldlose Kartenzahlungen etc.)[1161] kann die GmbH & Co. KG gem. § 8 ZAG bei der BaFin eine Erlaubnis für das Betreiben von Zahlungsdiensten im Sinne von § 1 Abs. 2 ZAG beantragen. Zahlungsinstitute im Sinne des § 1 Abs. 1 Nr. 5 ZAG sind Unternehmen, die gewerbsmäßig oder in einem Umfang, der einen in kaufmännischer Weise eingerichteten Geschäftsbetrieb erfordert, Zahlungsdienste erbringen, ohne unter die in § 1 Abs. 1 Nrn. 1–4 ZAG genannten Unternehmen zu fallen.[1162]

Der Begriff der Zahlungsdienste bemisst sich hierbei nach § 1 Abs. 2 ZAG. Danach sind Zahlungsdienste u.a. das Ein- und Auszahlungsgeschäft,[1163] das Lastschriftgeschäft,[1164] das Überweisungsgeschäft[1165] und das Zahlungsgeschäft.[1166] Zahlungsinstitute dürfen das Einlagengeschäft nicht betreiben, und

1161 Durch ein entsprechendes Produktportfolio könnte der vorgeschlagene Lösungsansatz ein komplett bankenunabhängiges Konzept darstellen.

1162 Schwennicke/Auerbach, *Kreditwesengesetz. Kommentar,* S. 1483; BaFin, Merkblatt – Hinweise zum Zahlungsdiensteaufsichtsgesetz, Link: https://www.bafin.de/SharedDocs/Veroeffentlichungen/DE/Merkblatt/mb_111222_zag.html?nn=8236192#doc7846622bodyText3 (letzter Zugriff: 17.10.2016).

1163 Dienste, mit denen Bareinzahlungen auf ein Zahlungskonto oder Barauszahlungen von einem Zahlungskonto ermöglicht werden, sowie alle für die Führung eines Zahlungskontos erforderlichen Vorgänge; vgl. § 1 Abs. 2 Nr. 1 ZAG.

1164 Die Ausführung von Zahlungsvorgängen einschließlich der Übermittlung von Geldbeträgen auf ein Zahlungskonto beim Zahlungsdienstleister des Zahlungsdienstnutzers oder bei einem anderen Zahlungsdienstleister durch die Ausführung von Lastschriften einschließlich einmaliger Lastschriften; vgl. § 1 Abs. 2 Nr. 2a ZAG.

1165 Die Ausführung von Zahlungsvorgängen einschließlich der Übermittlung von Geldbeträgen auf ein Zahlungskonto beim Zahlungsdienstleister des Zahlungsdienstnutzers oder bei einem anderen Zahlungsdienstleister durch die Ausführung von Überweisungen einschließlich Daueraufträgen; vgl. § 1 Abs. 2 Nr. 2b ZAG.

1166 Die Ausführung von Zahlungsvorgängen einschließlich der Übermittlung von Geldbeträgen auf ein Zahlungskonto beim Zahlungsdienstleister des Zahlungsdienstnutzers oder bei einem anderen Zahlungsdienstleister durch die Ausführung von Zahlungsvorgängen mittels einer Zahlungskarte oder eines ähnlichen Zahlungsinstruments ohne Kreditgewährung; vgl. § 1 Abs. 2 Nr. 2c ZAG.

für sie gilt ein Zinsverbot nach § 2 Abs. 2 Satz 2 ZAG. Nach § 8 Abs. 1 Satz 1 ZAG bedarf derjenige, der im Inland als Zahlungsinstitut Zahlungsdienste erbringen will, einer schriftlichen Erlaubnis der Bundesanstalt. Der Antrag dafür muss gem. § 8 Abs. 3 ZAG u.a. das entsprechende Geschäftsmodell vorlegen, aus dem insbesondere die Art der beabsichtigten Zahlungsdienste hervorgeht. Darüber hinaus muss ein Geschäftsplan mit einer Budgetplanung für die ersten drei Geschäftsjahre vorgelegt werden, aus dem hervorgeht, dass der Antragsteller über geeignete und verhältnismäßige Systeme, Ressourcen und Verfahren verfügt, um seine Tätigkeit ordnungsgemäß auszuführen. Des Weiteren muss ein Nachweis über das Anfangskapital nach § 9 Nr. 3 ZAG erbracht werden, das je nach Umfang der Zahlungsdienste 20.000,[1167] 50.000[1168] oder 125.000[1169] EUR betragen muss. Auch muss beschrieben werden, welche Maßnahmen zur Erfüllung der Sicherungsanforderungen nach § 13 ZAG und zur Unternehmenssteuerung sowie für die internen Kontrollmechanismen ergriffen werden sollen.[1170]

5.1.5 Lösungsvorschlag

Ein aus den obigen Ausführungen möglicher Lösungsvorschlag besteht in der Gründung einer Gesellschaft (im Folgenden: Zwischenhändler), die keine Bankgeschäfte betreibt, sondern rein realwirtschaftlich operiert und sich auf das gewerbliche Handelsgeschäft im Einzelhandel beschränkt (Beispiel Anlage 1). Die Idee der *muḍāraba* wird durch eine stille Gesellschaft realisiert, die entsprechend den Anforderungen für die *muḍāraba* gestaltet werden kann (Beispiel Anlage 2). Die stille Gesellschaft ist eine in den §§ 230–237 HGB normierte Personengesellschaft, bei der sich der stille Gesellschafter (*rabb al-māl*) an dem Handelsgewerbe eines anderen (*muḍārib*) gegen einen Anteil am Gewinn mit einer Einlage (*muḍāraba*-Kapital, *māl al-muḍāraba*) beteiligt, die in das Vermögen des Inhabers des Handelsgewerbes übergeht.[1171] Die in Kapitel 3 behandelten

1167 Für Unternehmen, die beabsichtigen, nur das Finanztransfergeschäft auszuüben.

1168 Für Unternehmen, die beabsichtigen, nur das digitalisierte Zahlungsgeschäft zu betreiben.

1169 Für Unternehmen, die beabsichtigen, das Ein- und Auszahlungsgeschäft, das Zahlungsgeschäft ohne oder mit Kreditgewährung oder das Zahlungsauthentifizierungsgeschäft auszuüben.

1170 § 8 Abs. 3 ZAG nennt weitere Anforderungen, auf die hier nicht eingegangen werden muss.

1171 Norbert Neu, *Stille Gesellschaft*, in: Ulrich Prinz/Wolf-Dieter Hoffmann (Hrsg.), *Beck'sches Handbuch der Personengesellschaften. Gesellschaftsrecht, Steuerrecht*, München, 2014, (1149–1195) S. 1150.

Überwachungs- und Stimmrechte, die der Kapitalgeber im Sinne der *maqāsid* haben sollte, können im Rahmen der (dann atypischen) stillen Gesellschaft vereinbart werden.[1172] Entsprechend kann auch bestimmt werden, ob ein Verlustrisiko (Mitunternehmerrisiko) getragen werden soll.[1173]

Das Produkt des Zwischenhändlers besteht im Verkauf von Waren gegen eine ratierliche Kaufpreiszahlung (Beispiel Anlage 3). Dem Erfordernis der *murābaḥa*, den Anschaffungspreis und den Gewinnanteil offenzulegen, wird dadurch genüge getan, dass der Kunde dem Zwischenhändler mitteilt, um welche Ware es sich handelt, und er den Anbieter mit dessen Konditionen nennt. Darüber hinaus wählt der Kunde die Konditionen (Laufzeit, Gewinnmarge) aus. Im Folgenden soll der Ablaufprozess beschrieben werden:

Der Kunde tritt mit dem Zwischenhändler in Verbindung und teilt ihm mit, welche Ware er erwerben möchte. Der Zwischenhändler macht dem Kunden daraufhin ein eigenes Kaufpreisangebot. Willigt der Kunde ein, erwirbt der Zwischenhändler die Ware auf eigene Rechnung. Die Ware wird direkt an den Kunden geliefert. Nach Erwerb der Ware und erfolgter Kaufpreiszahlung schließt der Zwischenhändler mit dem Kunden einen Kaufvertrag. Darin wird eine ratierliche Kaufpreiszahlung vereinbart. Darüber hinaus kann eine Sicherungsübereignung vereinbart werden, um die aus dem Kaufvertrag entstandene Forderung zu besichern. Nach erfolgter Unterzeichnung erhält der Kunde eine Rechnung vom Zwischenhändler und bezahlt vertragsgemäß den Kaufpreis.

5.2 FinTech

Bankgeschäfte finden in den letzten Jahren vermehrt auf Internetbasis statt. Das Web 2.0 ermöglicht es den Kreditinstituten und den Kunden, neben dem Abrufen von Informationen auch eigene Inhalte bereitzustellen. Zukünftig werden darüber hinaus Informationen in einem semantischen Web flexibel miteinander verknüpft (Web 3.0).[1174] Die Technologie wächst in den Bereichen Informationstechnologie, Elektronik und Telekommunikation immer mehr zusammen, wodurch für den Nutzer regelmäßig neue Möglichkeiten entstehen, Bankgeschäfte über mobile Applikationen zu nutzen.[1175] Diese Entwicklungen können für den Lösungsvorschlag im Rahmen dieser Arbeit fruchtbar gemacht werden.

1172 Ebd., S. 1163.
1173 Ebd.
1174 Hellenkamp, *Bankwirtschaft*, S. 47.
1175 Ebd.

In dem oben beschriebenen Ablauf entstehen aufgrund des Personalbedarfs für die Erfassung der Kundendaten, die Kundenprüfung (Bonitätsprüfung), die Warenbestellung, die Kaufpreiszahlung und die Überwachung der Zahlungseingänge hohe Kosten, die mit Ineffizienzen und daraus resultierenden höheren Konditionen einhergehen. Die Einführung innovativer finanztechnologischer Elemente (sog. FinTech) kann die Effizienz steigern, kostensenkend wirken und zu vergleichsweise niedrigeren Konditionen führen, die die Wettbewerbsfähigkeiten deutlich erhöhen können. Der voll automatisierte Prozess ermöglicht auch eine Reduzierung operationeller Risiken, die durch menschliche Fehler entstehen können, indem der Prozessablauf in Bezug auf die Abfolge der einzelnen Prozessschritte automatisch eingehalten wird. Der gesamte beschriebene Ablauf kann für die Zwecke der Automatisierung vollständig digital (bspw. auf einer Internetplattform) stattfinden.

Hierfür ist zunächst die Prozessautomatisierung der Kundenannahme (Erfassung der Kundendaten und Prüfung des Kunden) erforderlich. Die Erfassung der Kundendaten ist über den Einbau von Registrierungselementen in einer Programmiersprache (bspw. PHP oder Java) oder die Inanspruchnahme elektronischer Identifikationsverfahren möglich. Für die Bonitätsprüfung ist die Anbindung des IT-Systems des Zwischenhändlers zu einer anerkannten Wirtschaftsauskunftei (bspw. Schufa Holding AG) über eine entsprechende Schnittstelle zur Anwendungsprogrammierung (*Application Programming Interface*) denkbar. Zur Beschaffung und zum Absatz von Waren kann ein Teilmodul eines ERP-Systems (*Enterprise Resource Planning*) eingesetzt werden, das eine Software-Lösung zur Ressourcenplanung für Unternehmen darstellt. Darüber können Warenbestellung, Kaufpreiszahlung und Lieferung voll automatisch durchgeführt werden. Daneben ermöglicht der Einsatz rechtlich anerkannter elektronischer Vertragsabschluss-Verfahren ebenfalls einen voll automatisierten Prozess auf der Absatz-Seite.

5.3 Fazit

Die Bezeichnung „islamisch" im Begriff des Islamic Banking ist, abgesehen von marketingbezogenen Gesichtspunkten, hinfällig, weil Handels- und Beteiligungsgesellschaften *per se* islamisch sind, und sie ist durch die Beschränkung des Geschäftsgegenstands auf rein gesellschafts- und umweltförderliche Geschäfte ohnehin unnötig. Die Bezeichnung „Banking" ist irreführend und schlichtweg falsch, weil zum einen eine Aufnahme unbedingt rückzahlbarer Gelder des Publikums im Sinne des § 1 Abs. 1 Satz 2 Nr. 1 KWG aufgrund der Verlustbeteiligung nicht vorliegt und zum anderen ein Kreditgeschäft im Sinne des

§ 1 Abs. 1 Satz 2 Nr. 2 KWG aufgrund der *murābaḥa*-Struktur, die letztlich einen atypisch gestalteten Kaufvertrag darstellt, nicht besteht. Islamic Banking in Deutschland im Rahmen des § 1 KWG zu betreiben, hieße eine Irreführung der Kunden und eine Ausnutzung des religiösen Bezugs, um die religiös motivierte Zielgruppe anzusprechen und entsprechende Kunden zu akquirieren, die auf die Islam-Konformität der Produkte vertraut. Islamische Banken kann aus Sicht der *maqāṣid* im gegeben Rechtsrahmen nicht geben. Hierzulande operierende islamische Banken sollten dementsprechend ihr Einlagen- und Kreditgeschäft auslagern und im Rahmen des beschriebenen Lösungsvorschlag betreiben.

Anlage 1

GmbH-Satzung

§ 1 Firma, Sitz
(1) Die Firma der Gesellschaft lautet: Zwischenhändler GmbH.
(2) Sitz der Gesellschaft ist [Ort].

§ 2 Gegenstand des Unternehmens
(1) Gegenstand des Unternehmens ist der internetbasierte Handel mit Waren (Anschaffung und Weiterveräußerung von beweglichen Sachen) jeder Art.
(2) Die Gesellschaft ist berechtigt, Zweigniederlassungen zu errichten, sich an anderen Unternehmen zu beteiligen – insbesondere auch als persönlich haftende Gesellschafterin –, sowie andere Unternehmen zu gründen.[1176]

§ 3 Dauer der Gesellschaft
Die Gesellschaft beginnt mit der Eintragung in das Handelsregister. Die Gesellschaft wird auf unbestimmte Dauer errichtet.

§ 4 Stammkapital, Stammeinlagen
(1) Das Stammkapital der Gesellschaft beträgt 25.000,00 EUR
(2) Auf das Stammkapital übernehmen als ihre Stammeinlagen:
a. [Name Gesellschafter 1] eine Stammeinlage im Nennbetrag von EUR [Summe]
b. [Name Gesellschafter 2] eine Stammeinlage im Nennbetrag von EUR [Summe],
c. [Name Gesellschafter 3] eine Stammeinlage im Nennbetrag von EUR [Summe].

§ 5 Geschäftsführer
(1) Die Gesellschaft hat einen Geschäftsführer.
(2) Die Bestellung und Abberufung von Geschäftsführern sowie deren Befreiung vom Geschäftsführerwettbewerbsverbot erfolgt durch Gesellschafterbeschluss.

§ 6 Vertretung der Gesellschaft
(1) Der Geschäftsführer vertritt die Gesellschaft allein.
(2) Die Vertretungsbefugnis des Geschäftsführers dritten Personen gegenüber wird nicht beschränkt durch die nach Gesetz oder Gesellschaftsvertrag vorgesehenen Beschränkungen für die Geschäftsführung.

§ 7 Geschäftsführung
(1) Die Führung der Geschäfte der Gesellschaft steht dem Geschäftsführer zu, sofern nicht durch Gesellschafterbeschluss, insbesondere im Rahmen einer Geschäftsordnung, etwas anderes bestimmt wird.

1176 Hierdurch soll die muḍāraba für Beteiligungen in der Form der stillen Gesellschaft fruchtbar gemacht werden; siehe Anhang 2 als mögliches Beispiel für die Kapitalbereitstellung.

(2) Im Verhältnis zur Gesellschaft ist der Geschäftsführer verpflichtet, die Geschäftsführungsbeschränkungen einzuhalten, welche durch Gesetz, Gesellschaftsvertrag, Geschäftsführeranstellungsvertrag und Gesellschafterbeschlüsse festgesetzt sind oder werden.
(3) Der Geschäftsführer bedarf der vorherigen Zustimmung durch Gesellschafterbeschluss für alle Geschäfte, die über den gewöhnlichen Betrieb der Gesellschaft hinausgehen.

§ 8 Gesellschafterbeschlüsse

(1) Soweit nicht das Gesetz zwingend oder dieser Gesellschaftsvertrag etwas anderes vorsehen, entscheiden die Gesellschafter in allen Angelegenheiten der Gesellschaft durch Beschlussfassung mit der Mehrheit der Stimmen aller Gesellschafter.
(2) Nur mit 75 % der Stimmen aller Gesellschafter können beschlossen werden:
a. Eine Änderung des Gesellschaftsvertrags
b. die Auflösung der Gesellschaft.
c. die Beschlüsse gemäß §§ 6, 7 und 8 des Gesellschaftsvertrags.
(3) Jede 50,00 EUR Nennbetrag eines Geschäftsanteils gewähren eine Stimme.
(4) Sämtliche Gesellschafterbeschlüsse sind zu protokollieren. Das Protokoll ist von den Geschäftsführern zu unterzeichnen. Die Gesellschafter erhalten Abschriften.
(5) Die Einlegung von Rechtsmitteln jeder Art gegen Gesellschafterbeschlüsse ist nur innerhalb einer Frist von einem Monat nach Beschlussfassung zulässig.

§ 9 Gesellschafterversammlung

(1) Beschlüsse der Gesellschafter werden in Versammlungen gefasst.
(2) Soweit das Gesetz nicht zwingend eine Gesellschafterversammlung vorsieht, bedarf es der Abhaltung einer Versammlung nicht, wenn sämtliche Gesellschafter schriftlich, mündlich oder in jeder anderen Form mit der zu treffenden Bestimmung oder mit der Form der Stimmabgabe sich einverstanden erklären.
(3) Einberufung
a. Die Gesellschafterversammlung wird durch den Geschäftsführer einberufen. Versammlungsort ist der Sitz der Gesellschaft, sofern nicht durch Gesellschafterbeschluss ein anderer Ort bestimmt wird.
b. Die ordentliche jährliche Gesellschafterversammlung ist in den ersten acht Monaten eines Geschäftsjahres einzuberufen zur Beschlussfassung über die Feststellung des Jahresabschlusses, die Ergebnisverwendung und die Entlastung der Geschäftsführung. Im Übrigen ist die Gesellschafterversammlung einzuberufen, wenn es einem Geschäftsführer im Interesse der Gesellschaft erforderlich erscheint oder in den gesetzlich vorgesehenen Fällen.
c. Die Einberufung erfolgt durch Einladung der Gesellschafter mittels eingeschriebener Briefe gegen Rückschein an die letzte von dem Gesellschafter der Gesellschaft mitgeteilte Adresse oder durch Übergabe gegen Empfangsbestätigung. Die Ladungsfrist beträgt mindestens zwei Wochen. Der Tag der Absendung und der Versammlungstag werden nicht mitgerechnet. Mit der Einladung sind die Beschlussgegenstände mitzuteilen.
d. Ist die Versammlung nicht ordnungsmäßig berufen, können Beschlüsse nur mit Zustimmung aller Gesellschafter gefasst werden.

§ 10 Geschäftsjahr und Jahresabschluss

(1) Geschäftsjahr ist das Kalenderjahr.

(2) Der Jahresabschluss ist vom Geschäftsführer in den ersten drei Monaten des Geschäftsjahres für das vergangene Geschäftsjahr aufzustellen, sofern nicht nach dem Gesetz der Jahresabschluss innerhalb der ersten sechs Monate des Geschäftsjahres aufgestellt werden darf.

§ 11 Gewinnverteilung

(1) Die Gesellschafter haben Anspruch auf den Jahresüberschuss zuzüglich eines Gewinnvortrages und abzüglich eines Verlustvortrags, soweit der sich ergebende Betrag nicht durch Beschluss nach Abs.(2) von der Verteilung unter die Gesellschafter ausgeschlossen ist.

(2) Im Beschluss über die Verwendung des Ergebnisses können die Gesellschafter Beträge in Gewinnrücklage einstellen.

(3) Die Verteilung erfolgt nach Verhältnis der Geschäftsanteile.

§ 12 Gesellschafterveränderungen

(1) Übertragung von Geschäftsanteilen

Geschäftsanteile können ganz oder teilweise von einem Gesellschafter nur veräußert werden, wenn die Gesellschafter durch Beschluss mit einer Mehrheit von 75 % der Stimmen aller Gesellschafter im Voraus zustimmen. Der betroffene Gesellschafter ist stimmberechtigt.

(2) Austrittsrecht

Jeder Gesellschafter kann den Austritt aus der Gesellschaft erklären

a. wenn ein wichtiger Grund im Sinne des allgemeinen Gesellschaftsrechts vorliegt jederzeit oder

b. im Übrigen nur sechs Monate vor einem Geschäftsjahresende, erstmals zum [Datum].

Die Austrittserklärung hat durch eingeschriebenen Brief an die Gesellschaft zu erfolgen.

(3) Ausschluss

Ein Gesellschafter ist verpflichtet, ohne seine Zustimmung aus der Gesellschaft auszuscheiden,

a. wenn und sobald über sein Vermögen das Insolvenzverfahren eröffnet oder die Eröffnung mangels Masse abgelehnt wird, sofort,

b. durch Gesellschafterbeschluss – bei dem er nicht stimmberechtigt ist – zu dem in dem Beschluss bestimmten Zeitpunkt, jedoch nicht vor Mitteilung des Beschlusses an den betroffenen Gesellschafter

aa. wenn in seinen Geschäftsanteil die Zwangsvollstreckung betrieben und nicht innerhalb von zwei Monaten wieder aufgehoben wird, oder

bb. wenn in seiner Person ein wichtiger Grund eingetreten ist, der für die übrigen Gesellschafter die Fortsetzung des Gesellschaftsverhältnisses mit ihm unzumutbar macht, oder

cc. wenn das Anstellungsverhältnis eines Gesellschafters, der nach § 5 verpflichtet ist, für die Gesellschaft tätig zu sein, endet, aus welchem Grund auch immer; im Falle des Todes gilt Abs. (4).

(4) Tod eines Gesellschafters
Erben oder Vermächtnisnehmer eines Gesellschafters sind verpflichtet, aus der Gesellschaft auszuscheiden.
(5) Durchführung des Ausscheidens
a. Der ausscheidende Gesellschafter ist/seine Erben/Vermächtnisnehmer sind verpflichtet, seinen/ihren Geschäftsanteil nach Maßgabe eines Gesellschafterbeschlusses mit der Mehrheit der Stimmen der übrigen Gesellschafter, bei dem er nicht stimmberechtigt ist, ganz oder geteilt an die Gesellschaft selbst, an einen oder mehrere Gesellschafter oder an von der Gesellschaft zu benennende Dritte zu übertragen oder die Einziehung des Geschäftsanteils zu dulden.
b. Ein ausscheidender Gesellschafter erhält/seine Erben erhalten eine Abfindung nach Maßgabe dieses Vertrags, von dem seinen Geschäftsanteil erwerbenden Gesellschafter, im Falle der Einziehung von der Gesellschaft.
(6) Das Ausscheiden eines Gesellschafters führt nicht zur Auflösung der Gesellschaft. Die verbleibenden Gesellschafter haben unverzüglich einen Beschluss zu den Modalitäten der Fortführung zu fassen.

§ 13 Abfindung
(1) Die Abfindung eines ausscheidenden Gesellschafters bemisst sich nach dem für den Geschäftsanteil zu ermittelnden Wert, der sich unter Anwendung der steuerrechtlichen Vorschriften zur Ermittlung des gemeinen Wertes von Geschäftsanteilen mangels Ableitbarkeit aus Verkäufen ergibt. Bewertungsstichtag ist das Ende des Geschäftsjahres, in dem die Austrittserklärung des Gesellschafters bei der Gesellschaft eingeht oder der Ausschlussbeschluss gefasst wird. Sollte zum Bewertungsstichtag eine Feststellung des Finanzamtes noch nicht erfolgt sein, ist die Wertermittlung nach den vorstehenden Maßstäben unabhängig von der Feststellung des Finanzamtes vorzunehmen. Eine Berichtigung aufgrund der späteren Feststellung des Finanzamtes oder einer Betriebsprüfung findet nicht statt.
(2) Der Gewinn für das gesamte Geschäftsjahr, in dessen Verlauf und zu dessen Ende ein Gesellschafter zum Ausscheiden verpflichtet ist, steht dem ausscheidenden Gesellschafter zeitanteilig bis zu dem Monat zu, in dessen Verlauf oder zu dessen Ende die Austrittserklärung der Gesellschaft zuging oder der Ausschlussbeschluss gefasst wurde.

§ 14 Wettbewerbsverbot
Ein Gesellschafter darf ohne vorherigen zustimmenden Gesellschafterbeschluss, bei dem er nicht stimmberechtigt ist, in dem Geschäftsbereich des Gegenstandes der Gesellschaft keine Geschäfte machen für eigene oder fremde Rechnung, gelegentlich oder gewerbsmäßig, unmittelbar oder mittelbar, selbständig oder unselbständig oder in jeder anderen Weise. Das Verbot umfasst insbesondere auch direkte oder indirekte Beteiligung oder Beratung an Konkurrenzunternehmen sowie die Beteiligung als stiller Gesellschafter oder Unterbeteiligter an Konkurrenzunternehmen.

§ 15 Schlussbestimmungen
(1) Bekanntmachungen der Gesellschaft erfolgen nur im deutschen Bundesanzeiger oder einem etwa an seine Stelle tretenden Veröffentlichungsorgan.

(2) Die Gründungskosten (Handelsregister, Bekanntmachungen, Beratungen, Notar) trägt die Gesellschaft.
(3) Durch die Unwirksamkeit einzelner Bestimmungen dieses Vertrages wird die Wirksamkeit der übrigen Bestimmungen nicht berührt.
(4) Als Gerichtsstand wird [Ort] vereinbart.

Anlage 2

Vertrag über eine stille Gesellschaft
Zwischen der Handelsgesellschaft Zwischenhändler GmbH,
mit Sitz in [Anschrift]

– nachfolgend Handelsgesellschaft genannt

und
[Name der Gesellschaft],
mit Sitz in [Anschrift]

– nachfolgend stille Gesellschafterin genannt

wird eine stille Gesellschaft mit folgendem Gesellschaftsvertrag errichtet:

§ 1 Zweck und Sitz der Gesellschaft

(1) Zweck der Handelsgesellschaft ist der internetbasierte Handel mit Waren (Anschaffung und Weiterveräußerung von beweglichen Sachen) jeder Art.
(2) Die stille Gesellschafterin beteiligt sich an der Handelsgesellschaft als stille Gesellschafterin mit einer Einlage in Höhe von [...] EUR in Worten ______________________ EUR.
(3) Die stille Einlage wird auf das Konto mit der IBAN-Nr. [...], [...] Bank, BIC-Nr. [...] eingezahlt.
(4) Sitz der Gesellschaft ist [...].

§ 2 Geschäftsführung und Vertretung

(1) Die Geschäftsführung und Vertretung wird durch die Handelsgesellschaft wahrgenommen.
(2) Die stille Gesellschafterin ist an der Geschäftsführung nicht beteiligt und hat keine Vertretungsbefugnis. Sie hat jedoch das Widerspruchsrecht eines Kommanditisten gemäß § 164 HGB gegen Geschäftshandlungen, die über die im Gesellschaftsvertrag der Handelsgesellschaft festgelegten Tätigkeiten hinausgehen.[1177]

§ 3 Dauer der stillen Gesellschaft, Geschäftsjahr

(1) Die stille Gesellschaft wird auf unbestimmte Zeit errichtet.
(2) Das Geschäftsjahr ist das Kalenderjahr.

1177 Ein Widerspruchsrecht einzuräumen, ist sowohl im Interesse des Kapitalgebers als auch des Kapitalnehmers. Aus Sicht des Kapitalgebers wird seine Einlage davor geschützt, in nicht vereinbarten Tätigkeitsbereichen eingesetzt und eventuell höheren Risiken ausgesetzt zu werden. Das Widerspruchsrecht liegt auch im Interesse des Kapitalnehmers, weil dieser dadurch vor eventueller Geltendmachung von Schadensersatzansprüchen bewahrt wird. Das Widerspruchsrecht des Kapitalgebers setzt implizit das oben behandelte Thema der Überwachung voraus, die aus Sicht der maqāṣid sinnvoll erscheint, weil dadurch eine höhere Transparenz hergestellt wird, was zu einer symmetrischen Informationsverteilung führen kann, wodurch das moralische Risiko gesenkt und das Vertrauen gestärkt werden kann.

(3) Die stille Gesellschaft beginnt mit dem Tag des Geldeinganges auf dem Konto der Betreibergemeinschaft.
(4) Die Kündigung der stillen Gesellschaft ist in den ersten 12 Monaten ausgeschlossen.[1178] Danach ist eine Kündigungsfrist von sechs Monaten zum Jahresende einzuhalten.
(5) Das Recht auf Kündigung aus wichtigem Grunde bleibt unberührt.

§ 4 Gewinn- und Verlustbeteiligung
(1) Die stille Gesellschafterin ist am Gewinn der Handelsgesellschaft im Verhältnis ihrer Einlage zum Gesamtkapital beteiligt. Als Stichtag gilt der Zeitpunkt der Einzahlung der Einlage auf dem Konto der Handelsgesellschaft bzw. der Beginn des Geschäftsjahres.
(2) Grundlage der Gewinnermittlung ist die Steuerbilanz der Handelsgesellschaft.
(3) Die Gewinne werden der stillen Gesellschafterin bis zum 30.6. des auf das Geschäftsjahr folgenden Kalenderjahres ausgezahlt.
(4) Die stille Gesellschafterin beteiligt sich an etwaigen Verlusten der Handelsgesellschaft.

§ 5 Informations- und Kontrollrechte
(1) Die stille Gesellschafterin hat die gleichen Informations- und Kontrollrechte wie ein Kommanditist im Sinne des § 166 HGB. Sie ist berechtigt, die Mitteilung des Jahresabschlusses der Handelsgesellschaft in schriftlicher Form zu verlangen und dessen Richtigkeit unter Einsicht in die Handelsbücher und Geschäftspapiere zu prüfen.
(2) Die stille Gesellschafterin erhält bis spätestens 30.6. des auf das Geschäftsjahr folgenden Kalenderjahres einen Geschäftsbericht.
(3) Die stillen Gesellschafterin wird mit einer Frist von drei Wochen zu der jährlich stattfindenden Gesellschafterversammlung der Handelsgesellschaft schriftlich eingeladen. Sie nimmt beratend an der Gesellschafterversammlung teil, hat aber kein Stimmrecht.

§ 6 Auflösung
(1) Die stille Gesellschaft endet durch Kündigung gemäß § 3 Ziff. 4 und 5.
(2) Durch den Tod eines Gesellschafters wird die stille Gesellschaft nicht aufgelöst.
(3) Nach dem Tode der stillen Gesellschafterin haben ihre Erben das Recht, innerhalb von drei Monaten die stille Gesellschaft vorzeitig auf das Ende des nächsten Kalenderhalbjahres zu kündigen. § 3 Ziff. 5 gilt entsprechend. Das Kündigungsrecht steht auch der Handelsgesellschaft zu, jedoch beginnt bei ihr die Kündigungsfrist erst mit Kenntnis des Todes.

§ 7 Auseinandersetzung
Im Falle der Auflösung erhält die stille Gesellschafterin den Wert ihrer Einlage zum Bewertungsstichtag zurück. Bewertungsstichtag ist das Ende des Geschäftsjahres, in dem die Kündigung der stillen Gesellschafterin bei der Gesellschaft eingeht.

1178 Hierdurch soll eine Fristenkongruenz zur Kaufpreiszahlungslaufzeit erreicht werden, die maximal zwölf Monate beträgt.

§ 8 Schlussbestimmungen

Sollten einzelne Bestimmungen dieses Vertrages unwirksam sein, so wird die Gültigkeit des Vertrages davon im Übrigen nicht berührt. Die unwirksame Bestimmung ist so zu ergänzen oder umzudeuten, dass der mit der unwirksamen Bestimmung beabsichtigte wirtschaftliche Zweck erreicht wird.

[Ort], den [Datum]

[Unterschrift]

Die stille Gesellschafterin

[Ort], den [Datum]

Handelsgesellschaft Zwischenhändler GmbH,

[Unterschrift]

Geschäftsführer

Anlage 3

Kaufvertrag
Zwischen [Unternehmen],
mit Sitz in [Anschrift]

– nachfolgend Käufer genannt –

und
Handelsgesellschaft Zwischenhändler GmbH,
mit Sitz in [Anschrift]

– nachfolgend Verkäufer genannt –

wird folgender Kaufvertrag geschlossen:
Die Parteien sind sich einig, dass dieser Vertrag zum Zwecke des Erwerbs von Waren im gewerblichen Bereich abgeschlossen wird.

§ 1 Vertragsgegenstand
Vertragsgegenstand ist die Lieferung von [Kaufgegenstand näher zu bezeichnen].

§ 2 Liefertermin
Lieferzeitraum ist vom [Datum] bis zum [Datum]. Der Verkäufer verpflichtet sich, die unter § 1 in diesem Vertrag bezeichneten Kaufgegenstand zu gleichen Teilen innerhalb dieses Zeitraums an den Käufer zu liefern.

Der Käufer seinerseits verpflichtet sich, die Lieferungen bis zum Vertragsende zu den jeweils vereinbarten Terminen anzunehmen.

§ 3 Kaufpreis
Der Kaufpreis beträgt [Summe] Euro (in Worten: […]) und setzt sich wie folgt zusammen: [Anschaffungspreis], [Marge]. Der Preis gilt für die gesamte Vertragsdauer. Es handelt sich um Nettopreise, ohne die jeweils gültige gesetzliche Umsatzsteuer.

§ 4 Zahlungsbedingungen
Der Käufer nimmt die Bezahlung so vor, dass der Betrag in [Anzahl der Raten] Raten nach Erhalt der Rechnung beim Verkäufer eingeht. Die erste Rate ist am [Datum] fällig. Die restliche Raten sind jeweils zum [1./15.] des darauffolgenden Monats fällig.

§ 5 Lieferbedingungen
Die Lieferung erfolgt innerhalb Deutschlands „frei Haus" an den in der Bestellung angegebenen Ort.

§ 6 Gewährleistung
Gewährleistungsansprüche sind ausgeschlossen.

§ 10 Erfüllungsort
Vertraglicher Erfüllungsort für beide Vertragspartner ist [Ort].

§ 11 Gerichtsstand
Als Gerichtsstand wird [Ort] vereinbart.

§ 12 Salvatorische Klausel
Sollte eine Bestimmung dieses Vertrages unwirksam oder undurchführbar sein oder künftig unwirksam oder undurchführbar werden, so werden die übrigen Regelungen dieses Vertrages davon nicht berührt. Anstelle der unwirksamen oder undurchführbaren Regelung verpflichten sich die Parteien schon jetzt, eine wirksame Regelung zu vereinbaren, die dem Sinn und Zweck der unwirksamen oder undurchführbaren Regelung rechtlich und wirtschaftlich möglichst nahe kommt. Entsprechendes gilt für die Ausfüllung von Lücken dieses Vertrages.

§ 13 Schriftformklausel
Stillschweigende, mündliche oder schriftliche Nebenabreden wurden nicht getroffen. Änderungen und Ergänzungen dieses Vertrages bedürfen der Schriftform. Dies gilt auch für eine Aufhebung dieser Schriftformklausel.

§ 14 Anlagen
Als Anlage wurde diesem Vertrag eine Sicherungsübereignung beigefügt.

§ 15 Vereinbart und zweifach unterzeichnet
[Ort], den [Datum]
[Unterschrift]
Käufer
[Ort], den [Datum]
[Unterschrift]
Verkäufer

Sicherungsübereignungsvertrag

(Anlage zum Kaufvertrag)

Zwischen [Unternehmen],
mit Sitz in [Anschrift]

– Sicherungsgeber –

und
Handelsgesellschaft Zwischenhändler GmbH,
mit Sitz in [Anschrift]

– Sicherungsnehmer –

Dem Sicherungsgeber steht aus dem Kaufvertrag ein Betrag in Höhe von [Kaufpreis aus dem Kaufvertrag] zu.

Zur Sicherung dieses Anspruchs übereignet der Sicherungsgeber dem Sicherungsnehmer folgendes Sicherheitsgut:

Im Kaufvertrag bezeichneter Kaufgegenstand.

Eine Übergabe des Sicherheitsgutes erfolgt nicht. Stattdessen überlässt der Sicherungsnehmer dem Sicherungsgeber das oben näher beschriebene Sicherheitsgut zur leihweisen Benutzung. Der Sicherungsgeber verpflichtet sich, das Sicherheitsgut ordnungsgemäß zu behandeln und die erforderlichen Wartungs- und Reparaturarbeiten unverzüglich vornehmen zu lassen. Die hierfür anfallenden Kosten trägt der Sicherungsgeber.

Der Sicherungsgeber versichert, dass ihm das Sicherheitsgut zur freien Verfügung steht und dass dieses nicht dem Eigentumsvorbehalt oder sonstigen Rechten Dritter unterliegt.

Der Sicherungsgeber ist verpflichtet, während der Vertragslaufzeit das Sicherheitsgut auf eigene Kosten in voller Höhe gegen die üblichen Gefahren zu versichern.

Sollten die Rechte des Sicherungsnehmers durch Maßnahmen Dritter oder durch sonstige Ereignisse (z.B. Beschädigung, Eröffnung des Insolvenzverfahrens) beeinträchtigt werden, so verpflichtet sich der Sicherungsgeber, den Sicherungsnehmer hiervon unverzüglich zu unterrichten. Bei einer Pfändung des Sicherheitsgutes hat er den Dritten unverzüglich auf die Rechte des Sicherungsnehmers hinzuweisen. Er wird dem Sicherungsnehmer gleichzeitig die Unterlagen, die für eine Intervention erforderlich sind, übersenden.

Gerät der Sicherungsgeber hinsichtlich der oben näher beschriebenen Forderung in Verzug, kann der Sicherungsnehmer die Herausgabe des Sicherheitsgutes verlangen. Er ist zur Verwertung des Sicherheitsgutes nach pflichtgemäßem Ermessen berechtigt, ohne dabei an die Vorschriften über den Pfandverkauf gebunden zu sein.

Sobald die oben näher bezeichnete Forderung erfüllt wurde, fällt das Eigentum an dem Sicherheitsgut an den Sicherungsgeber zurück. Eines besonderen Übertragungsaktes bedarf es nicht.

[Ort], den [Datum]
[Unterschrift]
Sicherungsgeber
[Ort], den [Datum]
[Unterschrift]
Sicherungsnehmer

Literaturverzeichnis

ʿAbd ar-Raḥmān b. Qāsim, *Mağmūʿ fatāwā šaiḫ al-islām Aḥmad Ibn Taimiyya*, o.O., o.J., 37 Bde.

Abdul Aziz, Muhammad Ridhwan/Mohd Noh, Mohd Shahid, *The Role of Five Major Shari'ah Legal Maxims (Al-Qawaid al-Kubra) in the Establishment of Maqasid Al-Shari'ah in Islamic Financial Products: A Discussion on Some Cases*, in: European Journal of Business and Management, Vol. 6, 2014, No. 10, (63–70).

Abdul Khir, Mohamed Fairooz, *The Concept of The Time Value of Money. A Shari'ah Viewpoint*, in: International Journal of Islamic Banking & Finance, Vol. 3, 2013, Issue 2, (1–15).

Abdul-Rahman, Yahia, *The Art of RF (Riba-Free) Islamic Banking and Finance. Tools and Techniques for Community-Based Banking*, New Jersey, 2014.

Abū Zahra, Muḥammad, *Buḥūṯ fī r ribā*, Kairo, o.J.

Accounting and Auditing Organisation for Islamic Financial Institutions (AAOIFI), *Sharia Standards for Islamic Financial Insitutions*, Manama, 2010.

ad-Dāraquṭnī, ʿAlī b. ʿUmar, *Sunan ad-Dāraquṭnī*, ed. von ʿĀdil ʿAbd al-Mauǧūd und ʿAlī Muʿawwaḍ, Beirut, 2001, 4 Bde.

aḍ-Ḍarīr, Muḥammad Amīn, *al-Ġarar fī l-ʿuqūd wa-āṯāruhū fī t-taṭbīqāt al-muʿāṣira*, Dschidda, 1993.

Ahmad, Abu Umar Faruq/Hassan, M. Kabir, *The Time Value of Money Concept in Islamic Finance*, in: The American Journal of Islamic Social Sciences, Vol. 23, 2006, No. 1, (66–89).

Ahmed, Habib, *Defining Ethics in Islamic Finance. Looking Beyond Legality*, 8th International Conference on Islamic Economics and Finance, Doha, 2011, (1–10).

Ahmed, Habib, *Maqāṣid al-Sharīʿah and Islamic Financial Products: A Framework for Assessment*, in: ISRA International Journal of Islamic Finance, Vol. 3, 2011, Issue 1, (149–160).

Ahmed, Habib/Khan, Tariqullah, *Risk Management in Islamic Banking*, in: M. Kabir Hassan/Mervyn K. Lewis, *Handbook of Islamic Banking*, Cheltenham, 2007, (144–158).

Ahmed, Habib/Mohieldin, Mahmoud/Verbeek, Jos/Aboulmagd, Farida Wael, *On the Sustainable Development Goals and the Role of Islamic Finance*, World Bank Group, Policy Reasearch Working Paper 7266, (1–44).

al-Ašqar, ʿUmar Sulaimān, *Ḫaṣāʾiṣ aš-šarīʿa al-islāmiyya*, Kuwait, 1982.

al-Ayyūbī, Ayman, *Maqāṣid aš-šarīʿa fī taḫṣīṣ al-maṣlaḥa bi-n-naṣṣ wa-taṭbīqātuhā fī l-fiqh al-islāmī*, Amman, 2011.

al-Baġdādī, ʿAbd al-Wahhāb, *al-Maʿūna ʿalā maḏhab ʿālim al-Madīna*, ed. von Ḥamīš ʿAbd al-Ḥaqq, Mekka, o.J., 3 Bde.

al-Baihaqī, Abū Bakr, *as-Sunan al-kubrā*, ed. von Muḥammad ʿAbd al-Qādir ʿAṭā, Beirut, 2003, 11 Bde.

al-Bāqillānī, Abū Bakr, *Kitāb at-Tamhīd*, ed. von Richard Yūsuf al-Yasūʿī, Beirut, 1957.

al-Baʿlī, ʿAlāʾ ad-Dīn Abū l-Ḥasan, *al-Iḫtiyārāt al-fiqhiyya min fatāwā šaiḫ al-islām Ibn Taimiyya*, ed. von Muḥammad Ḥāmid al-Faqī, Kairo, 1950.

al-Buḫārī, Muḥammad b. Ismāʿīl, *Ṣaḥīḥ al-Buḫārī*, Damaskus, 2002.

al-Buhūtī, Manṣūr b. Yūnus, *Kaššāf al-qināʿ ʿan matn al-iqnāʿ*, Beirut, 1983, 6 Bde.

al-Buhūtī, Manṣūr b. Yūnus, *Šarḥ muntahā l-irādāt. Šarḥ daqāʾiq an-nuhā li-šarḥ al-muntahā*, ed. von ʿAbdallāh at-Turkī, Damaskus, 2000, 7 Bde.

al-Fāsī, Abū ʿAbdallāh Muḥammad, *al-Itqān wa-l-iḥkām: Šarḥ Tuḥfat al-ḥukkām fī nukat al-ʿuqūd wa-l-aḥkām*, ed. von Muḥammad ʿAbd as-Salām Muḥammad Sālim, Kairo, 2011, 2 Bde.

al-Fāsī, ʿAllāl, *Maqāṣid aš-šarīʿa al-islāmiyya wa-makārimuhā*, Beirut, 1993.

al-Ġazālī, Abū Ḥāmid, *al-Manḫūl min taʿlīqāt al-uṣūl*, ed. von Muḥammad Ḥasan Hītū, o.O., o.J.

al-Ġazālī, Abū Ḥāmid, *al-Mustaṣfā min ʿilm al-uṣūl*, ed. von Muḥammad Tāmir, Kairo, 2011.

al-Ǧundī, Samīḥ ʿAbd al-Wahhāb, *Ahammiyyat al-maqāṣid fī š-šarīʿa al-islāmiyya wa-aṯaruhā fī fahm an-naṣṣ wa-stinbāṭ al-ḥukm*, Beirut, 2008.

al-Ǧurǧānī, ʿAlī b. Muḥammad, *Muʿǧam at-taʿrīfāt*, ed. von Muḥammad Ṣiddīq al-Minšāwī, Kairo, o.J.

al-Haiṯamī, al-Ḥāfiẓ Nūr ad-Dīn, *Maǧmaʿ az-zawāʾid wa-manbaʿ al-fawāʾid*, Beirut, 2001.

Al-Harran, Saad Abdul Sattar, *Islamic Finance – Partnership Financing*, Petaling Jaya, 1993.

al-Ḥaṭṭāb, Abū ʿAbdallāh, *Mawāhib al-ǧalīl fī šarḥ Muḫtaṣr aš-šaiḫ Ḫalīl*, ed. von Muḥammad Sālim al-Mubārakī, Nouakchott, 2010, 7 Bde.

al-Ḥaṭṭāb, Abū ʿAbdallāh, *Taḥrīr al-kalām fī masāʾil al-iltizām*, ed. von ʿAbd as-Salām Muḥammad aš-Šarīf, Beirut, 1984.

al-Ḫayyāṭ, ʿAbd al-ʿAzīz, *Naẓariyyat al-ʿaqd wa-l-ḫayārāt fī l-fiqh al-islāmī*, Amman, 1994.

al-Hītī, ʿAbd ar-Razzāq Raḥīm, *al-Maṣārif al-islāmiyya baina n-naẓariyya wa-t-taṭbīq*, Amman, 1998.

al-Ḥusnī, Aḥmad Ḥasan, *Taṭawwur an-nuqūd fī ḍauʾ aš-šarīʿa al-islāmiyya maʿa l-ʿināya bi-n-nuqūd al-kitābiyya*, Dschidda, 1990.

al-Kāsānī, ʿAlāʾ ad-Dīn Abū Bakr, *Badāʾiʿ aṣ-ṣanāʾiʿ fī tartīb aš-šarāʾiʿ*, ed. von ʿAlī Muʿawwaḍ und ʿĀdil ʿAbd al-Mauǧūd, Beirut, 2003, 10 Bde.

al-Manǧūr, Aḥmad b. ʿAlī, *Šarḥ al-manhaǧ al-muntaḫab ilā qawāʿid al-maḏhab*, ed. von Muḥammad aš-Šaiḫ Muḥammad al-Amīn, Mekka, o.J., 2 Bde.

al-Maṣrī, Rafīq Yūnus, *Ribā l-qurūḍ wa-adillat taḥrīmihī*, Damaskus, 2009.

al-Maṣrī, Rafīq Yūnus, *Uṣūl al-iqtiṣād al-islāmī*, Damaskus, 2010.

al-Māwardī, Abū l-Ḥasan ʿAlī, *Adab ad-dunyā wa-d-dīn*, ed. von Muḥammad Karīm Rāǧiḥ, Alexandria, 1985.

al-Māwardī, Abū l-Ḥasan ʿAlī, *al-Aḥkām as-sulṭāniyya wa-l-wilāyāt ad-dīniyya*, ed. von Aḥmad Mubārak al-Baġdādī, Kuwait, 1989.

al-Māwardī, Abū l-Ḥasan ʿAlī, *al-Muḍāraba*, Mansura, 1989.

al-Maʿdānī, Abū ʿAlī al-Ḥasan, *Kašf al-qināʿ ʿan taḍmīn aṣ-ṣunnāʿ*, ed. von Muḥammad Abū l-Aǧfān, Tunis, 1986.

al-Qaraḍāwī, Yūsuf, *Fī fiqh al-aulawiyyāt: dirāsa ǧadīda fī ḍauʾ al-Kitāb wa-s-sunna*, Kairo, 1995.

al-Qarāfī, Šihāb ad-Dīn Aḥmad, *aḏ-Ḏaḫīra*, ed. von Muḥammad Ḥaǧǧī, Beirut, 1994, 14 Bde.

al-Qarāfī, Šihāb ad-Dīn, *Šarḥ Tanqīḥ al-fuṣūl fī ḫtiṣār al-Maḥṣūl fī l-uṣūl*, ed. von Ǧamīl al-ʿAṭṭār, Beirut, 2004.

Al-Saati, Abdul-Rahim, *The Permissible Gharar (Risk) in Classical Islamic Jurisprudence*, in: Journal of King Abdulaziz University. Islamic Economics, Vol. 16, 2003, No. 2, (3–19).

Al-Suwailem, Sami, *Towards an Objective Measure of gharar in Exchange*, in: Islamic Economic Studies, Vol. 7, 1999–2000, (61–102).

al-Wanšarīsī, Aḥmad b. Yaḥyā, *Īḍāḥ al-masālik ilā qawāʿid al-imām Mālik*, ed. von aṣ-Ṣādiq al-Ġiryānī, Beirut, 2006.

al-Yūbī, Muḥammad Saʿd, *Maqāṣid aš-šarīʿa al-islāmiyya wa-ʿalāqatuhā bi-l-adilla aš-šarʿiyya*, Riad, 1998.

al-ʿAbīdī, Ḥammādī, *aš-Šāṭibī wa-maqāṣid aš-šarīʿa*, Beirut, 1992.

al-ʿAinī, Badr ad-Dīn, *ʿUmdat al-qārī: Šarḥ Ṣaḥīḥ al-Buḫārī*, ed. von ʿAbdallāh ʿUmar, Beirut, 2001, 25 Bde.

al-ʿĀlim, Yūsuf, *al-Maqāṣid al-ʿāmma li-š-šarīʿa al-islāmiyya*, Riad, 1994.

Albrecht, Peter/Maurer, Raimond, *Investment- und Risikomanagement. Modelle, Methoden, Anwendungen*, Stuttgart, 2002.

Almanaseer, Mousa, *The Impact of the Financial Crisis on the Islamic Banks Profitability. Evidence from GCC*, in: International Journal of Financial Research, Vol. 5, 2014, No. 3, (176–187).

Alsayyed, Nidal, *The Use and Misuse of Commodity Murabaha: Islamic Economic Perspective*, o.O., 2009, (1–9).

Altaee, Hatem/Talo, Ibaa/Adam, Mustafa, *Testing the Financial Stability of Banks in GCC Countries: Pre and Post Financial Crisis*, in: International Journal of Business and Social Research, Vol. 3, 2013, No. 4, (93–105).

Amareller, Florian, *Hintergründe des „Islamic Banking": Rechtliche Problematik des riba-Verbotes in der Schari'a und seine Auswirkungen auf einzelne Rechtsordnungen arabischer Staaten*, Berlin, 1995.

an-Naḥwī, ʿUmar b. ʿAlī, *at-Taḏkira fī ʿulūm al-ḥadīṯ*, ed. von ʿAlī ʿAbd al-Ḥamīd, Amman, 1988.

an-Nawawī, Abū Zakariyyā Yaḥyā, *Rauḍat aṭ-ṭālibīn*, ed. von ʿĀdil ʿAbd al-Mauǧūd und ʿAlī Muʿawwaḍ, Riad, 2003, 8 Bde.

Andrae, Silvio, *Regulierung und Aufsicht im Wandel. Der Fall „Basel III"*, in: Thorsten Gendrisch/Walter Gruber/Ronny Hahn, *Handbuch Solvabilität. Eigenkapitalunterlegung von Markt-, Kredit- und Operationellem Risiko*, Stuttgart, 2014, (3–22).

ar-Raisūnī, Aḥmad, *Naẓariyyat al-maqāṣid ʿinda š-Šāṭibī*, Virginia, 1995.

ar-Raisūnī, Aḥmad/Bārūt, Muḥammad Ǧamāl, *al-Iǧtihād: an-naṣṣ, al-wāqiʿ, al-maṣlaḥa*, Damaskus, 2000.

ar-Rāzī, Muḥammad b. Abū Bakr, *Muḫtār aṣ-ṣiḥāḥ*, Beirut, 1986.

as-Saraḫsī, Šams ad-Dīn, *al-Mabsūṭ*, Beirut, o.J., 31 Bde.

aš-Šarqāwī, Ṣafiyya, *at-Takyīf aš-šarʿī li-šarikat al-muḍāraba al-islāmiyya*, Kairo, 1991.

aš-Šāṭibī, Abū Isḥāq, *al-Muwāfaqāt fī uṣūl aš-šarīʿa*, ed. von ʿAbdallāh Darāz, 2 Bde., Kairo, 2006.

aš-Šaukānī, Muḥammad b. ʿAlī, *as-Sail al-ǧarrār al-mutadaffiq ʿalā ḥadāʾiq al-azhār*, Beirut, 2004.

aš-Šaukānī, Muḥammad b. ʿAlī, *Nail al-auṭār: Šarḥ muntaqā min aḥādī sayyid al-aḫyār li-l-imām Maǧd ad-Dīn Ibn Taimiyya*, Dschidda, o.J., 9 Bde.

as-Siǧistānī, Abū Dāwūd Sulaimān, *Sunan Abī Dāwūd*, ed. von Šuʿaib al-Arnaʾūṭ und ʿAbd al-Qādir al-Arnaʾūṭ, Damaskus, 2009, 7 Bde.

aš-Šīrāzī, Abū Isḥāq, *al-Muhaḏḏab fī l-fiqh aš-šāfiʿī*, ed. von Muḥammad az-Zuḥailī, Damaskus, 1992.

aš-Šuyūḫ, ʿĀdil, *Taʿlīl al-aḥkām fī š-šarīʿa al-islāmiyya*, Tanta, 2000.

as-Suyūṭī, Ǧalāl ad-Dīn, *al-Ašbāh wa-n-naẓāʾir fī qawāʿid wa-furūʿ aš-šāfiʿiyya*, Beirut, 1983.

as-Suyūṭī, Ǧalāl ad-Dīn, *Lubāb an-nuqūl fī asbāb an-nuzūl*, Beirut, 2002.

as-Suyūṭī, Ǧalāl ad-Dīn, *Tanwīr al-ḥawālik: Šarḥ ʿalā Muwaṭṭaʾ Mālik*, Kairo, o.J., 3 Bde.

Askari, Hossein/Krichene, Noureddine, *Islamic Finance: an alternative financial system for stability, equity, and growth*, in: PSL Quarterly Review, Vol. 67, 2014, No. 268, (9–54).

Assmann, Heinz-Dieter/Schütze, Rolf A., *Handbuch des Kapitalanlagerechts*, München, 2015.

Asutay, Mehmet/Harningtyas, Astrid Fionna, *Developing Maqasid al-Shari'ah Index to Evaluate Social Performance of Islamic Banks. A Conceptual and Empirical Attempt*, in: International Journal of Islamic Economics and Finance Studies, Year 1, Vol. 1, 2015, No. 1, (5–64).

aṭ-Ṭaḥawī, Abū Ǧaʿfar Aḥmad, *Muḫtaṣar iḫtilāf al-ʿulamāʾ*, ed. von ʿAbdallāh Naḏīr Aḥmad, Beirut, 1995, 5 Bde.

aṭ-Ṭūfī, Naǧm ad-Dīn, *Risāla fī riʿāyat al-maṣāliḥ*, ed. von Aḥmad as-Sāyiḥ, Kairo, 1993.

Auda, Jasser, *Einführung in die islamischen Rechtszwecke maqāṣid aš-šarīʿa*, Berlin, 2015.

Auerbach, Dirk, *Banken- und Wertpapieraufsicht*, München, 2013.

Aunert-Micus, Shirley/Güllemann, Dirk/Streckel, Siegmar/Tonner, Norbert/Wiese, Ursula Eva, *Wirtschaftsprivatrecht*, München, 2013.

Ayub, Muhammad, *Understanding Islamic Finance*, West Sussex, 2007.

ʿAyyāš, Muḥammad Ṣāliḥ, *al-Masʾūliyya al-iǧtimāʿiyya li-l-maṣārif al-islāmiyya: Ṭabīʿatuhā wa-ahammiyyatuhā*, Dschidda, 2010.

az-Zailaʿī, Ǧamāl ad-Dīn, *Naṣb ar-rāya li-aḥādīṯ al-hidāya*, Beirut, 1973, 4 Bde.

az-Zarqānī, ʿAbd al-Bāqī b. Yūsuf, *Šarḥ az-Zarqānī ʿalā Muḫtaṣar Sīdī Ḫalīl*, ed. von ʿAbd as-Salām Muḥammad Amīn, Beirut, 2002, 8 Bde.

az-Zarqāʾ, Muṣṭafā Aḥmad, *al-Madḫal al-fiqhī al-ʿāmm*, Damaskus, 2012, 2 Bde.

az-Zarqāʾ, Muṣṭafā Aḥmad, *Šarḥ al-qawāʿid al-fiqhiyya*, Damaskus, 1989.

az-Zuḥailī, Muḥammad Muṣṭafā, *al-Qawāʿid al-fiqhiyya wa-taṭbīqātuhā fī l-maḏāhib al-arbaʿa*, Damaskus, 2009, 2 Bde.

az-Zuḥailī, Wahba, *Mausūʿat al-fiqh al-islāmī wa-l-qaḍāyā al-muʿāṣira*, Damaskus, 2012, 14 Bde.

az-Zuḥailī, Wahba, *Uṣūl al-fiqh al-islāmī*, Damaskus, 1986.

Bacher, Urban, *Bankmanagement. Praxiswissen der Bankbetriebslehre*, Konstanz, 2015.

Baecker, Dirk, *Womit handeln Banken? Eine Untersuchung zur Risikoverarbeitung in der Wirtschaft*, Berlin, 1991.

Bälz, Kilian, *Breaking the Formalist Deadlock. Islamic Investment and Corporate Social Responsibility*, in: S. Nazim Ali (Hrsg.), *Islamic Finance. Innovation and Authenticity*, Cambridge, 2010, (249–264).

Bälz, Kilian, *Islamisches Kreditwesen: Religion, Wirtschaft und Recht im Islam*, in: ZVglRWiss, Heft 3, 2010, (272–292).

Bälz, Kilian, *Sharia Risk? How Islamic Finance has transformed Islamic Contract Law*, in: Islamic Legal Studies Program, Harvard Law School, Occasional Publications No. 9, 2008, (1–29).

Bankenverband deutscher Banken e.V., *Basel III – die Folgen für den Mittelstand. Eine Information der privaten Banken*, Berlin, 2013.

Bartetzky, Peter, *Praxis der Gesamtbanksteuerung. Methoden, Lösungen, Anforderungen der Aufsicht*, Stuttgart, 2012.

Baßeler, Ulrich/Heinrich, Jürgen/Utecht, Burkhard, *Grundlagen und Probleme der Volkswirtschaft*, Stuttgart, 2006.

Bauer, Wolfgang, *Bausteine des Fiqh. Kernbereiche der Uṣūl al-Fiqh. Quellen und Methodik der Ergründung islamischer Beurteilungen*, Frankfurt, 2013.

Bayer, Walter, *Rechte der Gesellschafter*, in: Marcus Lutter/Peter Hommelhoff, *GmbH-Gesetz. Kommentar*, Köln 2012, (1247–1423).

Beck, Thorsten/Demirgüç-Kunt, Asli/Merrouche, Ouarda, *Islamic vs. Conventional Banking Business Model, Efficiency and Stability*, in: Journal of Banking and Finance, Vol. 2, 2013, No. 37 (433–447).

Becker, Hans Paul/Peppmeier, Arno, *Bankbetriebslehre*, Herne, 2015.

Becker, Peter, *Islamic Banking und Finance – (zukünftige) Herausforderung der notariellen Praxis*, in: RNotZ, 2014, (22–34).

Bedoui, M. Houssem Eddine, *Shari'a-based ethical performance measurement framework*, 2012, (1–12).

Ben Abdeljelil, Jameleddine/Kurnaz, Serdar, *Maqāṣid aš-šarīʿa. Die Maximen des islamischen Rechts*, Berlin, 2014.

Berg, Tobias/Uzik, Martin, *Auswirkungsstudie Basel III. Die Folgen für den deutschen Mittelstand*, Berlin, 2011.

Bergmann, Stefanie, *GmbH & Co. KG*, in: Heidel/Schall (Hrsg.), *Handelsgesetzbuch. Handkommentar*, Baden-Baden 2015, (1400–1469).

bi-l-Wāfī, Aḥmad Mahdī, *Murāǧaʿa ʿilmiyya li-kitāb Maqāṣid aš-šarīʿa al-ḫāṣṣa bi-t-taṣarrufāt al-māliyya*, in: Journal of King Abdulaziz University: Islamic Economics, Vol. 21, 2008, No. 1, (71–82).

bi-ṯ-Ṯābit, Fauzī, *Fiqh maqāṣid aš-šarīʿa fī tanzīl al-aḥkām au fiqh al-iǧtihād at-tanzīlī*, Beirut, 2011

Bianchi, Robert R., *The Revolution in Islamic Finance*, in: Chicago Journal of International Law, Vol. 7, 2007, No. 2, (569–580).

Bik, Aḥmad Ibrāhīm, *ʿIlm uṣūl al-fiqh wa-yalīhi Tārīḫ at-tašrīʿ al-islāmī*, Kairo, 1939.

Binswanger, Mathias, *Geld aus dem Nichts. Wie Banken Wachstum ermöglichen und Krisen verursachen*, Weinheim, 2015.

Binz, Mark/Sorg, Martin, *Die GmbH & Co. KG*, München 2010.

Birck, Heinrich, *Die Bankbilanz. Aufstellung, Bewertung und Gliederung der Jahresabschlüsse der Kreditinstitute nach Handels- und Steuerrecht. Ein Handbuch für Banken und Sparkassen*, Wiesbaden, 1961, 2 Bde.

Bitz, Michael/Stark, Gunnar, *Finanzdienstleistungen*, München, 2008.

Blaurock, Uwe, *Handbuch Stille Gesellschaft*, Köln 2009.

Bolsinger, Markus P./Breschendorf, Peter, *Grundlagen des Islamic Banking & Finance*, in: ZBB 2009, (460–467).

Boom, Keely/Richards, Julie-Anne/Leonard, Stephen, *Climate Justice: The international momentum towards climate litigation*, o.O., 2016.

Boos, Karl-Heinz/Fischer, Reinfrid/Schulte-Mattler, Hermann, *Kreditwesengesetz. Kommentar zu KWG und Ausführungsvorschriften*, München, 2012.

Börner, Christoph J./Rühle, Jörg, *Auswirkungen der Baseler Reformen auf die Finanzsituation mittelständischer Unternehmen in Deutschland*, in: Gerhard Hofmann, *Basel III und MaRisk. Regulatorische Vorgaben, bankinterne Verfahren, Risikomanagement*, Frankfurt, 2011, (367–396).

Bröcker, Norbert, *Der Schutz des Wertpapieranlegers*, in: Claussen, Carsten Peter (Hrsg.), *Bank- und Kapitalmarktrecht*, München, 2014.

Brown, Kym/Hassan, M. Kabir/Skully, Michael, *Operational Efficiency and Performance of Islamic Banks*, in: M. Kabir Hassan/Mervyn K. Lewis, *Handbook of Islamic Banking*, Cheltenham, 2007, (96–115).

Brox, Hans/Walker, Wolf-Dietrich, *Allgemeiner Teil des BGB*, München, 2016.

Brox, Hans/Walker, Wolf-Dietrich, *Besonderes Schuldrecht*, München, 2015.

Brühl, Kai, *Corporate Governance, Strategie und Unternehmenserfolg. Ein Beitrag zum Wettbewerb alternativer Corporate-Governance-Systeme*, Heidelberg, 2009.

Burckhardt, Gisela, *Corporate Social Responsibility. Mythen und Maßnahmen, Unternehmen verantwortungsvoll führen, Regulierungslücken schließen*, Wiesbaden 2014.

Büschgen, Hans, *Bankbetriebslehre – Bankgeschäfte und Bankmanagement*, Wiesbaden, 1998.

Casper, Matthias, *Islamische Finanztransaktionen ohne Erlaubnis nach dem KWG?*, in: ZBB, Heft 5, 2010, (345–362).

Chapra, M. Umer, *Islam and the Economic Challenge*, Riad, 1995.

Chapra, M. Umer/Ahmed, Habib, *Corporate Governance in Islamic Financial Institutions*, Dschidda, 2002.

Chong, Beng Soon/Liu, Ming-Hua, *Islamic Banking. Interest-Free or Interest-Based?*, in: Pacific-Basin Finance Journal, 2009, No. 17, (125–144).

Čihák, Martin/Hesse, Heiko, *Islamic banks and financial stability. An empirical analysis*, in: Journal of Financial Services Research, Vol. 38, 2010, No. 2, (95–113).

Claussen, Carsten Peter, *Bank- und Börsenrecht. Für Studium und Praxis*, München, 2014.

Colón, Julio C., *Choice of Law and Islamic Finance*, in: Texas International Law Journal, Vol. 46, Nr. 2, 2011, (411–435).

Damodaran, Aswath, *Value and risk: beyond betas*, in: Financial Analysts Journal, 61, 2005, No. 2, (38–45).

Deutsche Bundesbank, *Bankstatistik. Statistisches Beiheft 1 zum Monatsbericht*, März 2013.

Deutsche Bundesbank, *Basel III. Leitfaden zu den neuen Eigenkapital- und Liquiditätsregeln für Banken*, 2011.

Deutsche Bundesbank, *Das Eigenkapital der Kreditinstitute aus bankinterner und regulatorischer Sicht*, in: Monatsberichte, 54. Jg., 2002, Nr. 1.

Deutsche Bundesbank, *Die neue Baseler Eigenkapitalvereinbarung (Basel II)*, in: Monatsberichte, 53. Jg., 2001, Nr. 4.

Deutsche Bundesbank, *Neue Eigenkapitalanforderungen für Kreditinstitute (Basel II)*, in: Monatsberichte, 56. Jg., 2004, Nr. 9.

Deutscher Corporate Governance Kodex, 2014.

Duran, Muhammet Sait, *Zur Theorie einer teleologischen Methode in der islamischen Normenlehre: Aš-Šāṭibīs (gest. 790/1388) Konzept der Absichten der Scharia (maqāṣid aš-šarīʿa)*, Berlin, 2015.

Dusuki, Asyraf Wajdi, *Commodity Murabaha Programme (CMP). An Innovative Approach to Liquidity Management*, in: Journal of Islamic Economics, Banking and Finance, Vol. 3, 2007, No. 1, (1–23).

Dusuki, Asyraf Wajdi, *What does Islam say about Corporate Social Responsibility*, in: International Association for Islamic Economics, Review of Islamic Economics, Vol. 12, 2008, No. 1, (5–28).

Dusuki, Asyraf Wajdi/Abdullah, Nurdianawati Irwani, *Maqasid al-Shari'ah, Maslahah, and Corporate Social Responsibility*, in: The American Journal of Islamic Social Sciences, Vol. 24, 2007, No. 1, (25–45).

Dusuki, Asyraf Wajdi/Abozaid, Abdulazeem, *A Critical Appraisal on the Challenges of Realizing Maqasid al-Shariah in Islamic Banking and Finance*, in: IIUM Journal of Economics and Management, Vol. 15, 2007, No. 2, (143–165).

Eberl, Stephanie, *Kommanditgesellschaft*, in: Thomas Heidel/Alexander Schall, *Handelsgesetzbuch. Kommentar*, Baden-Baden, 2015, (1247–1469).

Ebert, Hans-Georg/Heilen, Julia, *Islamisches Recht. Ein Lehrbuch*, Leipzig, 2016.

Ebert, Hans-Georg/Thießen, Friedrich, *Das islamkonforme Finanzgeschäft. Aspekte von Islamic Finance für den deutschen Privatkundenmarkt*, Bonn, 2010.

Eckardt, Dietrich, *Was ist Geld? Strukturen, Möglichkeiten und Grenzen des Treibstoffs moderner Kreditgeldwirtschaften*, Wiesbaden, 2013.

Eckert, Hans-Werner/Maifeld, Jan/Matthiessen, Michael, *Handbuch des Kaufrechts*, München, 2014.

Einsele, Dorothee, *Bank- und Kapitalmarktrecht. Nationale und Internationale Bankgeschäfte*, Tübingen, 2014.

Eisenhardt, Ulrich/Wackerbarth, Ulrich, *Gesellschaftsrecht I. Recht der Personengesellschaften. Mit Grundzügen des GmbH- und des Aktienrechts*, Heidelberg, 2015.

El Mallouki, Lahbib, *Zweckrationales Denken in der islamischen Literatur. Almaqāṣid als systemhermeneutisches Denkparadigma*, Frankfurt am Main, 2013.

El-Gamal, Mahmoud A., *A Simple Fiqh-and-Economics Rationale for Mutualization in Islamic Financial Intermediation*, Houston, 2006, (1–10).

El-Gamal, Mahmoud A., *An Economic Explication of the Prohibition of Ribā in Classical Islamic Jurisprudence*, Houston, 2001, (1–20).

El-Gamal, Mahmoud A., *Islamic Bank Corporate Governance and Regulation: A Call for Mutualization*, Houston, 2005, (1–19).

El-Gamal, Mahmoud A., *Mutuality as an Antidote to Rent-seeking Shari'ah-arbitrage in Islamic Finance*, Houston, 2005, (1–13).

Eller, Roland, *Gesamtbanksteuerung und qualitatives Aufsichtsrecht*, Stuttgart, 2005.

Eller, Roland/Heinrich, Markus/Perrot, René/Reif, Markus, *Kompaktwissen Risikomanagement. Nachschlagen, verstehen und erfolgreich umsetzen*, Wiesbaden, 2010.

Engelkamp, Paul/Sell, Friedrich L., *Einführung in die Volkswirtschaftslehre*, Frankfurt, 2007.

Engels, Johannes, *Betrachtungen zum islamischen Bankdienstleistungswesen in Deutschland*, in: Abdurrahim Kozali/Ibrahim Salama/Souheil Thabti, *Das islamische Wirtschaftsrecht*, Frankfurt 2015, (13–20).

Enthofer, Hannes/Haas, Patrick, *Asset Liability Management/Gesamtbanksteuerung. Handbuch/Handbook*, Wien, 2016.

Europäische Kommission, *Mitteilung der Kommission an das Europäische Parlament, den Rat, den Europäischen Wirtschafts- und Sozialausschuss und den Ausschuss der Regionen. Eine neue EU-Strategie (2011-14) für die soziale Verantwortung der Unternehmen (CSR)*, Brüssel 2011.

Europäische Zentralbank, *Die neue Baseler Eigenkapitalvereinbarung aus Sicht der EZB*, in: Monatsberichte, 2001, Nr. 5.

Fahmy, Ezry/Yusof, Eddy, *Are Islamic banks in Malaysia really 'Islamic'?*, 2008, (1–12).

Falter, Manuel, *Die Praxis des Kreditgeschäfts*, Stuttgart, 2010.

Fleischer, Holger/Wedemann, Frauke,*Handelsrecht*, München 2015.

Fleming, Peter/Jones, Marc T., *The End of Corporate Social Responsibility – Crisis and Critique*, New York 2012.

Ghazanfar, S. M., *Medieval Islamic socio-economic Thought. Links with Greek and Latin-European scholarship*, in: ders., *Medieval Islamic Economic Thought*, New York 2004, (142–158).

Ghersi, Lenny/Lee, Sue/Karadagi, Allan, *Gabler Kompakt-Lexikon Internet*, Wiesbaden 2002.

Gischer, Horst/Herz, Bernhard/Menkhoff, Lukas, *Geld, Kredit und Banken. Eine Einführung*, Heidelberg, 2012.

Graeber, David, Schulden. *Die ersten 5000 Jahre*, Stuttgart, 2012.

Gramlich, Ludwig/Manger-Nestler, Cornelia, *Islamic Banking in Deutschland: Neue Regulierungsansätze*, in: WM, 2009, (1677–1681).

Gramlich, Ludwig/Manger-Nestler, Cornelia, *Wirtschaftsaufsicht über „Islamic Finance" in Deutschland*, in: WM, 2009, (1629–1637).

Grieser, Simon G., *Die Grundstrukturen des Islamic Finance und Islamic Banking*, in: FLF, 2005, (105–107).

Grill, Wolfgang/Perczynski, Hans, *Wirtschaftslehre des Kreditwesens*, Bad Homburg 1998.

Gruber, Walter, *Überblick über die neuen Anforderungen nach Basel III/CRD IV/CRR*, in: Axel Becker/Walter Gruber/Dirk Wohlert, *Handbuch MaRisk und Basel III: Neue Anforderungen an das Risikomanagement in der Bankenpraxis*, Frankfurt am Main, 2012, (3–30).

Grundmann, Stefan, §245, in: Fran Jürgen Säcker, Roland Rixecker, Hartmut Oetker (Hrsg.), *Münchener Kommentar zum Bürgerlichen Gesetzbuch*, München, 2015.

Grunewald, Barbara, *Kommanditgesellschaft*, in: Barbara Grunewald/Karsten Schmidt/Peter Mülbert (Hrsg.), *Münchener Kommentar zum Handelsgesetzbuch*, München 2012, (1–290).

Ǧumʿa, ʿAlī/Sirāǧ, Muḥammad Aḥmad/Badrān, Aḥmad Ǧābir, *Mausūʿat fatāwā al-muʿāmalāt al-māliyya li-l-maṣārif wa-l-muʾassasāt al-māliyya al-islāmiyya*, Kairo, 2010, 18 Bde.

Güth, Werner, *Spieltheorie und ökonomische (Bei)Spiele*, Heidelberg, 2013.

Haas, Ulrich/Mock, Sebastian, *Kommanditgesellschaft*, in: Volker Röhricht/Friedrich Graf von Westphalen/Ulrich Haas, *Handelsgesetzbuch. Kommentar*, Köln 2014.

Ḫallāf, ʿAbd al-Wahhāb, *ʿIlm uṣūl al-fiqh, Kuwait*, 1978.

Hallaq, Wael B., *An Introduction to Islamic Law*, Cambridge, 2009.

Ḥammād, Nazīh Kamāl, *Baiʿ al-kāliʾ bi-l-kāliʾ*, Dschidda, 1986.

Ḥammād, Nazīh, *Fī fiqh al-muʿāmalāt al-māliyya wa-l-maṣrifiyya al-muʿāṣira*, Damaskus, 2007.

Ḥammād, Nazīh, *Muʿǧam al-muṣṭalaḥāt al-māliyya wa-l-iqtiṣādiyya fī luġat al-fuqahāʾ*, Damaskus, 2014.

Hamoudi, Haider Ala, *Jurisprudential Schizophrenia. On Form and Function in Islamic Finance*, in: Chicago Journal of International Law, Vol. 7, 2007, No. 2, (606–622).

Hannemann, Ralf/Schneider, Andreas/Weigl, Thomas, *Mindestanforderungen an das Risikomanagement (MaRisk). Kommentar*, Stuttgart, 2013.

Hansen, Ursula/Schrader, Ulf, *„Corporate Social Responsibility als aktuelles Thema der Betriebswirtschaftslehre"*, in: Die Betriebswirtschaft, 65, 2005, (373–395).

Haron, Sudin, *A Comparative Study of Islamic Banking Practices*, in: Journal of King Abdulaziz University: Islamic Economics, Vol. 10, 1988, (23–50).

Hartmann-Wendels, Thomas/Pfingsten, Andreas/Weber, Martin, *Bankbetriebslehre*, Heidelberg, 2014.

Harzi, Adel, *The Impact of Basel III on Islamic Banks: A Theoretical Study and Comparison with conventional Banks*, o.O., (1–20).

Hasan, Zubair, *Money Creation and Control from Islamic Perspective*, in: Journal of Islamic Business and Management, Vol. 1, 2011, No. 1, (49–68).

Hasan, Zubair, *Theory of profit from islamic perspective*, in: Encyclopaedia of Islamic Economics, Islamic Foundation UK, Vol. 3, (1–8).

Heckel, Martin, *Islamische Finanzwirtschaft (Islamic Finance) – eine Aufgabe für die Rechtsvergleichung*, in: Zeitschrift für Vergleichende Rechtswissenschaft 2012, Nr. 111, (311–328).

Heckel, Martin, *Integration islamischer Rechtsinstitute im Inland? – das Beispiel Mudarabavertrag*, in: ders. (Hg.), *Rechtstransfer – Beiträge zum islamischen Recht VIII*, Frankfurt am Main 2011, (61–84).

Heckel, Martin, *Muḍāraba* und das deutsche Recht – Probleme, rechtliche Herausforderungen, Lösungsansätze, in: Abdurrahim Kozali/Ibrahim Salama/Souheil Thabti, *Das islamische Wirtschaftsrecht*, Frankfurt am Main 2016, (95–109).

Hellenkamp, Detlef, *Bankwirtschaft*, Heidelberg, 2015.

H̱ūǧa, ʿIzz ad-Dīn, *al-Madḫl al-ʿāmm li-l-muʿāmalāt al-māliyya al-islāmiyya*, Tunis, 2013.

H̱ūǧa, ʿIzz ad-Dīn, *an-Niẓām al-maṣrafī al-islāmī*, Tunis, 2013.

H̱ūǧa, ʿIzz ad-Dīn, *Naẓariyyat al-ʿaqd fī l-fiqh al-islāmī*, Dschidda, 1993.

Hussain, Mumtaz/Shahmoradi, Asghar/Turk, Rima, *An Overview of Islamic Finance*, IMF Working Paper, WP/15/120, 2015, (1–34).

Ibn al-Ḥaǧǧāǧ, Muslim, *Ṣaḥīḥ Muslim*, ed. von Muḥammad al-Fāryābī, Riad, 2006.

Ibn al-Mufliḥ, Šams ad-Dīn Muḥammad, *al-Furūʿ*, ed. von ʿAbdallāh at-Turkī, Beirut, 2003, 12 Bde.

Ibn al-Qayyim, Šams ad-Dīn Abū ʿAbdallāh, *Iʿlām al-muwaqqiʿīn ʿan rabb al ʿālamīn*, ed. von Abū ʿUbaida Āl Salmān, Dschidda, 2003, 7 Bde.

Ibn al-Qayyim, Šams ad-Dīn Abū ʿAbdallāh, *Zād al-maʿād fī hady ḫair al-ʿibād*, ed. von Šuʿaib al-Arnaʾūṭ und ʿAbd al-Qādir al-Arnaʾūṭ, Beirut, 1998, 6 Bde.

Ibn aš-Šāšī, Abū Bakr Muḥammad, *Maḥāsin aš-šarīʿa fī furūʿ aš-šāfiʿiyya*, ed. von Muḥammad ʿAlī Samak, Beirut, 2007.

Ibn H̱ūǧa, Muḥammad al-Ḥabīb, *Muḥammad aṭ-Ṭāhir b. ʿĀšūr wa-kitābuhū Maqāṣid aš-šarīʿa al-islāmiyya*, Doha, 2004, 3 Bde.

Ibn Manẓūr, Ǧamal ad-Dīn, *Lisān al-ʿarab*, Beirut, o.J., 15 Bde.

Ibn Nuǧaim, Abū l-Barakāt ʿAbdallāh, *al-Baḥr ar-rāʾiq: Šarḥ Kanz ad-daqāʾiq fī furūʿ al-ḥanafiyya*, ed. von Zakariyyā ʿUmairāt, Beirut, 1997, 9 Bde.

Ibn Nuǧaim, Zain ad-Dīn, *al-Ašbāh wa-n-naẓāʾir ʿalā maḏhab Abī Ḥanīfa an-Nuʿmān*, ed. von Zakariyyā ʿUmairāt, Beirut, 1999.

Ibn Qudāma, Muwaffaq ad-Dīn, *al-Muġnī*, Beirut, 2011, 13 Bde.

Ibn Rušd, Abū l-Walīd Muḥammad b. Aḥmad, *al-Muqaddimāt al-mumahhidāt li-bayān mā iqtaḍathū rusūm al-mudawwana min al-aḥkām aš-šarʿiyyāt wa-t-taḥṣīlāt al-muḥkamāt li-ummahāt masāʾilihā al-muškilāt*, ed. von Saʿīd Aḥmad Aʿrāb und Muḥammad Ḥaǧǧī, Beirut, 1988, 2 Bde.

Ibn Zuġaiba, ʿIzz ad-Dīn, *Maqāṣid aš-šarīʿa al-ḫāṣṣa bi-t-taṣarrufāt al-māliyya*, Dubai, 2001.

Ibn ʿAbd as-Salām, al-ʿIzz, *al-Qawāʿid al-kubrā. Qawāʿid al-Aḥkām fī maṣāliḥ al-anām*, ed. von Nazīh Ḥammād und ʿUṯmān Ḍumairiyya, Damaskus, 2000.

Ibn ʿĀbidīn, Muḥammad Amīn, *Radd al-muḥtār ʿalā d-durr al-muḫtār: Ḥāšiyat Ibn ʿĀbidīn*, ed. von ʿĀdil ʿAbd al-Mauǧūd und ʿAlī Muʿawwaḍ, Riad, 2003, 14 Bde.

Ibn ʿĀšūr, Muḥammad aṭ-Ṭāhir, *Maqāṣid aš-šarīʿa al-islāmiyya*, Tunis, 2012.

Iqbal, Zamir, *Financial Engineering in Islamic Finance*, in: Thunderbird International Business Review, Vol. 41, 1999, Issue 4–5, (541–559).

Iqbal, Zamir/Mirakhor, Abbas, *An Introduction to Islamic Finance. Theory and Finance*, Singapore, 2007.

Ismon, Yuhanis Bt, *Legality of Tawarruq in Islamic Finance*, in: Tazkia Islamic Finance and Business Review, Vol. 7, 2007, No. 1, (81–108).

Jesgarzewski, Tim, *Wirtschaftsprivatrecht. Grundlagen und Praxis des Bürgerlichen Rechts*, Heidelberg, 2012.

Jessberger, Pascal, *Auswirkungen von Basel III auf Risikomanagement und Risikocontrolling. Chancen, Risiken, Schlussfolgerungen für mittelständische Banken*, Heidelberg, 2012.

Kamali, Muhammad Hashim, *Shari'ah Law. An Introduction*, Oxford, 2008.

Khan, Bilal/Crowne-Mohammed, Emir Aly, *The Value of Islamic Banking in the Current Financial Crisis*, in: Review of Banking & Financial Law, Vol. 29, 2009–2010, (441–464).

Khan, M. Fahim, *Time Value of Money and Discounting in Islamic Perspective*, in: Review of Islamic Economics, Vol. 1, 1991, No. 2, (35–45).

Korobkin, Russell, *Behavioral Economics, Contract Formation, and Contract Law*, in: Cass R. Sunstein, *Behavioral Law and Economics*, Cambridge, 2000, (116–143).

Krasicka, Olga/Nowak, Sylwia, *What's in it for Me? A Primer on Differences between Islamic and Conventional Finance in Malaysia*, IMF Working Paper 12/151, Washington, 2012, (1–21).

Krawietz, Birgit, *Hierarchie der Rechtsquellen im tradierten sunnitischen Islam*, Berlin, 2002.

Krugman, Paul/Wells, Robin, *Volkswirtschaftslehre*, Stuttgart, 2010.

Kümpel, Siegfried/Wittig, Arne, *Bank- und Kapitalmarktrecht*, Köln 2011.

Kunhibava, Sherin, *Derivatives in Islamic Finance*, ISRA Research Paper No. 7, 2010, (1–55).

Laldin, Mohamad Akram/Furqani, Hafas, *Insights on the Ends (Maqasid) and the Means (Wasa'il) in Islamic Finance*, Research Paper, (1–7).

Laldin, Mohammad Akram/Furqani, Hafas, *The Development of Islamic Finance: Reflecting the Achievement and Direction*, 9th International Conference on Islamic Economics and Finance, 2013, (1–20).

Langenbucher, Katja/Bliesener, Dirk H./Spindler, Gerald, *Bankrechts-Kommentar*, München, 2016, 2 Bde.

Lewis, Mervyn K., *Islamic Corporate Governance*, in: Review of Islamic Economics, Vol. 9, 2005, No. 1, (5–29).

Litten, Rüdiger, *Das regulatorische Umfeld für die Gründung und den Betrieb islamischer Banken in Deutschland*, in: Abdurrahim Kozali/Ibrahim Salama/Souheil Thabti, *Das islamische Wirtschaftsrecht*, Frankfurt, 2015, (59–74).

Lohlker, Rüdiger, *Das islamische Recht im Wandel: Riba, Zins und Wucher in Vergangenheit und Gegenwart*, Münster, 1998.

Looschelders, Dirk, *Schuldrecht. Allgemeiner Teil*, München, 2016.

Luttermann, Claus, *Islamic Finance. Ein Dialog über Recht, Weltwirtschaft und Religionen*, in: JZ 2009, (706–715).

Lutz, Günther/Neus, Werner/Schaber, Mathias/Scharpf, Paul/Schneider, Peter/Weber, Max (Hrsg.), *Kreditwesengesetz. Kommentar zum KWG inklusive SolvV, LiqV, GroMiKV, MaRisk*, Stuttgart, 2011.

Lynch, James J., *Ethical Banking. Surviving in an Age of Default*, New York, 1991.

Machazina, Klaus/Wolf, Joachim, *Unternehmensführung. Das internationale Managementwissen. Konzepte, Methoden, Praxis*, Wiesbaden 2008.

Mahlknecht, Michael, *Islamic Finance. Einführung in Theorie und Praxis*, Weinheim, 2008.

Manger-Nestler, Cornelia/Gramlich, Ludwig, *Flucht ins Dunkel. Bedarf an und Stand der transnationalen Regulierung des Schattenbanksektors. Auch ein Modell für Islamic Finance?*, in: ZBB 2015, Heft 5, (337–348).

Manger-Nestler, Cornelia/Gramlich, Ludwig, *Islamic finance und Recht der EU-Finanzmarktaufsicht – (k)ein Problem? – Eine deutsche Perspektive*, in: ZBB, Heft 4, 2011, (305–317).

Mankiw, N. Gregory/Taylor, Mark P./Ashwin, Andrew, *Volkswirtschaftslehre für Schule, Studium und Beruf*, Stuttgart, 2015.

Masuch, Andreas, *Rechte der Gesellschafter*, in: Reinhard Bork/Carsten Schäfer, *GmbHG. Kommentar*, Köln 2015.

McWilliams, Abagail/Siegel, Donald S./Wright, Patrick M., *Corporate Social Responsibility. Strategic Implications*, in: Journal of Management Studies, 43:1, 2006, (1–18).

Mirakhor, Abbas/Zaidi, Iqbal, *Profit-and-Loss sharing Contracts in Islamic Finance*, in: M. Kabir Hassan/Mervyn K. Lewis, *Handbook of Islamic Finance*, Cheltenham, 2007, (49–63).

Mohieldin, Mahmoud, *Realizing the Potential of Islamic Finance*, in: Poverty Reduction and Economic Management (PREM) Network, The World Bank, 2012, No. 77, (1–7).

Monzer Kahf, *Islamic Banks and Economic Development*, in: Hassan, M. Kabir/Lewis, Mervyn K., *Handbook of Islamic Banking*, Cheltenham, 2007, (277–284).

Muljawan, Dadang/Dar, Humayon A./Hall, Maximilian J. B., *A Capital Adequacy Framework for Islamic Banks. The Need to Reconcile Depositors' Risk Aversion With Managers' Risk Taking*, in: Applied Financial Economics, Vol. 14, 2004, No. 6, (2–13).

Nekroumi, Mohammed, *Ansätze hermeneutischen Denkens in Šāṭibīs maqāṣid-Theorie. Grundfragen einer modernen Relektüre*, in: Bülent Ucar/Mouez Khalfaoui, *Islamisches Recht in Theorie und Praxis. Neue Ansätze zu aktuellen und klassischen islamischen Rechtsdebatten*, Frankfurt am Main, 2016, (79–104).

Neu, Norbert, *Stille Gesellschaft*, in: Ulrich Prinz/Wolf-Dieter Hoffmann (Hrsg.), *Beck'sches Handbuch der Personengesellschaften. Gesellschaftsrecht, Steuerrecht*, München, 2014, (1149–1195).

Nienhaus, Volker, *Governance of Islamic Banks*, in: Hassan, M. Kabir/Lewis, Mervyn K., *Handbook of Islamic Banking*, Cheltenham, 2007, (128–143).

OECD, *OECD-Leitsätze für multinationale Unternehmen*, Ausgabe 2011.

Oubaidullah, Mohammed, *Securitization in Islam*, in: M. Kabir Hassan/Mervyn K. Lewis, *Handbook of Islamic Banking*, Cheltenham, 2007, (191–199).

Paetzmann, Karsten, *Corporate Governance. Strategische Marktrisiken, Controlling, Überwachung*, Heidelberg, 2012.

Palandt, Otto, *Bürgerliches Gesetzbuch. Kommentar*, München, 2015.

Paret, Rudi, *Der Koran. Übersetzung*, Stuttgart, 2007.

Partikel, Andrea, *Stille Gesellschaft*, in: Thomas Heidel/Alexander Schall, *Handelsgesetzbuch. Handkommentar*, Baden-Baden 2015, (1469–1511).

Passarge, Eva-Maria, *Institutioneller Wandel im Finanzsystem Deutschlands – vom bank- zum marktbasierten Modell?*, Bamberg, 2010.

Paul, Stephan, *Umbruch der Bankenregulierung. Die Entwicklung des Baseler Regelwerks im Überblick*, in: Gerhard Hofmann, *Basel III und MaRisk. Regulato-*

rische Vorgaben, bankinterne Verfahren, Risikomanagement, Frankfurt, 2011, (9–64).

Pfisterer, Benedikt, *Errichtung der Gesellschaft*, in: Ingo Saenger/Michael Inhester (Hrsg.), *GmbHG. Handkommentar*, (59–257).

Platz, Siegfried, *Passivgeschäft*, Stuttgart, 2002, 2 Bde.

Plumpe, Werner, *Wirtschaftskrisen. Geschichte und Gegenwart*, München, 2010.

Polleit, Thorsten/von Prollius, Michael, *Geldreform. Vom schlechten Staatsgeld zum guten Marktgeld*, Grevenbroich, 2010.

Priewasser, Erich, *Bankbetriebslehre*, München, 2001.

Prinz, Ulrich/Hoffmann, Wolf-Dieter, *Beck'sches Handbuch der Personengesellschaften. Gesellschaftsrecht, Steuerrecht*, München 2014.

Qarārāt maǧmaʿ al-fiqh al-islāmī, 2. Auflage, 14. Sitzung vom 21.1.1995.

Ramaḍān, ʿAṭiyya, *Mausūʿat al-qawāʿid al-fiqhiyya al-munaẓẓima li-l-muʿāmalāt al-māliyya al-islāmiyya wa-dauruhā fī-tauǧīh an-nuẓum al-muʿāṣira*, Alexandria, 2007.

Reed, Rupert, *The Application of Islamic Finance Principles under English and DIFC Law*, in: Butterworths Journal of International Banking and Financial Law, 2014, (573–577).

Reischauer, Friedrich/Kleinhans, Joachim, *Kreditwesengesetz (KWG). Kommentar für die Praxis nebst CRR, Nebenbestimmungen und Mindestanforderungen*, Berlin, 2013.

Reisinger, Sabine/Gattringer, Regina/Strehl, Franz, *Strategisches Management. Grundlagen für Studium und Praxis*, Hallbergmoos, 2013.

Richard, Willi/Mühlmeyer, Jürgen/Wefers, Guido/Bergmann, Bernhard, *Betriebslehre der Banken und Sparkassen*, Rinteln 2004.

Rohe, Mathias, *Das islamische Recht*, München, 2009.

Rosly, Saiful Azhar, *Shariah Compliant Parameters Reconsidered*, in: International Journal of Islamic and Middle Eastern Finance and Management, Vol. 3, 2010, Issue 2, (132–146).

Roth, Günter H./Weller, Marc-Philippe, *Handels- und Gesellschaftsrecht*, München, 2015.

Rothengatter, Werner/Schaffer, Axel/Sprink, Joachim, *Makroökonomik, Geld und Währung*, Heidelberg, 2008.

Rott, Peter, *Verbraucherdarlehensvertrag*, in: Marina Tamm/Klaus Tonner, *Verbraucherrecht. Rechtliches Umfeld, Vertragstypen, Rechtsdurchsetzung. Beratungshandbuch*, Baden-Baden, 2012, (877–914).

Säcker, Franz Jürgen/Rixecker, Roland, *Münchner Kommentar zum Bürgerlichen Gesetzbuch*, Bd. 3, München 2012.

Saenger, Ingo, *Gesellschaftsrecht*, München 2013.

Šalabī, Muḥammad Muṣṭafā, *Taʿlīl al-aḥkām: ʿArḍ wa-taḥlīl li-ṭarīqat at-taʿlīl wa-taṭawwurātuhā fī ʿuṣūr al-iǧtihād wa-t-taqlīd*, Kairo, 1947.

Sauter, Werner, *Grundlagen des Bankgeschäfts*, Frankfurt, 1996.

Schacht, Joseph, *An Introduction to Islamic Law*, Oxford, 1982.

Schimansky, Herbert/Bunte, Hermann-Josef/Lwowski, Hans-Jürgen, *Bankrechts-Handbuch*, München, 2015, 2 Bde.

Schmiedel, Jana/Hois, Gabriele, *Eigenkapitalbestandteile und -anforderungen*, in: Thorsten Gendrisch/Walter Gruber/Ronny Hahn, *Handbuch Solvabilität. Eigenkapitalunterlegung von Markt-, Kredit- und Operationellem Risiko*, Stuttgart, 2014, (63–108).

Schneider, Andreas/Schmidpeter, René (Hrsg.), *Corporate Social Responsibility. Verantwortungsvolle Unternehmensführung in Theorie und Praxis*, Heidelberg, 2015.

Schönenbach, Rebecca, *Intrinsische Hindernisse des islamischen Finanzwesens*, Jena, 2012.

Schork, Leo, *Gesetz über das Kreditwesen. Text mit Begründung, Durchführungsvorschriften und Anmerkungen*, Stuttgart, 2008.

Schwartze, Andreas, *Verbraucherschutz im Bereich des Kaufvertragsrechts*, in: Marina Tamm/Klaus Tonner, *Verbraucherrecht. Rechtliches Umfeld, Vertragstypen, Rechtsdurchsetzung. Beratungshandbuch*, Baden-Baden, 2012, (559–607).

Schwennicke, Andreas/Auerbach, Dirk, *Kreditwesengesetz mit Zahlungsdiensteaufsichtsgesetz. Kommentar*, München, 2013.

Schwennicke, Andreas/Auerbach, Dirk, *Kreditwesengesetz mit Zahlungsdiensteaufsichtsgesetz und Finanzkonglomerate-Aufsichtsgesetz. Kommentar*, München 2016.

Sengün, Erkan/Engels, Johannes, *Die aufsichtsrechtliche Behandlung Islam-konformer Investitionen*, in: Kreditwesen, 2012, (290–294).

Shafinah, Rahim, *Distributive Justice. A Perspective from Islamic Economics Literature*, in: Journal of Emerging Economics and Islamic Research, Vol. 1, 2003, No. 3, (1–23).

Siddiqi, Mohammad Nejatullah, *Islamic Banking and Finance in Theory and Practice. A Survey of State of the Art*, in: Islamic Economic Studies, Vol. 13, 2006, No. 2, (1–48).

Sobol, Iwona, *Islamic Banking in the European Union Countries*, in: European Integration Studies, 2015, No. 9, (184–197).

Sorge, Jan, *Mitglieder von Sharia Boards als Schattendirektoren*, in: ZBB 2010, (363–373).

Spahn, Heinz-Peter, *Der Zins, die Zeit und das Geld. Spuren einer keynesianischen Kapitaltheorie*, in: Lukas Menkhoff/Friedrich L. Sell, *Zur Theorie, Empirie und Politik der Einkommensverteilung*, Heidelberg, 2002, (131–152).

Spremann, Klaus/Gantenbein, Pascal, *Finanzmärkte – Grundlagen, Instrumente, Zusammenhänge*, Konstanz, 2013.

Thabti, Souheil, *Die regulatorischen Rahmenbedingungen islamischer Banken in Bahrain*, in: Ebert, Hans-Georg, *Beiträge zum Islamischen Recht X*, Frankfurt am Main 2015, (169–178).

Thabti, Souheil, *Islamic Banking im Rahmen der Intentionen der Scharia*, in: Milena Valeva/Muhammad Ashfaq/Klaus Hegemann, *Befunde zu Wirtschaftsethik in der globalisierten Gesellschaft. Grundsätzliche Überlegungen aus Theorie und Praxis in Wirtschaft, Recht und im Speziellen in Ethical Finance and Islamic Banking*, Mering, 2016, (207–223).

Thabti, Souheil, *Sharing and Caring*, in: Art & Thought/Fikrun wa Fann, Vol. 53, 2015–2016, No. 104, (21–25).

Thabti, Souheil, *Unternehmerische Gesellschaftsverantwortung aus Sicht der Scharia*, in: Hikma – Zeitschrift für Islamische Theologie und Religionspädagogik, Heft 8, 2014, Nr. 1, (47–66).

Tonner, Klaus/Willingmann, Armin/Tamm, Marina, *Vertragsrecht. Kommentar*, Köln 2010.

Tonner, Martin/Krüger, Thomas, *Bankrecht*, Baden-Baden 2014.

Udovitch, Abraham, *At the Origins of the Western Commenda. Islam, Israel, Byzantium?*, in: Speculum – A Journal of Medieval Studies, Vol. 37, 1962, No. 2, (198–207).

Usmani, Muhammad Taqi, *Sukuk and their Contemporary Applications*, o.O., o.J.

Valeva, Milena, *Theoretische Grundlegung ethischer Bankbetriebslehre. Die Lehren aus dem Islamic Banking*, Heidelberg, 2012.

Walsh, Christine, *Ethics. Inherent In Islamic Finance Through Shari'a Law. Resisted In American Business Despite Sarbanes-Oxley*, in: Fordham Journal of Corporate & Financial Law, Vol. 12, 2007, Issue 4, (753–777).

Welge, Martin K./Eulerich, Marc, *Corporate-Governance-Management: Theorie und Praxis der guten Unternehmensführung*, Wiesbaden, 2012.

Wilkinson, Richard/Pickett, Kate, *Gleichheit ist Glück. Warum gerechte Gesellschaften für alle besser sind*, Berlin, 2010.

Yazid, Mohamad/Asmadi, M. N./Liki, Mohd, *The Practice of Islamic Finance in Upholding the Islamic Values and the Maqasid Shariah*, in: International Review of Management and Business Reasearch, Vol. 4, 2015, Issue 1, (286–294).

Zaidān, Muḥammad, *Tafʿīl daur ar-raqāba aš-šarʿiyya wa-t-tadqīq aš-šarʿī fī l-maṣārif wa-l-muʾassasāt al-māliyya al-islāmiyya*, Muʾtamar al-maṣārif al-islāmiyya baina l-wāqiʿ wa-l-maʾmūl, Dubai, 2009, (1–46).

Zerwas, Herbert/Demgensky, Sascha, *Islamic Banking in Deutschland und Bankerlaubnis nach dem Kreditwesengesetz*, in: WM, 2010, (692–701).

REIHE FÜR OSNABRÜCKER ISLAMSTUDIEN

Herausgegeben von Bülent Ucar und Rauf Ceylan

Band 1 Bülent Ucar/Ismail H. Yavuzcan (Hrsg.): Die islamischen Wissenschaften aus Sicht muslimischer Theologen. Quellen, ihre Erfassung und neue Zugänge im Kontext kultureller Differenzen. 2010.

Band 2 Bülent Ucar (Hrsg.): Die Rolle der Religion im Integrationsprozess. Die deutsche Islamdebatte. 2010.

Band 3 Bülent Ucar (Hrsg.): Islamische Religionspädagogik zwischen authentischer Selbstverortung und dialogischer Öffnung. Perspektiven aus der Wissenschaft und dem Schulalltag der Lehrkräfte. 2011.

Band 4 Christiane Paulus (Hrsg.): Amīn al-Ḫūlī: Die Verbindung des Islam mit der christlichen Reformation. Übersetzung und Kommentar. 2011.

Band 5 Amir Dziri: Al-Ǧuwaynīs Position im Disput zwischen Traditionalisten und Rationalisten. 2011.

Band 6 Wolfgang Johann Bauer: Aishas Grundlagen der Islamrechtsgründung und Textinterpretation. Vergleichende Untersuchungen. 2012.

Band 7 Ali Türkmenoglu: Das Strafrecht des klassischen islamischen Rechts. Mit einem Vergleich zwischen der islamischen und der modernen deutschen Strafrechtslehre. 2013.

Band 8 Rauf Ceylan (Hrsg.): Islam und Diaspora. Analysen zum muslimischen Leben in Deutschland aus historischer, rechtlicher sowie migrations- und religionssoziologischer Perspektive. 2012.

Band 9 Bülent Ucar (Hrsg.): Islam im europäischen Kontext. Selbstwahrnehmungen und Außenansichten. 2013.

Band 10 Wolfgang Johann Bauer: Bausteine des Fiqh. Kernbereiche der *'Uṣūl al-Fiqh*. Quellen und Methodik der Ergründung islamischer Beurteilungen. 2013.

Band 11 Lahbib El Mallouki: Zweckrationales Denken in der islamischen Literatur. Al-maqāṣid als systemhermeneutisches Denkparadigma. 2013.

Band 12 Bülent Ucar / Martina Blasberg-Kuhnke (Hrsg.): Islamische Seelsorge zwischen Herkunft und Zukunft. Von der theologischen Grundlegung zur Praxis in Deutschland. 2013.

Band 13 Kathrin Klausing: Geschlechterrollenvorstellungen im Tafsīr. 2014.

Band 14 Mohammed Hashim Kamali / Saffet Köse: Menschenrechte aus zwei islamtheologischen Perspektiven. 2013.

Band 15 Ṭāha Ǧābir Fayyāḍ Al-cAlwānī: Verhaltensethik einer innerislamischen Streitkultur. Übersetzt und mit einer Einführung versehen von Bacem Dziri. 2013.

Band 16 Assem Hefny: Herrschaft und Islam. Religiös-politische Termini im Verständnis ägyptischer Autoren. 2014.

Band 17 Rauf Ceylan/Benjamin Jokisch (Hrsg.): Salafismus in Deutschland. Entstehung, Radikalisierung und Prävention. 2014.

Band 18 Kathrin Klausing / Erna Zonne (Hrsg.): Religiöse Früherziehung in Judentum, Islam und Christentum. 2014.

Band 19 Abdurrahim Kozali / Ibrahim Salama / Souheil Thabti (Hrsg.): Das islamische Wirtschaftsrecht. 2016.

Band 20 Murat Bagriacik: Tradition und Innovation des Fiqh im Denken von Hayreddin Karaman. 2016.

Band 21 Mouez Khalfaoui / Bülent Ucar (Hrsg.): Islamisches Recht in Theorie und Praxis. Neue Ansätze zu aktuellen und klassischen islamischen Rechtsdebatten. 2016.

Band 22 Jörg Ballnus: Text und Performanz. Eine Didaktik des Gebets im islamischen Religionsunterricht zwischen Normativität und Spiritualität. 2016.

Band 23 Vivien Neugebauer: Europa im Islam – Islam in Europa. Islamische Konzepte zur Vereinbarkeit von religiöser und bürgerlicher Zugehörigkeit. 2016.

Band 24 Özden Güneş: Prosozialität im Islam. Ihre Lehren und Dimensionen im Koran und Hadith. 2016.

Band 25 Hakki Arslan: Juridische Hermeneutik (*uṣūl al-fiqh*) der hanafitischen Rechtsschule am Beispiel des *uṣūl al-fiqh*-Werks *Mirqāt al-wuṣūl ilā ʿilm al-uṣūl* von Mulla Ḫusraw (gest. 885/1480). 2016.

Band 26 Rauf Ceylan / Coşkun Sağlam (Hrsg.): Die Bedeutung der Religionswissenschaft und ihrer Subdisziplinen als Bezugswissenschaften für die Theologie. 2016.

Band 27 Maḥmūd Šabistarī: Rosenflor des Geheimnisses. Gulšan-i Rāz. Übersetzt und herausgegeben von Joseph von Hammer-Purgstall. Neu herausgegeben und aus dem Persischen ins Türkische übersetzt von Fatih Ermiş. 2017.

Band 28 Rauf Ceylan (Hrsg.): Muslimische Gemeinden. Geschichte, Gegenwart und Zukunft des Islam in Niedersachsen. 2017.

Band 29 Mahmud El-Wereny: Normenlehre des Zusammenlebens. Religiöse Normenfindung für Muslime des Westens. Theoretische Grundlagen und praktische Anwendung. 2018.

Band 30 Souheil Thabti: Die Anwendung der maqāṣid aš-šarīʿa im Islamic Banking in Deutschland. 2018.

www.peterlang.com

www.ingramcontent.com/pod-product-compliance
Ingram Content Group UK Ltd.
Pitfield, Milton Keynes, MK11 3LW, UK
UKHW041824290926
8980IPUK00002B/42